Nimtz • Strafprozessrecht für Polizeibeamte

Strafprozessrecht für Polizeibeamte

- Gang des Strafverfahrens
- Eingriffsbefugnisse

von
Dr. Holger Nimtz
Regierungsdirektor

VERLAG DEUTSCHE POLIZEILITERATUR GMBH
Buchvertrieb

Bibliografische Information der Deutschen Nationalbibliothek

Die Deutsche Nationalbibliothek verzeichnet diese Publikation in der Deutschen Nationalbibliografie; detaillierte bibliografische Daten sind im Internet über http://dnb.d-nb.de abrufbar.

www.VDPolizei.de

1. Auflage 2012

Satz: VDP GMBH Buchvertrieb, Hilden
Druck und Bindung: Hubert & Co, Göttingen
Printed in Germany
ISBN 978-3-8011-0682-9

Vorwort

Das Strafprozessrecht unterliegt einem ständigen Anpassungsprozess. Der Einsatz neuer Technologien bei der Straftatenbegehung sowie bei den Ermittlungen, der europäische Integrationsprozess und die Stärkung der Opfer- und Verteidigerrechte stellen strafprozessrechtlich eine besondere Herausforderung dar. Wesentliche Änderungen in den letzten Jahren waren die Neuregelung der Telefonkommunikationsüberwachung und anderer verdeckter Maßnahmen (2008), das Opferrechtsreformgesetz (2009), neue Regelungen zur Verständigung im Strafverfahren (2009), Änderungen des Untersuchungshaftrechtes (2010), der Sicherungsverwahrung (2011) sowie die Stärkung des Schutzes von Vertrauensverhältnissen zu Rechtsanwälten (2011). Darüber hinaus sind wichtige Bereiche der polizeilichen Ermittlungstätigkeit – wie etwa im Zusammenhang mit der Vorratsdatenspeicherung – noch nicht abschließend geklärt.

Für den Lernenden wie für den Praktiker gilt es, mit dieser Entwicklung Schritt halten zu können, ohne die Übersicht über die komplexe Materie zu verlieren. Dazu bedarf es einer kompakten, anwendungsorientierten Darstellung, die auch notwendige Hintergrundinformationen zum Verständnis der Regelungen bereithält.

Nach der allgemeinen Einführung im 1. Teil widmet sich der 2. Teil in gebotener Kürze dem Gang des Strafverfahrens. In einem erweiterten Überblick werden in chronologischer Reihenfolge die wesentlichen Verfahrensstadien erläutert.

Im 3. Teil folgt die Darstellung der Eingriffsbefugnisse im Ermittlungsverfahren. Den Erläuterungen der Befugnisse sind schematische Darstellungen nebst Definitionen vorangestellt. Dies gewährleistet einen schnellen Überblick und gibt Orientierung für die juristische Prüfung strafprozessualer Maßnahmen. Die zahlreichen Vertiefungshinweise erleichtern das Selbststudium und sind Hilfen für Seminar-, Projekt- und Thesisarbeiten.

Lob, Kritik und Anregungen werden gerne entgegengenommen unter nimtz@gmx.de.

Köln, im September 2012

Holger Nimtz

Inhaltsübersicht

Vorwort ... 5

Abkürzungen/Literatur ... 11

1. Teil Einführung

1 Strafprozessrecht als Teil der Rechtswissenschaft ... 21
1.1 Rechtsquellen ... 22
1.2 Funktionen ... 25

2 Verfahrensprinzipien ... 26

3 Jugendstrafverfahren ... 28

4 Ordnungswidrigkeitenverfahren ... 31

2. Teil Gang des Strafverfahrens

1 Ermittlungsverfahren ... 40
1.1 Strafverfolgungspflicht – Einleitung des Ermittlungsverfahrens ... 40
1.2 Beteiligte ... 43
1.2.1 Verdächtiger – Beschuldigter ... 43
1.2.2 Staatsanwaltschaft und Polizei ... 45
1.2.3 Verteidigung ... 48
1.3 Durchführung des Ermittlungsverfahrens ... 49
1.4 Abschluss des Ermittlungsverfahrens ... 49

2 Zwischenverfahren ... 52
2.1 Zuständigkeiten der Gerichte ... 52
2.2 Durchführung des Zwischenverfahrens ... 53
2.3 Abschluss des Zwischenverfahrens ... 53

3 Hauptverfahren ... 54
3.1 Vorbereitung der Hauptverhandlung ... 54
3.2 Hauptverhandlung ... 54
3.2.1 Beteiligte ... 55
3.2.2 Ablauf ... 56
3.2.3 Beweisaufnahme ... 56

3.2.4 Beweisverbote ... 65
3.2.5 Absprachen im Strafprozess ... 68
3.3 Das Urteil ... 68

4 Vollstreckungsverfahren ... 70

5 Rechtsbehelfsverfahren ... 71
5.1 Rechtsbehelfe gegen Eingriffsmaßnahmen von Staatsanwaltschaft und Polizei .. 73
5.2 Beschwerde nach §§ 304 ff. StPO ... 74
5.3 Berufung nach §§ 312 ff. StPO ... 75
5.4 Revision nach §§ 333 ff. StPO ... 76

6 Besondere Verfahrensarten ... 77
6.1 Beschleunigte Verfahren, §§ 417 ff. StPO ... 77
6.2 Strafbefehlsverfahren, §§ 407 ff. StPO ... 77
6.3 Privatklageverfahren, §§ 374 ff. StPO ... 78
6.4 Adhäsionsverfahren, §§ 403 ff. StPO ... 79
6.5 Nebenklage, §§ 395 ff. StPO ... 80

3. Teil Eingriffsbefugnisse

1 Der strafprozessuale Grundrechtseingriff ... 83
1.1 Repressives Handeln von Staatsanwaltschaft und Polizei ... 84
1.2 Prüfung strafprozessualer Grundrechtseingriffe ... 85
1.2.1 Rechtsgrundlage ... 85
1.2.2 Formelle Rechtmäßigkeit ... 87
1.2.3 Materielle Rechtmäßigkeit ... 88
1.3 Zwangsweise Durchsetzung strafprozessualer Maßnahmen ... 91
1.4 Prüfungsschemata ... 92

2 Offene Datenerhebung ... 94
2.1 Identitätsfeststellung beim Verdächtigen, § 163b Abs. 1 StPO ... 95
2.2 Identitätsfeststellung beim Unverdächtigen, § 163b Abs. 2 StPO ... 99
2.3 Kontrollstelle, § 111 StPO ... 102
2.4 Ermittlungsgeneralkausel, §§ 161, 163 Abs. 1 S. 2 StPO ... 105
2.5 Beschuldigtenvernehmung, § 163a Abs. 1 u. 4 i. V. m. § 136 StPO ... 108
2.6 Zeugenvernehmung, § 163 Abs. 3 StPO ... 115
2.7 Erkennungsdienstliche Behandlung, § 81b StPO ... 121
Übersicht: Offene Datenerhebung ... 124

3 Verdeckte Datenerhebung 126
3.1 Längerfristige Observation, § 163f StPO 127
3.2 Einsatz technischer Mittel zu Observationszwecken, § 100h StPO 132
3.3 Akustische Wohnraumüberwachung, §§ 100c – e StPO 136
3.4 Akustische Überwachung außerhalb von Wohnungen, § 100f StPO 141
3.5 Telekommunikationsüberwachung, §§ 100a, b StPO 146
3.6 Erhebung von Verkehrsdaten, § 100g StPO 153
3.7 Einsatz eines „IMSI-Catchers", 100i StPO 159
3.8 Datenabgleich, § 98c StPO 164
3.9 Polizeiliche Beobachtung, § 163e StPO 166
3.10 Rasterfahndung, §§ 98a, b StPO 169
3.11 Netzfahndung, § 163d StPO 173
3.12 Einsatz Verdeckter Ermittler, §§ 110a – c StPO 176
Übersicht: Verdeckte Datenerhebung 182

4 Durchsuchung 186
4.1 Durchsuchung beim Verdächtigen, §§ 102, 105 StPO 187
4.2 Durchsuchung beim Unverdächtigen, §§ 103, 105 StPO 192
Übersicht: Durchsuchung 196

5 Körperliche Untersuchung 197
5.1 Körperliche Untersuchung des Beschuldigten, § 81a StPO 198
5.2 Körperliche Untersuchung anderer Personen, § 81c StPO 203
Übersicht: Körperliche Untersuchung 206

6 Molekulargenetische Untersuchung 207
6.1 DNA-Untersuchung, §§ 81e, f StPO 208
6.2 DNA-Untersuchung zu erkennungsdienstlichen Zwecken, § 81g StPO 211
6.3 DNA- Reihenuntersuchung, § 81h StPO 214
Übersicht: Molekulargenetische Untersuchung 217

7 Sicherstellung und Beschlagnahme 218
7.1 Sicherstellung und Beschlagnahme von Beweismitteln, §§ 94 Abs. 1 und 2, 98 StPO 219
7.2 Sicherstellung und Beschlagnahme von Führerscheinen, §§ 94 Abs. 3, 111a StPO 225
7.3 Beschlagnahme von Einziehungsgegenständen, §§ 111b, e StPO 230

7.4 Beschlagnahme von Verfallsgegenständen
Beschlagnahme zur Rückgewinnungshilfe,
§§ 111b, e StPO i. V. m. § 73 StGB ... 235
Übersicht: Sicherstellung und Beschlagnahme ... 241

8 Festnahme und Vollstreckung von Haftbefehlen ... 243
8.1 Vorläufige Festnahme durch jedermann, § 127 Abs. 1 StPO ... 245
8.2 Vorläufige Festnahme zur Untersuchungshaft,
§ 127 Abs. 2 i. V. m. §§ 112, 112a StPO ... 248
8.3 Vorläufige Festnahme zur einstweiligen Unterbringung
§ 127 Abs. 2 i. V. m. § 126a StPO ... 253
8.4 Vorläufige Festnahme zur Hauptverhandlungshaft, § 127b StPO ... 255
8.5 Festnahme bei Störung einer Amtshandlung, § 164 StPO ... 258
8.6 Vollstreckung von Haftbefehlen ... 260
Übersicht: Festnahme und Vollstreckung von Haftbefehlen ... 263

9 Sicherheitsleistung ... 264
9.1 Allgemeine Sicherheitsleistung, § 132 StPO ... 265
9.2 Sicherheitsleistung zur Abwendung der Festnahme, § 127a StPO ... 269
Übersicht: Sicherheitsleistung ... 272

Stichwortverzeichnis ... 273

Abkürzungen/Literatur

a.A.	andere Ansicht
a. a. O.	am angegebenen Ort
Abk.	Abkürzung
abl.	ablehnend
Abs.	Absatz
abw.	abweichend
Ackermann/Clages/Roll	Ackermann, Rolf/Clages, Horst/Roll, Holger, Handbuch der Kriminalistik, 4. Auflage, 2011 (zitiert mit Bearbeiter)
AG	Amtsgericht
AGVwGO	Ausführungsgesetz zur Verwaltungsgerichtsordnung
Alt.	Alternative
Anl.	Anlage
AO	Abgabenordnung
Artkämper	Artkämper, Heiko, Polizeibeamte als Zeugen vor Gericht, Lehr- und Studienbriefe Kriminalistik/Kriminologie Band 7, 2. Auflage, Hilden 2011
Aufl.	Auflage
AV	Allgemeinverfügung
BayObLG	Bayerisches Oberstes Landesgericht
BB	Betriebsberater, Zeitschrift (zitiert nach Jahr und Seite)
Beulke	Beulke, Werner, Strafprozessrecht, 11. Auflage, Heidelberg 2010
Bd.	Band
BGB	Bürgerliches Gesetzbuch i. d. F. v. 2.1.2002, zuletzt geändert 10.5.2012
BGBl.	Bundesgesetzblatt
BGH	Bundesgerichtshof
BGHSt	Entscheidungen des Bundesgerichtshofs in Strafsachen (zitiert nach Band und Seite)
BPolG	Gesetz über die Bundespolizei (Bundespolizeigesetz) i. d. F. v. 10.10.1994, zuletzt geändert 21.7.2012
BT-Drs	Bundestagsdrucksache
BtMG	Gesetz über den Verkehr mit Betäubungsmitteln (Betäubungsmittelgesetz) i. d. F. v. 1.3.1994, zuletzt geändert 11.5.2011

BRAO	Bundesrechtsanwaltsordnung i. d. F. v. 6.12.2011
BVerfG	Bundesverfassungsgericht
BVerfGE	Entscheidungen des Bundesverfassungsgerichts (zitiert nach Band und Seite)
BVerwG	Bundesverwaltungsgericht
BZRG	Gesetz über das Zentralregister und der Erziehungsregister (Bundeszentralregistergesetz) i. d. F. v. 21.9.1984, zuletzt geändert 15.12.2011
CR	Computer und Recht, Zeitschrift (zitiert nach Jahr und Seite)
d.	des
de	Deutschland
DNA	Desoxyribonukleinsäure
DJZ	Deutsche Juristenzeitung, Zeitschrift (zitiert nach Jahr und Seite)
DRiG	Deutsches Richtergesetz i. d. F. v. 19.4.1972, zuletzt geändert 6.12.2011
DuD	Datenschutz und Datensicherheit, Zeitschrift (zitiert nach Jahr und Seite)
Einl.	Einleitung
EG	Europäische Gemeinschaft
EGGVG	Einführungsgesetz zum Gerichtsverfassungsgesetz, zuletzt geändert 7.12.2011
E-Mail	electronic mail
EMRK	Konvention zum Schutze der Menschenrechte und Grundfreiheiten (Europäische Menschenrechtskonvention), zuletzt geändert 1.6.2010
ErmPers.	Ermittlungsperson
f., ff.	folgende Seite(n)
Fi., Fischer	Fischer, Thomas, Strafgesetzbuch und Nebengesetze, 59. Auflage, München 2012
Fn.	Fußnote
G 10	Gesetz zur Beschränkung des Brief-, Post- und Fernmeldegeheimnisses i. d. F. v. 26.6.2001, zuletzt geändert 7.12.2011

GA	Goltdammers Archiv für Strafrecht, Zeitschrift (zitiert nach Jahr und Seite)
GewSchG	Gesetz zum zivilrechtlichen Schutz vor Gewalttaten und Nachstellungen (Gewaltschutzgesetz) i. d. F. v. 11.12.2001
GG	Grundgesetz für die Bundesrepublik Deutschland i. d. F. v. 21.7.2010
GiV	Gefahr im Verzug
GPS	Global Positioning System
GS	Großer Senat
GVG	Gerichtsverfassungsgesetz i. d. F. v. 7.12.2011
HB	Haftbefehl
HdP	Lisken, Hans/Denninger, Erhard, Handbuch des Polizeirechts, 5. Auflage, 2012 (zitiert mit Kapitel und Bearbeiter)
h. M.	herrschende Meinung
i. d. F.	in der Fassung
IM	Innenministerium
IMEI	International Mobile Equipment Identity
IMSI	International Mobile Subscriber Identity
IP	Internet Protocol
IRG	Gesetz über die internationale Rechtshilfe in Strafsachen i. d. F. v. 27.6.1994, zuletzt geändert 18.10.2010
i. V. m	in Verbindung mit
i. S. d.; i. S. v	im Sinne des (von)
JA	Juristische Arbeitsblätter, Zeitschrift (zitiert nach Jahr und Seite)
Jarass/Pieroth	Jarass, Hans, D./Pieroth, Bodo, Grundgesetz für die Bundesrepublik Deutschland, 11. Auflage 2011
JGG	Jugendgerichtsgesetz i. d. F. v. 11.12.1974, zuletzt geändert 6.12.2011
JM	Justizminister
Joecks	Joecks, Wolfgang, Studienkommentar Strafprozessrecht, 3. Auflage 2011
JR	Juristische Rundschau, Zeitschrift (zitiert nach Jahr und Seite)
JMBl.	Mitteilungsblatt der Justiz

JURA	Juristische Ausbildung, Zeitschrift (zitiert nach Jahr und Seite)
JuS	Juristische Schulung, Zeitschrift für Studium und Ausbildung (zitiert nach Jahr und Seite)
JVEG	Gesetz über die Vergütung von Sachverständigen, Dolmetscherinnen, Dolmetschern, Übersetzerinnen und Übersetzern sowie die Entschädigung von ehrenamtlichen Richterinnen, ehrenamtlichen Richtern, Zeuginnen, Zeugen und Dritten (Justizvergütungs- und -entschädigungsgesetz) i. d. F. v. 30.7.2009
JZ	Juristenzeitung, Zeitschrift (zitiert nach Jahr und Seite)
Kirkpatrick	Kirkpatrick, David Ryan, Der Einsatz von Verdeckten Ermittlern, 2011 (zitiert nach Seite)
KJ	Kritische Justiz, Zeitschrift (zitiert nach Jahr und Seite)
Klesczewski	Klesczewski, Diethelm, Strafprozessrecht, 2007
Kramer	Kramer, Bernhard, Grundbegriffe des Strafverfahrensrechts, 7. Auflage, 2009
Krey/Heinrich	Krey, Volker/Heinrich, Manfred, Strafrecht Band 1, 15. Auflage, 2012
Kühne	Kühne, Hans-Heiner, Strafprozessrecht, 8. Auflage, 2010
KV	Körperverletzung
LG	Landgericht
Lit.	Literatur
Meyer-Goßner	Meyer-Goßner, Lutz, Strafprozessordnung, 55. Auflage, 2012
MDR	Monatsschrift für deutsches Recht (zitiert nach Jahr und Seite)
MMS	Multimedia Messaging Service
MMR	Multimedia und Recht, Zeitschrift (zitiert nach Jahr und Seite)
m. W. n.	mit weiteren Nachweisen
Nimtz	Nimtz, Holger, Die Strafprozessuale Observation nach dem Strafverfahrensänderungsgesetz 1999, Dissertation 2002 (zitiert nach Seite)
NJW	Neue Juristische Wochenschrift (zitiert nach Jahr und Seite)
NoeP	Nicht offen ermittelnder Polizeibeamter
Nr.	Nummer
NRW	Nordrhein-Westfalen

NStZ	Neue Zeitschrift für Strafrecht (zitiert nach Jahr und Seite)
NStZ-RR	NStZ- Rechtsprechungsreport
NZV	Neue Zeitschrift für Verkehrsrecht (zitiert nach Jahr und Seite)
obj.	objektiv (e)
OLG	Oberlandesgericht
OrgStA	Anordnung über Organisation und Dienstbetrieb der Staatsanwaltschaft
OWi	Ordnungswidrigkeit
OWiG	Gesetz über Ordnungswidrigkeiten i. d. F. v. 19.2.1987, zuletzt geändert 29.7.2009
PDV	Polizeidienstvorschrift
PflVersG	Gesetz über die Pflichtversicherung für Kraftfahrzeughalter (Pflichtversicherungsgesetz) 5.4.1965, zuletzt geändert 6.12.2011
PIN	Persönliche Identifikationsnummer
PK	Polizeikommissar
PKW	Personenkraftwagen
PolG	Polizeigesetz
POG	Polizeiorganisationsgesetz
PSP	Polizei, Studium, Praxis, Zeitschrift (zitiert nach Ausgabe und Seite)
PUK	Personal Unblocking Key
RdErl.	Runderlass
RG	Reichsgericht
RGSt	Entscheidungen des Reichsgerichts in Strafsachen (zitiert nach Band und Seite)
RiStBV	Richtlinien für das Strafverfahren und Bußgeldverfahren i. d. F. v. 1.1.1977, zuletzt geändert 1.4.2012
Rn.	Randnummer(n)
Roxin/Schünemann	Roxin, Claus/Schünemann, Bernd, Strafverfahrensrecht, 27. Auflage, 2012
RPflStud	Rechtspfleger Studienhefte, Zeitschrift (zitiert nach Jahr und Seite)
Rspr.	Rechtsprechung
s.	siehe
S.	Seite

SIM	Subscriber Identity Module
SK	Systematischer Kommentar zur Strafprozessordnung, Bände 1 und 2, 4. Auflage, 2012 (zitiert mit Bearbeiter)
SMS	Short Message Service
SchAG NRW	Gesetz über das Schiedsamt in den Gemeinden des Landes Nordrhein-Westfalen (Schiedsamtsgesetz) i. d. F. v. 25.2.2012
SGB	Sozialgesetzbuch
StA	Staatsanwaltschaft
StGB	Strafgesetzbuch i. d. F. v. 13.11.1998, zuletzt geändert 25.6.2012
StPO	Strafprozessordnung i. d. F. v. 7.4.1987, zuletzt geändert 22.12.2011
stRspr	ständige Rechtsprechung
str.	streitig
StrFO	Strafverteidigerforum, Zeitschrift (zitiert nach Jahr und Seite)
StrEG	Gesetz über die Entschädigung von Strafverfolgungsmaßnahmen i. d. F. v. 8.3.1971, zuletzt geändert 8.12.2010
StV	Strafverteidiger, Zeitschrift (zitiert nach Jahr und Seite)
StVG	Straßenverkehrsgesetz i. d. F. v. 5.3.2003, zuletzt geändert 22.12.2011
StVO	Straßenverkehrsordnung i. d. F. v. 16.11.1970, zuletzt geändert 1.12.2010
StVollzG	Gesetz über den Vollzug der Freiheitsstrafe und freiheitsentziehenden Maßregeln der Besserung und Sicherung (Strafvollzugsgesetz) i. d. F. v. 16.3.1976, zuletzt geändert 29.7.2009
SVR	Straßenverkehrsrecht, Zeitschrift (zitiert nach Jahr und Seite)
Theisen	Theisen, Rolf-Dieter/Vesper, Christel, Ordnungswidrigkeitenrecht, 9. Auflage, 2010
TK	Telekommunikation
TKG	Telekommunikationsgesetz i. d. F. v. 22.7.2004, zuletzt geändert 3.5.2012
TKÜ	Telekommunikationsüberwachung
v.	von, vom
Var.	Variante
VE	Verdeckter Ermittler

vgl.	vergleiche
Vorbem.	Vorbemerkungen
VP	Vertrauensperson
VwGO	Verwaltungsgerichtsordnung i. d. F. v. 19.3.1991, zuletzt geändert 21.7.2012
VwVfG	Verwaltungsverfahrensgesetz i. d. F. v. 23.1.2003, zuletzt geändert 14.8.2009
wistra	Zeitschrift für Wirtschaft, Steuer, Strafrecht (zitiert nach Jahr und Seite)
W-Beulke	Wessels, Johannes/Beulke, Werner, Strafrecht Allgemeiner Teil, 41. Auflage 2011
W-LAN	Wireless Local Area Network
www.	World Wide Web
ZPO	Zivilprozessordnung i. d. F. v. 5.12.2005, zuletzt geändert am 21.7.2012
zust.	zustimmend
ZStW	Zeitschrift für die gesamte Strafrechtswissenschaft (zitiert nach Band [Jahr] und Seite)

1. Teil

Einführung

1 Strafprozessrecht als Teil der Rechtswissenschaft

Materielles und formelles Strafrecht

Strafrecht im weiteren Sinne umfasst materielle und formelle Regelungen. Beim materiellen Strafrecht geht es um die Frage, *welches Verhalten strafbar ist* und *welche (Rechts-)folge* ein Verstoß gegen Strafrechtsnormen nach sich ziehen kann. Dabei kann Folge der Straftat nach dem dualistischen System einerseits eine Strafe, aber auch eine sogenannte Maßregel der Besserung und Sicherung sein. 1

Das materielle Strafrecht zielt also ab auf die Straftatbestände und die möglichen Folgen von Verstößen.

Das formelle Strafrecht enthält Regelungen, *ob* und *auf welche Weise* das rechtsstaatliche Strafverfahren betrieben wird. Es dient somit der Verwirklichung des Strafanspruches des Staates, der sich aus dem materiellen Recht ergibt. Mithilfe des formellen Strafrechts wird das materielle Recht im Einzelfall verwirklicht. 2

> **Beispiel**
> T hat in einem Kaufhaus ein Buch eingesteckt und damit – ohne es zu bezahlen – den Kassenbereich durchquert. Als er vom Detektiv darauf angesprochen wird, kommt es zu einem Gerangel, da T fliehen will. Er kann jedoch durch das beherzte Eingreifen des Detektivs festgehalten werden, wodurch T erheblich verletzt wird. Die herbeigerufenen Polizeibeamten nehmen T vorläufig fest.
>
> Im weiteren Verlauf des Verfahrens werden durch Kriminalbeamte Zeugen vernommen, die Staatsanwaltschaft erhebt Anklage gegen T beim zuständigen Amtsgericht.
>
> Der Amtsrichter verurteilt den einschlägig vorbestraften T am Ende einer Gerichtsverhandlung zu einer Geldstrafe.

Ob T sich nach rechtlichen Gesichtspunkten eines (räuberischen) Diebstahls (§§ 242, 252 StGB), einer Körperverletzung (§ 223 StGB), eines Hausfriedensbruchs (§ 123 StGB) oder/und einer Nötigung (§ 240 StGB) strafbar gemacht hat, sind Fragen des materiellen Rechts. Ebenso verhält es sich mit einer möglichen Strafbarkeit des Detektivs wegen Freiheitsberaubung (§ 239 StGB) oder Körperverletzung (§ 223 StGB).
Die Regelungen über die vorläufige Festnahme (§ 127 i. V. m. § 112 StPO), Zeugenvernehmung (§ 163 Abs. 3 StPO), Anklageerhebung (§ 170 Abs. 1 StPO) und die Gerichtsverhandlung (§§ 226 ff. StPO) sind Bereiche des formellen Rechts.

Das materielle Strafrecht ist primär im Strafgesetzbuch, das formelle Strafrecht in der Strafprozessordnung niedergelegt.

Übersicht

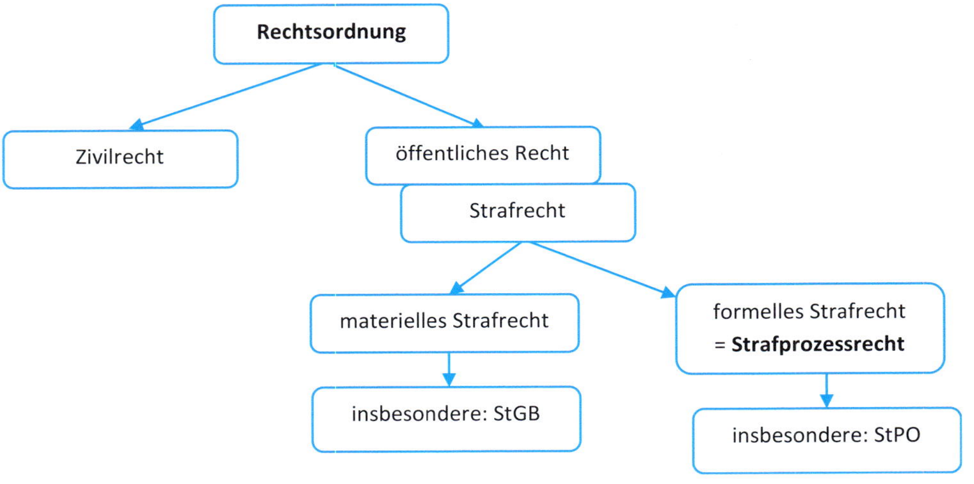

1.1 Rechtsquellen

Strafprozessordnung, Gerichtsverfassungsgesetz und Jugendgerichtsgesetz

3 Das Strafprozessrecht ist primär in der Strafprozessordnung geregelt. Darüber hinaus bestehen Regeln über Aufbau und Zuständigkeiten der Gerichte und der Staatsanwaltschaft im Gerichtsverfassungsgesetz (GVG). Für das Strafverfahren gegen Jugendliche (14–18 Jahre) und Heranwachsende (18–21 Jahre) gilt grundsätzlich auch das allgemeine Strafprozessrecht, es wird durch das Jugendgerichtsgesetz (JGG) als spezielle Regelung ergänzt.[1]

Beispiel
Der 23-jährige T und der 17-jährige K begingen zusammen einen Tankstellenüberfall mittels Schusswaffe. Sie machten sich damit strafbar gemäß §§ 249, 250 Abs. 2 Nr. 1, 25 Abs. 2 StGB (materielles Strafrecht). Das Strafverfahren gegen T bestimmt sich nach den Regelungen der Strafprozessordnung, für das Strafverfahren gegen K gilt ergänzend das Jugendgerichtsgesetz (formelles Strafrecht).

EMRK

4 Die Europäische Menschenrechtskonvention des Europarates vom 4.11.1950 hat in Deutschland den Rang eines Bundesgesetzes. Sie enthält einen Katalog von Grundrechten und Menschenrechten. Dazu sind eine Reihe von verfahrensrechtlichen Regelungen, wie der Grundsatz „in dubio pro reo“ (Art. 2 Abs. 2 EMRK), verankert.[2] Seit 1998 kann jeder Einzelne gegen eine Verletzung seiner Rechte aus der Konvention Beschwerde führen. Materiell rechtliche Regelungen enthält die Menschenrechtskonvention nicht.

1 Vgl. zum Jugendstrafverfahren Rn. 16 ff.
2 Vgl. dazu Rn. 14.

Internationaler Pakt über bürgerliche und politische Rechte (IPBPR)

Dort sind Regelungen mit Bezug zum Strafverfahren enthalten. Insbesondere ist dort der in Deutschland nicht explizit geregelte Nemo-tenetur-Grundsatz in Art. 14 Abs. 3 IPBPR normiert, wonach kein Angeklagter gezwungen werden darf, gegen sich selbst als Zeuge auszusagen oder sich schuldig zu bekennen. 5

Recht der Europäischen Union

Soweit transnationales Recht – wie etwa das Recht der Europäischen Gemeinschaft – strafrechtliche Belange regelt, geht es bundesdeutschen Regelungen vor, sobald es vom nationalen Gesetzgeber in nationales Recht umgesetzt ist. Aber die Europäische Union hat selbst bisher keine ausdrückliche Befugnis, Strafgesetze zu erlassen.[3] Jedoch sind seit dem Vertrag vom Amsterdam im Jahre 1999 verstärkt Bemühungen um ein europäisches Strafrecht festzustellen. Strafrecht steht mitten in einem „dynamischen Prozess der Europäisierung“ [4]. 6

Strafverfahrensrechtliche Regelungen sind aber bereits seit 1990 enthalten im Schengener Durchführungsübereinkommen (SDÜ), welches vorrangig den schrittweisen Abbau von Grenzkontrollen durch das Schengener Übereinkommen von 1985 regelt. Im Titel III des SDÜ („Polizei und Sicherheit“) ist die polizeiliche Zusammenarbeit normiert. Neben präventivpolizeilichen Regelungen finden sich in Art. 40 und 41 SDÜ auch strafprozessuale Regelungen.

Gemäß Art. 40 SDÜ wird der Polizei einer Vertragspartei erlaubt, eine im Rahmen eines Ermittlungsverfahrens observierte Person, die in einen anderen Vertragsstaat einreist, auch nach dem Grenzübertritt weiter zu beobachten.[5] Dieses Ermittlungsverfahren muss besonderer Qualität sein, es müsste auch die Auslieferung des Beschuldigten zulassen.

Nach Art. 41 SDÜ ist die Nacheile einer Person, die sich der Festnahme durch Flucht entziehen will, zulässig. Während § 167 GVG die Nacheile innerhalb Deutschlands bundeslandübergreifend zulässt, regelt Art. 41 SDÜ die Verfolgung über Deutschlands Außengrenzen hinaus in die Vertragsstaaten. Vorausgesetzt wird bei einer Verfolgung nach Dänemark, Frankreich und der Schweiz, dass der Nacheile der Verdacht einer in Art. 41 Abs. 4 lit. a SDÜ abschließend aufgezählten, schweren Katalogstraftat zugrunde liegt. Demgegenüber ist eine Nacheile nach Belgien, Niederlande und Österreich immer dann möglich, wenn wegen der Tat auch ausgeliefert werden könnte.

Grundgesetz

Fundament des Strafverfahrens sind die im Grundgesetz niedergelegten Grundrechte und das Rechtsstaatsprinzip. Sie sind Grundlage insbesondere für den Verhältnismäßigkeitsgrundsatz.[6] Des Weiteren sind wichtige Justizgrundrechte in den Art. 101, 103, 104 GG normiert. 7

3 W-Beulke, Rn. 77a.
4 W-Beulke, Rn. 77b m. w. N.
5 Instruktiv dazu HdP Kapitel O-Mokros, Rn. 161 ff.
6 Vgl. Rn. 14.

Strafgesetzbuch und strafrechtliche Nebengesetze

8 Strafprozessrecht ist in Teilbereichen auch im Strafgesetzbuch geregelt, wie etwa die Strafantragsregelungen, §§ 77 ff. StGB oder die Strafverfolgungshindernisse. In einer Reihe von Verwaltungsgesetzen sind ebenfalls strafrechtliche Normen enthalten. Sie werden als strafrechtliche Nebengesetze bezeichnet. Darin werden Verstöße gegen die Bestimmungen des Gesetzes als Straftat geahndet. Diese Gesetze können sowohl Bundes- wie auch Landesrecht sein. Darin sind auch Regelungen enthalten, die im Hinblick auf eingriffsrechtliche Maßnahmen relevant sind.

Beispiel
Gemäß § 111b StPO i. V. m. § 33 Betäubungsmittelgesetz (BtMG) kann ein Beweismittel als Einziehungsgegenstand beschlagnahmt werden.

Sonstige

9 Weitere gesetzliche Regelungen über das Strafverfahren finden sich u. a. im

- Strafvollzugsgesetz (StVollzG), Untersuchungshaftvollzugsgesetz (UVollzG),
- Justizvergütungs- und -entschädigungsgesetz (JVEG),
- Gesetz über die Entschädigung von Strafverfolgungsmaßnahmen (StrEG),
- Bundeszentralregistergesetz (BZRG),
- Gesetz über die internationale Rechtshilfe in Strafsachen (IRG),
- Abgabenordnung (AO, für das Steuerstrafverfahren),
- Zivilprozessordnung (ZPO) in Bezug auf Zustellung (vgl. § 37 StPO).

Verwaltungsvorschriften

10 Die gesetzlichen Regelungen zum Strafverfahren werden ergänzt durch Verwaltungsvorschriften. Die wesentlichsten dabei sind die Richtlinien für das Straf- und Bußgeldverfahren (RiStBV) und die Mitteilungen in Strafsachen (MiStra).

1.2 Funktionen

Durch das Strafverfahren soll der Strafanspruch des Staates[7] festgestellt und durchgesetzt werde, dies jedoch bei Wahrung eines rechtsstaatlichen Verfahrens. Damit dient das Strafprozessrecht der Feststellung der Wahrheit durch ein besonderes Verfahren, um letztlich Gerechtigkeit herzustellen. Diese Funktionen stehen nicht selten in einem Widerspruch: Einerseits ist die funktionstüchtige Strafrechtspflege ein wesentliches Anliegen der Allgemeinheit. Das Bundesverfassungsgericht hat wiederholt die unabweisbaren Bedürfnisse einer wirksamen Strafverfolgung und Verbrechensbekämpfung[8] sowie das öffentliche Interesse an einer möglichst vollständigen Wahrheitsermittlung im Strafprozess – zur Überführung von Straftätern ebenso wie zur Entlastung Unschuldiger – betont.[9] Zudem hat es die wirksame Aufklärung gerade schwerer Straftaten als einen wesentlichen Auftrag eines rechtsstaatlichen Gemeinwesens gewürdigt und auf die Aufrechterhaltung einer funktionstüchtigen Rechtspflege abgehoben.[10] 11

Andererseits kann die Durchsetzung des Strafanspruches, damit Gerechtigkeit hergestellt wird, nicht ohne Einschränkung gelten. Es gibt keine Wahrheitserforschung um jeden Preis, bei aller Strafverfolgungstätigkeit sind rechtsstaatliche Grundsätze zu beachten. Es ist die große Herausforderung des Strafverfahrensrechtes, diese beiden gleichberechtigten Pole in einen angemessenen Ausgleich zu bringen. Damit dienen strafprozessuale Regelungen gerade auch dazu, dem Staat in seinen Bemühungen zur Aufklärung des Sachverhaltes rechtsstaatlich gebotene Schranken zu setzen. 12

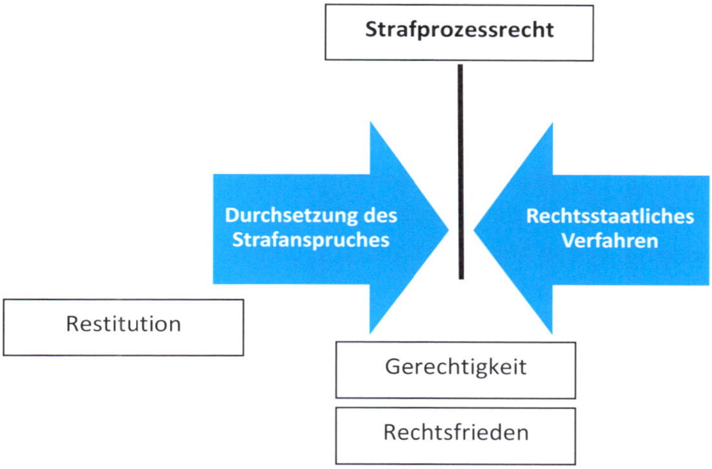

Schließlich tritt zunehmend die Restitutionsfunktion des Strafrechts durch Stärkung des Adhäsionsverfahrens in den Vordergrund.[11] Das Strafverfahren soll zunehmend auch die Wiedergutmachung und damit den Rechtsfrieden fördern. 13

7 BVerfGE 20, 45.
8 BVerfGE 19, 342 (347).
9 BVerfGE 31, 373.
10 BVerfGE 34, 238.
11 Vgl. zu Adhäsionsverfahren Rn. 134.

2 Verfahrensprinzipien

14 Zur Gewährleistung eines rechtsstaatlichen Verfahrens entwickelten sich eine Reihe von Verfahrensprinzipien:

- **Offizialprinzip, § 151 Abs. 1 StPO**

  Das Strafverfahren ist Sache des Staates, Straftaten werden von Amts wegen (lat.: ex officio) verfolgt. Die Staatsanwaltschaft hat das Anklagemonopol. Dieser Grundsatz steht in engem Zusammenhang mit dem Legalitätsprinzip: Wenn Straftaten von Amts wegen verfolgt werden, muss es auch eine Strafverfolgungspflicht ohne Ansehen der Person geben, um Gerechtigkeit zu gewährleisten. Ausnahme des Offizialprinzips ist die Verfolgung von leichten Vergehen, deren Unrechtsgehalt nicht über den Lebenskreis der Betroffenen hinausgeht. Sie werden im Privatklageverfahren verfolgt, vgl. Rn. 130.

- **Anklagegrundsatz (Akkusationsprinzip), § 151 Abs. 1 StPO**

  § 151 Abs. 1 StPO statuiert den Grundsatz: „Wo kein Kläger, da kein Richter". Dies trennt die verurteilende von der ermittelnden Instanz. Ein Gerichtsverfahren bedingt immer eine Anklage.

- **Unschuldsvermutung, Art. 6 Abs. 2 EMRK**

  Jeder gilt, bis zur Feststellung der Schuld in einem förmlichen Gerichtsverfahren, als unschuldig.

- **Nemo tenetur-Grundsatz (Beschuldigter muss sich nicht selbst belasten), Art. 14 Abs. 3 lit. g IPBPR**

  Der Grundsatz besagt, dass von niemandem verlangt werden kann, sich selbst schuldig zu bekennen oder gegen sich selbst als Zeuge auszusagen. Er ist in der Strafprozessordnung nicht verankert, hat aber in einigen Vorschriften, insbesondere im Schweigerecht bei § 136 StPO, seinen Niederschlag gefunden.

- **Legalitätsprinzip, §§ 152 Abs. 2, 163 Abs. 1, 170 Abs. 1 StPO**

  Polizei und Staatsanwalt sind bei einem Anfangsverdacht verpflichtet, Straftaten zu verfolgen. Den Gegensatz dazu bildet das Opportunitätsprinzip, das bei der Gefahrenabwehr und der Verfolgung von Ordnungswidrigkeiten gilt. Kommt der Beamte dieser Pflicht nicht nach, droht eine Strafbarkeit wegen § 258a StPO (Strafvereitelung im Amt).

- **In-dubio-pro-reo-Grundsatz (Im Zweifel für den Angeklagten)**

  Die Grundregel ist nicht gesetzlich normiert, leitet sich aber aus dem Rechtsstaatsprinzip ab. Demnach kann eine Verurteilung nur erfolgen, wenn die Schuld nach der Überzeugung des Gerichts feststeht.

- **Gebot des fairen Verfahren, Art. 20 Abs. 3 GG, Art. 6 Abs. 1 EMRK**

  Der Grundsatz des fairen Verfahrens wird lediglich in Art. 6 Abs. 1 EMRK ausdrücklich erwähnt, zu seiner Begründung wird auf eine Gesamtschau der grundrechtlichen Gewährleistung in Verbindung mit dem Rechtsstaatsprinzip verwiesen.

- **Folterverbot Art. 3 EMRK, Art. 104 Abs. 1 S. 2 GG**
- **Verhältnismäßigkeitsprinzip**

  Dieser aus dem Rechtsstaatsprinzip hergeleitete Grundsatz besagt, dass strafprozessuale Maßnahmen immer geeignet, erforderlich und angemessen sein müssen. Die Belastung des Bürgers ist in Ansehung des Gewichtes der Strafverfolgungspflicht festzusetzen. Dabei darf der Grundrechtseingriff nicht erkennbar außer Verhältnis zur Strafverfolgungspflicht stehen.[12] Maßgebliche Kriterien sind dabei insbesondere die Art und Schwere des Tatverdachtes.
- **Konzentrationsmaxime (Beschleunigungsgebot), Art. 20 Abs. 3 GG, § 6 Abs. 1 EMRK[13]**

  Wie das gesamte Strafverfahren beschleunigt durchzuführen ist, so ist auch die Hauptverhandlung möglichst an einem Termin, jedenfalls in einer überschaubaren Zeit, durchzuführen. Durchbrechungen dieses Grundsatzes sind durch § 228 StPO (Aussetzung = Vertagung) und § 229 StPO (Unterbrechung) zugelassen. Bei der Vertagung muss die Hauptverhandlung gänzlich neu durchgeführt werden. Häufiger ist die Unterbrechung.
- **Instruktionsprinzip (Untersuchungsgrundsatz, Amtsermittlungsgrundsatz), § 244 Abs. 2 StPO**

  Dies bedeutet, dass der Strafprozess – anders als der Zivilprozess – geprägt ist von Ermittlungen von Amts wegen. Der Richter hat die Aufgabe, durch die Hauptverhandlung die Wahrheit zu ermitteln. Der Prozessstoff steht nicht zur Disposition der Beteiligten, der Strafprozess ist kein Parteienprozess.[14]

Die Hauptverhandlung orientiert sich darüber hinaus zusätzlich an folgenden Grundsätzen, siehe dazu Rn. 70: 15

- Grundsatz der Unmittelbarkeit, § 250 S. 2 StPO
- Mündlichkeitsgrundsatz, §§ 261, 264 StPO
- Öffentlichkeitsgrundsatz, § 169 GVG, Art. 6 Abs. 1 EMRK
- Grundsatz des rechtlichen Gehörs, Art. 103 Abs. 1 GG
- Recht auf unabhängigen, gesetzlichen Richter, Art. 101 GG
- Grundsatz der freien richterlichen Beweiswürdigung, § 261 StPO

12 BVerfGE 30, 1: vgl. ausführlich auch Rn. 160.
13 Vgl. dazu BGH StV 2009, 241 (Verstoß gegen Beschleunigungsgebot bei mehrfacher Urteilsaufhebung).
14 So aber das zivilrechtliche Gerichtsverfahren.

3 Jugendstrafverfahren

Übersicht

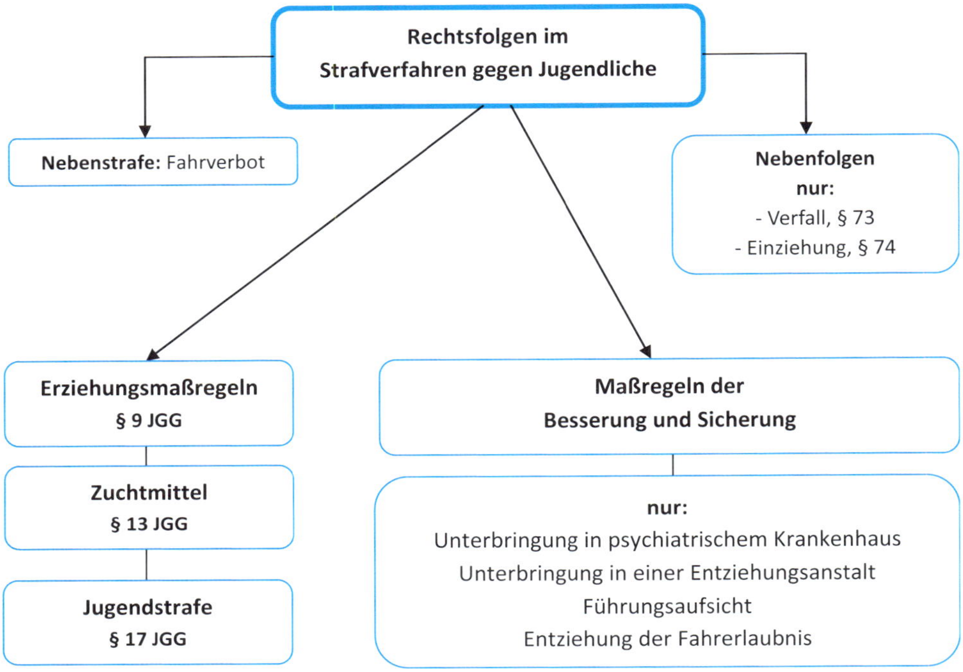

Überblick

16 Das Jugendstrafverfahren ist geprägt vom Erziehungsgedanken. Die rasante persönliche Entwicklung, die Jugendliche mitmachen, führt nicht selten zu entwicklungsbedingtem Fehlverhalten. Es fehlt oft noch die Verinnerlichung von gesellschaftlichen Werten und Normen. Darauf angemessen zu reagieren, ist Ziel des Jugendgerichtsgesetzes. Es enthält ein spezielles Rechtsfolgesystem für Jugendliche und ergänzt bzw. modifiziert die Regeln der Strafprozessordnung.

Anwendungsbereich

17 Jugendliche sind Personen, die das 14., aber noch nicht das 18. Lebensjahr vollendet haben, § 1 Abs. 2 JGG. Auf Heranwachsende (18–21 Jahre) findet das Jugendgerichtsgesetz ebenfalls, aber eingeschränkt Anwendung. Bei ihnen sind nach der gesetzlichen Wertung des § 105 JGG grundsätzlich die Sanktionen des Strafgesetzbuches wie bei den übrigen Erwachsenen anzuwenden. Gemäß § 105 Abs. 1 JGG ist bei der Ahndung der Tat Jugendstrafrecht anzuwenden, wenn

→ die Gesamtwürdigung der Person unter Berücksichtigung der Umweltbedingungen festgestellt wird, dass der Täter zur Tatzeit nach seiner Entwicklung einem Jugendlichen gleichstand oder

→ es sich nach Art, Umständen oder Motiv um eine Jugendverfehlung handelt. Eine solche Reifeverzögerung ist anzunehmen, wenn der Täter noch prägbar ist und „Entwicklungskräfte noch in größerem Umfang wirksam werden können".[15]

Besonderheiten des Jugendstrafverfahrens

Das Jugendstrafverfahren verläuft grundsätzlich wie das Verfahren gegen Erwachsene. Aufgrund des Zweckgedankens und der besonderen Schutzbedürftigkeit von Jugendlichen weist das Jugendstrafverfahren aber eine Reihe von verfahrensrechtlichen Besonderheiten auf: 18

- Jugendstaatsanwalt ermittelt, § 36 JGG
- Jugendgerichte entscheiden, §§ 33 ff. JGG
- Einbeziehung der Jugendgerichtshilfe, § 38 JGG
- Jugendrichter ist Vollstreckungsleiter, § 82 JGG
- Diversion, §§ 45, 47 JGG (Ahndung ohne förmliches Verfahren)[16]
- Möglichkeit des vereinfachten Jugendverfahrens, §§ 76–78 JGG
- Pflichtverteidiger, § 68 JGG
- Einschränkungen bei Untersuchungshaft, §§ 71–72a JGG
- Nichtöffentlichkeit der Hauptverhandlung, § 48 JGG
- Anwesenheitsantragstellung, Fragerechte der Erziehungsberechtigten, § 67 JGG
- Absehen von Auferlegung der Gerichtskosten, § 74 JGG
- Verbot der Privat- und Nebenklage, § 80 Abs. 1 S. 1, Abs. 3 JGG
- eingeschränktes Rechtsmittelverfahren, § 55 JGG
- Eintragungen ins Erziehungsregister, §§ 59 ff. BZRG

Sanktionen im Jugendstrafverfahren

Neben den verfahrensrechtlichen Abweichungen weist das Jugendgerichtsgesetz gegenüber dem Erwachsenenstrafverfahren auch ein anderes Sanktionssystem auf. Zu unterscheiden sind Erziehungsmaßregeln, Zuchtmittel und Jugendstrafe. 19

- **Erziehungsmaßregeln, §§ 9 ff. JGG**

  Erziehungsmaßregeln haben allein den Zweck, erkannte Erziehungsdefizite auszugleichen. Zu diesem Zweck können Weisungen erteilt oder die Anordnung erfolgen, Hilfe zur Erziehung anzunehmen. Letzteres spielt praktisch keine Rolle. Als Weisung können insbesondere Teilnahme an einem Anti-Aggressionstraining, Betreuungsweisung, oder auch Teilnahme am Verkehrsunterricht angeordnet werden, vgl. § 10 Abs. 1 JGG. Erfüllt der Jugendliche die Weisung nicht, kann gemäß § 11 Abs. 3 JGG Jugendarrest verhängt werden. 20

15 BGH NStZ 2004, 294 (295).

16 Nach den entsprechenden landesrechtlichen Diversionsrichtlinien, z. B. für Baden-Württemberg: Gemeinsame Richtlinien des Justizministeriums, des Innministeriums und des Sozialministeriums zur Förderung der Diversion bei jugendlichen und heranwachsenden Beschuldigten (Diversionsrichtlinie) vom 4.12.1097; für NRW: Richtlinien zur Förderung der Diversion im Jugendstrafverfahren (Diversionsrichtlinie) vom 1.2.1992 (JMBl. NW 1992, 451).

21 • **Zuchtmittel, §§ 13 ff. JGG**

Gegen die ganz überwiegende Zahl der Jugendlichen und Heranwachsenden werden Zuchtmittel verhängt.[17] Sie enthalten präventive und repressive Aspekte: Neben der Erziehung sollen sie dem Täter auch eindringlich das begangene Unrecht vor Augen führen. Sie haben die Funktion eines „Denkzettels". § 13 Abs. 2 JGG unterscheidet die zulässigen Zuchtmittel Verwarnung, Erteilung von Auflagen und Jugendarrest, also kurzzeitigen Freiheitsentzug.

22 • **Jugendstrafe, §§ 17 f. JGG**

Die schärfste Sanktion, Jugendstrafe, stellt entsprechend ihrem Wortsinn eine echte Strafe im Sinne des Schuldausgleichs dar. Sie darf nur verhängt werden, wenn

→ schädliche Neigungen vorliegen

Dies ist nach der Rechtsprechung zu bejahen, wenn erhebliche Anlage- oder Erziehungsmängel die Gefahr begründen, dass die Gemeinschaftsordnung ohne längere Gesamterziehung durch weitere Straftaten erheblich gestört wird.[18]

oder

→ Schwere der Schuld festgestellt wird.

Dies bestimmt sich in erster Linie nach dem Maß der persönlichen Schuld, also nach der Form der Schuld und dem Grad der Schuldfähigkeit.[19]

Die Strafrahmen des allgemeinen Strafrechts gelten nicht. Die Jugendstrafe darf grundsätzlich max. 5 Jahre betragen, wenn die Tat im Erwachsenenstrafrecht mit Höchststrafe von mehr als zehn Jahren angedroht ist, darf sie maximal 10 Jahre betragen.

17 Nach Hombrecher JA 2008, 452 ca. 80 % der Jugendlichen und 70 % der Heranwachsenden.
18 BGH NStZ 2002, 89.
19 Vgl. BGHSt 15, 224.

4 Ordnungswidrigkeitenverfahren

Übersicht

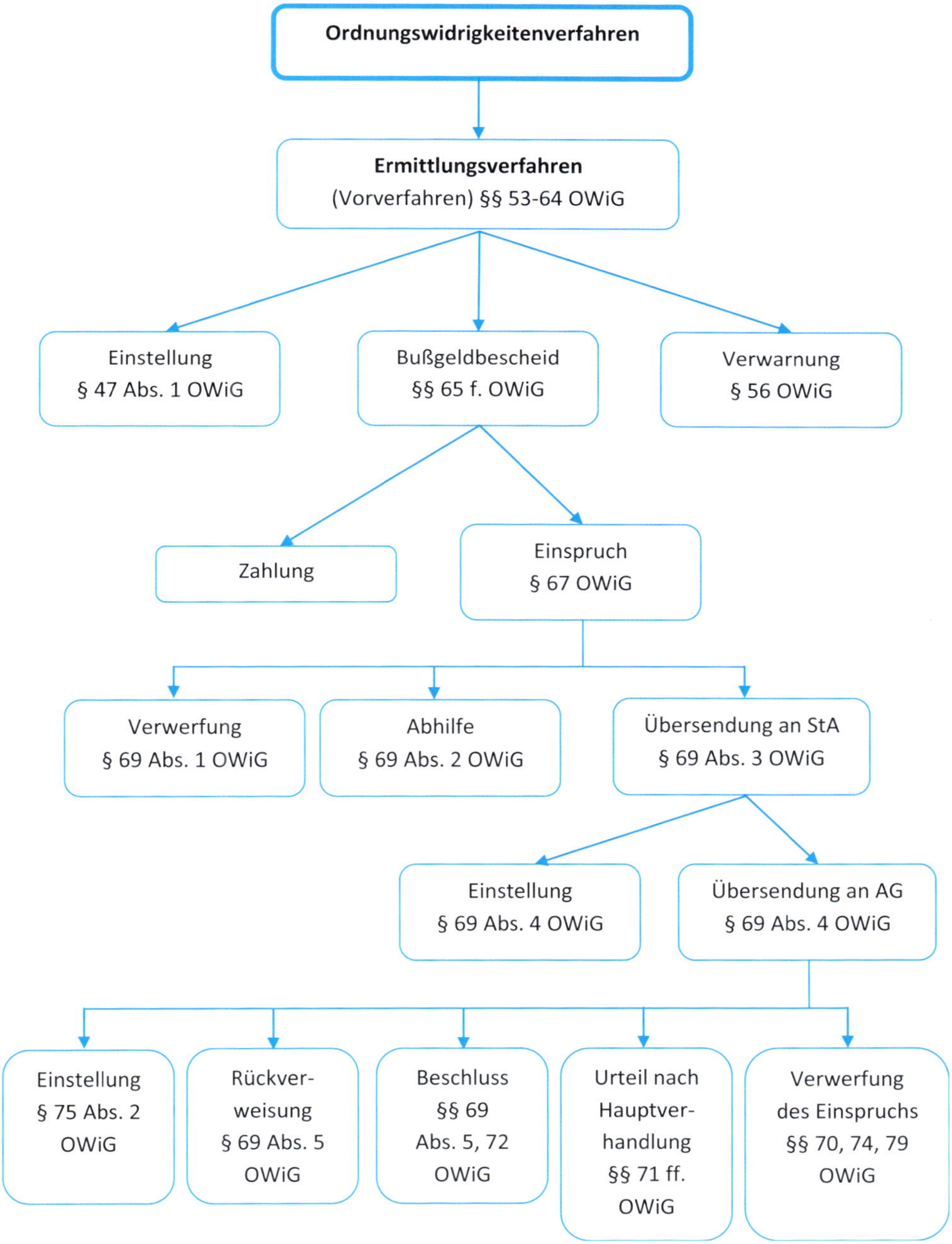

Überblick

23 Das Ordnungswidrigkeitenrecht ist ein Teilgebiet des Strafrechts im weiteren Sinne. Es gehört verfassungsrechtlich zum Bereich des Strafrechts, vgl. Art. 74 Abs. 1 Nr. 1 GG – Regelungskompetenz des Bundes. Es hat sich in Deutschland erst nach 1945 entwickelt und ist aus dem Strafrecht entstanden.[20] Durch Ordnungswidrigkeiten soll Ordnungs- und Verwaltungsunrecht bekämpft werden, die Begehung einer Ordnungswidrigkeit stellt kein kriminelles Unrecht dar. Damit werden durchgängig Taten mit geringerem Unrechtsgehalt dem Ordnungswidrigkeitenrecht zugeordnet. Zweck der Ahndung ist nicht Sühne, sondern Mahnung.

Eine Ordnungswidrigkeit ist gemäß § 1 Abs. 1 OWiG eine rechtswidrige und vorwerfbare Handlung, die den Tatbestand eines Gesetzes verwirklicht, das die Ahndung mit einer Geldbuße zulässt. Der Gesetzgeber hat hinsichtlich der Qualifizierung eines Regelverstoßes als Straftat oder Ordnungswidrigkeit einen Ermessensspielraum.[21]

24 Gemäß der Transmissionsklausel § 46 Abs. 1 OWiG gelten die Vorschriften der Strafprozessordnung sinngemäß auch für das Ordnungswidrigkeitenverfahren. Eingriffsmaßnahmen zur Verfolgung von Ordnungswidrigkeiten sind dementsprechend der Strafprozessordnung zu entnehmen. Anstaltsunterbringung, Verhaftung und vorläufige Festnahme, Beschlagnahme von Postsendungen und Telegrammen sowie Auskunftsersuchen über Umstände, die dem Post- und Fernmeldegeheimnis unterliegen, sind jedoch gemäß § 46 Abs. 2 OWiG bei der Verfolgung von Ordnungswidrigkeiten unzulässig. Gemäß § 41 Abs. 4 OWiG ist § 81a Abs. 1 S. 2 StPO mit der Einschränkung anzuwenden, dass nur die Entnahme von Blutproben und andere geringfügige Eingriffe zulässig sind.

Zuständigkeit zur Verfolgung und Ahndung

25 Für die Verfolgung und Ahndung von Ordnungswidrigkeiten ist nach § 35 Abs. 1 OWiG die Verwaltungsbehörde zuständig. Zuständige Verwaltungsbehörde ist gemäß § 36 Abs. 1 OWiG diejenige, die durch Gesetz oder durch Landesbehörde dazu bestimmt wurde. Je nach landesrechtlichen Vorschriften ist auch die Polizei zuständige Verwaltungsbehörde.

Beispiele

Gemäß § 1 DurchfVO WaffG/NRW sind zuständige Behörden nach dem Waffengesetz und den Verordnungen zum Waffengesetz grundsätzlich die Kreispolizeibehörden.

Gemäß § 1 ZuStVO VersG/NRW ist die Zuständigkeit für die Verfolgung und Ahndung von Ordnungswidrigkeiten nach § 29 VersG den Kreispolizeibehörden übertragen.

26 Im Strafverfahren ist die Staatsanwaltschaft für die Verfolgung der Tat auch unter dem rechtlichen Gesichtspunkt einer Ordnungswidrigkeit zuständig. Gemäß § 41 OWiG hat die Verwaltungsbehörde die Sache an die Staatsanwaltschaft abzugeben, wenn Anhaltspunkte dafür vorhanden sind, dass die Tat eine Straftat ist. Sieht die Staatsanwaltschaft davon ab, ein Strafverfahren einzuleiten, so gibt sie die Sache an die Verwaltungsbehörde zurück. Ist eine Handlung zugleich Ordnungswidrigkeit und Straftat, so wird gemäß § 21 Abs. 1 OWiG nur das Strafgesetz angewendet. Wird eine Strafe nicht verhängt, kann die Handlung aber als Ordnungswidrigkeit geahndet werden. Im Strafverfahren ist die Staats-

20 Mitsch JA 2008, 241.
21 Theisen, 13.

anwaltschaft für die Verfolgung der Tat auch unter dem rechtlichen Gesichtspunkt einer Ordnungswidrigkeit zuständig, soweit ein Gesetz nichts anderes bestimmt, § 40 OWiG.

Beispiel
Der 16-jährige A wird mit einer Blutalkoholkonzentration von 0,6 Promille auf einem Mofa angetroffen, das durch technische Veränderungen ca. 40 km/h schnell fahren kann. A ist nicht im Besitz einer Fahrerlaubnis.

Durch das Fahren hat sich A gemäß § 21 StVG (Fahren ohne Fahrerlaubnis) strafbar gemacht, zudem beging er eine Ordnungswidrigkeit gemäß § 24a StVG. Wird das Strafverfahren gemäß § 45 JGG von der Staatsanwaltschaft eingestellt, so kann die Ordnungswidrigkeit durch die zuständige Verwaltungsbehörde verfolgt werden.

Zuständigkeit zur Ermittlung

Die Polizei hat gemäß § 53 Abs. 1 S. 1 OWiG die Aufgaben, nach pflichtgemäßem Ermessen 27
Ordnungswidrigkeiten zu erforschen und alle unaufschiebbaren Anordnungen zu treffen, um die Verdunkelung der Sache zu verhüten. In dieser Hinsicht hat die Polizei grundsätzlich dieselben Rechte und Pflichten wie bei der Verfolgung von Straftaten. Wird die Polizei also nicht bereits als Verwaltungsbehörde tätig, so ist sie nach der generellen Vorschrift des § 53 Abs. 1 OWiG als Ermittlungsbehörde zuständig.

Beispiel
Polizeibeamte werden bei einem Einsatz „Ruhestörung" tätig, da die zuständige Ordnungsbehörde nicht erreichbar ist. Zur Verfolgung der Ordnungswidrigkeit nach dem Landesimmissionsschutzgesetz stellen sie gemäß § 163b StPO die Identität der Verursacher fest.

Allgemeine Vorschriften

Strukturell wird die Anlehnung des Ordnungswidrigkeitenrechts an das Strafrecht in der 28
Gesetzgebungstechnik deutlich. Das Ordnungswidrigkeitengesetz ist ähnlich gegliedert wie das Strafgesetzbuch. Allgemeine Vorschriften über die Ordnungswidrigkeiten sind in Teil 1 des Ordnungswidrigkeitengesetzes erfasst. Sie entsprechen zum Großteil fast wortgleich den Vorschriften des Strafgesetzbuches. Unterschiede zum Allgemeinen Teil des Strafgesetzbuches bestehen insbesondere in folgenden Bereichen:

- **Begrifflichkeiten hinsichtlich des Handelnden**

  Während im Strafprozessrecht von Verdächtiger, Beschuldigter, Angeschuldigter oder Angeklagter die Rede ist, wird der Handelnde im Ordnungswidrigkeitenrecht durchgängig Betroffener genannt.

- **Vorwerfbarkeit, §§ 11, 12, 165 OWiG**

  Während die Straftat schuldhaft begangen werden muss, spricht man im Ordnungswidrigkeitenrecht auch im Gesetz (vgl. § 1 OWiG) von Vorwerfbarkeit, um den quantitativen Unterschied zum kriminellen Unrecht deutlich hervorzuheben.

- **Versuch, § 13 Abs. 2 OWiG**

  Die Versuchsregelungen entsprechen den Regelungen im StGB. Ordnungswidrigkeiten sind jedoch im Gegensatz zu Verbrechen nur strafbar, wenn dies gesetzlich bestimmt ist. Dies ist allgemein nur selten der Fall.

- **Beteiligung, § 14 OWiG**

  Im Ordnungswidrigkeitenrecht gilt der Einheitstäterbegriff. Eine Unterscheidung zwischen Täterschafts- und Teilnahmeformen findet nicht statt.

- **Rechtsfolgen**

  Das Ordnungswidrigkeitenrecht kennt als Sanktion nur die Geldbuße sowie als Nebenfolge die Einziehung (§§ 22–29 OWiG), das Fahrverbot (§ 25 StVG) sowie den Verfall von Vermögenswerten (§ 29a OWiG).

- **Verjährung**

  Die Verjährungszeit ist deutlich kürzer als im Strafrecht, nämlich grundsätzlich 6 Monate bis 3 Jahre, § 31 Abs. 2 OWiG. Verfolgung von Verkehrsordnungswidrigkeiten verjährt bereits nach drei Monaten (§ 26 Abs. 3 StVG i. V. m. § 31 Abs. 2,3 OWiG).

- **Sanktionierung**

  Die Sanktionierung erfolgt mit Strafrecht durch Strafurteil eines Gerichts, bei Ordnungswidrigkeiten grundsätzlich durch Bußgeldbescheid der Verwaltungsbehörde.

Opportunitätsprinzip

29 Gemäß § 47 Abs. 1 OWiG liegt die Verfolgung von Ordnungswidrigkeiten im pflichtgemäßen Ermessen der Verfolgungsbehörde. Gemäß § 53 OWiG hat die Polizei nach pflichtgemäßem Ermessen Ordnungswidrigkeiten zu verfolgen. Es gilt – im Gegensatz zu §§ 152 Abs. 2, 160 Abs. 1 StPO zum Strafprozessrecht – nicht das Legalitäts-, sondern das Opportunitätsprinzip. Die Verfolgung hat nach „pflichtgemäßem" Ermessen zu erfolge, d. h. es muss sich insbesondere am Gleichheitsgrundsatz gemäß Art 3 GG orientieren.

Verfahrensrecht

30 §§ 35–110e OWiG regelt das Ordnungswidrigkeitenverfahren, insbesondere das Bußgeldverfahren. Da die Vorschiften der Strafprozessordnung entsprechend Anwendung finden, ist das Bußgeldverfahren strukturell dem Strafprozess angenähert.

31 **→ Einleitung und Verlauf**

Besteht ein Anfangsverdacht einer Ordnungswidrigkeit gemäß § 46 Abs. 1 OWiG, 158 Abs. 2 StPO, so kann die Verwaltungsbehörde/Polizei den Sachverhalt erforschen. Dabei gelten die Regeln der Strafprozessordnung entsprechend, vgl. § 46 Abs. 1 OWiG. Die Verwaltungsbehörde hat dazu die gleichen Rechte und Pflichten wie die Staatsanwaltschaft bei der Verfolgung von Straftaten. Einschränkungen ergeben sich bei Anstaltsunterbringung, Verhaftung und vorläufige Festnahme, Beschlagnahme von Postsendungen und Telegrammen sowie Auskunftsersuchen über Umstände, die dem Post- und Fernmeldegeheimnis unterliegen. Sie sind gemäß § 46 Abs. 2 OWiG unzulässig. Gemäß § 41 Abs. 4 OWiG ist § 81a Abs. 1 S. 2 StPO mit der Einschränkung anzuwenden, dass nur die Entnahme von Blutproben und andere geringfügige Eingriffe zulässig sind.

Bei der Anhörung des Betroffenen gilt § 163a Abs. 1 StPO mit der Einschränkung, dass ihm nur die Gelegenheit gegeben werden muss, sich zur Sache zu äußern. Dies geschieht in aller Regel vor Ort oder durch Zusendung eines Anhörungsbogens. Die Belehrung hat nicht den gleichen Umfang wie die der Beschuldigtenvernehmung. Im Ordnungswidrigkeitenverfahren braucht der Betroffene nicht darauf hingewiesen zu werden, dass er auch schon vor seiner Vernehmung einen von ihm zu wählenden Verteidiger befragen und einzelne Beweiserhebungen beantragen kann. Neben der Information über den Vorwurf beschränkt sich die Belehrung also auf den Hinweis, nicht zur Sache aussagen zu müssen.

→ Verwarnungsverfahren 32

Das Verwarnungsverfahren gemäß §§ 56 ff. OWiG ist ein vereinfachtes Verfahren zur direkten Ahndung geringfügiger Ordnungswidrigkeit. Vorteilhaft ist es für den Betroffenen, da Gebühren und Auslagen gemäß § 56 Abs. 3 S. 2 OWiG nicht erhoben werden. Direkt vor Ort kann ein Verwarnungsgeld – in der Regel bargeldlos – von 5 bis 35 Euro erhoben werden. Der Betroffene ist gemäß § 56 Abs. 2 OWiG über sein Weigerungsrecht zu belehren. Zulässig ist auch eine Verwarnung ohne die Erhebung eines Verwarnungsgeldes, § 56 Abs. 1 S. 2 OWiG.

→ Bußgeldbescheid 33

Nach Abschluss des Ermittlungsverfahrens ergeht – wenn keine Einstellung gemäß § 47 Abs. 1 OWiG bzw. Ahnung im Verwarnungsverfahren erfolgt – der Bußgeldbescheid durch die Verwaltungsbehörde, § 65 OWiG. Er muss gemäß § 50 Abs. 1 S. 2 OWiG zugestellt werden.

→ Rechtsbehelf gegen Bußgeldbescheid 34

Gegen den Bußgeldbescheid kann Einspruch bei der Verwaltungsbehörde eingelegt weden, §§ 67 ff. OWiG. Diesem Einspruch kann die Behörde abhelfen oder ihn als unzulässig verwerfen. Wird der Bußgeldbescheid aufrecht erhalten, legt sie die Sache der Staatsanwaltschaft vor. Nun gehen die Aufgaben der Verfolgungsbehörde auf sie über. Die Staatsanwaltschaft ist befugt, das Verfahren einzustellen oder weitere Ermittlungen durchzuführen. Hält auch sie den Bußgeldbescheid aufrecht, so beginnt der Ordnungswidrigkeitenprozess durch Übersendung der Sache an das Amtsgericht.

Zuständig für den Ordnungswidrigkeitenprozess ist am Amtsgericht der Straf- bzw. Jugendrichter. Das Verfahren richtet sich gemäß § 71 Abs. 1 StPO nach dem Verfahren nach einem zulässigen Einspruch gegen einen Strafbefehl (vgl. § 407 ff. StPO). Im Übrigen bestimmt sich die Hauptverhandlung im Wesentlichen nach den Regeln, die auch für den Strafprozess gelten.

Gegen die Entscheidung des Amtsgerichts ist Rechtsbeschwerde gemäß § 79 f. OWiG möglich. Dabei handelt es sich nicht um einer der Berufung ähnelnde neue Tatsacheninstanz. Vielmehr kommt die Rechtsbeschwerde eher der Revision gleich, da sie die Überprüfung der Rechtsanwendung ermöglicht.

2. Teil

Gang des Strafverfahrens

Übersicht

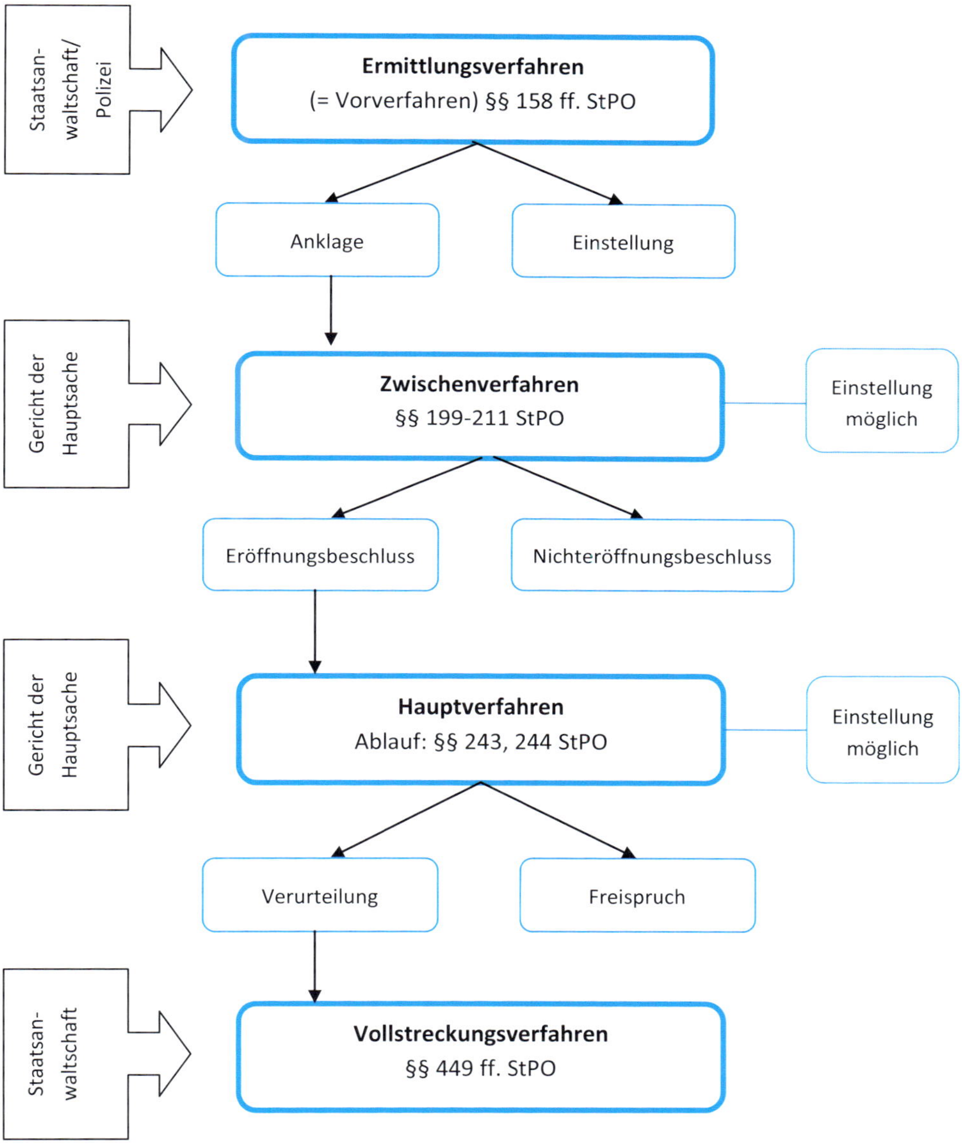

Besondere Verfahrensarten, die hier nicht aufgeführt sind: Strafbefehlsverfahren (siehe Rn. 126), beschleunigtes Verfahren (siehe Rn. 124), Privatklageverfahren (vgl. Rn. 130).

1 Ermittlungsverfahren

35 Erste Phase des Strafverfahrens ist das Ermittlungsverfahren (= Vorverfahren). Es hat nach § 160 Abs. 1 StPO den Zweck, die Entscheidung der Staatsanwaltschaft darüber, ob ein Strafverfahren einzuleiten ist, vorzubereiten. Das Ermittlungsverfahren dient also dazu, den bestehenden Verdacht entweder auszuräumen und damit eine Hauptverhandlung zu vermeiden oder beweiskräftig zu bestätigen. Dazu haben Staatsanwaltschaft und Beamte des Polizeidienstes den Sachverhalt zu erforschen und alle keinen Aufschub gestattenden Anordnungen zu treffen, um die Verdunkelung der Sache zu verhüten (§§ 160, 163 StPO).

1.1 Strafverfolgungspflicht – Einleitung des Ermittlungsverfahrens

36 Gemäß §§ 161,163 Abs. 1 S. 1 StPO unterliegen Staatsanwaltschaft und Polizei dem Legalitätsprinzip. Danach besteht die Pflicht zur Verfolgung von Straftaten, wenn zureichende tatsächliche Anhaltspunkte dafür vorliegen, dass eine Straftat geschehen ist. Bei Vorliegen dieses Anfangsverdachts beginnt die Strafverfolgungspflicht, ein Ermittlungsverfahren ist einzuleiten. Das Gesetz unterscheidet verschiedene Verdachtsgrade. Damit wird ein unterschiedliches Wahrscheinlichkeitsmaß hinsichtlich eines Geschehens in der Vergangenheit, nämlich der strafbaren Handlung, gefordert. Abgrenzungen sind schwierig, unterliegen die Beurteilungen doch ähnlichen Unsicherheiten wie bei der Prognose, welche jedoch in die Vergangenheit gerichtet ist. Man kann daher bei der Verdachtsschöpfung von retroperspektiver Prognose sprechen: [22]

Anfangsverdacht, (einfacher) Tatverdacht	zureichende tatsächliche Anhaltspunkte liegen dafür vor, dass eine Straftat passiert ist, vgl. § 152 Abs. 2 StPO	Voraussetzung für den Beginn des Ermittlungsverfahrens, § 152 StPO; Voraussetzung für z. B.: Datenabgleich, § 98c, und polizeiliche Beobachtung, 163e StPO; Durchsuchung § 102 StPO
konkretisierter Tatverdacht	deutliche konrete Anhaltspunkte liegen dafür vor, dass eine Straftat passiert ist	Voraussetzung z. B.: für verdeckte Eingriffsmaßnahmen nach §§ 100a, 100c, 100f, 100g, 100i StPO
hinreichender Tatverdacht	am Ende des Ermittlungsverfahrens: nach der Beweissituation ist eine Verurteilung wahrscheinlich	Voraussetzung für die Eröffnung des Hauptverfahrens, § 230 StPO, bzw. Erlass eines Strafbefehls, § 170 Abs. 1 StPO
dringender Tatverdacht	im laufenden Ermittlungsverfahren: die hohe Wahrscheinlichkeit, dass der Beschuldigte Täter oder Teilnehmer einer Straftat ist	Voraussetzung für den Erlass eines Haftbefehls, § 112 StPO

22 Kühne Rn. 327.

Dringender Tatverdacht ist der stärkste Verdachtsgrad, da er die *hohe* Wahrscheinlichkeit beinhaltet, dass der Beschuldigte die Tat begangen hat. Der hinreichende Tatverdacht ist als einziger für strafprozessuale Maßnahmen nicht von Belang, da er die gesamte Beweisführung betrifft. Hinreichender Tatverdacht ist für die Eröffnung des Hauptverfahrens relevant. 37

Das Strafverfahren kann im Wesentlichen in zweierlei Weise beginnen: entweder durch Anzeigenerstattung oder durch amtliche Wahrnehmung. Die Anzeige kann gemäß §§ 158, 160 StPO mündlich oder schriftlich sowohl bei der Polizei als auch bei der Staatsanwaltschaft oder dem Amtsgericht erfolgen. Zulässig sind auch telefonische Anzeigenerstattung oder eine solche per E-Mail. Ebenso zulässig und entgegenzunehmen sind anonyme und pseudonyme (falsche Namensangabe) Anzeigenerstattung. Fehlende örtliche oder funktionale Zuständigkeit von Staatsanwaltschaft und Polizei steht der Pflicht, die Anzeige entgegenzunehmen, nicht entgegen. Die Unkenntnis des anzeigenden Bürgers über die zum Teil komplizierten Zuständigkeitsregeln darf nicht dazu führen, dass dem Bürger ein zusätzlicher Aufwand für eine Handlung zugemutet wird, die einfacher und schneller innerhalb der Strafverfolgungsbehörden getätigt werden kann.[23] 38

Anzeigenaufnahme hat unstreitig bei Offizialdelikten, aber auch bei Antrags- und Privatklagedelikten zu erfolgen. 39

Offizialdelikte sind solche, die von Amts wegen verfolgt werden, ohne dass es eines Strafantrages bedarf. Dies ist der Regelfall. Bei wenigen Straftaten bedarf es zur Verfolgung eines Strafantrages, sogenannte Antragsdelikte. Der Strafantrag muss gemäß § 152 Abs. 2 StPO schriftlich erfolgen. Gründe dafür, die Strafverfolgung vom einem Antrag abhängig zu machen, sind insbesondere:

- Persönliche Beziehung zwischen Täter und Verletztem

  Beispiele
  § 247 StGB (Haus- und Familiendiebstahl); § 194 StGB (Beleidigung); § 230 StGB (einfache Körperverletzung).

- Bagatelle

  Beispiele
  § 123 StGB (Hausfriedensbruch); Diebstahl geringwertiger Sache (§ 248a StGB).

Gemäß § 77 Abs. 1 StGB ist grundsätzlich der Verletzte antragsberechtigt. Der Antrag ist gemäß § 77b StGB innerhalb von 3 Monaten zu stellen. Die Frist beginnt mit Ablauf des Tages, an dem der Berechtigte von der Tat und der Person des Täters Kenntnis erlangt. Der Antrag kann zurückgenommen, dann aber nicht mehr gestellt werden, § 77d StGB.

Zu unterscheiden sind absolute und relative Antragsdelikte. Absolute Antragsdelikte sind solche, bei denen eine Verfolgung ohne Antrag nicht erfolgen darf. Relative Antragsdelikte sind solche, bei denen eine Verfolgung auch ohne Antrag erfolgen kann, wenn ein besonderes öffentliches Interesse daran besteht.

Beispiele
Relative Antragsdelikte: § 248a StGB (Diebstahl und Unterschlagung geringwertiger Sachen); § 230 StGB (einfache Körperverletzung). Absolute Antragsdelikte: § 247 StGB (Haus- und Familiendiebstahl); § 248b (unbefugter Gebrauch eines Kraftfahrzeugs).

23 Kühne, Rn. 342.

40 Während bei den Antragsdelikten die Stellung eines Strafantrages Strafverfolgungsvoraussetzung ist, geht es bei Privatklagedelikten um das Gerichtsverfahren. Privatklagedelikte sind enumerativ in § 374 StPO aufgeführt. Es handelt sich dabei um Vergehen mit geringerem Unrechtsgehalt. Bei Privatklagedelikten darf die Staatsanwaltschaft gemäß § 376 StPO nur Klage erheben, wenn dies im öffentlichen Interesse liegt. Besteht kein öffentliches Interesse, so ist das Strafverfahren einzustellen und der Verletzte wird auf den Privatklageweg verwiesen. Dies bedeutet, dass der Verletzte anstelle der Staatsanwaltschaft Klage vor dem Amtsgericht erheben kann bzw. muss. Er hat damit auch das Kostenrisiko zu tragen.

Die Notwendigkeit der Zahlung von Sicherheitsleistung (§ 379 StPO), Gebührenvorschuss (§ 379a StPO), Kostenvorschuss für das Sühneverfahren (§ 380 StPO) und des in der Regel notwendigen Rechtsanwaltshonorars machen die Privatklage in der justiziellen Praxis bedeutungslos.[24]

41 Fraglich und umstritten ist, inwieweit Staatsanwälte und Polizeibeamte bei außerhalb des Dienstes erlangten Erkenntnissen dem Strafverfolgungszwang aus § 163 Abs. 1 S. 1 StPO unterliegen und somit verpflichtet sind, ein Strafverfahren einzuleiten. Es schließt sich die Frage an, ob sie sich bei Nichtbefolgen gemäß §§ 258, 258a, 13 StGB strafbar machen.

Beispiele
PK C erfährt beim Training in seinem Sportverein, dass ein Vereinsmitglied gestohlene Bekleidungsstücke verkauft hat. PK'in D beobachtet auf einer privaten Feier einen Haschischverkauf. Beide unternehmen nichts.

Bei Beurteilung dieser Fälle sind die besondere Stellung des Polizeibeamten und sein Recht auf Privatsphäre relevant. Daraus folgt jedenfalls, dass die früher vertretene Auffassung, für Polizeibeamte bestehe immer eine Verfolgungspflicht,[25] als unvertretbar abzulehnen ist. Denn dabei wird die soziale Stellung des Beamten gänzlich vernachlässigt.

Zunächst ist festzuhalten, dass eine generelle Bürgerpflicht zur Anzeige von *bereits begangenen* Straftaten nicht besteht. Für Polizeibeamte wird dies mit Hinweis auf umfassenden Schutz der Privatsphäre zum Teil ebenso nicht verlangt.[26] Nach anderer Meinung wird eine Strafverfolgungspflicht außerhalb des Dienstes aus der besonderen Treupflicht dem Staat gegenüber hergeleitet,[27] zum Teil wird dies jedenfalls bei bekannt gewordenen Verbrechen bejaht.[28]

Die herrschende Meinung geht von einer eingeschränkten Verfolgungspflicht aus: Der Polizeibeamte soll auch außerhalb des Dienstes zur Verfolgung verpflichtet sein bei schweren, nach Art und Umfang die Belange der Öffentlichkeit in besonderem Maße berührenden Straftaten.[29] Dann soll er nach Wiederaufnahme des Dienstes die erforderlichen Verfolgungshandlungen durchführen. Wann eine solche schwere Straftat vorliegt, soll nach der Rechtsprechung im Einzelfall zu bestimmen sein. Jedenfalls die Katalogstraftaten des § 138 StGB sollen grundsätzlich eine Verfolgungspflicht auslösen. Danach besteht eine außerdienstliche Verfolgungspflicht bei Straftaten wie zum Beispiel Totschlag, erpresserischer

24 Vgl. zum Privatklageverfahren Rn. 130.
25 So noch OLG Stuttgart NJW 1950, 198.
26 Laubenthal JuS 1993, 907.
27 Rosenau/Witteck JURA 2002, 785.
28 Krey, Rn. 628b.
29 BGHSt 5, 225.

Menschenraub, Geiselnahme, Raub, räuberische Erpressung oder auch Brandstiftung. Darüber hinaus bedarf es der Abwägung im Einzelfall, ob das öffentliche Interesse privaten Belangen vorgeht. Hierbei ist von entscheidender Bedeutung, ob durch die Straftat Rechtsgüter der Allgemeinheit oder des Einzelnen betroffen sind, denen jeweils ein besonderes Gewicht zukommt. Dies kann auch außerhalb des Katalogs des § 138 StGB bei schweren Straftaten, wie z. B. schweren Körperverletzungen, erheblichen Straftaten gegen die Umwelt, Delikten mit hohem wirtschaftlichen Schaden oder besonderem Unrechtsgehalt, der Fall sein. So wird ein Polizeibeamter ungeachtet privater Interessen in der Regel zum Einschreiten verpflichtet sein, wenn er von schwerwiegenden Verstößen gegen das Waffengesetz mit Dauercharakter, nicht auf den Einzelfall beschränktem Handel mit harten Drogen oder Schutzgelderpressung erfährt. Gleiches gilt für Straftaten aus dem Bereich der organisierten Kriminalität, die erfahrungsgemäß auf Wiederholung angelegt sind. Teilt ihm hingegen im Rahmen privater Kontakte ein Bekannter mit, dass er ständig ohne Fahrerlaubnis fahre, so bewirkt dies für den Beamten noch keine Garantenstellung im Sinne des Strafrechts.[30] Nach dem Bundesverfassungsgericht ist diese Auffassung nicht zu unbestimmt.[31]

Für die o. g. Beispiele bedeutet dies, dass für die Polizeibeamten PK C und PK'in D keine Verfolgungspflicht besteht.

1.2 Beteiligte

Verfahrensbeteiligt im weiteren Sinne sind im Ermittlungsverfahren in erster Linie der Beschuldigte mit seinem Verteidiger, die Staatsanwaltschaft und die Polizei, die Beweispersonen sowie der Verletzte. 42

Beistände sind gemäß § 149 Abs. 1 StPO der Ehegatte oder Lebenspartner. Ihre Beteiligung im Ermittlungsverfahren geschieht nur auf Antrag und unterliegt gemäß § 149 Abs. 2 StPO dem richterlichen Ermessen. Die Rechte des Beistandes erschöpfen sich in der Beistandsleistung und dem Recht, Stellungnahmen abzugeben. Prozessuale Rechte kann er nicht gelten machen.[32]

In der Stellung als Ermittlungsgericht ist das Gericht im Ermittlungsverfahren Beteiligter im engeren Sinne.

1.2.1 Verdächtiger – Beschuldigter

In den Stadien des Verfahrens wird derjenige, dem eine Straftat zur Last gelegt wird, unterschiedlich benannt: 43

- **Verdächtiger**

  Verdächtigt ist eine Person, wenn zureichende tatsächliche Anhaltspunkte dafür vorliegen, dass sie Täter und Teilnehmer einer Straftat ist. Der in § 152 Abs. 2 StPO konkretisierte Anfangsverdacht muss sich also auf eine Person beziehen. Als Verdächtige wird eine Person bezeichnet, wenn ein Anfangsverdacht gegen sie besteht, aber noch kein Ermittlungsverfahren eingeleitet ist.

30 BGHSt 38, 388.
31 BVerfG NJW 2003, 1030.
32 Meyer-Goßner § 149, Rn. 3.

- **Beschuldigter im Ermittlungsverfahren**

  Beschuldigter ist jede Person, gegen die sich das Strafverfahren richtet.[33] Sie wird schon zum Beschuldigten, wenn die Strafverfolgungsbehörden Ermittlungsmaßnahmen ergreifen, die erkennbar darauf abzielen, gegen sie wegen einer Straftat strafrechtlich vorzugehen.[34] Insofern ist der Beschuldigtenbegriff formell zu verstehen: Eine Person wird erst durch entsprechenden Willensakt der Strafverfolgungsbehörde zum Beschuldigten.[35] Die Stärke des Tatverdachtes ist dabei grundsätzlich nicht relevant. Auch werden keine besonderen Anforderungen an den nach außen tretenden Willensakt gestellt, es reicht bereits jede konkrete Ermittlungshandlung gegen eine Person mit dem Willen der konkreten Strafverfolgung. Wichtig ist, dass das subjektive Element des Willens zur konkreten Strafverfolgung zur Ermittlungshandlung treten muss, um die Beschuldigteneigenschaft zu konstituieren. Die Strafverfolgungsbehörde hat diesbezüglich einen Beurteilungsspielraum. Dabei darf es jedoch nicht zu Rollenmanipulationen kommen, indem trotz hohen Tatverdachtes eine Zeugenvernehmung durchgeführt wird. Je stärker der Tatverdacht, desto geringen sind die Anforderungen an den Willensakt der Behörde zu stellen.[36]

- **Beschuldigter im Zwischenverfahren**

  Angeschuldigter ist gemäß § 157 StPO der Beschuldigte, gegen den die öffentliche Klage erhoben ist.

- **Beschuldigter im Hauptverfahren**

  Angeklagter ist gemäß § 157 StPO der Beschuldigte, gegen den die Eröffnung des Hauptverfahrens beschlossen ist.

- **Verurteilter**

  Nach Urteilsverkündung heißt der Beschuldigte nunmehr formell „Verurteilter". Im Übrigen endet die Beschuldigteneigenschaft erst mit Freispruch oder Einstellung des Verfahrens.

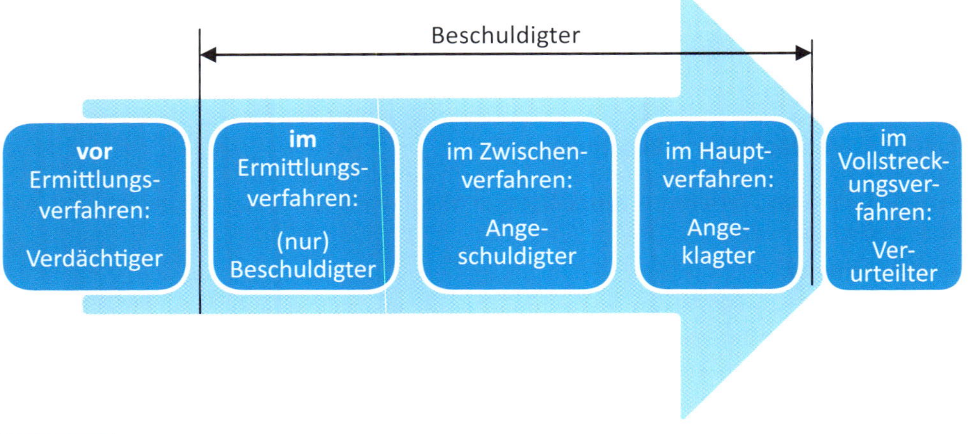

33 BGHSt 10, 8 (12).

34 Vgl. dazu auch § 397 Abs. 1 AO für Steuerstrafverfahren: Ein Strafverfahren ist eingeleitet, wenn „die Polizei eine Maßnahme trifft, die erkennbar darauf abzielt, gegen jemanden wegen einer Steuerstraftat strafrechtlich vorzugehen".

35 BGHSt 34, 138 (140).

36 BGHSt 37, 48 (52).

Der Beschuldigte ist nicht Objekt im Strafverfahren, sondern mit Rechten und Pflichten ausgestatteter Mitwirkender. 44

Daher stehen ihm wesentliche Verfahrensrechte zu:[37]

- Schweigerecht, Recht auf Verweigerung der Mitwirkung (Nemo-tenetur-Grundsatz), § 136 Abs. 1 S. 2 StPO
- Beweisantragsrecht im Ermittlungsverfahren, § 136 Abs. 1 S. 3 StPO
- Recht auf Verteidigerkonsultation, § 136 Abs. 1 S. 2 StPO
- Informationsrechte über die Beschuldigung, § 163a Abs. 4 S. 1 StPO
- Anspruch auf rechtliches Gehör vor Gericht, Art. 101 GG
- Beweisantrags- und Fragerecht in der Hauptverhandlung, §§ 219, 244, 240 Abs. 2 StPO
- Recht auf Anwesenheit in der Hauptverhandlung, § 230 Abs. 1 StPO

Eine wesentliche Pflicht ist die Erscheinungspflicht bei Staatsanwaltschaft und Gericht, nicht jedoch bei der Polizei.

1.2.2 Staatsanwaltschaft und Polizei

→ Stellung der Staatsanwaltschaft 45

Mit Abschaffung des Inquisitionsprozesses, bei dem Ermittlung und Gerichtsverfahren in der Hand des Richters lagen, wurden zum Zwecke der justiziellen Gewaltenteilung Staatsanwaltschaften geschaffen. Die Idee beruht auf der Erkenntnis, dass eine unvoreingenommenere Beschäftigung mit der Sache durch Gerichte erfolgt, die das Ermittlungsverfahren nicht geführt haben.

Da die Staatsanwaltschaft nicht Recht sprechen kann und keine richterliche Unabhängigkeit genießt, gehört sie zur Exekutiven.[38] Andererseits übt sie keine bloßen Verwaltungstätigkeiten aus, sondern arbeitet auf Rechtsprechung hin, sie ist daher selbstständiges Organ der Rechtspflege sui generis (eigener Art).[39]

Es schließt sich daran aber die Frage an, ob die Staatsanwaltschaft gänzlich von den Gerichten unabhängiges Organ der Rechtspflege oder doch an die höchstrichterliche Rechtsprechung gebunden ist.

Beispiel
B blockiert mit Freunden im Rahmen einer Protestkundgebung den Autobahnverkehr durch eine Sitzblockade. Dadurch kam es zu einem 10 km langen, ca. 1 Stunde andauernden Stau. Staatsanwalt S will dieses Verhalten nicht zur Anklage bringen, da er die „Zweite-Reihe-Rechtsprechung" des Bundesgerichtshofes[40], nach der eine Nötigung durch Gewalt jedenfalls für die Autofahrer hinter der ersten Reihe zu bejahen ist, für falsch hält.

Einerseits könnte man mit Hinweis auf § 150 GVG, nachdem die Staatsanwaltschaft in ihren amtlichen Verrichtungen von den Gerichten unabhängig ist, eine Bindung an die höchstrichterliche Rechtsprechung ablehnen. Nach der h. M. ist jedoch eine Bindungswir-

37 Zu weiteren speziellen Verfahrensrechten siehe bei den jeweiligen Eingriffsermächtigungen im 3. Teil dieses Bandes.
38 BVerfGE 103, 142 (156).
39 Meyer-Goßner, Vor § 141 GVG, Rn. 6.
40 BGHSt 41, 182.

kung zu bejahen.[41] Denn die rechtsprechende Gewalt ist gemäß Art. 92 GG den Gerichten übertragen. Diese Aufgabe wäre ihnen genommen, wenn die Staatsanwaltschaft Verfahren, die eigentlich zur Verurteilung führten, erst gar nicht anklagen dürfte. Zudem ist die Staatsanwaltschaft gemäß § 170 Abs. 1 StPO grundsätzlich (mit Ausnahme von Opportunitätsgründen) gehalten, öffentliche Klage zu erheben, wenn Anlass dazu besteht. Dies ist der Fall, wenn die Wahrscheinlichkeit zur Verurteilung besteht. Schließlich gebietet es auch die Rechtssicherheit, eine Bindungswirkung zu bejahen.

46 **→ Organisation der Staatsanwaltschaft**

§§ 141 ff. GVG enthalten Regelungen über Organisation und Zuständigkeiten der Staatsanwaltschaft. Sie ist eine hierarchisch aufgebaute Behörde, an deren Spitze der Staatsanwaltschaft beim Bundesgerichtshof der Generalbundesanwalt, der Staatsanwaltschaft beim Oberlandesgericht der Generalstaatsanwalt und bei Staatsanwaltschaften am Landgericht der Leitende Oberstaatsanwalt stehen.

Gegliedert ist die Staatsanwaltschaft in Abteilungen, die von Oberstaatsanwälten geleitet werden. In den Abteilungen sind Dezernate, die von den Dezernenten geführt werden. Zum Teil werden mehrere Dezernate zu Gruppen zusammengefasst, die von Gruppenleitern geführt werden.

Die Staatsanwaltschaften an den Landgerichten unterstehen der Dienstaufsicht der Generalstaatsanwaltschaften, diese wiederum der Landesjustizverwaltung; Staatsanwälte sind im Gegensatz zu Richtern weisungsgebunden, § 146 GVG. In der Praxis handeln die Dezernenten der Staatsanwaltschaft jedoch weitgehend selbstständig.

47 Amtsanwälte sind Beamte des gehobenen Dienstes, die bei der Staatsanwaltschaft durch landesrechtliche Regelungen festgelegte Strafsachen der leichten und mittleren Kriminalität und Ordnungswidrigkeiten einschließlich des Einspruchsverfahrens bearbeiten.[42]

48 **→ Aufgaben der Staatsanwaltschaft**

Die Staatsanwaltschaft hat im Wesentlichen die Aufgabe, als „Herrin des Ermittlungsverfahrens“ dieses zu führen, die Anklage vor Gericht zu vertreten und als Vollstreckungsbehörde (§ 451 StPO) die Strafvollstreckung zu betreiben.

49 Die Aufgabe der Ermittlungsführung nimmt sie intensiv in Fällen herausragender Art wahr. Fälle der leichten und mittleren Kriminalität werden in der Regel selbstständig von der Polizei ermittelt.

Staatsanwälte unterliegen gemäß § 152 Abs. 2 StPO dem Legalitätsprinzip, sie sind gemäß § 160 Abs. 1 StPO verpflichtet, bei einem Anfangsverdacht den Sachverhalt zu erforschen. Gemäß § 160 Abs. 2 StPO hat die Staatsanwaltschaft nicht nur die belastenden, sondern auch die entlastenden Umstände zu ermitteln. Sie ist zur Objektivität verpflichtet.

Nach einem Zitat von Franz von Liszt bezeichnet man sie auch als „objektivste Behörde der Welt“.[43]

41 BGHSt 15, 155; Beulke, Rn. 90.

42 Nach der bundeseinheitlichen Regelung, vgl. für NRW: Nr. 19, 20 und 24 OrgStA.

43 Franz von Liszt DJZ 1901, 179 (180), der dies jedoch kritisch sah, in: Max-Planck-Institut für europäische Rechtsgeschichte, Digitale Bibliothek: http://dlib-zs.mpier.mpg.de/mj/kleioc/0010/exec/bigpage/%222173669_06%2b1901_0199%22.

Nach Nr. 127 RiStBV wirkt der Staatsanwalt in der Hauptverhandlung darauf hin, dass das Gesetz beachtet wird. Er soll durch geeignete Anträge, Fragen oder Anregungen darauf hinwirken, dass nicht nur die Tat in ihren Einzelheiten, sondern auch die persönlichen und wirtschaftlichen Verhältnisse des Angeklagten und alle Umstände erörtert werden, die für die Sanktion bedeutsam sein können. Er wirkt gemäß § 128 RiStBV darauf hin, dass die Hauptverhandlung geordnet abläuft. 50

Die Anklage vor Gericht vertritt der Sitzungsvertreter der Staatsanwaltschaft. Dies ist in der Regel ein Staatsanwalt. Vor dem Straf- oder Jugendrichter am Amtsgericht tritt in der Regel der Amtsanwalt, ein Beamter des gehobenen Dienstes, auf.[44] Sitzungsvertreter bei Sachen des Amtsanwaltes kann gemäß § 142 Abs. 3 GVG auch ein Referendar[45] sein.

Die Sitzungsvertreter sind regelmäßig nicht zugleich auch Sachbearbeiter der angeklagten Verfahren. Lediglich in Fällen, wo besondere Sach- und Verfahrenskenntnisse erforderlich sind, wird der Anklageverfasser selbst seine Anklage vor Gericht vertreten. Die Organisation der Staatsanwaltschaften mit der Zuständigkeit für verschiedene Gerichte lässt eine andere Verfahrensweise nicht zu.

Die Strafvollstreckung ist gemäß § 31 Abs. 2 RPflG funktional weitestgehend den Rechtspflegern übertragen. Sie erledigen auch notwendige Mitteilungs- und Berichtspflichten. 51

→ Ermittlungspersonen der Staatsanwaltschaft: insbes. die Beamten des Polizeidienstes 52

Die Polizei hat eine Doppelrolle: Einerseits hat sie nach den Polizeigesetzen die Aufgabe, Gefahren abzuwehren (präventive Aufgabe), andererseits hat sie gemäß § 163 Abs. 1 StPO die Pflicht, Straftaten zu verfolgen (repressive Aufgabe).

Strafprozessuale Ermittlungen kann die Staatsanwaltschaft gemäß § 161 StPO selbst vornehmen oder durch Beamte des Polizeidienstes vornehmen lassen. Insofern ist die Polizei Ermittlungsorgan der Staatsanwaltschaft. Die Polizei ist in dieser Funktion verpflichtet, dem Ersuchen oder Auftrag der Staatsanwaltschaft nachzukommen, die Staatsanwaltschaft hat gemäß § 161 StPO ein Weisungsrecht.

Die Polizei hat aber nicht nur aufgrund von Weisungen der Staatsanwaltschaft tätig zu werden. Sie hat gemäß § 163 Abs. 1 StPO vielmehr auch die Pflicht zum ersten Zugriff. Sie hat also von sich aus tätig zu werden und Ermittlungen jeder Art vorzunehmen, um eine Verdunklung der Sache zu verhüten. Auch die Polizei unterliegt damit dem Legalitätsprinzip. Damit die Staatsanwaltschaft ihre Aufgabe der Gestaltung des Ermittlungsverfahrens wahrnehmen kann, hat die Polizei gemäß § 163 Abs. 2 StPO die Unterlagen ohne Verzug an die Staatsanwaltschaft zu übersenden. In der Praxis handelt die Polizei in Fällen der kleineren und mittleren Kriminalität jedoch weitgehend selbstständig und verfügt erst an die Staatsanwaltschaft ab, wenn der Sachverhalt aus ihrer Sicht ausermittelt ist.

Beispiel

A hat im Verlaufe eines Streites den B mit einem „Totschläger" am Kopf verletzt. Die Streifenwagenbesatzung nimmt die Anzeige auf, welche vom Kriminalkommissariat bearbeitet wird. Es werden die entsprechenden Ermittlungen vorgenommen: Beschuldigtenvernehmung, Zeugenvernehmungen, Beweismittelsicherungen, Beschlagnahme von Einziehungsgegenständen, Erhebung der Verletzungen. Anschließend wird der Vorgang an die Staatsanwaltschaft verfügt.

44 Siehe vorherige Fn.

45 In der praktischen Ausbildung (Vorbereitungsdienst) befindlicher Jurist.

1.2.3 Verteidigung

53 **→ Stellung des Verteidigers**

Jeder Beschuldigte hat gemäß § 137 StPO das Recht, sich in jeder Lage des Verfahrens des Beistandes eines Verteidigers zu bedienen. Auf dieses Recht ist er hinzuweisen, § 136 Abs. 1, 114b Abs. 2 StPO. Dies gehört zu den wesentlichen Elementen des rechtstaatlichen Strafverfahrens. Der Verteidiger ist nicht Vertreter, sondern tatsächlich Beistand des Beschuldigten.[46] Als Rechtsanwalt[47] ist er gemäß § 1 Bundesrechtsanwaltsordnung (BRAO) unabhängiges Organ der Rechtspflege, womit er eine zur Wahrheit verpflichtende, amtsähnliche Stellung hat.[48] Andererseits hat der Verteidiger mit seinem Mandanten eine vertragliche Verpflichtung im Rahmen eines Geschäftsbesorgungsvertrages, hat seine Interessen zu wahren und ist daher nicht unparteilich. In diesem Spannungsfeld erfolgt die Verteidigung in Strafsachen. Die beiden Positionen sind auch strafrechtlich abgesichert:

Für den Verteidiger besteht die Gefahr, dass er sich einerseits der Strafvereitelung gemäß § 258 StGB, andererseits des Parteienverrates (§ 356 StGB) bzw. der Verletzung von Privatgeheimnissen (§ 203 Abs. 1 Nr. StGB) strafbar macht. Dabei ist die öffentliche Funktion des Strafverteidigers nach h. M. begrenzt: Sie beschränkt sich auf die Effektivität der Verteidigung und die der Strafrechtspflege in ihrem Kernbereich. Dies erlaubt ihm einerseits eine möglichst intensive Gegenwehr gegen die Strafverfolgungsorgane, andererseits darf er seine Rechte nicht missbrauchen.[49]

54 **→ Notwendige Verteidigung – Pflicht-/Wahlverteidiger**

In bestimmten Verfahren wird dem Angeklagten von Amts wegen auf Kosten der Staatskasse ein Verteidiger beigeordnet, wenn der Angeklagten selbst noch keinen gewählt hat; sogenannter Pflichtverteidiger. Hat er bereits einen Verteidiger, so kann dieser Verteidiger als Pflichtverteidiger bestellt werden. Fälle dieser „notwendigen Verteidigung“ sind in § 140 StPO aufgeführt. Insbesondere bei Verbrechen und bei angeordneter Untersuchungshaft, aber nach der Generalklausel des § 140 Abs. 2 StPO auch wegen Schwere der Tat oder Schwierigkeit der Sach- und Rechtslage kann die Verteidigung notwendig sein. Nicht nur im Haupt-, sondern auch schon im Ermittlungsverfahren kann ein Pflichtverteidiger auch Antrag der Staatsanwaltschaft (§ 141 Abs. 3 StPO) bestellt werden.

Im Übrigen kann der Beschuldigte sich bis zu 3 Verteidiger wählen (= Wahlverteidiger). Ein Verteidiger darf gemäß § 146 StGB in einem Verfahren nur einen Beschuldigten verteidigen. Dies dient der Vermeidung von Interessenkollisionen.

55 **→ Rechte des Verteidigers**

- Recht auf Kontakt zum Mandanten, § 148 StPO
- Anwesenheitsrecht bei richterlicher Vernehmung und bei Einnahme des Augenscheins, §§ 168c, d StPO; ebenso bei staatsanwaltschaftlichen Vernehmungen, § 163a Abs. 3 S. 2 StPO; nicht jedoch bei polizeilichen Vernehmungen.

46 BGHSt 12, 369.

47 Auch (Fach-)Hochschullehrer dürfen Verteidiger sein, wenn sie dem juristischen Fachbereich angehören, vgl. § 138 Abs. 1 StPO.

48 BVerfGE 38, 105 (119).

49 Vgl. Joecks Vor § 137, Rn. 5.

- Anwesenheitsrecht in der Hauptverhandlung, §§ 137, 138a ff. StPO
- Akteneinsichtsrecht, § 147 StPO, unbeschränkt nach Abschluss der Ermittlungen, welcher nach § 169c StPO von der Staatsanwaltschaft zu vermerken ist
- Recht auf eigene Ermittlungen
- Recht auf Stellung von Beweisanträgen
- Fragerecht in der Hauptverhandlung, § 240 Abs. 2 StPO
- Recht, für den Beschuldigten Erklärungen abzugeben, § 137 StPO

→ **Pflichten des Verteidigers** 56
- ordnungsgemäße Geschäftsbesorgung für den Mandanten, § 675 i. V. m. § 242 BGB
- Verschwiegenheitspflicht, § 203 StGB
- Treuepflicht
- Wahrheitspflicht; unzulässige Verteidigerhandlungen sind Lügen für den Angeklagten oder die Verleitung eines Zeugen zu unwahren Aussagen. Dies kann eine Strafbarkeit nach § 258 StGB (Strafvereitelung) begründen. Zulässig dagegen sind die Darlegung der Rechtslage und die Empfehlung zu schweigen.

1.3 Durchführung des Ermittlungsverfahrens

Im Ermittlungsverfahren ist die Staatsanwaltschaft sachleitungsbefugt, sie ist „Herrin des Ermittlungsverfahrens“. Da sie nur begrenzt über sächliche und personelle Ausstattung verfügt, hat auch die Polizei als „ihr verlängerter Arm“ gemäß § 163 StPO die Pflicht, von sich aus Straftaten zu verfolgen. Dies tut sie in Fällen der einfachen und mittleren Kriminalität weitgehend selbstständig. Die Polizei hat gemäß § 163 Abs. 2 StPO die Vorgänge ohne Verzug der Staatsanwaltschaft zuzusenden. Lediglich in Fällen herausragender Kriminalität wird das Ermittlungsverfahren tatsächlich von der Staatsanwaltschaft geführt. In den übrigen Fällen beschränkt sich die Tätigkeit der Staatsanwaltschaft während des Vorverfahrens im Wesentlichen auf Antragsstellung für Ermittlungshandlungen und die Entscheidung am Ende des Ermittlungsverfahrens. 57

Die Staatsanwaltschaft hat mit der Polizei im sogenannten Freibeweisverfahren Beweismittel zu beschaffen, welche der Wahrheitsfindung in einer späteren Hauptverhandlung dienen. Als rechtliches Instrumentarium stehen ihnen die strafprozessualen Eingriffsbefugnisse zur Verfügung, vgl. den 3. Teil dieses Bandes. 58

Die Ermittlungen haben sich gemäß § 160 Abs. 3 StPO nicht nur auf die belastenden, sondern auch die zur Entlastung dienenden Umstände zu erstrecken.

1.4 Abschluss des Ermittlungsverfahrens

Der Abschuss der Ermittlungen wird in den Akten besonders vermerkt, § 169a StPO. Ab jetzt hat der Verteidiger gemäß § 147 Abs. 4, 5 StPO ein unbeschränktes Akteneinsichtsrecht. Geben die Ermittlungen genügend Anlass zur Erhebung der öffentlichen Klage, so schließt das Ermittlungsverfahren gemäß § 170 Abs. 1 StPO grundsätzlich mit der Einreichung der Anklageschrift ab. Gemäß § 152 Abs. 1 StPO ist allein die Staatsanwaltschaft zur Erhebung der öffentlichen Klage berufen, sie hat das Anklagemonopol. Das Gerichtsver- 59 fahren ist nur durch die Erhebung der Klage durch die Staatsanwaltschaft möglich. Es gilt das Akkusationsprinzip: „Wo kein Kläger, da kein Richter." Die Klage kann erhoben werden durch eine Anklageschrift, Antragsschrift, mündlich im beschleunigten Verfahren oder durch Antrag auf Erlass eines Strafbefehls. Der Regelfall ist die Anklageschrift.

60 Geben die Ermittlungen nicht genügend Anlass zur öffentlichen Klage, stellt die Staatsanwaltschaft das Verfahren ein. Dies kann sachliche oder rechtliche Gründe haben. Die Strafprozessordnung bietet viele Möglichkeiten der Verfahrenseinstellung, die oftmals der Verfahrensökonomie und Beschleunigung dienen:

- **Einstellung mangels Verfolgbarkeit, § 170 Abs. 2 StPO**

  Der Verfolgbarkeitsmangel kann in der Verjährung oder einem fehlenden Strafantrag liegen. Eine Einstellung hat aus Rechtsgründen auch zu erfolgen, wenn das angezeigte Verhalten keinen Straftatbestand erfüllt. Ebenso, wenn das Verhalten zwar strafbar ist, aber die Täterschaft nicht bewiesen werden kann. In diesen Fällen ist der Beschuldigte einer Straftat nicht hinreichend verdächtigt, das Strafverfahren gemäß § 170 Abs. 2 StPO einzustellen. Die Einstellung kann mit der Einstellungsbeschwerde gemäß § 172 Abs. 1 S. 1 StPO und schließlich im Klageerzwingungsverfahren gemäß § 172 Abs. 2 StPO rechtlich überprüft werden.

- **Einstellung wegen Verweisung auf den Privatklageweg, § 170 Abs. 2 StPO**

  Privatklagedelikte sind enumerativ in § 374 StPO aufgeführt. Es handelt sich dabei um Vergehen mit geringerem Unrechtsgehalt. Bei Privatklagedelikten darf die Staatsanwaltschaft gemäß § 376 StPO nur Klage erheben, wenn dies im öffentlichen Interesse liegt. Besteht kein öffentliches Interesse, so ist das Strafverfahren einzustellen und der Verletzte wird auf den Privatklageweg verwiesen. Dies bedeutet, dass der Verletzte anstelle der Staatsanwaltschaft Klage vor dem Amtsgericht erheben kann bzw. muss.

- **Einstellung wegen Abwesenheit des Beschuldigten, § 205 StPO analog, § 104 RiStBV**

  Die vorläufige Einstellung wegen Abwesenheit des Beschuldigten sieht die Strafprozessordnung lediglich beim Zwischenverfahren, in § 205 StPO vor. Es ist anerkannt, dass die Vorschrift auch im Ermittlungsverfahren gilt. Der Beschuldigte wird im Fahndungssystem ausgeschrieben und das Verfahren wieder aufgenommen, wenn man des Beschuldigten habhaft wird.

- **Einstellung wegen Geringfügigkeit, §§ 153, 153a StPO; § 31a BtMG**

  §§ 153, 153a StPO und § 31a BtmG sehen Einstellungen von Vergehen aus Opportunitätsgründen vor. Voraussetzung ist bei § 153 StPO, dass die Schuld als gering anzusehen wäre und kein öffentliches Interesse an der Strafverfolgung besteht. Öffentliches Interesse an der Strafverfolgung besteht nach Nr. 86 II RiStBV in der Regel, wenn der Rechtsfrieden über den Lebenskreis des Verletzten hinaus gestört und die Strafverfolgung ein gegenwärtiges Anliegen der Allgemeinheit ist, zum Beispiel wegen des Ausmaßes der Rechtsgutverletzung, wegen der Rohheit oder Gefährlichkeit der Tat, der niedrigen Beweggründe des Täters oder der Stellung des Verletzten im öffentlichen Leben. Die Einstellung nach § 153a StGB setzt die Zustimmung des Gerichts voraus. Dazu werden mit der Einstellung Auflagen verfügt, die der Beschuldigte erbringen muss. Dies können Geld- oder Arbeitsleistungen sein. Die Geldleistungen können der Staatskasse oder gemeinnützigen Organisationen zugutekommen. Die Erfüllung dieser

Auflagen muss geeignet sein, das öffentliche Interesse an der Strafverfolgung zu beseitigen. Schließlich darf die Schwere der Schuld der Einstellung nicht entgegenstehen. Es soll hiermit die Möglichkeit gegeben werden, auch Verfahren der mittleren Kriminalität einzustellen.

Weitere Möglichkeiten sind:

- Einstellung bei Möglichkeit des Absehens von Strafe, § 153b StPO
- Einstellung bei Auslandstaten, § 153c StPO
- Einstellung bei Absehen der Verfolgung aus politischen Gründen, § 153d StPO
- Einstellung bei tätiger Reue, § 153e StPO
- Einstellung bei Taten nach §§ 6–14 Völkerstrafgesetzbuch, § 153f StPO
- Einstellung bei unwesentlicher Nebenstrafe, §§ 154, 154a StPO
- Die Einstellung nach §§ 154, 154a StPO dienen der Verfahrensökonomie. Das Strafverfahren soll konzentriert werden auf den Hauptvorwurf. Im Hinblick auf eine schwerere Straftat kann die Staatsanwaltschaft Strafverfahren einstellen, wenn die einzustellende Straftat zum Hauptvorwurf nicht beträchtlich ins Gewicht fällt.

Beispiel
Der Beschuldigte hat an jeweils verschiedenen Tagen einen Ladendiebstahl, eine Körperverletzung sowie einen versuchten Totschlag begangen. Im Hinblick auf das versuchte Tötungsdelikt können die 2 erstgenannten Delikte gemäß § 154 StPO eingestellt werden.

- Einstellung bei Auslieferung und Landesverweisung, § 154b StPO
- Einstellung bei Opfer eine Nötigung oder Erpressung, § 154c StPO
- Einstellung bei Entscheidung einer zivil- oder verwaltungsrechtlichen Vorfrage, § 154d StPO.

2 Zwischenverfahren

61 Die Erhebung der öffentlichen Klage durch die Staatsanwaltschaft führt nicht zwingend zur Durchführung eines Gerichtsverfahrens. Vielmehr sieht die Strafprozessordnung gemäß § 199 StPO zuvor mit dem Zwischenverfahren eine Prüfphase durch das spätere Gericht der Hauptsache vor. Es hat Filterfunktion: In den Fällen, bei denen eine Verurteilung offensichtlich nicht wahrscheinlich ist, soll dem Beschuldigten ein Gerichtsverfahren erspart bleiben. Problematisch ist, dass die Prüffunktion von dem Gericht durchgeführt wird, welches später auch das Gerichtsverfahren durchführt. Dies kann den Eindruck der Befangenheit des Gerichts bewirken, da das Gericht ja schon vor Durchführung der Hauptverhandlung den Beschuldigten für hinreichend verdächtig halten muss.[50]

2.1 Zuständigkeiten der Gerichte

62 Das Zwischenverfahren beginnt mit Erhebung der Anklage beim zuständigen Gericht. Mit der Anklageschrift sind auch alle (Bei-)Akten und Beweisgegenstände vorzulegen. Die Verfahrensherrschaft geht auf das Gericht über. Gemäß § 157 StPO wird der Beschuldigte formell zum Angeschuldigten.

63 Örtlich zuständig ist bei Strafverfahren gegen Erwachsene grundsätzlich das Gericht des Tatortes, bei Jugendlichen und Heranwachsenden das Gericht des Wohnortes.

64 Die sachliche Zuständigkeit des Gerichts erster Instanz hängt ab von der Art des angeklagten Deliktes bzw. von der zu erwartenden Strafe:

- **Amtsgericht: Strafrichter, Jugendrichter** (Einzelrichter), §§ 24, 25 GVG, 33, 39 JGG: zuständig für Vergehen, bei denen eine Straferwartung von nicht mehr als 2 Jahren besteht, sowie für Privatklageverfahren.
- **Amtsgericht: Schöffengericht; Jugendschöffengericht (1 Richter [als erweitertes Schöffengericht 2 Richter], 2 Schöffen),** §§ 24, 28 GVG, 33a, 40 JGG: wenn die Zuständigkeit des AG besteht und die Strafbarkeit des Strafrichters nicht gegeben ist. Dies bedeutet, dass das Schöffengericht für die Fälle der mittleren Kriminalität entscheidet, wenn eine höhere Strafe als Freiheitsstrafe von 4 Jahren nicht zu erwarten ist und nicht auf die Unterbringung in einem psychiatrischen Krankenhaus und oder in der Sicherungsverfahren zu erkennen ist. Gemäß § 29 GVG kann in umfangreichen Sachen das Schöffengericht als erweitertes Schöffengericht mit 2 Berufsrichtern und 2 Schöffen tagen.
- **Landgericht: große Strafkammer, Jugendkammer (grundsätzlich 3 Richter, 2 Schöffen),** §§ 74 Abs. 1, 76 Abs. 1 S. 1 GVG, 33 41 JGG: zuständig für alle Verfahren, die nicht am AG oder OLG geführt werden. In besonderen Strafverfahren aus dem Deliktkatalog von § 74 Abs. 2 GVG heißt die große Strafkammer Schwurgericht. Zudem ist das Landesgericht zuständig, wenn die Staatsanwaltschaft wegen der besonderen Bedeutung des Falls dort anklagt, § 24 Abs. 1 Nr. 3 GVG.
- **Oberlandesgericht, Strafsenat (3 bzw. 5 Richter),** § 120 GVG: zuständig für spezielle, in § 120 GVG aufgeführte Delikte, insbesondere aus dem Bereich der Staatsschutzdelikte.
- **Bundesgerichtshof (5 Richter),** §§ 124, 135 GVG: zuständig ausschließlich für Revisionsverfahren.

50 Vgl. zur Kritik Roxin/Schünemann § 40, Rn. 3.

2.2 Durchführung des Zwischenverfahrens

Im nicht öffentlichen Zwischenverfahren prüft das Gericht, ob die Voraussetzungen für die Durchführung eines Hauptverfahrens gegeben sind. Diese Prüfung umfasst zunächst die formalen Aspekte, wie den notwendigen Inhalt der Anklageschrift (§ 200 StPO) und die örtliche und sachliche Zuständigkeit des Gerichts. Dazu umfasst die Prüfung insbesondere das Vorliegen des hinreichenden Tatverdachts als zwingenden Voraussetzung für die Eröffnung des Hauptverfahrens (§ 203 StPO). Die Aufklärungspflicht des Gerichts fängt mit dem Zwischenverfahren an. Gemäß § 202 StPO kann das Gericht zur Aufklärung der Sache einzelne Beweiserhebungen anordnen. Bei wesentlichen Lücken der Anklage wird es die Staatsanwaltschaft auffordern, die Anklage zurückzunehmen, oder Nachbesserung einfordern.[51] Dem Angeschuldigten, sowie etwaigen Nebenklägern, wird in dieser Phase des Strafverfahrens gemäß § 201 StPO die Anklageschrift zugestellt mit der Aufforderung, innerhalb einer bestimmten Frist zu erklären, ob er die Vornahme einzelner Beweiserhebungen vor der Entscheidung über die Eröffnung des Hauptverfahrens beantragen will. Gemäß Art. 6 Abs. 3 EMRK hat er das Recht, in einer ihm verständlichen Sprache in allen Einzelheiten über Art und Grund der gegen ihn erhobenen Beschuldigung unterrichtet werden. In der Regel geschieht das durch Übersetzung der Anklageschrift in die Muttersprache. 65

2.3 Abschluss des Zwischenverfahrens

Die Anklageschrift kann im Zwischenverfahren jederzeit von der Staatsanwaltschaft ohne Begründung zurückgenommen werden. Im Regelfall endet das Zwischenverfahren jedoch gemäß § 203 StPO mit dem Erlass eines Eröffnungsbeschlusses. Damit ist die Anklage zugelassen, das Hauptverfahren kann durchgeführt werden. Liegen nach Auffassung des Gerichts die Voraussetzung für die Durchführung einer Hauptverhandlung nicht vor, beschließt es die Nichteröffnung, § 204 StPO. Gegen den Nichteröffnungsbeschluss kann die Staatsanwaltschaft innerhalb einer Woche gemäß § 210 Abs. 2 StPO sofortige Beschwerde einlegen. 66

51 Vgl. auch Joecks § 202, Rn. 1.

3 Hauptverfahren

67 Nach erlassenem Eröffnungsbeschluss folgt das Hauptverfahren. Die Strafprozessordnung gliedert das Hauptverfahren in 2 Abschnitte: Vorbereitung der Hauptverhandlung (§§ 213–225 StPO) und die Hauptverhandlung selbst (§ 226–275 StPO), dem Kernstück des Strafprozesses.

3.1 Vorbereitung der Hauptverhandlung

68 Das Hauptverfahren beginnt mit der Vorbereitung der Hauptverhandlung gemäß §§ 213–225a StPO. Der Angeschuldigte ist gemäß § 157 StPO nunmehr als „Angeklagter" zu bezeichnen. Durch den Vorsitzenden wird zunächst ein Termin bestimmt, § 213 StPO. Anschließend werden alle Beteiligten geladen. Dabei ist gemäß § 217 StPO die Ladungsfrist von mindestens einer Woche einzuhalten, worauf der Angeklagte auch verzichten kann. In dieser Phase sind gemäß §§ 214 Abs. 4, 219, 221 StPO alle Beweismittel herbeizuschaffen, die für das Hauptverfahren benötigt werden.

3.2 Hauptverhandlung

69 Das Kernstück des gesamten Strafprozesses ist der zweite Teil des Hauptverfahrens, die Hauptverhandlung. In der Hauptverhandlung soll die Wahrheit durch ein förmliches Verfahren festgestellt werden, um so zu einem gerechten Urteil zu kommen.

70 Die Hauptverhandlung orientiert sich an folgenden Grundsätzen:

- **Grundsatz der Unmittelbarkeit, § 250 S. 2 StPO**
  In der Hauptverhandlung ist grundsätzlich das unmittelbare Beweismittel zu würdigen. Ein Zeuge ist zu vernehmen, ein Rückgriff auf vorherige Vermerke, Berichte oder Vernehmungen findet grundsätzlich nicht statt. Dieser Grundsatz verbietet aber nicht den sogenannten Vernehmungsbehelf, bei dem Zeugen Teile der im Ermittlungsverfahren gemachten Aussage vorgelesen werden, um ihm die Erinnerung zu erleichtern. Denn Gegenstand der Beweisaufnahme bleibt in diesen Fällen weiterhin die Aussage des unmittelbaren Zeugen.
- **Mündlichkeitsgrundsatz, §§ 261, 264 StPO**
  Nach § 261 StPO entscheidet das Gericht aus dem „Inbegriff der Hauptverhandlung". Dies bedeutet auch, dass nur der mündlich vorgetragene und erörterte Prozessstoff zum Gegenstand des Urteils gemacht werden kann.
- **Öffentlichkeitsgrundsatz, § 169 GVG, Art. 6 Abs. 1 EMRK**
  Die Hauptverhandlung einschließlich der Verkündung des Urteils ist grundsätzlich öffentlich. Ausnahmen werden nur bei besonders schützenswerten Interessen, etwa bei Strafverfahren gegen Jugendliche (vgl. § 48 Abs. 1, 2 JGG), oder zur Durchsetzung des Hausrechtes zugelassen. Seine Grenze findet der Öffentlichkeitsgrundsatz auch in der Raumkapazität. Der Öffentlichkeitsgrundsatz bedeutet aber nicht, dass eine umfassende Öffentlichkeit, etwa durch Fernsehberichterstattung, zulässig ist. Vielmehr sind Ton- und Fernsehrundfunkaufnahmen/Filmaufnahmen gemäß § 169 S. 2 GVG unzulässig. Das Bundesverfassungsgericht hat die Verfassungsmäßigkeit der Norm bestätigt: „Prozesse finden in der, aber nicht für die Öffentlichkeit statt."[52] Mit der Öffentlichkeit ist also bloß die „Saalöffentlichkeit" gemeint.

52 BVerfGE 103, 44.

- **Grundsatz des rechtlichen Gehörs, Art. 103 Abs. 1 GG**

  Gemäß Art. 103 Abs. 1 GG hat jedermann Anspruch auf rechtliches Gehör. Dem Angeklagten muss Gelegenheit gegeben werden, sich zu den Anschuldigungen zu äußern.
- **Recht auf unabhängigen, gesetzlichen Richter, Art. 97, 101 GG**
- **Grundsatz der freien richterlichen Beweiswürdigung, § 261 StPO**

  Es bestehen – im Gegensatz zum mittelalterlichen Prozess – keine Beweisregeln. Das Gericht ist in der Würdigung der Beweise frei, solange keine Denkgesetze der Logik, wissenschaftliche Standards oder rechtliche Bestimmungen verletzt werden.

3.2.1 Beteiligte

Verfahrensbeteiligt an der Hauptverhandlung sind in erster Linie der Angeklagte mit seinem Verteidiger sowie die Staatsanwaltschaft und der Verletzte, der als Nebenkläger (§§ 395 ff. StPO) beteiligt sein kann. Die Nebenklage ist keine selbstständige Verfahrensart, sondern hängt dem regulären Verfahren an. Zweck ist es, dem Verletzten durch vielfältige Beteiligungsrechte die Möglichkeit zu eröffnen, aktiv auf das Strafverfahren ab der Anklageerhebung einzuwirken.[53] Dazu kann sich der Nebenkläger eines Rechtsanwaltes als Beistand bedienen, in ausgewählten Fällen wird er als Opferanwalt vom Gericht bestellt, vgl. § 397a StPO. Sitzungsvertreter der Staatsanwaltschaft ist vor dem Straf- oder Jugendrichter am Amtsgericht in der Regel der Amtsanwalt, ansonsten der Staatsanwalt.[54] 71

Der Beistand (Ehegatte oder Lebenspartner) des Angeklagten ist gemäß § 149 Abs. 1 StPO zur Hauptverhandlung zuzulassen und auf sein Verlangen zu hören. Er ist rechtzeitig zur Hauptverhandlung zu laden. 72

Amtstracht ist nach landesrechtlichen Regelungen[55] für Richter der ordentlichen Gerichtsbarkeit und Staatsanwälte die schwarze Robe mit Samtbesatz. Dazu ist ein/e weiße/s Hemd/Bluse mit weißer Krawatte/Schal vorgeschrieben. Rechtsanwälte und Verteidiger tragen eine mit Atlasseide besetzte schwarze Robe.[56] Diese nicht in allen Bundesländern geregelte Verpflichtung hat das Bundesverfassungsgericht als Gewohnheitsrecht bestätigt, welches die Berufsfreiheit nicht verletzt.[57] Auch der Rechtsanwalt hat ein weißes Hemd mit weißer Krawatte zu tragen, trägt er lediglich ein weißes T-Shirt, kann er für den Hauptverhandlungstermin zurückgewiesen werden.[58] Die Säume der Amtsanwaltsrobe sind schmal mit Samt bzw. Seide besetzt. Der Urkundsbeamte des Gerichts trägt eine Robe mit Wollstoffbesatz. Am Bundesgerichtshof werden karmesinrote Roben getragen. 73

Das Gericht ist im Zwischen- und Hauptverfahren nicht Beteiligter, da es Träger des gerichtlichen Verfahrens ist.[59]

53 Vgl. dazu Rn. 137.
54 Vgl. Rn. 50.
55 Für NRW: Anordnung über die Amtstracht bei den Gericht; AV d. JM vom 8.8.2006, JMBl. NRW S. 193.
56 Ausnahme: An den Gerichten des Bezirks OLG Stuttgarts können auch Rechtsanwälte samtbesetzte Roben trage, vgl. § 2 Abs. 1 i. V. m. § 1 Abs. 1 Nr. 1 der Verordnung des JM über die Amtstracht bei den ordentlichen Gerichten.
57 BVerfGE 28, 21.
58 OLG München NJW 2006, 3079.
59 Dies ergibt sich aus verschiedenen Vorschriften der StPO, so z. B.: § 33 StPO.

3.2.2 Ablauf

74 Der Gang der Hauptverhandlung ist in §§ 243, 244 Abs. 1 StPO dezidiert geregelt:

1. • Aufruf der Sache, Präsenzfeststellung, § 243 Abs. 1 S. 1, 2 StPO
2. • Belehrung der Zeugen, § 57 StPO, anschließend verlassen sie den Saal, § 243 Abs. 2 StPO
3. • Vernehmung des Angeklagten zu seinen persönlichen Verhältnissen, § 243 Abs. 2 StPO
4. • Verlesung des Anklagesatzes, § 243 Abs. 3 StPO
5. • Hinweis auf Aussagefreiheit, Vernehmung des Angeklagten, § 243 Abs. 4 StPO
6. • Beweisaufnahme, § 244 I StPO
7. • Plädoyers, § 258 Abs. 1, 2 StPO
8. • Letztes Wort des Angeklagten, § 258 Abs. 3 StPO
9. • Urteilsberatung, §§ 260 StPO, § 43 DRiG
10. • Urteilsverkündung und Rechtmittelbelehrung, §§ 260, 268, 35a StPO

75 Die Hauptverhandlung wird durch den Vorsitzenden geleitet, § 238 Abs. 1 StPO. Er kann das Fragerecht gewähren (§ 240 StPO) und einzelne Fragen zurückweisen (§ 241 StPO).

Ihm obliegt gemäß § 176 GVG auch die „Sitzungspolizei“. Gemäß § 177 GVG hat er dazu das Recht, Anordnungen zu treffen, ggf. eine Person aus dem Sitzungssaal entfernen zu lassen und unmittelbar Ordnungshaft anzuordnen. Möglich ist auch die Festsetzung eines Ordnungsgeldes, § 178 GVG.

Er leitet die Urteilsberatung und hat das Urteil zu verkünden.

3.2.3 Beweisaufnahme

76 Kern der Hauptverhandlung ist die Beweisaufnahme. Gemäß § 244 Abs. 2 StPO hat das Gericht von Amts wegen die Beweisaufnahme auf alle Tatsachen und Beweismittel zu erstrecken, die für die Entscheidung von Bedeutung sind. Es gilt – im Gegensatz zum Zivilprozess – der Instruktionsgrundsatz (Untersuchungsgrundsatz).

Beweismittel

Aufgabe der Strafrechtspflege ist effektive Strafverfolgung, aber nicht um jeden Preis.[60] Zur rechtsstaatlichen Einschränkung ist die Beweisführung in Art und Inhalt beschränkt. Zugelassene Beweismittel sind im Hauptverfahren nur der Zeugen-, Sachverständigen-, Augenscheins- und der Urkundenbeweis. Mit diesen 4 Beweismitteln und der Aussage des Beschuldigten sind die Strafbarkeit (Tatbestand, Rechtswidrigkeit und Schuld) des Angeklagten zu ermitteln und die Strafe festzulegen. Im Ermittlungsverfahren dagegen ist die Beweisführung frei. Da aber mit dem Ermittlungsverfahren die Hauptverhandlung vorbereitet wird, haben sich auch schon die Ermittlungen an den 4 Beweismitteln zu orientieren. 77

Schließlich dürfen die Beweismittel in der Hauptverhandlung nur in der gesetzlich vorgeschriebenen Form (nach § 244 ff. StPO) eingeführt werden.

Beispiel
Der Zeuge ist in der Hauptverhandlung zu vernehmen. Seine Aussage kann grundsätzlich nicht durch Verlesung der Vernehmungsniederschrift ersetzt werden, vgl. § 250 StPO, zu den Ausnahmen § 251 StPO.

Wegen der Begrenzung der Beweismittel und der Regeln zur Einführung der Beweismittel nennt man dieses Verfahren Strengbeweisverfahren.

Übersicht

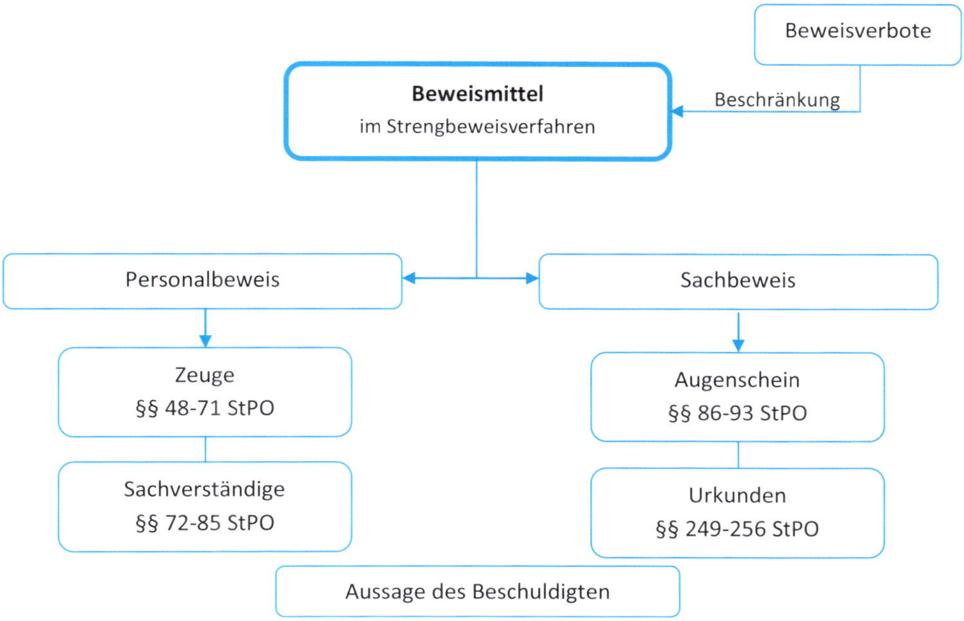

60 BGHSt 14, 358 (365).

78 Das Gericht ist in der Würdigung der Beweise frei, es ist nicht an Beweisregeln oder Beweisvermutungen gebunden. Entscheidend ist die aus dem Inbegriff der Verhandlung geschöpfte Überzeugung. Dabei hat das Gericht jedoch „Gesetze des Denkens und der Erfahrung" zu beachten.[61]

79 Kriminalistisch ist der Personal- vom Sachbeweis zu trennen. Personalbeweise sind der Zeuge und der Sachverständige. Zum Teil wird auch der Beschuldigte dazugerechnet. Personalbeweise werden durch Vernehmung erhoben, sind daher subjektive Beweismittel. Der Personalbeweis ist der wichtigste Beweis für die Urteilsfindung.[62]

Sachbeweise sind der Augenschein und die Urkunden. Sie sind objektive Beweismittel, es handelt sich um einen naturwissenschaftlich geführten Beweis.

Personalbeweis: Zeugen und Sachverständige

→ Zeuge

80 Zeuge ist, wer seine Wahrnehmung über Tatsachen durch Aussage kundgeben soll, ohne Sachverständiger oder Beschuldigter zu sein.[63] Auch Minderjährige und geistig Behinderte können Zeugen sein. Die Zeugenfähigkeit ist abhängig vom geistigen Entwicklungsstand und dem Gegenstand der Aussage. Allgemein ist anzunehmen, dass Kinder unter 5 Jahren nicht als Zeugen in Betracht kommen.

81 Der Zeugenbeweis ist eines der wichtigsten Beweismittel, das die Strafprozessordnung zur Wahrheitserforschung zur Verfügung stellt. Anders als bei den Mitteln des Sachbeweises und weitaus stärker als beim Sachverständigenbeweis hängt die Bedeutung des Zeugenbeweises von Umständen ab, die in diesem Beweismittel selbst begründet sind, namentlich seine Persönlichkeit, sein Lebenslauf, sein Charakter und seine Beweggründe.[64] Diese besondere Natur des Zeugenbeweises hat schon das Reichsgericht, wenn auch in anderem Zusammenhang, zutreffend charakterisiert: „Der Zeuge hat in der Regel über Vorgänge zu berichten, die abgeschlossen in der Vergangenheit liegen. Er gibt aber nicht die Vorgänge selbst wieder, sondern nur die Wahrnehmungen, die er über sie gemacht hat. Hierbei kommt es ganz wesentlich auf das Auffassungsvermögen, das Urteil und die Gedächtnisstärke des Zeugen an, sowie auf seine Fähigkeit, streng sachlich zu berichten, auf seine persönliche Zuverlässigkeit und Glaubwürdigkeit und dergleichen. Das Ergebnis der Wahrnehmungen und ihre Wiedergabe sind mit anderen Worten regelmäßig durchaus persönlicher Art. Ein Zeuge kann daher in der Regel nicht durch einen anderen Zeugen und zumeist auch nicht durch ein anderes Beweismittel beliebig ersetzt werden, ist in diesem Sinne vielmehr unersetzbar."[65]

82 Auch der Zeuge vom Hörensagen ist Zeuge, da er über eigene Wahrnehmungen berichtet.[66]

Beispiel
A sagt als Zeuge aus, er habe von B gehört, dass C zu Tatzeit mit B in einem Lokal gewesen sei.

61 BGHSt 6, 70.
62 Vgl. BGHSt 32, 115 (127).
63 Kramer, Rn. 121 mit Verweis auf BGH NJW 93, 2881.
64 BGH a. a. O.
65 RGSt 47, 100 (104).
66 Eingehend und kritisch dazu Seebode/Sydow JZ 1980, 506.

Zeugen haben im Strafprozess im Wesentlichen folgende Pflichten: 83

- **Erscheinens- und Aussagepflicht, §§ 48, 161a, 51 StPO**

  Gemäß §§ 161a, 51 StPO haben sie die Pflicht, bei Staatsanwaltschaft und Gericht zu erscheinen und auszusagen. Bei unentschuldigtem Nichterscheinen besteht die Möglichkeit, ein Ordnungsgeld zu verhängen und die Kosten des Fernbleibens aufzuerlegen.

  Bei polizeilichen Vernehmungen besteht keine Erscheinenspflicht, jedoch ist dann eine staatsanwaltschaftliche Ladung möglich. Folgt man der Aussageverpflichtung nicht, so kann gemäß § 70 Abs. 2 StPO zusätzlich Erzwingungshaft angeordnet werden.

  Sie haben Name, Anschrift, Alter und Beruf anzugeben. Polizeibeamte dürfen, wenn sie Wahrnehmungen in amtlicher Eigenschaft gemacht haben, lediglich ihren Dienstort angeben. Im Übrigen dürfen Zeugen eine andere ladungsfähige Anschrift angeben, wenn begründeter Anlass zur Sorge besteht, dass durch die Angabe des Wohnortes Rechtsgüter des Zeugen oder einer anderen Person gefährdet werden oder dass auf sie in unlauterer Weise eingewirkt wird, § 68 Abs. 2 StPO.

- **Wahrheitspflicht, § 57 StPO**

  Zeugen müssen die Wahrheit sagen. Lügen sie, können sie sich gemäß § 258 StGB der Strafvereitelung oder der falschen Verdächtigung, § 164 StGB bzw. dem Vortäuschen einer Straftat (§ 145d StGB), strafbar machen. In der Hauptverhandlung kommt noch die Möglichkeit der Begehung von Aussagedelikten (insbesondere uneidliche Falschaussage, § 153 StGB; Meineid, § 154 StGB) hinzu.

- **Pflicht zur Eidesleistung, §§ 59 ff. StPO**

  Bei ausschlaggebender Bedeutung der Sache oder zum Zwecke der Herbeiführung einer wahren Aussage kann das Gericht die Vereidigung anordnen. Dies wird nur in Ausnahmefällen praktiziert.

- **Aussagegenehmigungspflicht, § 54 StPO, §§ 67 ff. BBG**

  Zur Durchsetzung der Verschwiegenheitspflicht benötigen öffentliche Bedienstete eine Aussagegenehmigung des Dienstherrn, wenn sich die Vernehmung auf Umstände der Amtsverschwiegenheit bezieht. Richter, Beamte und andere Personen des öffentlichen Dienstes benötigen zur Aussage über Umstände, auf die sich ihre Pflicht zur Amtsverschwiegenheit beziehen, eine Aussagegenehmigung. Zuständig für die Erteilung ist der gegenwärtige Dienstvorgesetzte, bei Pensionären der letzte.[67] Die Einholung der Aussagegenehmigung obliegt nach RiStBV Nr. 66 Abs. 1 der vernehmenden Stelle (Polizei, Staatsanwaltschaft, Gericht). Dabei ist der Gegenstand der Vernehmung so erschöpfend mitzuteilen, dass eine Prüfung des Dienstvorgesetzten möglich ist. Für die Regelfälle des Polizeidienstes besteht oft eine generelle, formalisierte Aussagegenehmigung.

67 Meyer-Goßner § 54, Rn. 19.

84 Folgende Rechte stehen dem Zeugen zu:[68]

- **Zeugnisverweigerungsrechte aus beruflichen oder familiären Gründen, §§ 52, 53, 53a StPO**
- **Auskunftsverweigerungsrecht, § 55 StPO**
- **Finanzielle Entschädigung, § 71 StPO i. V. m. §§ 19 ff. JVEG**

  Entschädigung steht insbesondere für Verdienstausfall (max. 17 €/pro Std., max. 10 Std./Tag), Fahrtkosten, Zeitversäumnis (3 €/Std., wenn kein Verdienstausfall gewährt wird) und sonstige Auslagen zu.
- **Zeugenbeistand, §§ 68b, 406f StPO**

  Zeugen können sich eines anwaltlichen Beistands bedienen. Ist er Verletzter der Straftat, steht ihm gemäß § 406f StPO ein Zeugenbeistand zu. Er wird als Opferanwalt in den Fällen des § 397a StPO vom Gericht bestellt.
- **Aufzeichnung auf Bild-Ton-Träger, § 58a StPO**

  Bei Verletzten unter 18 Jahren soll die Vernehmung zur Wahrung ihrer schutzwürdigen Interessen aufgezeichnet werden. Gleiches gilt, wenn zu besorgen ist, dass der Zeuge in der Hauptverhandlung nicht vernommen werden kann.
- **Getrennte Vernehmung, § 168e StPO**

  Gemäß § 168e StPO hat der Zeuge bei dringender Gefahr eines schwerwiegenden Nachteils für sein Wohl das Recht, dass seine Vernehmung getrennt von den Anwesenheitsberechtigten durchgeführt wird. Dabei wird dann die richterliche Vernehmung zeitgleich mit Bild und Ton in einen anderen Raum übertragen

85 **→ Sachverständige**

Der Sachverständige ist Gehilfe des Gerichts, der diesem zur Beurteilung eines Sachverhaltes besondere Sachkunde vermittelt.[69] Er wird vom Gericht bestellt und bekundet Tatsachen, die nur aufgrund seiner Sachkunde feststellbar sind.

Beispiel
Der Verkehrssachverständige gibt Auskunft über die Unfallspuren; der Rechtsmediziner gibt Auskunft über die Verletzungen des Opfers. Eine Psychologin wird beauftragt, zur Glaubwürdigkeit der Aussage des Opfers Stellung zu nehmen.

Die von ihnen gefertigten Gutachten dienen der Vorbereitung der Aussage vor Gericht. Das Gericht hat im Rahmen der freien richterlichen Beweiswürdigung nach § 261 StPO das Gutachten zu würden, eine inhaltliche Übernahme per se erfolgt nicht.

86 **→ Sachverständige Zeugen**

Der sachverständige Zeuge (§ 85 StPO) ist eine Person, die aufgrund ihrer Sachkunde besondere Wahrnehmungen gemacht hat und nicht vom Gericht beauftragt wurde.

Beispiel
Der Verkehrssachverständige hat in seiner Freizeit einen Unfall beobachtet. Er kann besondere Angaben machen zur Geschwindigkeit der Fahrzeuge.

68 Siehe dazu ausführlich Teil 3: Zeugenvernehmung, Rn. 210 ff.
69 BGHSt 7, 238.

Im Übrigen gelten für Sachverständige und sachverständige Zeugen die gleichen Rechte und Pflicht wie für Zeugen.

→ Polizeibeamte als Zeugen vor Gericht

Polizeibeamte stehen als Zeugen im besonderen Fokus der Verfahrensbeteiligten sowie der Öffentlichkeit. Einerseits bieten sie aufgrund ihrer beruflichen Stellung grundsätzlich die Gewähr für zuverlässige, neutrale Aussagen. Andererseits bieten sie durch ihre Funktion als Ermittlungsorgan der Staatsanwaltschaft und der damit einhergehenden Nähe zum Geschehen Angriffsfläche für die Verteidigung. Hinzu kommt, dass im Rahmen der Gerichtsverhandlung regelmäßig nicht nur der engere Gegenstand des Prozesses, sondern damit auch zwangsläufig die Qualität der Ermittlungstätigkeit auf dem Prüfstand steht. Auch dazu muss sich der Polizeibeamte in seiner Aussage verhalten. Schließlich ist der Polizeibeamte vor Gericht immer auch Repräsentant der Polizeibehörde generell. Er hat bei falschen Aussagen nicht nur strafrechtliche, sondern auch dienstrechtliche Konsequenzen zu fürchten. In Betracht kommen insbesondere Straftaten nach § 153 (uneidliche Falschaussage), § 154 StGB (Meineid), § 161 StGB (fahrlässiger uneidlicher Falscheid) sowie § 258a StGB (Strafvereitelung) und § 353b StGB (Verletzung des Dienstgeheimnisses). Die dienstrechtlichen Folgen reichen von Disziplinarmaßnahmen bis hin zur Entfernung aus dem Dienst. Daher muss er der Zeugenaussage vor Gericht besondere Bedeutung beimessen und sie als Abschluss professioneller Polizeiarbeit begreifen. 87

→ Rechte und Pflichten von Polizeizeugen 88

Neben den generellen Rechten und Pflichten[70] als Zeuge haben Polizeibeamte im Gegensatz zu anderen Zeugen nach h. M. eine Vorbereitungspflicht. Sie müssen durch dienstliche Nachforschungen und Erkundigungen oder anhand vorhandener Aufzeichnungen ihre Zeugenvernehmung vorbereiten.[71] Andernfalls besteht die Gefahr, sich des fahrlässigen Falscheides gemäß § 161 StGB strafbar zu machen. Diese Erkundigungspflicht ist jedoch problematisch. Denn dadurch kann nicht nur das Erinnerungsvermögen gestärkt, sondern auch durch Gespräche mit Kollegen beeinflusst werden, sodass letztlich nicht das eigene Erleben geschildert wird, sondern das des Kollegen oder Erkenntnisse aus den Akten. Es ist also immer zu bedenken, dass die Vorbereitung nicht dazu dient, einen Geschehensablauf lückenlos nacherzählen zu können. Sondern er dient zur Auffrischung der eigenen Erinnerung. Es muss immer erkennbar sein, was aus eigener Erinnerung und was aus dem Aktenstudium berichtet wird. Zudem sollte die Erinnerung nicht mithilfe eigener Aufzeichnungen, die in der Hauptverhandlung mitgeführt werden, aufgefrischt werden. Man setzt sich dann dem Vorwurf der mangelhaften Aktenführung wegen Aktenunvollständigkeit aus. Denn das Gericht geht davon aus, dass alle Ermittlungserkenntnisse in den Akten enthalten sind. Aber eine Vorbereitung – insbesondere mit Zweitakten oder mithilfe der automatisierten Vorgangsverwaltung – ist immer geboten.[72]

70 Siehe dazu Rn. 83 f.
71 Fischer § 162, Rn. 6 m. w. N.
72 So auch Artkämper, 42.

89 **→ Aussagegenehmigung**

Polizeibeamte benötigen gemäß § 54 StPO zur Aussage eine Aussagegenehmigung des Dienstherrn.[73] Bestehen Zweifel, ob die Beantwortung einer konkreten Frage von der Aussagegenehmigung umfasst ist, sind diese dem Gericht mitzuteilen. Das Gericht hat dann die Aufgabe, dies zu klären.[74] Erfolgen Aussagen, die nicht von der Aussagegenehmigung erfasst sind, besteht die Gefahr der Strafbarkeit nach § 353b StGB.

90 **→ Schutz gefährdeter Polizeizeugen**

Die Strafprozessordnung sieht als Schutz für gefährdete Zeugen vor:

- den Verzicht auf die Angabe des Wohnortes (§ 68 Abs. 2 StPO),
- das Verschweigen der Identität (§ 68 Abs. 3 StPO),
- die Entfernung des Angeklagten (§ 247 StPO),
- den Ausschluss der Öffentlichkeit (§ 172 Nr. 1 a GVG) und der Zeugenvernehmung an einem anderen Ort (§ 247a StPO).[75]

Zum Schutz von Polizeibeamten, die gemäß § 110a StPO als Verdeckte Ermittler eingesetzt werden[76], ist eine Sperrerklärung 110b Abs. 3 i. V. m. § 96 analog StPO möglich.

Ist das Geheimhaltungsinteresse geringer, so ist anerkannt, dass er außerhalb der Hauptverhandlung von einem ersuchten Richter im Richterzimmer vernommen werden kann. Als weitere Maßnahmen können Vernehmungsprotokolle verlesen oder eine Videosimultanübertragung durchgeführt werden, bei dem der Angeklagte aus dem Sitzungssaal entfernt wird.[77]

91 **→ Umgang mit Verteidigerstrategien**

Der Verteidiger ist einerseits Organ der Rechtspflege, steht jedoch andererseits in einer vertraglichen Verpflichtung zum Angeklagten. Sein Ziel ist daher nicht nur die Wahrheitserforschung, sondern auch die bestmögliche Vertretung seines Mandanten. Dafür können ganz unterschiedliche Ziele verfolgt werden: Freispruch, Einstellung, Geld- statt Freiheitsstrafe, Bewährungsstrafe oder eine bestimmte Strafhöhe. Schon die eigenen Interessen an Werbung und guter Presse werden ihn dazu anhalten, für seinen Mandanten erfolgreich zu sein.

Zur Erreichung des Verteidigungsziels sind verschiedene Verteidigungsstrategien denkbar. Neben dem Versuch der konsensualen Einigung sind auch Konflikt-/Krawall-/Klamauk- oder Chaosverteidigungen möglich. Die Verteidigung kann sich damit auch darauf konzentrieren, die Revision vorzubereiten. Insbesondere wird das Fragerecht dazu benutzt, den Polizeizeugen durch Suggestiv-, Wiederholungs-, Fang- oder ehrenrührige/provokante Fragen zu verunsichern und zu Widersprüchen zu verleiten. Denn Polizeibeamte stehen im Fokus der Verteidigerstrategie, präjudizieren sie doch durch ihre Ermittlungsarbeit wesentlich das Beweisergebnis.

Sind diese Konfliktsituationen auch äußerst selten, sollte sich dennoch jeder Polizeibeamte darauf einstellen. Entscheidend ist dabei, möglichst sachlich und gelassen zu bleiben. Kur-

73 Vgl. Rn. 83.
74 Artkämper, 40.
75 Artkämper, 53 ff. mit ausführlicher Darstellung der Rechtsprechungsentwicklung zum Schutz von Zeugen in der Hauptverhandlung.
76 Vgl. zur entsprechenden Eingriffsermächtigung Rn. 381.
77 Vgl. BGHSt 36, 159 zur Vernehmung der Verhörsperson eines Informanten.

ze Sätze erleichtern das Ruhigbleiben. Im Zweifelsfall ist eine Entscheidung des Gerichts über die Beantwortung der Frage herbeizuführen. In besonderen Fällen ist auch die Bitte um eine Unterbrechung möglich. Jedenfalls sollte der Polizeibeamte nicht in eine Diskussion mit dem Verteidiger treten, sollte auch keine Gegenfragen stellen und im Rahmen der Aussage keine rechtlichen Wertungen anstellen.

Polizeibeamte als Zeuge vor Gericht
10 Verhaltensregeln

1. Vorbereitung
   Jede Zeugenaussage bedarf gründlicher Vorbereitung. Der Polizeibeamte soll sich seiner Rolle im Verfahren bewusst sein und sich damit identifizieren. Er soll bemüht sein, verfahrensfördernde Aussagen zu machen. Kenntnisse des Strafprozessrechts generell und über das konkrete Verfahren sind Grundvoraussetzung für die Bewältigung der Herausforderung.
2. Aussagegenehmigung
   Der Polizeibeamte muss sich über seinen Umfang der Aussagegenehmigung im Klaren sein. Im Zweifelsfall Gericht ersuchen, nachzufragen.
3. Verhinderungen
   Verhinderungen und Verspätungen sind rechtzeitig dem Gericht zu melden.
4. Auftreten, Pünktlichkeit
   Für den reibungslosen Verfahrensablauf vor Gericht ist pünktliches Erscheinen unerlässlich. Der Beamte sollte angemessene Kleidung tragen und entsprechend höflich auftreten.
5. Aussage
   Die Aussage muss objektiv, sachlich und verbindlich erfolgen. Konfrontationen, Meinungen und Werturteile vermeiden. Trennung zwischen Kenntnis aus Akten und eigenen Erinnerungen transparent machen. Vorbereitungen auf die Zeugenvernehmung und Erinnerungslücken darstellen.
6. Kontaktaufnahme mit anderen Verfahrensbeteiligten
   Kontakt mit anderen Verfahrensbeteiligten ist vor der Aussage möglichst zu vermeiden, um eine eigene objektive Aussage zu gewährleisten.
7. Umgang mit aggressiven Verteidigerstrategien
   Auf wiederholte, unsachliche oder provozierende Fragen und Äußerungen sollte möglichst gelassen reagiert werden. Fragen mit Blick zum Vorsitzenden beantworten. Im Zweifelsfall den verhandlungsleitenden Vorsitzenden um Entscheidung ersuchen.
8. Zeugenbeistand
   Bei besonderen Fällen einen Zeugenbeistand beiziehen. Anschluss als Nebenkläger prüfen.
9. Anwesenheit bei Plädoyers und Urteilsverkündung
   Nach Möglichkeit sollte der Beamte den Plädoyers und der Urteilsverkündung beiwohnen, um Hinweise zu seinem eigenen Aussageverhalten zu erlangen.
10. Reflexion eigenen Verhalten
    Zur professionellen Arbeit gehört die Reflexion eigenen Verhaltens. Sie ist Grundlage eines kontinuierlichen Verbesserungsprozesses.

Sachbeweise: Augenschein und Urkunden

92 **→ Augenscheinsobjekte**

Augenscheinsobjekte (§§ 86. StPO) sind solche, die sinnlich wahrnehmbar sind. Dies kann durch Sehen, Hören, Fühlen, Schmecken oder Riechen geschehen.[78]

Beispiele
Tatmesser, Tatort, Video- und Tonbandaufzeichnungen, Foto einer Radarüberwachungsanlage, Skizzen, Urkunden nur dann, wenn es auf die Beschaffenheit ankommt, etwa bei Fälschungen.

Die Unmittelbarkeit der Beweisaufnahme ist bei Augenscheinsobjekten – anders als bei Urkunden, § 250 StGB – nicht vorgeschrieben. Daher kann die Besichtigung eines Tatortes auch durch eine Zeugenvernehmung ersetzt werden, solange dadurch die Aufklärungspflicht gemäß § 244 Abs. 2 StPO nicht verletzt wird.

93 **→ Urkunden**

Im Gegensatz zu Augenscheinsobjekten kommt es bei Urkunden nicht allein auf die sinnliche Wahrnehmung an. Vielmehr ist der Inhalt der Gedankenerklärung entscheidend. Der strafprozessuale geht über den strafrechtlichen Urkundenbegriff deutlich hinaus. Im Sinne der strafrechtlichen Urkundendelikte (§§ 267 ff. StGB) ist eine Urkunde jede verkörperte Gedankenerklärung, die zum Beweis im Rechtsverkehr geeignet ist und ihren Aussteller erkennen lässt. Demgegenüber kommt es auf die Ausstellererkennbarkeit bei einem Schriftstück als Urkunde i. S. d. Strafprozessordnung nicht an. Urkunde ist hier jedes Schriftstück, das verlesbar und geeignet ist, durch ihren Gedankeninhalt Beweis zu erbringen.[79]

Beispiel
Strafurteile, Auszug aus dem Bundeszentralregister, Vermerk der Polizei, Vernehmungsprotokolle.

94 Einschränkungen der Einführung von Urkunden als Beweismittel enthalten §§ 250–254 StPO. Demnach darf grundsätzlich die Zeugenvernehmung nicht durch Verlesung der Vernehmungsniederschrift ersetzt werden. Der Unmittelbarkeitsgrundsatz gebietet, den Beweis mit dem unmittelbaren Beweismittel zu führen.

Ebenso darf eine Aussage, die der Zeuge im Ermittlungsverfahren gemacht hat, nicht verlesen werden, wenn er in der Hauptverhandlung von seinem Zeugnisverweigerungsrecht Gebrauch macht, § 252 StPO. Dann darf auch der Polizeibeamte, der die Vernehmung durchführte, nicht dazu vernommen werden. Etwas anderes gilt nach ständiger Rechtsprechung des Bundesgerichtshofes lediglich für richterliche Vernehmungen. Wenn der Richter im Ermittlungsverfahren den Zeugen ordnungsgemäß über sein Zeugnisverweigerungsrecht belehrt hat, so kann der Richter in Hauptverfahren als Verhörsperson über den Inhalt der Aussage des Zeugen im Ermittlungsverfahren vernommen werden.[80]

Beispiel
O wurde von ihrem Ehemann schwer misshandelt und vergewaltigt. Kurz nach der Tat offenbart sie sich der Polizei, die neben der Spurensicherung eine richterliche Vernehmung veranlasst. Dabei belastet O ihren Ehemann schwer. In der späteren Hauptverhandlung macht sie von Ihrem Zeugnisverweigerungsrecht Gebrauch.

---
78 BGHSt 18, 51 (53).
79 BGHSt 27, 135.
80 BGHSt 32, 25 (29).

O kann in der Hauptverhandlung aufgrund von § 53 Abs. 1 Nr. 2 StPO nicht als Zeuge vernommen werden. Die Verlesung des Vernehmungsprotokolls ist gemäß § 252 StPO ebenso unzulässig. Jedoch kann ihre Aussage nach der Rechtsprechung durch Vernehmung des Ermittlungsrichters als Zeugen ins Verfahren eingeführt werden. Diese Rechtsprechung wird zu Recht kritisiert.[81] Es besteht nämlich kein durchgreifender sachlicher Grund, richterliche Vernehmungen anders zu werten als polizeiliche und staatsanwaltschaftliche Vernehmungen.

3.2.4 Beweisverbote

In einem Rechtsstaat kann es nicht um Strafverfolgung um jeden Preis gehen.[82] Vielmehr ist es geboten, zum Schutz höherrangiger Rechtsgüter das Strafverfolgungsinteresse des Staates einzuschränken. Die Amtsaufklärungspflicht nach § 244 Abs. 2 StPO und damit die Beweisführung sind daher beschränkt durch Beweisverbote. Unterschieden werden Beweiserhebungs- und Beweisverwertungsverbote. 95

Übersicht

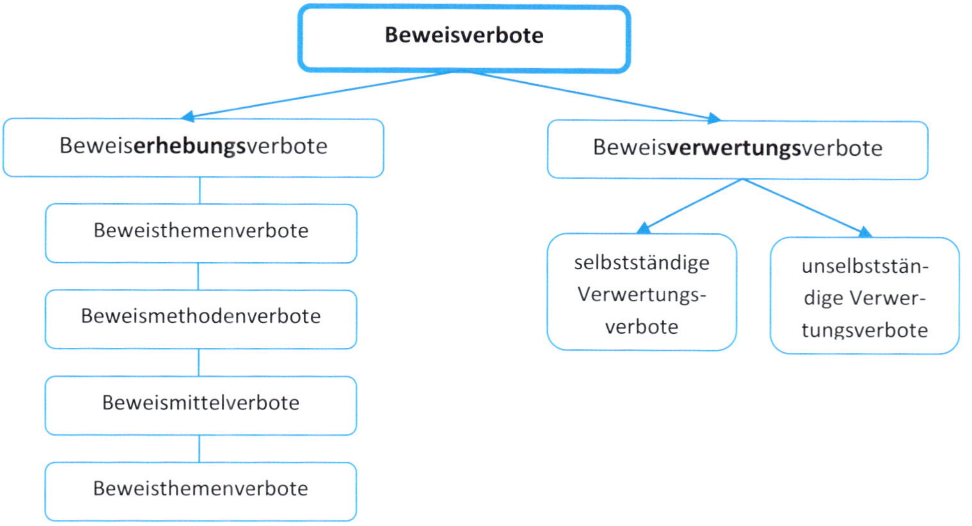

Beweiserhebungsverbote

In einigen Bereichen ist bereits die Gewinnung des Beweises unzulässig. 96

Bei den Beweis**themen**verboten darf über bestimmte sachliche Inhalte kein Beweis erhoben werden.

Beispiele
Bereits getilgte Vorstrafen (§ 51 BZRG), Erkenntnisse aus dem Kernbereich persönlicher Lebensgestaltung (erlangt durch Telefonüberwachung, (§ 100a Abs. 4 S. 2 StPO).

81 Ablehnend z. B.: Beulke, Rn. 420; Roxin/Schünemann § 44, Rn. 21.
82 BGHSt 14, 358 (365).

Bei den Beweis**mittel**verboten sind einige nach der Strafprozessordnung, grundsätzlich zulässige, Beweismittel zur Beweisführung ausgeschlossen.

Beispiele
Ein Zeugnisverweigerungsberechtigter, der sein Recht in Anspruch nimmt, ist als Zeuge gesperrt. Urkunden, für die eine Sperrerklärung nach § 96 StPO vorliegt, dürfen nicht als Beweismittel verwandt werden.

Bei den Beweis**methoden**verboten darf ein Beweis nicht auf unzulässige Art gewonnen werden.

Beispiel
Beschuldigtenvernehmung unter Androhung von Folter, § 136a StPO.

Beweisverwertungsverbote

97 Beweisverwertungsverbot bedeutet, dass der Beweis nicht zum Gegenstand der Beweiswürdigung und Verurteilung gemacht werden darf.[83]

Ein Verwertungsverbot kann sich schon aus einem Verstoß gegen die Beweiserhebung ergeben (= unselbstständiges Beweisverwertungsverbot). In einigen Fälle ist dies schon lange gesetzlich vorgeschrieben. Der Gesetzgeber hat darüber hinaus in jüngster Zeit eine Reihe von Verwertungsverboten normiert.

Beispiele
Mit verbotenen Vernehmungsmethoden erlangte Erkenntnisse sind auch auch dann unverwertbar, wenn der Beschuldigte einwilligt (§ 136a Abs. 3 StPO); getilgte Vorstrafen sind generell nicht verwertbar (§ 51 Abs. 1 BZRG); Erkenntnisse aus Telefonüberwachung, akustischer Wohnraumüberwachung sind unverwertbar, wenn sie den Kernbereich privater Lebensgestaltung betreffen (§§ 100a Abs. 4 S. 2, 100c Abs. 5 S. 3 StPO); Erkenntnisse aus unzulässiger Ermittlungsmaßnahme gegen zeugnisverweigerungsberechtigte Personen sind nicht verwertbar (§ 160a Abs. 1 S. 2 StPO); Verwertung von Geständnis, wenn das Gericht nicht mehr an Verständigung gebunden ist (§ 257c Abs. 4 S. 3); Erkenntnisse aus Telefonüberwachung gemäß § 1 G 10 (§§ 6,7 G 10); Erkenntnisse aus Steuerakten für andere als Steuerstrafverfahren sind unverwertbar (§ 393 Abs. 2 AO).

98 Aber zu beachten ist, dass im Übrigen eine fehlerhafte Beweiserhebung nicht zugleich eine Verbot der Beweisverwertung auslöst.[84] Grundsätzlich darf auch ein durch Verfahrensverstoß gewonnenes Beweismittel verwertet werden; ein Verwertungsverbot stellt vielmehr nach dem Bundesverfassungsgericht eine begründungsbedürftige Ausnahme dar.[85] Für jede Vorschrift muss besonders entschieden werden, ob deren Verletzung zu einem Verwertungsverbot führt.

Beispiel
Die unterlassene Belehrung des Beschuldigten bei seiner Vernehmung hinsichtlich seines Aussageverweigerungsrechtes nach § 136 Abs. 1 S. 2 StPO führt grundsätzlich zu einem Verwertungsverbot der Aussage. Denn es gehört zu den wesentlichen Rechten des Beschudigten, nicht an seiner eigenen Strafverfolgung mitwirken, sich nicht selbst belasten zu müssen und ein Schweigerecht zu haben.[86]

83 Meyer-Goßner Einl., Rn. 55.
84 BVerfG NStZ 2006, 46.
85 BVerfG NJW 2010, 287; 2937, 2938; BGHSt 27, 355.
86 BGHSt 38, 218.

Die unterlassene Belehrung des Zeugen über sein Auskunftsverweigerungsrecht führt dagegen nicht zu einem Verwertungsverbot im Verfahren, zu dem der Zeuge aussagt.[87] Und zudem kann ein Beweisverwertungsverbot auch bei rechtmäßiger Erhebung des Beweises vorliegen (= selbstständiges Beweisverwertungsverbot).

Beispiel
Ein Tagebuch wird rechtmäßig gemäß §§ 94, 98 StPO beschlagnahmt. Die Verwertung der Erkenntnisse kann im Hinblick auf den Schutz der Imtimsphäre aus grundrechtlichen Aspekten unzulässig sein.[88]

Einheitliche Kriterien, nach denen – außer in den gesetzlich vorgeschriebenen Fällen – ein 99
Beweisverwertungsverbot anzunehmen ist, wurden bislang nicht aufgestellt.[89]

Zunächst hat die Rechtsprechung maßgeblich auf die Rechtskreistheorie abgestellt. Nach der Rechtskreistheorie führt ein Verfahrensverstoß bei der Beweiserhebung insbesondere dann zu einem Beweisverwertungsverbot, wenn die verletzte Norm gerade den Rechtskreis des Beschuldigten wesentlich berührt oder für ihn nur von untergeordneter oder keiner Bedeutung ist.[90]

Ohne diese Theorie gänzlich aufzugeben, stellt der Bundesgerichtshof mit der h. M. heute maßgeblich auf die Abwägungslehre ab. Demnach ist ein Verwertungsverbot in Abwägung der Interessen des Beschuldigten und dem Strafverfolgungsinteresse des Staates zu bestimmen. Dabei sind Gewicht des Strafvorwurfes und des Verstoßes der grundrechtlichen Belastung auf der anderen Seite gegenüberzustellen.

Siehe zu den durch die Rechtsprechung angenommenen Verwertungsverboten bei einzelnen Eingriffsbefugnissen die Darlegungen im Teil 3 dieses Bandes.

Fernwirkung der Beweisverbote

Bei einem rechtswidrig erlangten Beweismittel stellt sich nicht nur die Frage der Verwert- 100
barkeit dieses Beweismittels, sonderen auch die Verwertbarkeit der darauffolgend erlangten Beweismittel.

Beispiel
Der Beschuldigte gibt in seiner Vernehmung Hinweise auf das Tatmesser, welches in einem Waldstück liegt. Vor dieser Vernehmung wurde er nicht über sein Schweigerecht belehrt, sodass diese Aussage im Strafverfahren nicht verwertbar ist. Das Messer wird mit Blutanhaftungen gefunden.

Nach der im amerikanischen Recht bestehenden „fruit-of-the-poisonous-tree-doctrine" wäre das Messer als Beweismittel nicht zugelassen. Der Bundesgerichtshof lehnt dagegen überwiegend eine Fernwirkung von Beweisverwertungsverboten mit dem Argument ab, dass anderenfalls oftmals die Gefahr des Lahmlegens des gesamten Verfahrens bestünde.[91] Bejaht hat der Bundesgerichtshofes dagegen eine Fernwirkung des Beweisverwertungsverbotes bei Verstoß gegen das G10 (Brief- und Postgeheimnis). Dabei führten die Verfassungsschutzbehörde eine rechtswidrige Telefonüberwachung gemäß § 1 G10 durch. Schriftstücke, die aufgrund der dort erlangten Erkenntnisse bei einer durchgeführ-

87 OLG Celle NStZ 2002, 386; Meyer-Goßner § 55, Rn. 17.
88 Vgl. BGHSt 19, 325 und BGH St 34, 397: Es kommt letztlich nach der Abwägungslehre auf die Bedeutung des Strafverfahrens an.
89 Siehe auch Mitsch NJW 2008, 2300 mit Gesetzgebungsvorschlägen.
90 BGHStGS 11, 213.
91 BGHSt 22, 135; 27, 355.

ten Durchsuchung beschlagnahmt wurden, seien nicht verwertbar.[92] Daher ist allgemein festzuhalten, dass sich die Fernwirkung eines Beweisverwertungsverbotes nach der Sachlage und der Art des Verbotes richtet. Grundsätzlich besteht nach h. M. keine Fernwirkung.[93]

3.2.5 Absprachen im Strafprozess

101 Die Zulässigkeit von Absprachen zwischen den Verfahrensbeteiligten im Strafprozess war lange im Streit. Denn der Strafprozess ist nicht auf einen Vergleich von Parteien ausgelegt.

Es wird insbesondere die Unvereinbarkeit des „Deals" mit dem Rechtsstaatsprinzip als Handel mit der Gerechtigkeit moniert. In der Tat können dabei eine Reihe von Verfahrensprinzipien tangiert sein, wie das Mündlichkeitsprinzip, das Öffentlichkeitsprinzip, die Aufklärungspflicht und das Schuldprinzip. Es kann auch ein Druck auf den Angeklagten entstehen, der sich bei Weigerung den Unmut des Gerichts auf sich ziehen könnte.

Andererseits wird die Notwendigkeit der konsensualen Erledigung im Hinblick auf die Praxis und die überlastete Justiz überwiegend für notwendig erachtet.

Durch die Grundsatzurteile des Bundesverfassungsgerichts[94], des Bundesgerichtshofes[95] und des Großen Senates des Bundesgerichtshofes[96] wurde ein Ausgleich der Interessen nicht gänzlich erreicht. Nunmehr bestehen in §§ 257b, c StPO, eingeführt durch das „Gesetz zur Regelung der Verständigungen im Strafverfahren"[97], schon lange geforderte gesetzliche Regelungen. Gemäß § 257b StPO sind Erörterungen über den Stand des Verfahrens mit den Verfahrensbeteiligten in der Hauptverhandlung, wie bisher auch schon gängige Praxis, zulässig. Zulässig ist eine Verständigung gemäß § 257c StPO nur hinsichtlich der Rechtsfolgen, verfahrensbezogenen Maßnahmen sowie des Prozessverhaltens der Verfahrensbeteiligten. Das Gericht gibt den Inhalt der möglichen Verständigung bekannt, so zum Beispiel eine Strafober- und Strafuntergrenze.

3.3 Das Urteil

102 Die Hauptverhandlung schließt mit der auf die Beratung folgenden Verkündung des Urteils. Anders als im Zivilprozess soll das Urteil unter dem Eindruck der Hauptverhandlung gefällt werden.

Die Beratung ist geheim, § 194 GVG, § 43 DRiG. Den Gang der Beratung regeln §§ 192 ff. GVG. Das Gericht entscheidet grundsätzlich mit der absoluten Mehrheit der Stimmen, wobei die ehrenamtlichen Richter das gleiche Stimmrecht haben wie hauptamtliche Richter. Für die Abstimmungen über Schuldfrage und Sanktion bedarf es gemäß § 263 Abs. 1 StPO zwei Drittel der Stimmen.

Die Verkündung des Urteils obliegt dem Vorsitzenden. Die Urteilsformel (Tenor) enthält zumindest die rechtliche Bezeichnung der Tat und die Sanktion bzw. den Freispruch. Im Anschluss werden die wesentlichen Gründe mündlich erläutert.

92 BGHSt 29, 244.
93 Vgl. Meyer-Goßner Einl., Rn 57.
94 BVerfG NJW 1987, 2662.
95 BGHSt 43, 195.
96 BGHSt 50, 40.
97 Vom 29.7.2009, BGBl. I 2353.

Die Hauptverhandlung schließt mit der Belehrung über die zulässigen Rechtsmittel, § 35a StPO.

Ist die Rechtsmittelfrist abgelaufen, ohne dass ein Rechtmittel eingelegt wurde, tritt die **103**
formelle Rechtskraft des Urteil ein. Gleiches geschieht, wenn das Revisionsgericht entschieden hat, § 351 StPO. Dann ist die Entscheidung grundsätzlich nicht mehr abzuändern, sie ist endgültig. Das Urteil kann nunmehr vollstreckt werden.

Mit der formellen Rechtskraft tritt auch die materielle Rechtskraft ein. Dies bedeutet, dass die Tat im strafprozessualen Sinne, welche Gegenstand des Urteils war, nunmehr nicht mehr verfolgt werden kann. Dies konstituiert den Grundsatz des „ne bis in idem“ (nicht zweimal in derselben Sache) aus Art. 103 Abs. 3 GG: Niemand darf wegen derselben Tat aufgrund der allgemeinen Strafgesetze mehrmals bestraft werden.

4 Vollstreckungsverfahren

104 §§ 449 ff. StPO regelt die Vollstreckung von Strafurteilen. Vollstreckungsbehörde ist grundsätzlich gemäß § 451 StPO die Staatsanwaltschaft. Sie fällt selbst bzw. beantragt bei Gericht die grundsätzlichen Entscheidungen. In Jugendsachen ist Vollstreckungsleiter der Jugendrichter, § 82 JGG.

Der Justizvollzugsanstalt als Vollzugsbehörde obliegt die Gestaltung des Strafvollzugs. Maßgebliche Regelungen sind im Strafvollzugsgesetz normiert.

105 Funktional zuständig für das Vollstreckungsverfahren bei den Staatsanwaltschaften sind gemäß § 31 Abs. 2 RPflG im Wesentlichen die Rechtspfleger.

106 Die Kosten des Strafverfahrens hat gemäß § 465 StPO grundsätzlich der Verurteilte zu tragen. In Jugendstrafverfahren und bei Anwendung von Jugendrecht bei Heranwachsenden kann nach §§ 74, 109 Abs. 2 JGG davon abgesehen werde, die Kosten aufzuerlegen.

Mit Kosten sind gemäß § 464a StPO Gebühren und Auslagen der Staatskasse gemeint. Gebühren sind pauschale Kosten für das Gerichtsverfahren, die zu bemessen sind nach dem Gerichtskostengesetz. Auslagen sind die tatsächlich entstandenen Kosten im Gerichtsverfahren, wie etwa Gutachter- oder Zeugenentschädigungsbeträge.

Notwendige Auslage eines Beteiligten sind insbesondere die Verteidigerkosten, § 464a Abs. 2 Nr. 2 StPO, welche sich nach dem Rechtsanwaltsvergütungsgesetz (RVG) richten.

Bei Freispruch, Ablehnung der Eröffnung des Hauptverfahrens und Einstellung fallen die Auslagen der Staatskasse und die notwendigen Auslagen des Angeklagten grundsätzlich der Staatskasse zur Last, § 467 StGB.

107 Besonders hinzuweisen ist auf § 457 StPO. Demnach ist die Vollstreckungsbehörde befugt, zur Vollstreckung einer Freiheitsstrafe einen Vorführungs- oder Haftbefehl zu erlassen. Im Übrigen hat sie die gleichen Befugnisse wie bei der Strafverfolgung.

Beispiel
A wurde vom Amtsgereicht zu einer Freiheitsstrafe von 2 Jahren und 3 Monaten verurteilt. Durch das Gericht wurde ein Haftbefehl nicht erlassen, A war demnach nach der Hauptverhandlung auf freiem Fuß. Er ist der Ladung der Staatsanwaltschaft zum Strafantritt jedoch nicht gefolgt, sondern untergetaucht.

Die Staatsanwaltschaft ist nun befugt, ohne Einschaltung des Gerichts einen (Vollstreckungs-)Haftbefehl zu erlassen. Zuständig dafür ist der Rechtspfleger. Gemäß § 457 Abs. 3 i. V. m. § 163f StPO sind eine längerfristige Observation von Kontaktpersonen und eine Telekommunikationsüberwachung sowie sonstige Maßnahmen zur Auffindung von A zulässig.

5 Rechtsbehelfsverfahren

Übersicht

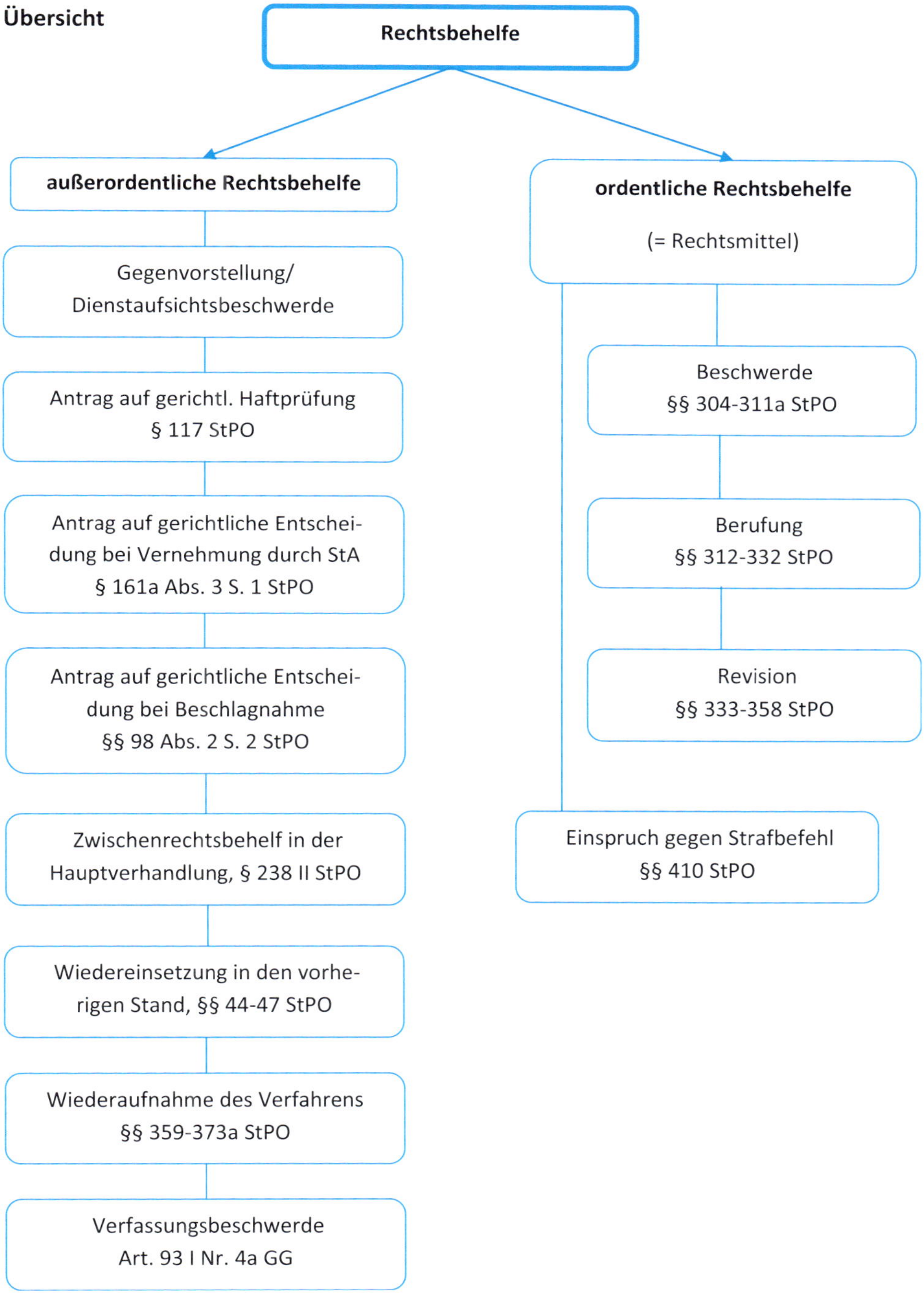

Überblick

108 Man unterscheidet außerordentliche und ordentliche Rechtsbehelfe, Letztere sind die Rechtsmittel. Rechtsmittel haben im Gegensatz zu den außerordentlichen Rechtsbehelfen die Folge, dass eine höhere Instanz entscheidet, sogenannter Devolutiveffekt. Sie hemmen – bis auf die Beschwerde – auch die Rechtskraft (= Suspensiveffekt).

Für Berufung und Revision gilt gemäß § 331 StPO das Verbot der reformatio in peius. Dies bedeutet, dass Art und Höhe der Strafe nicht zum Nachteil des Angeklagten verändert werden dürfen, wenn lediglich der Angeklagte oder zu seinen Gunsten die Staatsanwaltschaft das Rechtsmittel eingelegt hat. Das Verschlechterungsverbot gilt jedoch nicht für den Schuldspruch.

Beispiel
A wurde wegen Beleidigung zu einer Geldstrafe von 20 Tagessätzen zu je 50 € verurteilt. In der Berufungsinstanz kann ggf. das Urteil im Schuldspruch auf „sexuelle Nötigung" lauten.

109 Die Dienstaufsichtsbeschwerde ist ein nichtförmlicher außerordentlicher Rechtsbehelf. Sie kann jederzeit erhoben werden und richtet sich eher gegen das Verhalten des einschreitenden Beamten oder Richters, während es im Übrigen um rechtliche Divergenzen geht.

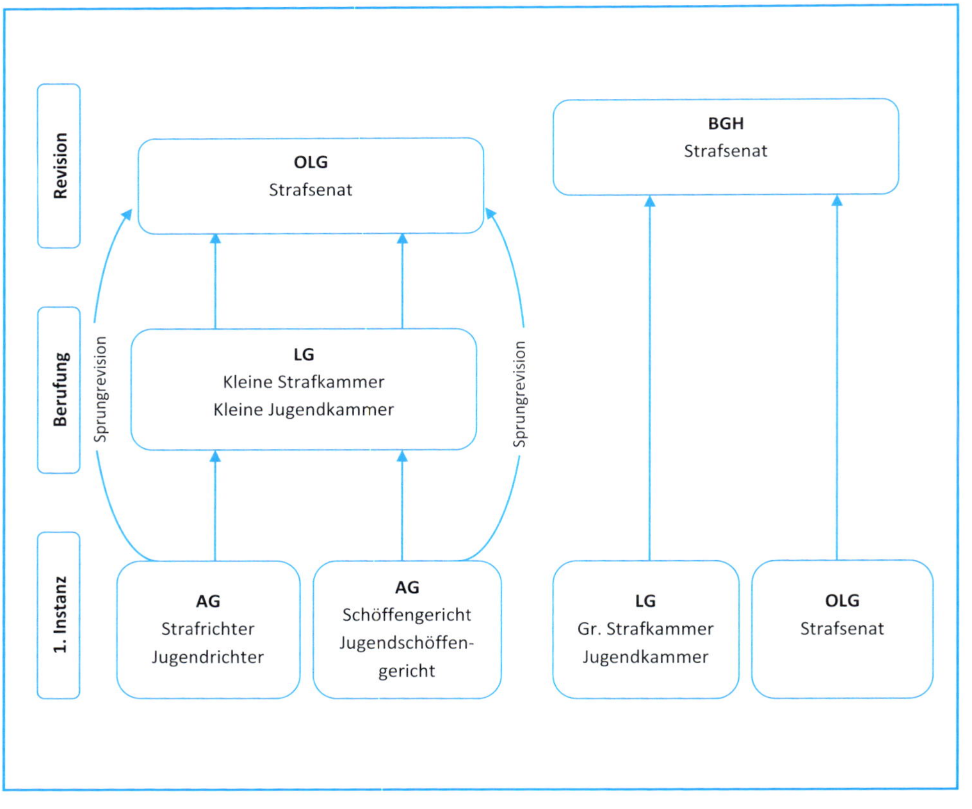

Die Gerichtszuständigkeiten ergeben sich aus dem Gerichtsverfassungsgesetz.

Landgericht (Kleine Strafkammer): zuständig für Berufungen gegen Urteile des Amtsgerichts (§§ 74 Abs. 3, 76 Abs. 1 GVG).

Landgericht (Große Strafkammer): zuständig für Beschwerden gegen Entscheidungen des Amtsgerichts (§§ 76 Abs. 1, 73 Abs. 1 GVG).

Oberlandesgericht (Strafsenat): zuständig für Revisionen gegen Berufungsurteile des Landgerichts (§§ 121 Abs. 1 Nr. 1b GVG), Sprungrevisionen gegen Urteile des Amtsgerichts (§§ 74 Abs. 3, 121 Abs. 1 Nr. 1b GVG, § 335 StPO), Beschwerden gegen Entscheidungen des Landgerichts (§ 121 Abs. 1 Nr. 2 GVG).

Bundesgerichtshof (Strafsenat): zuständig für Revisionen gegen erstinstanzliche Urteile des Landgerichts und des Oberlandesgerichts (§§ 135 Abs. 1, 121 Abs. 1 Nr. 1c GVG) und für Beschwerden gemäß § 135 Abs. 2 GVG.

5.1 Rechtsbehelfe gegen Eingriffsmaßnahmen von Staatsanwaltschaft und Polizei

Während für die Anfechtung richterlicher Anordnungen die Beschwerde gemäß §§ 304 ff. StPO gilt, gibt es für die Überprüfung von strafprozessualen Ermittlungshandlungen der Staatsanwaltschaft und der Polizei in der Strafprozessordnung ein unübersichtliches Rechtsschutzsystem: 110

- Gegen die Verpflichtung zur Zeugen- oder Sachverständigenvernehmung durch die Staatsanwaltschaft kann gemäß § 161a Abs. 1 S. 1 StPO gerichtliche Entscheidung beantragt werden.
- Gegen Anordnung der Beschlagnahme bei Gefahr im Verzug kann gemäß § 98 Abs. 2 S. 2 StPO gerichtliche Entscheidung beantragt werden.
- Gegen erkennungsdienstliche Behandlungen zu präventiven Zwecken nach § 81b Alt. 2 StPO steht dem Betroffenen Widerspruch und Anfechtungsklage nach § 42 VwGO zu, da es sich um materielles Verwaltungsrecht handelt. Ebenso verhält es sich bei Ablehnung des Antrags auf Vernichtung der Unterlagen.
- Gegen verdeckte Datenerhebungen (siehe Übersicht Rn. 236) können nach § 101 Abs. 7 S. 2 StPO Betroffene innerhalb von 2 Wochen nach Benachrichtigung über die Maßnahme gerichtliche Überprüfung verlangen.

Für andere Ermittlungsmaßnahmen ist Rechtsschutz nicht ausdrücklich vorgeschrieben. 111 Um einen nach Art. 19 Abs. 4 GG geforderten effektiven Rechtsschutz zu gewährleisten, findet nach h. M. auf andere Ermittlungsmaßnahmen § 98 Abs. 2 S. 2 StPO analog Anwendung. Nach h. M. ist zu differenzieren:

- Richtet sich die Anfechtung gegen die Anordnung selbst oder die Art und Weise der von der Staatsanwaltschaft/Polizei angeordneten Maßnahme, gilt § 98 Abs. 2 S. 2 StPO analog.[98]

Beispiel
Kriminalbeamte durchsuchen gemäß § 102 StPO ohne richterliche Anordnung eine Wohnung nach Diebesgut.

98 BGHSt 44, 265.

- Der Wohnungsinhaber kann eine gerichtliche Überprüfung gemäß § 98 Abs. 2 S. 2 StPO analog hinsichtlich der Rechtmäßigkeit der Anordnung sowie gegen die Art und Weise der Durchführung beantragen. Dass die Maßnahme bereits durchgeführt wurde, steht der Beschwerdebefugnis nicht entgegen.[99]
- Liegt eine richterliche Anordnung vor und richtet sich die Beschwerde allein gegen die Art und Weise der Durchführung, so ist ebenfalls gerichtliche Überprüfung nach § 98 Abs. 2 S. 2 StPO analog zulässig.
- Hat dagegen das Ermittlungsgericht mit seiner Anordnung Vorgaben der Ausführung gemacht, gegen die sich der Beschwerdeführer wendet, so soll die Beschwerde nach §§ 304 ff. StPO zulässig sein.

Zuständig für den Antrag nach §§ 98 Abs. 2 S. 2 StPO ist das Ermittlungsgericht. Dessen Entscheidung selbst ist wieder beschwerdefähig nach §§ 304 ff. StPO.

5.2 Beschwerde nach §§ 304 ff. StPO

112 §§ 304 – 311a StPO regeln die förmliche Beschwerde. Damit werden strafprozessuale richterliche Beschlüsse und Verfügungen in tatsächlicher und rechtlicher Hinsicht überprüft. Verfügungen der Staatsanwaltschaft und ihrer Ermittlungsbeamten sind nicht mit der Beschwerde angreifbar. Dafür gilt § 98 Abs. 2 S. 2 StPO analog, vgl. Rn. 111.

Die Beschwerde gemäß §§ 304 ff. StPO richtet sich vor allem gegen richterliche Verfügungen im Rahmen des Ermittlungsverfahrens. Dabei hat sie aber keinen Suspensiveffekt, d. h. der Vollzug ist nicht gehemmt.

Beispiel
Gegen A wird ein Ermittlungsverfahren wegen unerlaubten Entfernens von der Unfallstelle geführt. Das Ermittlungsgericht entzieht ihm gemäß § 111a StPO vorläufig die Fahrerlaubnis.

Wird hiergegen Beschwerde eingelegt, so bleibt die Fahrerlaubnis vorläufig entzogen, bis eine andere gerichtliche Entscheidung ergeht.

113 Sonderformen der Beschwerde sind die „weitere Beschwerde“ (§ 310 StPO) und die „sofortige Beschwerde“ (§ 311 StPO). Die sofortige Beschwerde unterscheidet sich von der einfachen Beschwerde in der Einlegefrist von einer Woche und dem Abhilfeverbot des iudex a quo. Die weitere Beschwerde ist ein Rechtsmittel gegen die Beschwerdeentscheidung in Ausnahmefällen, vgl. § 310 StPO.

Frist, Form und Verfahren

114 Beschwerde ist bei dem Gericht einzulegen, das die angefochtene Entscheidung erlassen hat (iudex a quo). Es hat zu prüfen, ob es die Beschwerde für begründet hält; in diesem Fall hat es gemäß § 306 Abs. 2 S. 1 StPO der Beschwerde abzuhelfen. Im anderen Fall hat es die Beschwerde spätestens vor dem Ablauf von 3 Tagen dem Beschwerdegericht (iudex ad quem) vorzulegen.

Die einfache Beschwerde ist fristungebunden, die sofortige Beschwerde dagegen ist innerhalb einer Woche nach Bekanntmachung der Entscheidung einzulegen, § 311 Abs. 2 StPO.

99 BVerfGE 96, 27.

Entscheidung

Die Entscheidung über die Beschwerde ergeht gemäß § 309 StPO ohne mündliche Verhandlung. In geeigneten Fällen soll die Staatsanwaltschaft zuvor gehört werden. Hat nicht schon das iudex a quo abgeholfen, so entscheidet das Beschwerdegericht. 115

Wird die Beschwerde für begründet erachtet, so erlässt das Beschwerdegericht zugleich die in der Sache erforderliche Entscheidung.

5.3 Berufung nach §§ 312 ff. StPO

Die Berufung hat den Zweck, Urteile in tatsächlicher und rechtlicher Hinsicht durch ein höheres Gericht überprüfen zu lassen. Dazu verhandelt das Berufungsgericht, die kleine Strafkammer des Landgerichts, die Sache gänzlich neu. 116

Berufung ist gemäß § 312 StPO nur gegen Urteile des Amtsgerichts zulässig. Gegen Urteile des Landgerichts ist ausschließlich die Revision zulässig. Dies mag auf den ersten Blick seltsam anmuten. Die unterschiedliche Regelung ist zurückzuführen auf einen Kompromiss im Gesetzgebungsverfahren.[100] Begründet wird sie mit dem lediglich summarischen Charakter des amtsgerichtlichen Verfahrens. Im Gegensatz dazu werden die Verhandlungen vor dem Landgericht per se wesentlich gründlicher durchgeführt. 117

Ein Sonderfall ist die Annahmeberufung. Ist der Angeklagte zu einer Geldstrafe von nicht mehr als 15 Tagessätzen verurteilt bzw. verwarnt worden oder ist er zu einer Geldbuße verurteilt worden, so ist die Berufung nur zulässig, wenn sie durch das Berufungsgericht angenommen wird. Sie wird angenommen, wenn sie nicht offensichtlich unbegründet ist. Dies ist der Fall, wenn für jeden Sachkundigen anhand der Urteilsgründe und der eventuell vorliegenden Berufungsbegründung und des Protokolls der Hauptverhandlung ohne längere Prüfung erkennbar ist, dass das Urteil sachlich-rechtlich nicht zu beanstanden ist und keine Verfahrensfehler begangen worden sind, die die Revision begründen würden.[101] 118

Frist, Form und Verfahren

Die Berufung ist gemäß § 314 StPO binnen einer Woche nach Verkündung des Urteils beim Gericht des ersten Rechtszuges schriftlich oder zur Niederschrift einzulegen, einer Begründung bedarf es nicht. 119

Die Berufungsverhandlung verläuft im Wesentlichen so wie die Hauptverhandlung beim Amtsgericht. Jedoch dürfen beim Berufungsverfahren gemäß § 325 StPO Protokolle über die Vernehmung der in der ersten Instanz vernommenen Zeugen verlesen werden.

Entscheidung

Ist die Berufungseinlegung verfristet, so verwirft das Gericht die Berufung durch Beschluss als unzulässig, § 319 Abs. 1 StPO. Erkennt das Berufungsgericht das Urteil erster Instanz für richtig, verwirft es die Berufung als unbegründet. Im Übrigen hat das Berufungsgericht unter Aufhebung des Urteils gemäß § 328 StPO in der Sache selbst zu entscheiden. 120

Bleibt der Angeklagte der Hauptverhandlung ohne genügende Entschuldigung fern, so hat das Gericht die Sache ohne Verhandlung zu verwerfen. Dies gilt nicht, wenn die Staatsanwaltschaft Berufung eingelegt hat. Dann kann die Verhandlung auch ohne den Angeklagten stattfinden, § 329 Abs. 2 S. 1 StPO.

100 Klesczewski, Rn. 570.
101 Meyer-Goßner § 313, Rn. 9.

5.4 Revision nach §§ 333 ff. StPO

121 Bei einer Revision erfolgt gemäß § 337 StPO eine Rechtsfehlerprüfung. Im Gegensatz zur Berufung werden die tatsächlichen Feststellungen als gegeben betrachtet, eine erneute Beweisaufnahme findet nicht statt. Das Urteil wird auf mögliche materiell-rechtliche oder verfahrensrechtliche Fehler überprüft, zulässig sind also Sach- und Verfahrensrügen.

Revision ist gemäß § 333 StGB zulässig gegen alle Urteile des Landgerichts sowie gegen erstinstanzliche Urteile des Oberlandesgerichts. Im Rahmen der Sprungrevision können auch Urteile des Amtsgerichts anstatt mit der Berufung mit der Revision angefochten werden, § 335 StPO.

Frist, Form und Verfahren

122 Die Revision ist gemäß § 341 StPO binnen einer Woche bei dem Gericht, dessen Urteil angefochten wird, schriftlich einzulegen. Sie ist gemäß §§ 344, 345 StPO binnen eines Monats nach Ablauf der Rechtsmittelfrist zu begründen. Ist das Urteil bis dahin noch nicht zugestellt, beginnt die Frist mit Zustellung des Urteils.

Dabei hat der Revisionsführer die Gesetzesverletzung, den Revisionsgrund anzugeben. Aber dazukommen muss, dass das Urteil auf der Gesetzesverletzung beruht. Das Gesetz unterscheidet zwischen absoluten und relativen Revisionsgründen. Bei den absoluten Revisionsgründen, die in § 338 StPO enumerativ aufgezählt sind, wird eine Auswirkung auf das Urteil unwiderleglich vermutet.

Beispiel
Der Revisionsführer rügt, dass bei der mündlichen Verhandlung die Öffentlichkeit in unzulässiger Weise ausgeschlossen war, indem die Tür zum Zuschauerraum verschlossen blieb.

Dies stellt einen absoluten Revisionsgrund nach § 338 Abs. 1 Nr. 6 StPO dar.

Bei den relativen Revisionsgründen muss neben der Gesetzesverletzung dargetan werden, dass das Urteil auf dem Verstoß beruht. Häufig ist die Rüge des Verstoßes gegen die Aufklärungspflicht des Gerichtes.

Beispiel
Der Revisionsführer rügt, dass ein Zeuge vom Gericht nicht gehört wurde.

Dies kann eine Verletzung der Aufklärungspflicht gemäß § 244 Abs. 2 StPO darstellen. Der Revisionsführer muss darlegen, inwiefern das Urteil auf dem Fehler beruht. Dies ist schon dann zu bejahen, wenn die Möglichkeit des Beruhens nicht ausgeschlossen werden kann.[102]

Entscheidung

123 Ist die Revision nicht frist- und formgerecht erhoben, wird sie als unzulässig verworfen; im Falle der Unbegründetheit wird sie als unbegründet verworfen. Ist die Revision zulässig und begründet, wird das angefochtene Urteil gemäß § 353 StPO aufgehoben und grundsätzlich die Sache gemäß § 354 Abs. 2 StPO an eine andere Kammer oder Abteilung des Ursprungsgericht zurückverwiesen. In speziellen Fällen entscheidet das Revisionsgericht selbst (§ 354 Abs. 1, 2 StPO).

102 BGH StV 2006, 285.

6 Besondere Verfahrensarten

6.1 Beschleunigte Verfahren, §§ 417 ff. StPO

Das beschleunigte Verfahren dient der Entlastung der Justiz. In Fällen der einfachen und mittleren Kriminalität ist dabei die Justizförmigkeit des Verfahrens zum Zwecke der Entlastung der Justiz eingeschränkt. Voraussetzung ist gemäß § 417 StPO, dass es sich um einen einfachen Sachverhalt oder eine klare Beweislage handelt, was insbesondere beim Geständnis des Angeklagten gegeben ist. Zudem dürfen gemäß § 419 StPO keine Freiheitsstrafe von mehr als einem Jahr und keine Maßregel der Besserung oder Sicherung zu erwarten sein; die Entziehung der Fahrerlaubnis ist zulässig. 124

Zulässig ist das beschleunigte Verfahren bei Strafverfahren, die am Amtsgericht verhandelt werden.

Abweichungen zum regulären Verfahren sind gemäß §§ 418, 420 StPO insbesondere: 125

- kein Zwischenverfahren
- mündliche Anklage
- Frist zwischen Eingang Antrag und Beginn der Hauptverhandlung 6 Wochen
- eingeschränkte Ladungsvorschriften hinsichtlich des Angeklagten
- Verlesung von Vernehmungen zulässig
- notwendige Verteidigung bei zu erwartender Freiheitsstrafe von mindesten 6 Monaten
- besondere Hauptverhandlungshaft nach § 127b Abs. 2 StPO, vgl. Rn. 598 ff.

Wegen dieser deutlichen Einschränkungen rechtsstaatlicher Garantien wird dieser „schnelle Prozess“ sehr kritisiert. Befürworter führen dagegen jedoch den pädagogischen Effekt an, dass die Strafe auf dem Fuße erfolgen müsse.[103]

6.2 Strafbefehlsverfahren, §§ 407 ff. StPO

Das Strafbefehlsverfahren ist eine praktisch sehr bedeutsame Verfahrensart. Bei Vergehen kann das Gericht auf Antrag der Staatsanwaltschaft die Strafe ohne Hauptverhandlung und Urteil festlegen. Grundsätzlich kann gemäß § 407 Abs. 2 StPO auf Geldstrafe, Verwarnung mit Strafvorbehalt, Fahrverbot, Verfall, Einziehung, Vernichtung, Unbrauchbarmachung und Bekanntgabe der Verurteilung erkannt werden. Hat der Beschuldigte einen Verteidiger, kann auch auf Freiheitsstrafe bis zu einem Jahr festgesetzt werden, deren Vollstreckung zur Bewährung ausgesetzt wird. 126

Zulässig ist das Strafbefehlsverfahren bei Strafverfahren, die vor dem Amtsgericht verhandelt werden.

Abweichungen zum regulären Verfahren sind gemäß §§ 407, 408 StPO insbesondere: 127

- statt Anklageschrift ein Strafbefehlsantrag der Staatsanwaltschaft mit Nennung konkreter Rechtsfolge
- kein Eröffnungsbeschluss
- keine Hauptverhandlung
- kein Urteil
- keine richterliche Anhörung des Beschuldigten

103 Vgl. Meyer-Goßner Vor § 417, Rn. 3.

128 Das Gericht hat gemäß § 408 Abs. 3 S. 1 StPO dem Antrag der Staatsanwaltschaft zu entsprechen, wenn keine Bedenken entgegenstehen.

Fehlt es nach Auffassung des Gerichts am hinreichenden Tatverdacht, so kann es den Antrag vollständig ablehnen, § 408 Abs. 2 S. 1 StPO. Die Entscheidung steht dem Beschluss gleich, durch den die Eröffnung des Hauptverfahrens abgelehnt wurde.

Das Gericht beraumt eine Hauptverhandlung an, wenn es Bedenken hat, ohne eine solche zu entscheiden oder wenn es von der rechtlichen Beurteilung im Strafbefehlsverfahren abweicht. Hält es eine andere Rechtsfolge für angemessen, so hat sie es sich mit der Staatsanwaltschaft ins Benehmen zu setzten. Erfolgt keine Einigung, beraumt das Gericht eine Hauptverhandlung an, vgl. § 408 Abs. 3 StPO.

129 Der Angeklagte kann gemäß § 410 StPO innerhalb von 2 Wochen nach Zustellung bei dem Gericht, das den Strafbefehl erlassen hat, Einspruch einlegen. Er ist schriftlich oder zu Niederschrift bei der Geschäftsstelle einzulegen und bewirkt den Übergang ins reguläre Verfahren. Dabei gilt aber nicht das Verschlechterungsverbot, § 411 Abs. 4 StPO.

Wurde nicht rechtzeitig Einspruch eingelegt, steht der Strafbefehl einem rechtskräftigen Urteil gleich, § 410 Abs. 3 StPO.

6.3 Priatklageverfahren, §§ 374 ff. StPO

130 Grundsätzlich erfolgt die Strafverfolgung einschießlich der Verhandlung vor Gericht von Amts wegen. Beim Privatklageverfahren kann der Verletzte jedoch selbst anstelle der Staatsanwaltschaft das Strafverfahren betreiben. Das Privatklageverfahren hat in der Rechtspraxis kaum Bedeutung. Dies mag am rechtlich eingeschränkten Anwendungsbereich, am vorgeschalteten Sühneversuch und am Kostenrisiko liegen, dass der Privatkläger trägt. Er hat nämlich zunächst gemäß § 379a i. V. m. 16 Abs. 1 GKG ein Gerichtsgebührenvorschuss zu leisten. Wird der Beschuldigte freigesprochen oder das Verfahren eingestellt, hat der Privatkläger die Kosten für das gesamte Verfahren zu zahlen.

131 Zulässig ist das Verfahren bei den die Öffentlichkeit weniger berührenden, in § 374 StPO aufgezählten Vergehen. In diesen Fällen erhebt die Staatsanwaltschaft nach § 376 StPO öffentliche Klage nur, wenn dies im öffentlichen Interesse liegt. Anderenfalls stellt sie das Verfahren ein und verweist den Verletzten auf den Privatklageweg. Öffentliches Interesse ist gemäß Nr. 86 RiStBV in der Regel zu bejahen, wenn der Rechtsfrieden über den Lebenkreis des Verletzten hinaus gestört und die Strafverfolgung ein gegenwärtiges Anliegen der Allgemeinheit ist. Dies ist beispielsweise wegen des Ausmaßes der Rechtsverletzung, wegen Rohheit oder Gefährlichkeit der Tat, der niedrigen Beweggründe, des Täters oder der Stellung des Verletzten im öffentlichen Leben der Fall.

Beispiel
A hat eine Sachbeschädigung begangen, indem er im Streit die Jacke des B zerriss. Mangels öffentlichen Interesses stellt die Staatsanwaltschaft das Verfahren gemäß § 170 Abs. 2 StPO ein und verweist B auf den Privatklageweg. Ist B ein bekannter Politiker und geschah die Tat während einer Wahlkampfveranstaltung, so wird öffentliches Interesse zu bejahen sein.

Gemäß Nr. 87 RiStBV trifft die Entscheidung über die Verweisung auf den Privatklageweg die Staatsanwaltschaft. Besteht nach Ansicht der Polizei kein öffentliches Interesse an der

Strafverfolgung, so legt sie die Anzeige ohne weitere Ermittlungen der Staatsanwaltschaft vor. Dies bedeutet, dass auch in Privatklageverfahren eine Strafanzeige zu fertigen ist. Eine direkte Verweisung des Verletzten auf den Privatklageweg durch die Polizei ist unzulässig. Zuständig für die Privatklage ist gemäß § 25 Nr. 1 GVG der Strafrichter am Amtsgericht.

Vor Erhebung der Privatklage wegen Hausfriedensbruchs, Beleidigung, Verletzung des 132
Briefgeheimnisses, Körperverletzung (§§ 223, 229 StGB), Bedrohung und Sachbeschädigung ist gemäß § 380 StPO ein Sühneversuch bei einer Vergleichsbehörde (Schiedsperson, Friedensrichter, Gemeinde)[104] vorgeschrieben. Dort wird im Wege der Mediation („Schlichten statt richten") eine außergerichtliche Beilegung angestrebt. Schlägt sie fehl, wird eine Bescheinigung über den erfolglosen Sühneversuch ausgestellt, die der Klage beizufügen ist.

Die Klageerhebung erfolgt gemäß § 381 StPO durch Einreichung der Anklageschrift oder 133
durch Niederschrift bei der Geschäftsstelle des Amtsgerichts. Das Hauptverfahren gestaltet sich ähnlich dem regulären Strafverfahren. Der Privatkläger kann sich des Beistand eines Rechtsanwaltes bedienen oder sich durch ihn vertreten lassen, § 378 StPO.

6.4 Adhäsionsverfahren, §§ 403 ff. StPO

Das Adhäsionsverfahren (lat.: adhaerere = anhaften) ist keine selbstständige Verfahrens- 134
art, sondern haftet dem regulären Verfahren an.

Zweck ist es, dem Verletzten die Möglichkeit zu eröffnen, auf einfache Weise den durch die Tat erwachsenen zivilrechtlichen Ersatzanspruch schon im Strafprozess geltend zu machen. Das Strafgericht wird somit praktisch auch als Zivilgericht tätig.

Beispiel
T hat bei einer Schlägerei O verletzt. Im Rahmen der Rangelei wurde zudem O's Hose beschädigt.

Neben der Strafverfolgung kann durch das Adhäsionsverfahren im Strafverfahren der Anspruch auf Schmerzensgeld (§ 253 Abs. 2 BGB) und Ersatz für die Hose (823 Abs. 1 BGB) verhandelt werden.

Für den Verletzten hat das Verfahren den Vorteil der Prozessökonomie, ein weiterer Zivilprozess ist nicht erforderlich. Zudem ist das Kostenrisiko minimiert. Damit entlastet das Verfahren auch die Justiz, weil ein Prozess entbehrlich wird.

Antragsberechtigt ist der Verletzte bzw. sein Erbe. Der Antrag kann schriftlich vor der 135
Hauptverhandlung oder mündlich in der Hauptverhandlung gestellt werden.

Das Gericht entscheidet über den Antrag im Strafurteil, wenn zuvor kein Vergleich ge- 136
schlossen wurde (§ 405 StPO). Kommt es zum Schluss, dass der Antrag begründet ist, hat das Strafurteil die Wirkung eines Zivilurteils. Es kann damit Grundlage einer Zwangsvollstreckung gegen den Täter sein.

Hält das Gericht dagegen den Antrag für unzulässig oder unbegründet, sieht es gemäß § 406 Abs. 1 S. 3 StPO von einer Entscheidung ab. Gleiches gilt, wenn sich der Antrag auch unter Berücksichtigung der berechtigten Belange des Antragstellers zur Erledigung im Strafverfahren nicht eignet, soweit es sich nicht um einen Schmerzensgeldanspruch handelt.

104 Landesspezifisch geregelt; vgl. für NRW § 37 SchAG NRW.

6.5 Nebenklage, §§ 395 ff. StPO

137 Die Nebenklage ist keine selbstständige Verfahrensart, sondern hängt dem regulären Verfahren an. Zweck ist, dem Verletzten durch vielfältige Beteiligungsrechte die Möglichkeit zu eröffnen, aktiv auf das Strafverfahren ab der Anklageerhebung einzuwirken.

138 Nebenklagebefugt ist grundsätzlich nur der Verletzte, bei dessen Tötung auch die Angehörigen, einer in § 395 StPO aufgeführten Straftat. Es handelt sich dabei um Straftaten gegen höchstpersönliche Rechtsgüter wie Straftaten gegen die sexuelle Selbstbestimmung, Leben und körperliche Unversehrtheit oder die persönliche Freiheit. Auch Zuwiderhandlungen gegen das Gewaltschutzgesetz in Fällen von Häuslicher Gewalt oder Stalking rechtfertigen die Nebenklage.

Die Anschlusserklärung ist bei Gericht schriftlich zu stellen. Dem Nebenkläger ist bei Straftaten nach § 397a StPO auf seinen Antrag auf Staatskosten ein Rechtsanwalt als Beistand zu bestellen („Opferanwalt"). Im Übrigen kann er sich gemäß § 397 StPO eines Beistandes bedienen.

Die Kosten für die notwendigen Auslagen des Nebenklägers hat grundsätzlich gemäß § 472 Abs. 1 S. 1 StPO der Verurteilte zu tragen, wenn er wegen einer Tat veruteilt wurde, die den Nebenkläger betrifft. Im Falle der Nichteröffnung des Hauptverfahrens, des Freispruches oder der Einstellung nach §§ 153, 154 ff. StPO trägt der Nebenkläger seine Kosten selbst.

139 Dem Nebenkläger stehen insbesondere folgende Rechte zu:

- Akteneinsichtsrecht über Rechtsanwalt, §§ 395, 406e StPO
- Anwesenheitsrecht, §§ 397 Abs. 1, 406g Abs. 2 StPO
- Antrag auf Ausschluss der Öffentlichkeit, §§ 171b, 172 GVG
- Antrag auf Ausschluss des Angeklagten, § 247 StPO
- Fragerecht, §§ 397 Abs. 1, 240 Abs. 2, 241a StPO
- Beweisantragsrecht, §§ 397 Abs. 1, § 244 StPO
- Erklärungsrecht, §§ 397 Abs. 1, 257, 258 StPO
- Beanstandungsrecht, §§ 397 Abs. 1, 238 Abs. 2
- Ablehnungsrecht §§ 397 Abs. 1, 24, 31, 74 StPO
- Plädoyer, § 397 Abs. 1, 257, 258 StPO
- eingeschränkte Rechtsmittelbefugnis, §§ 400, 401 StPO

140 Weitere Rechte des Verletzten – unabhängig vom Rechtsinstitut der Nebenklage – regeln die §§ 406d–h StPO.

3. Teil

Eingriffsbefugnisse

1 Der strafprozessuale Grundrechtseingriff

- ***Aufsatz-Literatur:*** *Jahn NStZ 2007, 255 (Strafprozessuale Eingriffsmaßnahmen im Lichte der aktuellen Rechtsprechung des BVerfG); Nolte Kriminalistik 2007, 343 (Doppelfunktionale Maßnahmen in der polizeilichen Praxis); Voßkuhle JuS 2007, 429 (Grundwissen– Öffentliches Recht: Der Grundsatz der Verhältnismäßigkeit); Brenneisen/Staack/Martins Kriminalistik 2005, 436 (Das strafprozessuale Eingriffshandeln der Polizei); Schulenburg 2004, 765 (Legalitäts- und Opportunitätsprinzip im Strafverfahren).* 141

Übersicht

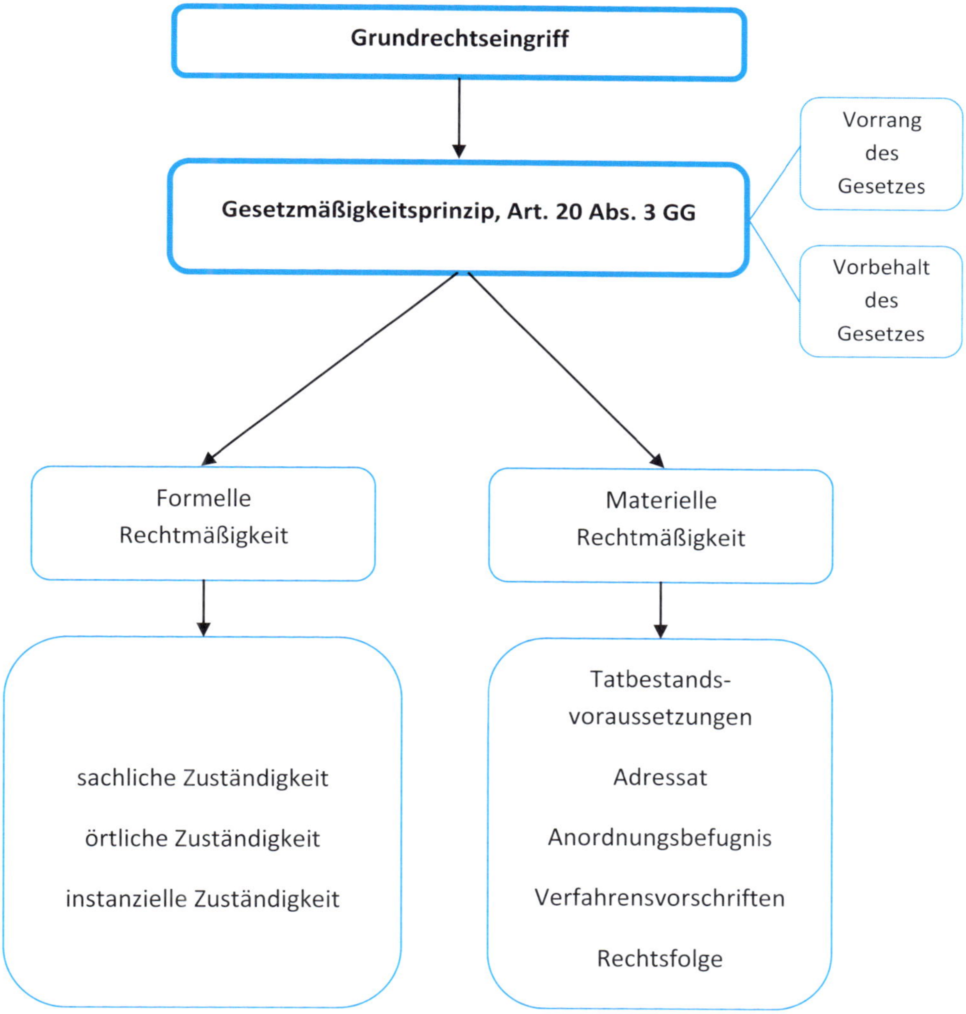

1.1 Repressives Handeln von Staatsanwaltschaft und Polizei

142 Gemäß Art. 20 Abs. 3 GG sind die vollziehende Gewalt und die Rechtsprechung, somit Gerichte, Staatsanwaltschaften und die Polizei, an Gesetz und Recht gebunden. Dies ist fundamentaler Stützpfeiler der Rechtsstaatlichkeit: Öffentlich-rechtliche Tätigkeiten sind an förmliche Gesetze, aber auch an andere Rechtsvorschriften, insbesondere an Rechtsverordnungen und Satzungen, gebunden.[106] Diese „Gesetzmäßigkeit der Verwaltung" hat insbesondere 2 Ausprägungen: Zum einen darf die Staatsverwaltung nicht gegen die bestehenden Gesetze, Rechtsverordnungen usw. verstoßen, das Gesetz hat Vorrang vor den von der Verwaltung selbst gesetzten Regeln (=Vorrang des Gesetzes).

Beispiel
Der Polizeibeamte P ordnet eine Blutprobe gemäß § 81a StPO an, obwohl Gefahr im Verzuge nicht besteht. Er begründet das mit der Schwierigkeit und Mühe, einen Richter zu erreichen. Er verstößt gegen § 81a Abs. 2 StPO und damit gegen den Verfassungsgrundsatz „Vorrang des Gesetzes".

Zum anderen besagt der Grundsatz der Gesetzmäßigkeit der Verwaltung, dass Grundrechtseingriffe nur mit gesetzlicher Ermächtigung zulässig sind.[107] Das Recht, Grundrechtseingriffe zuzulassen, steht nur dem Parlament zu, welches dies im Rahmen der Gesetzgebung tut. Es ist vorrangige Pflicht des demokratisch legitimierten Gesetzgebers, die grundrechtlich geschützten Rechtspositionen in ihrem Verhältnis zu ordnen und für eine verträgliche Konkordanz bei der Ausübung dieser Rechte zu sorgen.[108] Somit ist die Ermächtigung zum Grundrechtseingriff dem Gesetz vorbehalten (= Vorbehalt des Gesetzes). Maßnahmen, die ohne die erforderliche gesetzliche Ermächtigung ergehen, sind rechtswidrig.[109]

Beispiel
Polizeibeamte beobachten gezielt eine Person über mehrere Tagen. Dies stellte einen Grundrechtseingriff in das Recht auf informationelle Selbstbestimmung dar und bedarf daher einer gesetzlichen Grundlage (§ 163f StPO). Vor Anerkennung des entsprechenden Grundrechtes war eine gesetzliche Grundlage entbehrlich, daher nicht vorhanden.

Generalbefugnisse wie § 163 StPO sind in dieser Hinsicht problematisch, da sie der Verwaltung einen großen Handlungsspielraum bei der Ausgestaltung der Rechtsfolge belassen.

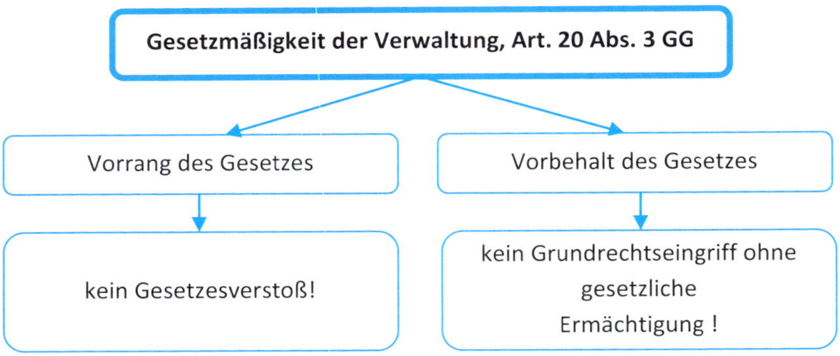

106 Jarass/Pieroth-Jarass Art. 20, Rn. 38.
107 BVerfGE 77, 170.
108 HdP-Lisken/Denninger, C, Rn. 9.
109 Jarass/Pieroth-Jarass Art. 20, Rn. 56.

1.2 Prüfung strafprozessualer Grundrechtseingriffe

Die Prüfung strafprozessualer Grundrechtseingriffe gestaltet sich im Wesentlichen in 3 Schritten: 143

Zunächst wird die Rechtsnatur der Maßnahme dargestellt, denn nur im Fall eines Grundrechtseingriffes bedarf es nach dem Vorbehalt des Gesetzes einer Ermächtigungsgrundlage. Dabei wird auch die mögliche Eingriffsermächtigung bereits genannt, damit die Zielrichtung der Maßnahme festgelegt. Sodann folgt zweitens die Prüfung der formellen und drittens der materiellen Rechtmäßigkeit.

I. Rechtsgrundlage
II. Formelle Rechtmäßigkeit
III. Materielle Rechtmäßigkeit

1.2.1 Rechtsgrundlage

→ Grundrechtseingriff 144

Zunächst ist neben der Person des Grundrechtsträgers insbesondere der Eingriff in den sachlichen Schutzbereich eines oder mehrerer Grundrechte darzustellen. Denn aus dem Grundrechtseingriff erwächst nach dem Grundsatz des Vorbehalts des Gesetzes die Notwendigkeit einer Ermächtigungsgrundlage.

→ Repressive Zielrichtung 145

In Abgrenzung zum Polizeirecht ist nunmehr darzustellen, dass die Maßnahme der Strafverfolgung dient. Nur bei repressiver Zielrichtung kann die Maßnahme als strafprozessualer Grundrechtseingriff auf Normen der Strafprozessordnung gestützt werden. Die Zielrichtung polizeilichen Handelns ist aufgrund der verschiedenen Aufgabenfelder nicht immer offenkundig. Denn die Polizei hat im Wesentlichen zwei große Aufgabenbereiche. Sie hat nach den Polizei- und Sicherheitsgesetzen der Ländern oder spezialgesetzlichen Aufgabenzuweisungen Gefahren abzuwehren, somit hat sie die Aufgabe der Prävention. Anderseits hat sie gemäß § 163 Abs. 1 S. 1 StPO Straftaten zu erforschen und alle keinen Aufschub gestattenden Anordnungen zu treffen, um die Verdunkelung der Sache zu verhüten. Diese Aufgabe wird gemäß § 53 Abs. 1 S. 1 StPO entsprechend für Ordnungswidrigkeiten übertragen. Sie handelt in dieser Hinsicht repressiv.

Bei der Entscheidung, einen Grundrechtseingriff vorzunehmen, bedarf es auch der Festlegung, welches Ziel die Maßnahme verfolgt. Denn wenn präventive Zwecke verfolgt werden, sind gefahrenabwehrende Vorschriften einschlägig; werden repressive Zwecke verfolgt, ist die Ermächtigungsgrundlage aus der Strafprozessordnung zu entnehmen. Erst wenn die Zielrichtung festgelegt ist, können die Voraussetzungen des Eingriffes bestimmt werden.

Beispiele

Bei einer hilflosen Personen wird die Identität festgestellt, um sie nach Hause bringen zu können. Zielrichtung ist hier die Gefahrenabwehr, daher ist die Ermächtigung aus einem gefahrenabwehrenden Gesetz, z. B. Polizeigesetz, zu nehmen.

Bei einem Ladendieb wird die Identität festgestellt, um eine Strafanzeige fertigen zu können. Die Maßnahme erfolgt damit zu repressiven Zwecken. Die Ermächtigung ergibt sich daher aus der Strafprozessordnung, hier § 163b Abs. 1 StPO.

Die Bestimmung der Zielrichtung ist nicht nur unter dem Aspekt der Bestimmung der Eingriffsvoraussetzungen wichtig, sondern nach der Zielrichtung bestimmt sich auch der Rechtsschutz gegen polizeiliche Maßnahmen. Gegen Maßnahmen aufgrund der Polizei- und Sicherheitsgesetze ist der Verwaltungsrechtsweg nach §§ 40 ff. VwGO eröffnet, gegen strafprozessuale Maßnahmen der Rechtsweg nach §§ 23 ff. EGGVG; 98 Abs. 2 S. 2, 304 ff. StPO. Zudem ist bei strafprozessualen Maßnahmen die Staatsanwaltschaft weisungsbefugt, bei polizeirechtlichen Maßnahmen der jeweilige polizeiliche Behördenleiter.

Werden bei polizeilichen Einsätzen mehrere Maßnahmen getroffen, ist immer für jede einzelne Maßnahme deren Zielrichtung zu bestimmen. Oft wechselt diese innerhalb eines Einsatzes.

Beispiel
Am Tatort wird eine Person wegen des Verdachts eines Tötungsdelikts vorläufig festgenommen (= repressive Zielrichtung). Vor der Mitnahme zur Wache wird er durchsucht (= präventive Zielrichtung). Auf der Wache wird ihm eine Blutprobe entnommen (= repressive Zielrichtung).

146 Nicht selten dient eine Maßnahme präventiven wie auch repressiven Zwecken. Es handelt sich dann um eine doppelfunktionale Maßnahme, mithin um eine Gemengelage.

Beispiele
Der nach einem Kiosk-Überfall flüchtige Täter wird von den Beamten am Arm gehalten und zu Boden gebracht.

Ein Geiselnehmer wird überwältigt.

Bei einem vermutlichen Brandstifter wird eine Videoobservation seiner Wohnungstür durchgeführt.

Bei diesen Beispielen dient die Maßnahme sowohl gefahrenabwehrenden Zwecken (Sicherung der Beute für den Geschädigten, Sicherung von Leib und Leben für die Geiseln, Verhinderung weiterer Brandstiftungen) als auch repressiven Zwecken (Festnahme des Täters zur Sicherung des Strafverfahrens).

Ein grundsätzlicher Vorrang der Gefahrenabwehr vor Strafverfolgung besteht jedenfalls nicht. Denn verfassungsrechtlich stehen gefahrenrechtliche Schutzaufträge gleichrangig mit dem Gebot der effektiven Strafverfolgung. Die Strafverfolgung ist gemäß § 163 Abs. 1 StPO gar explizit gesetzlich verpflichtend.[110]

Bei doppelfunktionalen Maßnahmen ist vielmehr die Rechtsgrundlage nach h. M. anhand des Schwerpunkts zu bestimmen. Liegt er überwiegend im präventiven Bereich, so sind die Polizeigesetze, bei überwiegend strafprozessualem Bereich die Strafprozessordnung einschlägig.[111]

Schwierigkeit liegen aber in der Bestimmung dieses Schwerpunktes. Nach h. M. kommt es dabei darauf an, wie sich der konkrete Lebenssachverhalt einem verständigen Bürger in der Lage des Betroffenen bei natürlicher Betrachtungsweise darstellt. Eine Maßnahme, die nach dem Gesamteindruck darauf gerichtet ist, eine strafbare Handlung zu erforschen

110 So auch Nolte, Kriminalistik 2007, 343 (346).
111 BVerwGE 47, 255.

oder sonst zu verfolgen, ist der Kontrolle der ordentlichen Gerichte nicht etwa deshalb entzogen, weil durch die polizeilichen Ermittlungen möglicherweise zugleich auch künftigen Verletzungen der öffentlichen Sicherheit vorgebeugt wurde.[112] Maßgeblich für die Bestimmung sind einerseits Art und Höhe des drohenden Schadens und die Bedeutung der bedrohten Rechtsgüter sowie die Gemeinschädlichkeit der Gefahr. Schließlich ist auch die Gegenwärtigkeit der Gefahr zu berücksichtigen. Andererseits spielen die Stärke des Tatverdachts und die Schwere der zugrunde liegende Straftat, die Bedeutung des Strafanspruchs des Staates sowie das Begehungsstadium eine Rolle.[113] Dabei ist nach der „Je-desto-Formel" zu verfahren: Je größer die Gefahr und die bedrohten Rechtsgüter, desto eher ist von Gefahrenabwehr auszugehen.

Abzugrenzen ist das Problem der doppelfunktionalen Maßnahme im Rahmen von Gemengelagen („Sowohl-als-auch-Fall") von der Aufgabenkollision, wenn also bei polizeilichen Lagen mehrere Aufgaben miteinander kollidieren („Entweder-oder-Fall"). Bei der Aufgabenkollision ist die vorrangig zu erfüllende Aufgabe nach der Güterabwägung zu bestimmen. Wenn hochwertige Rechtsgüter unmittelbar in Gefahr sind, geht die Aufgabe der Gefahrenabwehr vor die Strafverfolgung. 147

Beispiel
Polizeibeamte beobachten beim Eintreffen an einem Brandtatort, wie die Täter flüchten. Sie sehen von einer Verfolgung ab, löschen den Brand und versorgen Verletzte.

→ Ermächtigungsgrundlage 148
Schließlich ist die in Betracht kommende Ermächtigungsgrundlage zu nennen. Dies muss vor der weiteren Prüfung erfolgen. Findet sich nämlich keine Befugnisnorm, die in Betracht kommt, ist der Grundrechtseingriff aufgrund des Grundsatzes „Vorbehalt des Gesetzes" rechtswidrig. Dann bedarf es keiner weiteren Prüfungen.

1.2.2 Formelle Rechtmäßigkeit

Die formelle Rechtmäßigkeit staatlicher Eingriffe unterteilt sich in die sachliche und örtliche Zuständigkeiten sowie die Form- und Verfahrensvorschriften. 149

→ Sachliche Zuständigkeit 150
Die sachliche Zuständigkeitsregel schreibt einem staatlichen Organ eine Aufgabe zu. Gemäß § 163 Abs. 1 S. 1 StPO wird der Polizei die Aufgabe der Strafverfolgung zugewiesen. Demnach haben die Behörden und Beamten des Polizeidienstes Straftaten zu erforschen und alle keinen Aufschub gestattenden Anordnungen zu treffen, um die Verdunkelung der Sache zu verhüten. Diese Verpflichtung nennt man Legalitätsprinzip. Im Gegensatz dazu unterliegt die Ordnungswidrigkeitenverfolgung dem Opportunitätsprinzip. Denn gemäß § 53 Abs. 1 S. 1 OWiG haben die Beamten des Polizeidienstes lediglich nach pflichtgemäßem Ermessen Ordnungswidrigkeiten zu verfolgen. Welche Behörden und Beamte des Polizeidienstes für die Verfolgung von Straftaten bzw. Ordnungswidrigkeiten zuständig sind, bestimmen landesrechtliche Regelungen.[114]

112 BVerwGE a. a. O.
113 Vgl. zur Abwägung Nolte, Kriminalistik 2007, 343.
114 So für NRW: § 11 Abs. 1 Nr. 2 POG: Die Kreispolizeibehörden.

151 **→ Örtliche Zuständigkeit**

Die örtliche Zuständigkeit beschreibt den räumlichen Bereich des zulässigen polizeilichen Handelns. Die Strafprozessordnung enthält in dieser Hinsicht keine Regelungen für polizeiliche Maßnahmen, Regelungen dazu enthalten die Polizei(organisations)gesetze der Länder.[115] So ist der räumliche Zuständigkeitsbereich regelmäßig der Bezirk, in dem die polizeilich zu schützenden Interessen verletzt oder gefährdet werden. Darüber hinaus kann die Polizei grundsätzlich zur Verfolgung von Straftaten auch außerhalb ihres Bezirks tätig werden. Damit sind strafprozessuale Maßnahmen durch die Polizei im gesamten Bundesland zulässig.

Einen speziellen Fall der örtlichen Zuständigkeit regelt § 167 GVG hinsichtlich der Nacheile von Straftätern. Demnach sind alle Polizeivollzugsbeamten ermächtigt, die Verfolgung eines Flüchtigen auf dem Gebiet eines anderen Bundeslandes fortzusetzen und den Flüchtigen dort zu ergreifen. Weitere Verfolgungszuständigkeiten regeln Art. 40, 41 SDÜ.[116]

152 **→ Instanzielle Zuständigkeit**

Im Allgemeinen wird bei verwaltungsrechtlichen Klausuren auch die instanzielle Zuständigkeit unterschieden. Damit ist die Zuständigkeit innerhalb des Behördenaufbaus nach landesrechtlichen Regelungen gemeint. Dies bedarf bei Prüfung strafprozessualer Maßnahmen keines gesonderten Prüfungspunktes, sondern kann als Annex in der sachlichen Zuständigkeit erwähnt werden.

> **Beispiel**
> Nach § 11 Abs. 1 Nr. 2 POG/NRW sind für die Strafverfolgung die Kreispolizeibehörden zuständig.

153 **→ Form- und Verfahrensvorschriften**

Weitere Teile der formellen Rechtmäßigkeit sind im Verwaltungsrecht Form- und Verfahrensvorschriften. Die Formvorschriften legen fest, in welcher äußeren Form die Maßnahme zu erfolgen hat. In Betracht kommt dabei in erster Linie die mündliche Anordnung, einige Maßnahmen bedürfen aber auch der schriftlichen Anordnung. Verfahrensvorschriften regeln die flankierenden Bestimmungen, die beim Vollzug einer Maßnahme zu beachten sind. Da sich diese Bestimmungen beim Strafprozessrecht immer auf spezielle Ermächtigungsgrundlagen beziehen, ist es zulässig, diese in der materiellen Rechtmäßigkeitsprüfung zu behandeln, siehe auch dort.

1.2.3 Materielle Rechtmäßigkeit

154 Bei der materiellen Rechtmäßigkeit geht es um die Gesetzmäßigkeit der Maßnahme der Sache nach. Es wird geprüft, ob die Voraussetzungen der Norm, die flankierenden Bestimmungen und die Anordnungskompetenz vorlagen. Zudem muss sich die Maßnahme gegen den richtigen Adressaten richten und der rechtsstaatliche Grundsatz der Verhältnismäßigkeit muss beachtet werden.

115 Vgl. für NRW: § 7 Abs. 2 Nr. 1 POG; Thüringen: § 3 POG; für Baden-Württemberg § 75 PolG.
116 Siehe Rn. 6.

→ Tatbestandsvoraussetzungen 155

Die Tatbestandsvoraussetzungen beschreiben die Bedingungen, damit eine Rechtsfolge gesetzt werden kann. Es handelt sich um den Kern der Prüfung strafprozessualer Maßnahmen.

> **Beispiel**
> Eine Beschlagnahme von Beweismitteln darf gemäß § 94 StPO nur bei Tatverdacht, potenzieller Beweismitteleignung und potenzieller Verfahrensbedeutung durchgeführt werden.

→ Adressat 156

Die strafprozessuale Maßnahme muss sich gegen den richtigen Adressaten richten. Dieser ergibt sich regelmäßig aus der Ermächtigungsnorm.

In Betracht kommen nach der Strafprozessordnung:

- Verdächtiger (z. B. bei der Identitätsfeststellung gemäß § 163b Abs. 1 StPO)
- Beschuldigter (z. B. bei der körperlichen Untersuchung, § 81a StPO)
- Unverdächtiger = Zeuge (z. B. bei der Durchsuchung gemäß § 103 StPO)
- Kontakt-, Begleitpersonen (z. B. bei der längerfristigen Observation, § 163f StPO)
- Jedermann (z. B. bei der Einrichtung einer Kontrollstelle, § 111 StPO)

→ Anordnungsbefugnis 157

Die Anordnungsbefugnis ist abhängig von der Schwere des Eingriffs. In Betracht kommen:

Anordnung ausschließlich durch das Gericht

Anordnung grundsätzlich durch das Gericht

Anordnung durch die Staatsanwaltschaft

Anordnung durch die Ermittlungspersonen der Staatsanwaltschaft

Anordnung durch die Polizei

→ Form-/Verfahrensvorschriften 158

Form- und Verfahrensvorschriften sind hier Sekundärvorschriften, die sich auf die jeweiligen Tatbestände beziehen.

> **Beispiel**
> Bei einer nicht auf richterliche Anordnung begründeten Beschlagnahme ist gemäß § 98 Abs. 2 StPO innerhalb von 3 Tagen eine richterliche Bestätigung einzuholen.

→ Rechtsfolge 159

Die Rechtsfolge beschreibt die Maßnahmen, die bei Vorliegen der Voraussetzungen durchgeführt werden dürfen. Sie bestimmt sich nach der jeweiligen Eingriffsnorm.

> **Beispiel**
> § 102 StPO erlaubt die Durchsuchung der Wohnung und anderer Räume sowie der Person und der ihm gehörenden Sachen. Gemeint ist also das zielgerichtete Suchen nach Personen bzw. Gegenständen.

→ Verhältnismäßigkeit 160

Jede Maßnahme muss dem rechtsstaatlichen Gebot der Verhältnismäßigkeit entsprechen. Dieser Grundsatz ergibt sich schon aus dem Wesen der Grundrechts selbst, das als

Ausdruck des allgemeinen Freiheitsanspruchs des Bürgers gegenüber dem Staat von der öffentlichen Gewalt jeweils nur so weit beschränkt werden darf, als es zum Schutz öffentlicher Interessen unerlässlich ist.[117] Der Verhältnismäßigkeitsgrundsatz enthält 3 Teilgebote: Staatliche Eingriffe müssen geeignet, erforderlich und angemessen sein.

Geeignet ist die Maßnahme, wenn damit das Ermittlungsziel gefördert werden kann. Entscheidend ist eine Betrachtung ex ante, also die Beurteilung vor Durchführung der Maßnahme. Die Feststellung im Nachhinein (ex post), dass die Ermittlungen nicht gefördert wurden, berührt nicht die grundsätzliche Eignung.

Erforderlich ist die strafprozessuale Maßnahme, wenn es keine ebenso geeignete, mildere Möglichkeit gibt, den Aufklärungszweck zu erreichen.

Angemessen ist eine strafprozessuale Maßnahme, wenn der Eingriff in die Grundrechte des Betroffenen nicht erkennbar außer Verhältnis zum Strafverfolgungsinteresse der Allgemeinheit steht. Dies wird auch als Verhältnismäßigkeit im engeren Sinne verstanden. Maßgebliche Abwägungskriterien sind die Schwere des Tatvorwurfes und die Stärke des Tatverdachtes auf der einen, die Folgen für den Betroffenen auf der anderen Seite. Besonderes zu beachten ist die ebenfalls im Verfassungsrang stehende Unschuldsvermutung, die sich explizit aus Art. 6 Abs. 2 EMRK und Art. 14 Abs. 2 IPBPR ergibt. Dieses Abwägungsgebot ist zunächst an den Gesetzgeber adressiert. Er hat durch die Ausgestaltung der Eingriffsbefugnisse für eine Konkretisierung des Verhältnismäßigkeitsgrundsatzes zu sorgen. Je intensiver der Grundrechtseingriff, desto höher auch die Tatbestandsvoraussetzungen der Eingriffsbefugnis.

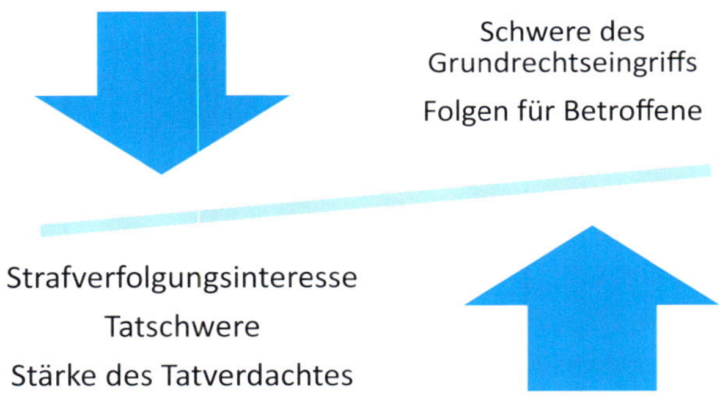

161 Das Verhältnismäßigkeitsgebot ist bereits in einigen Tatbeständen aufgenommen worden. So weisen § 112 Abs. 1 StPO (Voraussetzungen der U-Haft), § 163b Abs. 2 S. 2 (Identitätsfeststellung beim Unverdächtigen) und § 163d Abs. 1 StPO (Netzfahndung) auf das Erfordernis der Verhältnismäßigkeit hin.

Insbesondere die Subsidiaritätsklauseln in den Bestimmungen zu einigen verdeckten Maßnahmen sollen ein abgestuftes Verhältnismäßigkeitssystem darstellen. Sie gibt es dabei in 5 verschiedenen Varianten: Die Eingriffsbefugnis wird davon abhängig gemacht,

117 BVerfGE 19, 342.

dass die Erforschung des Sachverhalts oder die Ermittlung des Aufenthaltsortes des Beschuldigten durch andere Maßnahmen „aussichtslos", „unverhältnismäßig erschwert oder aussichtslos", „aussichtslos oder wesentlich erschwert" beziehungsweise „weniger Erfolg versprechend oder erschwert" wäre.[118] Durch eine derart feine Abstimmung ist für den Gesetzesanwender eine exakte Grenzziehung nicht möglich. Daher ist der praktische Wert dieser Subsidiaritätsklauseln eher gering.

1.3 Zwangsweise Durchsetzung strafprozessualer Maßnahmen

Wird eine strafprozessuale Maßnahme angeordnet, besteht für den Betroffenen eine Duldungspflicht. Aufgrund des Nemo-tenetur-Grundsatzes besteht keine Pflicht zur aktiven Teilnahme an der eigenen Strafverfolgung. Folgt der Betroffene den Anordnungen nicht, so besteht die Notwenigkeit der zwangsweisen Durchsetzung. 162

Regelungen zur zwangsweisen Durchsetzung von Maßnahmen sind in der Strafprozessordnung nur rudimentär vorhanden. Die Ermächtigung dazu ergibt sich im Wesentlichen aus den Befugnisnormen selbst.

Beispiele

§ 127 StPO regelt die vorläufige Festnahme. Vor der Vorschrift ist auch die zwangsweise Durchsetzung der Festnahme erfasst.

Von der Befugnis § 81a StPO ist nicht nur die Blutprobe, sondern auch deren zwangsweise Durchsetzung erfasst.

Als Zwangsart kommt bei strafprozessualen Maßnahmen aufgrund der Mitwirkungsfreiheit nur der unmittelbare Zwang in Betracht. Art und Weise der Zwangsanwendung sind durch länderspezifische Regelungen zur Anwendung von Zwang zu begrenzen.[119] Daher ist für die Durchführung auf Polizeigesetze bzw. Zwangsgesetze zurückzugreifen.[120] 163

So bestimmt § 57 PolG NRW: Ist die Polizei nach diesem Gesetz oder anderen Rechtsvorschriften zur Anwendung unmittelbaren Zwanges befugt, gelten für die Art und Weise der Anwendung die §§ 58 bis 66 PolG und, soweit sich aus diesen nichts Abweichendes ergibt, die übrigen Vorschriften dieses Gesetzes.

Die Zulässigkeit des unmittelbaren Zwanges ergibt sich aus der Befugnisnorm der Strafprozessordnung, Art und Weise der Anwendung bestimmt sich nach den Ländervorgaben.

118 HdP-Frister, G Rn. 119.
119 BGHSt 26, 99.
120 Vgl. für NRW: §§ 57 ff. PolG.

1.4 Prüfungsschemata

Prüfungsschema
Strafprozessuale Eingriffsmaßnahme

„Die von PK X durchgeführte ... *Maßnahme nennen* ... könnte gemäß § ... StPO rechtmäßig gewesen sein.“

oder

„Zu prüfen ist die Rechtmäßigkeit der von PK X durchgeführten . *Maßnahme nennen* ...“

I. Rechtsgrundlage

1. Grundrechtseingriff
2. Repressive Zielrichtung
3. Mögliche Ermächtigungsgrundlage

II. Formelle Rechtmäßigkeit

1. Sachliche Zuständigkeit
   → § 163 Abs. 1 S. 1 StPO i. V. m. landesrechtlichen Regelungen über die Zuständigkeiten zur Strafverfolgung[121]
   → Anfangsverdacht i. S. v. § 152 StPO
2. Örtliche Zuständigkeit
   → Nach landesrechtlichen Regelungen[122]

III. Materielle Rechtmäßigkeit

1. Ermächtigungsgrundlage
   a) Tatbestandsvoraussetzungen
   b) Adressat
2. Anordnungsbefugnis
3. Verfahrensvorschriften
4. Rechtsfolge
   a) Zulässige Maßnahme(n)
   b) Verhältnismäßigkeitsgrundsatz
      – Geeignetheit
      – Erforderlichkeit
      – Angemessenheit

IV. Ergebnis

121 Zum Beispiel: § 11 Abs. 1 Nr. 2 POG NRW.
122 Zum Beispiel: § 7 Abs. 1 POG NRW.

Prüfungsschema
Zwangsweise durchgesetzte
strafprozessuale Eingriffsmaßnahme[123]

„Die von PK X mittels Zwang durchgeführte ... *Maßnahme nennen* ... könnte gemäß § ... StPO rechtmäßig gewesen sein."

A. Rechtmäßigkeitsprüfung der Grundmaßnahme

I. Rechtsgrundlage

II. Formelle Rechtmäßigkeit

III. Materielle Rechtmäßigkeit

B. Rechtmäßigkeitsprüfung der zwangsweisen Durchsetzung

I. Grundrechtseingriff durch die Zwangsanwendung

II. Materielle Rechtmäßigkeit

1. Zulässigkeit des unmittelbaren Zwanges (aus der Befugnis)
2. Qualifizierung des Handelns als unmittelbaren Zwang, § 58 PolG NRW
3. Art und Weise der Zwangsausübung, §§ 57 ff PolG NRW
    a) ggf. Voraussetzung der Fesselung, § 62 PolG NRW
    b) ggf. Voraussetzungen Schusswaffengebrauch, §§ 63–65 PolG NRW
    c) Androhung, § 61 PolG NRW
    d) Verhältnismäßigkeit

123 Am Beispiel der nordrhein-westfälischen Regelungen.

2 Offene Datenerhebung

- **Leitentscheidungen:** *BVerfGE 65, 1 (Volkszählungsurteil, Recht auf informationelle Selbstbestimmung).*

Übersicht

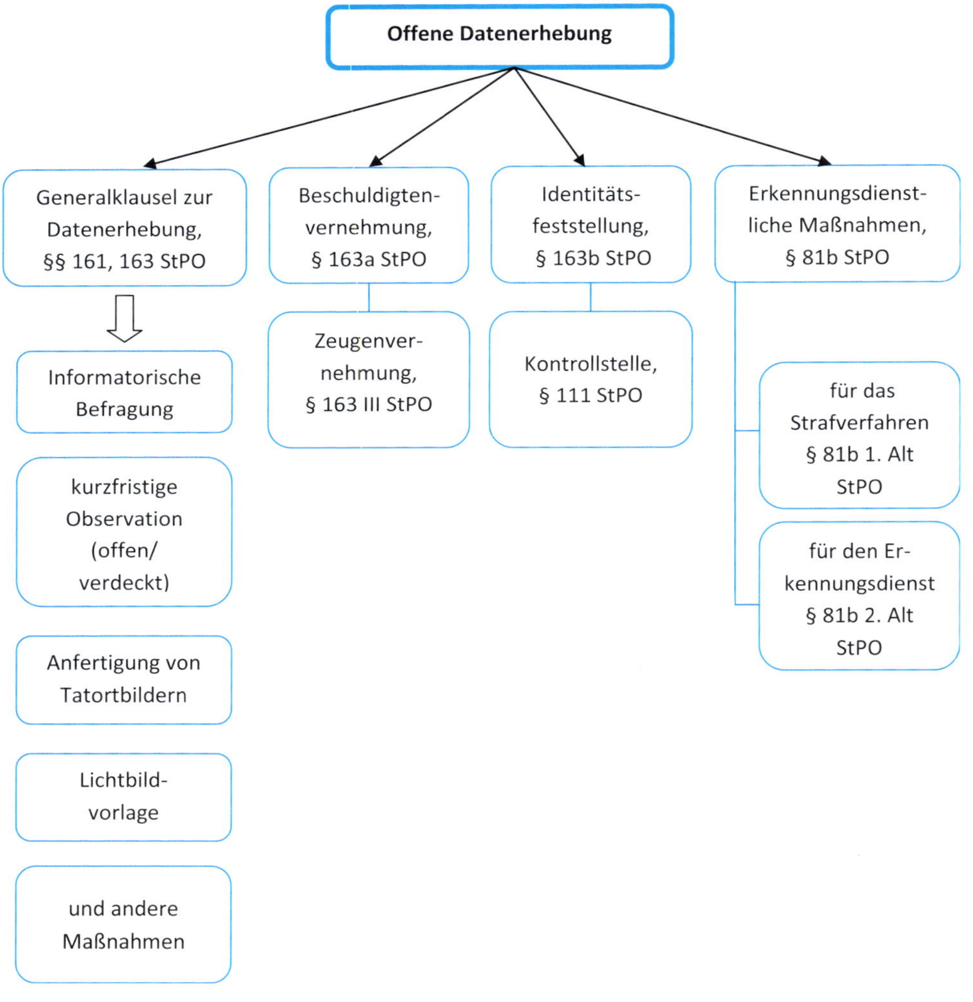

2.1 Identitätsfeststellung beim Verdächtigen, § 163b Abs. 1 StPO

- ***Aufsatz-Literatur:*** *Brenner VR 2004, 5 (Festnahme und Durchsuchung zur Identitätsfeststellung nach § 163b StPO auch durch Politessen).* 164
- ***Leitentscheidungen:*** *BVerfG NStZ 2011, 529 (Polizeiliche Ingewahrsamnahme zwecks Identitätsfeststellung und Durchführung erkennungsdienstlicher Maßnahmen).*
- ***Übungsfall:*** *Berning Kriminalistik 2010, 133 und 199 (Staatsprüfungsklausur mit Lösung im Staatsrecht/Eingriffsrecht).*

Identitätsfeststellung beim Verdächtigen § 163b Abs. 1 StPO

Materielle Rechtmäßigkeit

1. Ermächtigungsgrundlage

Tatbestandsvoraussetzung/Adressat
– Verdächtiger

2. Anordnungsbefugnis

– StA/Polizeibeamte

3. Verfahrensvorschriften

– Informationsgebot, §§ 163b I, 163a IV StPO

bei Festhalten:

- – gsl. unverzügliche Richtervorführung, § 163c I StPO
- – Angehörigenverständigung, § 114c
- – Höchstdauer des Festhaltens: 12 Stunden, § 163c StPO
- – Belehrungspflichten, § 114b StPO

bei Durchsuchung:

- – gleichgeschlechtliche/ärztliche Durchsuchung, § 81d StPO analog
- – Zufallsfunde, § 108 StPO

4. Rechtsfolge

a) Zulässige Maßnahmen
erforderliche Maßnahmen:

– Anhalten, Befragen

wenn IDF sonst nicht oder nur unter erheblichen Schwierigkeiten möglich ist:

– Festhalten, Durchsuchung, erkennungsdienstliche Behandlung

b) Verhältnismäßigkeit

Tatverdacht ist gegeben, wenn tatsächliche hinreichende Anhaltspunkte für eine verfolgbare Straftat vorliegen. 165

Verdächtiger ist derjenige, bei dem Anhaltspunkte bestehen, er könne Täter oder Teilnehmer einer verfolgbaren Straftat sein.

Durchsuchen bedeutet Nachschau halten in der Kleidung und allen ohne Weiteres einsehbaren Körperöffnungen.

Zufallsfunde sind Gegenstände, auf die sich der Durchsuchungszweck nicht bezieht, bei denen aber die Wahrscheinlichkeit besteht, dass sie zum Beweis einer anderen Tat geeignet sind.

166 **Überblick**

Die Identitätsfeststellung beim Verdächtigen ist eine Standardmaßnahme. Während für eine gefahrenabwehrende Identitätsfeststellung nach den Polizeigesetzen der Länder regelmäßig eine konkrete Gefahr gefordert wird, ist hier die Verdächtigeneigenschaft einzige Zulässigkeitsvoraussetzung.

167 **Grundrechtseingriffe**

Durch die Identitätsfeststellung wird regelmäßig in das Recht auf informationelle Selbstbestimmung aus Art. 2 Abs. 1 GG i. V. m. Art. 1 Abs. 1 GG eingegriffen. Zudem liegt durch das Anhalten eine Freiheitsbeschränkung i. S. v. Art. 2 Abs. 2 GG i. V. m. Art. 104 Abs. 1 GG vor. Wird die Person festgehalten, so wird die Freiheit der Person beschränkt. Wird sie zum Zwecke der Identitätsfeststellung durchsucht, liegt ein Eingriff in das allgemeine Persönlichkeitsrecht in Form der Intimsphäre aus Art. 2 Abs. 1 i. V. m. Art. 1 Abs. 1 GG vor.

168 **Tatbestandsvoraussetzungen/Adressat**

Die Identitätsfeststellung nach § 163b Abs. 1 StPO darf sich nur gegen Verdächtige richten. Verdächtiger ist jede Person, bei der tatsächliche hinreichende Anhaltspunkte dafür vorliegen, dass sie Täter oder Teilnehmer einer Straftat sein könnte. Der Anfangsverdacht einer Straftat muss sich also auf eine konkrete Person als möglichen Beteiligten beziehen. Kinder (Personen unter 14 Jahren) können keine Verdächtige sein, da sie gemäß § 19 StGB schuldunfähig sind, insofern also keine verfolgbare Straftat vorliegt. Sie sind demnach Unverdächtige, die Identitätsfeststellung muss sich in diesem Fall nach § 163b Abs. 2 StGB richten, was aber einen Tatverdacht gegen eine andere, verfolgbare Person voraussetzt.[124]

Beispiel
Der 13-jährige A verprügelt gemeinschaftlich mit dem 14-jährigen B den C. Die Identitätsfeststellung bei A richtet sich nach § 163b Abs. 2 StPO als Unverdächtigen.

Gleiches gilt für den Fall, dass bei einer strafmündigen Person Rechtfertigungs- oder Entschuldigungsgründe offensichtlich sind.[125]

Die Verdächtigeneigenschaft reicht für die Identitätsfeststellung regelmäßig aus, wenn der Verdächtige lediglich angehalten und befragt wird. Wird er darüber hinaus festgehalten, durchsucht oder erkennungsdienstlich behandelt, so darf das nur erfolgen, wenn die Identität sonst nicht oder nur unter erheblichen Schwierigkeiten festgestellt werden kann, § 163b Abs. 1 S. 2 StPO.

Beispiel
A steht im Verdacht, eine Körperverletzung begangen zu haben. Am Einsatzort gibt er aufgebracht an, keine Personalpapiere bei sich zu führen. Daraufhin durchsuchen ihn die eingesetzten Beamten, finden jedoch keine Ausweispapiere. Daher nehmen sie den A mit zur Wache, um dort seine Identität zu klären.

124 Vgl. dazu im Einzelnen Rn. 176.
125 Meyer-Goßner § 102, Rn. 4.

Verfahrensvorschriften 169

Als zentrale Verfahrensvorschrift bestimmt § 163b Abs. 1 S. 1 i. V. m. § 163a Abs. 4 S. 1 StPO eine Informationspflicht. Dem Verdächtigen ist mitzuteilen, welche Tat ihm zur Last gelegt wird.

Weitere Verfahrensvorschriften sind nur zu beachten, wenn über das bloße Anhalten und Befragen hinaus andere Rechtsfolgen gesetzt werden:

- **Person wird festgehalten**

  Gemäß § 163c StPO darf keine Person länger als zur Feststellung ihrer Identität unerlässlich festgehalten werden, höchsten jedoch 12 Stunden. Sie ist unverzüglich einem Richter vorzuführen, der über Zulässigkeit und Fortdauer der Freiheitsentziehung entscheidet. Der Vorführung bedarf es nicht, wenn die Herbeiführung einer richterlichen Entscheidung voraussichtlich längere Zeit in Anspruch nehmen würde, als zur Feststellung der Identität notwendig wäre. Dies wird in der Praxis häufig anzunehmen sein.

  Zudem ist der Person gemäß § 163c Abs. 1 i. V. m. § 114c Abs. 1 StPO Gelegenheit zu geben, einen Angehörigen zu benachrichtigen.

  Beispiel
  B wird bei einem Ladendiebstahl angetroffen. Sie führt keinerlei Ausweispapiere bei sich. Die Beamten entschließen sich, B mit auf die Wache zu nehmen. Gleichzeitig benachrichtigen sie auf B's Wunsch ihren Ehemann, der versichert, umgehend B's Ausweis zur Wache zu bringen.

  Gemäß § 163c Abs. 1 i. V. m. § 114b StPO ist der Festgehaltene unverzüglich schriftlich darüber zu belehren, dass er

  - unverzüglich einem Richter vorzuführen ist,
  - das Recht hat, sich zur Beschuldigung zu äußern oder nicht zur Sache auszusagen,
  - zu seiner Entlastung einzelne Beweiserhebungen beantragen kann,
  - jederzeit, auch schon vor seiner Vernehmung, einen von ihm zu wählenden Verteidiger verlangen kann,
  - einen Angehörigen oder eine Person seines Vertrauens benachrichtigen kann, soweit der Zweck der Untersuchung dadurch nicht gefährdet wird.

  Der Verdächtige, der der deutschen Sprache nicht hinreichend mächtig ist, ist darauf hinzuweisen, dass er im Verfahren die unentgeltliche Hinzuziehung eines Dolmetschers verlangen kann. Ein ausländischer Staatsangehöriger ist darüber zu belehren, dass er die Unterrichtung der konsularischen Vertretung seines Heimatstaates verlangen und dieser Mitteilungen zukommen lassen kann.

  Entsprechende Belehrungsvordrucke in verschiedenen Sprachen sind in den Informationssystemen der Polizeibehörden vorrätig.

- **Person wird durchsucht**

  Wird die Person zur Identitätsfeststellung durchsucht, ist § 81d StPO entsprechend zu beachten. Demnach soll die Durchsuchung von einer Person gleichen Geschlechts oder einem Arzt durchgeführt werden, wenn sie das Schamgefühl verletzen könnte. Einem diesbezüglichen Wunsch des Verdächtigen ist zu entsprechen.

Gegenstände, die nichts über die Identität der Person aussagen, aber auf Verübung einer anderen Straftat hindeuten, sogenannte Zufallsfunde, sind einstweilen in Beschlag zu nehmen, § 108 StPO gilt auch für Durchsuchung zur Identitätsfeststellung.[126]

Anordnungsbefugnis

170 Nach der ausdrücklichen Regelung des § 163b Abs. 1 StPO kann die Identitätsfeststellung von der Staatsanwaltschaft und jedem Beamten des Polizeidienstes angeordnet werden.

Rechtsfolgen

171 Geregelt ist die Identitätsfeststellung. Die Identität ist festgestellt, wenn die Angaben im Sinne von § 111 Abs. 1 OWiG erhoben sind. Dies sind insbesondere Name, Anschrift, Geburtsdatum und -ort. Die Weigerung des Verdächtigen, seine Personalien anzugeben, stellt eine Ordnungswidrigkeit nach § 111 OWiG dar.

In § 163b Abs. 1 StPO sind als Rechtsfolgen zunächst alle „erforderlichen Maßnahmen" zur Identitätsfeststellung genannt. Damit ist insbesondere das Anhalten und Befragen gemeint. Wenn die Identität sonst nicht oder nur unter erheblichen Schwierigkeiten festgestellt werden kann, darf der Verdächtige auch festgehalten sowie seine Person und die mitgeführten Sachen durchsucht werden. Zudem ist eine erkennungsdienstliche Behandlung zum Zwecke der Identitätsfeststellung zulässig. Erkennungsdienstliche Behandlungen für (weitere) Zwecke des Strafverfahrens bzw. zum Zwecke des Erkennungsdienstes selbst richten sich nach § 81b StPO.

Die Durchsuchungsermächtigung erstreckt sich hier ausschließlich auf die Feststellung der Identität. Sollen dagegen Beweismittel oder Verfalls-/Einziehungsgegenstände gefunden werden, richtet sich die Durchsuchung nach §§ 102 ff. StPO.

126 Meyer-Goßner § 163b, Rn. 22.

2.2 Identitätsfeststellung beim Unverdächtigen, § 163b Abs. 2 StPO

172

Identitätsfeststellung beim Unverdächtigen § 163b Abs. 2 StPO

Materielle Rechtmäßigkeit

1. **Ermächtigungsgrundlage**
   a) Tatbestandsvoraussetzung
      – Tatverdacht
      – zur Aufklärung der Tat geboten
   b) Adressat
      – Unverdächtiger
2. **Anordnungsbefugnis**
   – StA/Polizeibeamte
3. **Verfahrensvorschriften**
   – Informationsgebot, §§ 163b II, 69 I StPO
   bei Festhalten:
      – gsl. unverzügliche Richtervorführung, § 163c I StPO
      – Angehörigenverständigung, § 114c
      – Höchstdauer des Festhaltens: 12 Stunden, § 163c StPO
      – Belehrungspflichten, § 114b StPO
   bei Durchsuchung:
      – gleichgeschlechtliche/ärztliche Durchsuchung
      – Zufallsfunde, § 108 StPO
4. **Rechtsfolge**
   a) Zulässige Maßnahmen
      „erforderliche" Maßnahmen:
      – Anhalten, Befragen
      wenn IDF sonst nicht oder nur unter erheblichen Schwierigkeiten möglich ist:
      – Festhalten
      – nur mit Zustimmung: Durchsuchung, erkennungsdienstliche Behandlung
   b) Verhältnismäßigkeit

Tatverdacht ist gegeben, wenn tatsächliche hinreichende Anhaltspunkte für eine verfolgbare Straftat vorliegen.

Unverdächtiger ist derjenige, bei dem keine Anhaltspunkte dafür bestehen, dass er als Täter oder Teilnehmer einer Straftat in Betracht kommt.

Durchsuchen bedeutet Nachschau halten in der Kleidung und allen ohne Weiteres einsehbaren Körperöffnungen.

Zufallsfunde sind Gegenstände, auf die sich der Durchsuchungszweck nicht bezieht, bei denen aber die Wahrscheinlichkeit besteht, dass sie zum Beweis einer anderen Tat geeignet sind.

173 **Überblick**

Die Identitätsfeststellung nach § 163b StPO betrifft in erster Linie Zeugen. Sie dient dem Zweck, für das spätere Strafverfahren Personalien von Personen, die als Zeugen in Betracht kommen, zu sichern.

174 **Grundrechtseingriffe**

Durch die Identitätsfeststellung wird regelmäßig in das Recht auf informationelle Selbstbestimmung aus Art. 2 Abs. 1 GG i. V. m. Art. 1 Abs. 1 GG eingegriffen. Zudem liegt durch das Anhalten eine Freiheitsbeschränkung i. S. v. Art. 2 Abs. 2 GG i. V. m. Art. 104 Abs. 1 GG vor. Wird die Person festgehalten, so wird die Freiheit der Person beschränkt. Wird sie zum Zwecke der Identitätsfeststellung durchsucht, liegt ein Eingriff in das allgemeine Persönlichkeitsrecht in Form der Intimsphäre aus Art. 2 Abs. 1 i. V. m. Art. 1 Abs. 1 GG vor.

175 **Tatbestandsvoraussetzung**

Die Identitätsfeststellung ist zulässig, wenn ein Tatverdacht vorliegt. Das ist nach § 152 Abs. 2 StPO der Fall, wenn zureichende tatsächliche Anhaltspunkte dafür gegeben sind, dass eine verfolgbare Straftat vorliegt. Zudem muss die Identitätsfeststellung zur Aufklärung der Tat geboten sein. Dies ist der Fall, wenn zum Zeitpunkt der beabsichtigten Identitätsfeststellung konkrete Anhaltspunkte dafür bestehen, dass die Person als Zeuge oder als Augenscheinobjekt benötigt wird. Es muss also noch ein Aufklärungsinteresse bestehen.

> **Beispiel**
> Ein – unbeteiligter – Gast hat bei einer Wirtshausschlägerei Beobachtungen gemacht. Er kommt als Zeuge in Betracht.

176 **Adressat**

Die Identitätsfeststellung nach § 163b Abs. 2 StPO richtet sich gegen Unverdächtige. Grundvoraussetzung ist zunächst ein Anfangsverdacht einer Straftat. Der liegt im Sinne von § 152 StPO vor, wenn zureichende tatsächliche Anhaltspunkte für eine Straftat bestehen. Unverdächtige sind alle Personen, die nicht Verdächtige oder Beschuldigte sind.

Kinder (Personen unter 14 Jahren) können keine Verdächtige sein, da sie gemäß § 19 StGB schuldunfähig sind, insofern also keine verfolgbare Straftat vorliegt. Sie sind demnach immer Unverdächtige. Gleiches gilt für den Fall, dass bei schuldfähigen Personen Rechtfertigungs- oder Entschuldigungsgründe offensichtlich sind.[127] Eine Identitätsfeststellung muss sich in diesem Fall nach § 163b Abs. 2 StPO richten. Dies setzt aber voraus, dass überhaupt ein Anfangsverdacht einer verfolgbaren Straftat vorliegt. Kommt allein ein Kind als Täter in Betracht, ist daher auch eine Identitätsfeststellung nach § 163b Abs. 2 StPO unzulässig. In Betracht kommt dann aber die Anwendung polizeirechtlicher Vorschriften.

> **Beispiel**
> Der 12-jährige T tritt im Verlauf eines Streites gegen das hochwertige Fahrrad des gleichaltrigen O und wirft dessen Handy in einen Fluss.

127 Meyer-Goßner § 102, Rn. 4.

Tatbestandlich hat T eine Sachbeschädigung gemäß § 303 StGB begangen. T ist mangels Strafmündigkeit aber kein Verdächtiger i. S. v. § 163b Abs. 1 StPO, sodass eine Identitätsfeststellung nach dieser Norm ausscheidet. Da keine verfolgbare Straftat vorliegt, ist T auch nicht Unverdächtiger i. S. v. § 163b Abs. 2 StPO. In Betracht kommt aber eine Identitätsfeststellung nach polizeirechtlichen Regelungen zum Schutz privater Rechte.

Anordnungsbefugnis

Die Identitätsfeststellung kann auch beim Unverdächtigen von jedem Polizeibeamten und der Staatsanwaltschaft angeordnet werden. 177

Verfahrensvorschriften

Als zentrale Verfahrensvorschrift bei der Identitätsfeststellung beim Unverdächtigen bestimmt § 163b Abs. 2 i. V. m. § 69 Abs. 1 S. 2 StPO eine Informationspflicht. Dem Unverdächtigen sind der Gegenstand der Untersuchung und die Person des Beschuldigten mitzuteilen, falls bereits ein Beschuldigter bekannt ist. 178

Weitere Verfahrensvorschriften sind nur zu beachten, wenn der Betroffene über das bloße Anhalten und Befragen hinaus festgehalten oder durchsucht wird. Sie entsprechen denen der Identitätsfeststellung bei Verdächtigen, vgl. Rn. 169.

Rechtsfolgen

Geregelt ist die Identitätsfeststellung. Die Identität ist festgestellt, wenn die Angaben im Sinne von § 111 Abs.1 OWiG erhoben sind. Dies sind insbesondere Name, Anschrift, Geburtsdatum und -ort. Die Weigerung des Verdächtigen, seine Personalien anzugeben, stellt eine Ordnungswidrigkeit nach § 111 OWiG dar. 179

In § 163b Abs. 1 StPO sind als Rechtsfolge zunächst alle „erforderlichen Maßnahmen" genannt. Damit ist insbesondere das Anhalten und Befragen gemeint. Festhalten ist nur zulässig, wenn dies zur Bedeutung der Sache nicht außer Verhältnis steht. Durchsuchung und erkennungsdienstliche Behandlung sind nur mit Willen des Unverdächtigen zulässig.

180 ## 2.3 Kontrollstelle, § 111 StPO

181 • ***Leitentscheidung:*** *BGH NJW 1989, 2636 (Rechtlich geschütztes Interesse zur Überprüfung der Rechtmäßigkeit einer polizeilichen Kontrollstelle).*

Kontrollstelle, § 111 StPO

Materielle Rechtmäßigkeit

1. Ermächtigungsgrundlage

a) Tatbestandsvoraussetzung

– konkretisierter Tatverdacht hinsichtlich §§ 129a, 129b Abs. 1 StGB
oder
Katalogstraftat nach § 129a StGB
oder
§ 250 Abs. 1 Nr. 1 StGB

– Tatsachen rechtfertigen die Annahme, das dieKontrollstelle zur Ergreifung des Täters oder zur Sicherstellung von Beweismitteln führen wird

b) Adressat

– Jedermann an einer Kontrollstelle

2. Anordnungsbefugnis

– Gericht
– bei Gefahr im Verzuge: StA/Ermittlungspersonen der StA

3. Verfahrensvorschriften

Bei IDF → siehe Rn. XX
Bei Durchsuchung → siehe Rn. XX

4. Rechtsfolge

a) Zulässige Maßnahmen
Errichtung einer Kontrollstelle

b) Verhältnismäßigkeit

Kontrollstelle ist ein festgelegter Platz, an dem Personen oder Sachen überprüft werden (anlehnend an PDV 100).

Konkretisierter Tatverdacht ist eine über den bloßen Anfangsverdacht hinausgehende Wahrscheinlichkeit, dass eine Straftat begangen wurde.

Beschuldigter ist jede Person, gegen die im Rahmen eines Strafverfahrens wegen einer bestimmten Straftat ermittelt wird (BGHSt 10, 8 (12).

Beweismittel sind alle Gegenstände, die Rückschlüsse auf Tat, Täter oder Tatzusammenhänge ermöglichen können.

182 **Überblick**

Kontrollstellen können generell gefahrenabwehrenden wie auch strafverfolgenden Zwecken dienen. Zu gefahrenabwehrenden Kontrollstellen zählen die Verkehrskontrollen zur Überprüfung der Verkehrssicherheit nach § 36 Abs. 5 StVO, § 12 Abs. 1 GüKG, § 9 GGBefG,

§ 4 FPersG. Die Polizeigesetze der Länder enthalten regelmäßig ebenfalls Möglichkeiten der Einrichtung von gefahrenabwehrenden Kontrollstellen.[128]

Demgegenüber verfolgt § 111 StPO rein repressive Zwecke. Nach einer begangenen schweren Straftat ist die Einrichtung einer Kontrollstelle möglich, um den Beschuldigten im Rahmen der Fahndung zu ergreifen oder Beweismittel sicherzustellen.

Zum Zwecke der Bewältigung der Datenmengen, die bei einer Kontrollstelle anfallen können, erlaubt § 163d StPO das Anlegen einer entsprechenden Datei, sogenannte Netzfahndung.[129] Damit können die Daten gespeichert, im Nachhinein ausgewertet und die erforderlichen Ermittlungen getätigt werden.

Grundrechtseingriffe

Durch die Maßnahme wird regelmäßig in das Recht auf informationelle Selbstbestimmung aus Art. 2 Abs. 1 GG i. V. m. Art. 1 Abs. 1 GG eingegriffen. Zudem liegt durch das Anhalten eine Freiheitsbeschränkung i. S. v. Art. 2 Abs. 2 GG i. V. m. Art. 104 Abs. 1 GG vor. Wird die Person festgehalten, so wird die Freiheit der Person beschränkt. Wird sie durchsucht, liegt ein Eingriff in das allgemeine Persönlichkeitsrecht in Form der Intimsphäre aus Art. 2 Abs. 1 i. V. m. Art. 1 Abs. 1 GG vor. 183

Tatbestandsvoraussetzungen

Voraussetzung für die Anordnung einer Kontrollstelle ist eine sogenannte Anlasstat. Diese kann nach § 111 Abs. 1 StPO eine Straftat gemäß §§ 129a, 129b StGB oder eine der in § 129a genannten Straftaten (also z. B. Mord, Totschlag, Geiselnahme, Brandstiftungen) sein. Ebenso kommt als Anlasstat ein Raub mit Schusswaffe in Betracht. Die Formulierung im Gesetzestext „§ 250 Abs. 1 Nr. 1 StGB“ ist veraltet, da § 250 StGB inzwischen neu gefasst wurde. Die insofern missverständliche Formulierung im Gesetz hängt damit zusammen, dass der Gesetzestext noch nicht der bereits 1998 geänderten Vorschrift § 250 StGB angepasst wurde. Nach herrschender Meinung ist aufgrund der gleichen Strafandrohung als Anlasstat auch eine Räuberische Erpressung gemäß §§ 253, 250 Abs. 1 Nr. 1 a StGB zugelassen.[130] Damit dient die Kontrollstelle der Fahndung nach schweren Gewalttaten. 184

Der Tatverdacht muss über den Anfangsverdacht hinaus aufgrund bestimmter Tatsachen nicht unerheblich sein und ein gewisses Maß an Konkretisierung erlangt haben.

Tatsachen müssen die Annahme rechtfertigen, dass die Kontrollstelle zur Ergreifung des Täters oder zur Sicherstellung von Beweismitteln führen wird. Diese Tatsachen ergeben sich regelmäßig aus der vermuteten Tatbegehung. So spielen Tatzeit, Fluchtrichtung, Fluchtmittel und die örtlichen Gegebenheiten eine entscheidende Rolle. 185

Adressat

Die Maßnahme richtet sich gegen jeden, der an einer Kontrollstelle angetroffen wird. 186

128 Vgl. § 12 Abs. 1 Nr. 4 PolG NRW.
129 Vgl. zur Netzfahndung Rn. 365.
130 Meyer-Goßner § 111, Rn. 3; SK-Rudophi § 111b, Rn. 4.

Anordnungsbefugnis

187 Gemäß § 111 Abs. 2 StPO obliegt die Anordnung der Kontrollstelle grundsätzlich dem Gericht durch schriftlichen Beschluss, der in Eilfällen mündlich vorab ergehen kann. Bei Gefahr im Verzuge sind auch die Staatsanwaltschaft und ihre Ermittlungspersonen[131] zur (mündlichen) Anordnung befugt.

Verfahrensvorschriften

188 Grundsätzlich bestehen für die Einrichtung einer Kontrollstelle keine besonderen Verfahrensvorschriften. Wird jedoch eine Identitätsfeststellung oder eine Durchsuchung durchgeführt, gelten aufgrund des Verweises in § 111 Abs. 3 StPO die für diese Maßnahmen normierten Verfahrensvorschriften.

Als zentrale Verfahrensvorschrift bei der Identitätsfeststellung bestimmt § 163b Abs. 2 i. V. m. § 69 Abs. 1 S. 2 StPO eine Informationspflicht. Dem Unverdächtigen sind der Gegenstand der Untersuchung und die Person des Beschuldigten mitzuteilen, falls bereits ein Beschuldigter bekannt ist. Dies wird beim Einrichten einer Kontrollstelle in den seltensten Fällen der Fall sein.

Weitere Verfahrensvorschriften sind nur zu beachten, wenn der Betroffene über das bloße Anhalten und Befragen hinaus festgehalten oder durchsucht wird. Sie entsprechen denen der Identitätsfeststellung bei Verdächtigen, vgl. Rn. 169.

Rechtsfolge

189 § 111 StPO gestattet die Einrichtung einer Kontrollstelle an öffentlich zugänglichen Orten. An der Kontrollstelle können Personen angehalten werden. Sie sind dann verpflichtet, ihre Identität feststellen zu lassen. Dazu gehören das Befragen und Verlangen, mitgeführte Ausweise auszuhändigen. Erforderlichenfalls sind auch das Festhalten und die erkennungsdienstliche Behandlung von der Vorschrift erfasst. An einer Kontrollstelle dürfen mitgeführte Sachen durchsucht werden.

131 Vgl. zu Ermittlungspersonen der Staatsanwaltschaft: § 152 GVG i. V. m. den jeweiligen landesrechtlichen Regelungen; z. B. NRW: § 1 Abs. 1 der Verordnung über die Ermittlungspersonen der Staatsanwaltschaft vom 30.4.1996.

2.4 Ermittlungsgeneralkausel, §§ 161, 163 Abs. 1 S. 2 StPO

- ***Aufsatz-Literatur:*** *Müller Kriminalistik 2005, 295 (Einsatzmöglichkeiten virtueller Vertrauenspersonen, Verdeckter Ermittler und nicht öffentlich ermittelnder Polizeibeamter); Hefendehl GA 2011, 209 (Die Entfesselung des Strafverfahrens über Methoden der Nachrichtendienste); Jahn JuS 2009, 664 (Automatisierte Abfrage von Kreditkartendaten im Auftrag der Staatsanwaltschaft); Strauß NStZ 2006, 556 (Das Ende der Ermittlungsbefugnis der Staatsanwaltschaft); Hilger NStZ 2000, 561 (Zum Strafverfahrensrechtsänderungsgesetz 1999).* 190

- ***Leitentscheidungen:*** *BVerfG NJW 2009, 1405 (Abgrenzung zwischen Ermittlungsgeneralklausel und Spezialermächtigung, hier §§ 98a,b StPO); BGH NStZ 2010, 527 (Verdeckte Ermittlung in der Strafhaft); LG Köln NStZ 2009, 352 (Auskunft über dynamische IP-Adresse).*

Ermittlungsgeneralklausel §§ 161, 163 Abs. 1 Satz 2 StPO

Materielle Rechtmäßigkeit

1. Ermächtigungsgrundlage

a) Tatbestandsvoraussetzung
- Tatverdacht
- es droht die Verdunkelung der Sache
- keine Spezialermächtigung anwendbar

b) Adressat
- Verdächtige/Unverdächtige; Behörden

2. Anordnungsbefugnis
- StA/Polizeibeamte

3. Verfahrensvorschriften

\- -

4. Rechtsfolge

a) Zulässige Maßnahmen
- geringfügige Informationseingriffe jeder Art

insbesondere:

Auskunftsverlangen
informatorische Befragung
kurzfristige Observation
Fertigung von Tatortfotos
Einsatz von NoeP, V-Person

b) Verhältnismäßigkeit

Tatverdacht ist gegeben, wenn tatsächliche hinreichende Anhaltspunkte für eine verfolgbare Straftat vorliegen. 191

Verdächtiger ist derjenige, bei dem Anhaltspunkte bestehen, er könne Täter oder Teilnehmer einer verfolgbaren Straftat sein.

Überblick

192 Die Vorschrift ist eine Generalklausel für nicht schwerwiegende Grundrechtseingriffe. Damit wird der Grundsatz der freien Gestaltung des Ermittlungsverfahrens konstituiert. Demnach sind alle zulässigen Maßnahmen zu ergreifen, die geeignet und erforderlich sind, zur Aufklärung der Straftat beizutragen.[132]

Es gilt aber das Subsidiaritätsprinzip: Die Vorschrift ist nur anwendbar, wenn die Rechtsfolge nicht in anderen Vorschriften spezialgesetzlich geregelt ist.

Grundrechtseingriffe

193 Durch Maßnahmen aufgrund der Ermittlungsgeneralklausel wird regelmäßig in das Recht auf informationelle Selbstbestimmung aus Art. 2 Abs. 1 GG i. V. m. Art. 1 Abs. 1 GG eingegriffen. Das Grundrecht aus Art. 2 Abs. 1 GG in Verbindung mit Art. 1 Abs. 1 GG gewährleistet die Befugnis des Einzelnen, grundsätzlich selbst über die Preisgabe und Verwendung seiner persönlichen Daten zu bestimmen. Es sichert seinen Trägern insbesondere Schutz gegen unbegrenzte Erhebung, Speicherung, Verwendung und Weitergabe der auf sie bezogenen, individualisierten oder individualisierbaren Daten.

Tatbestandsvoraussetzungen

194 Die Maßnahme muss zum Zwecke der Strafverfolgung erfolgen, als Grundvoraussetzung muss daher ein Tatverdacht bestehen. Es müssen also zureichende tatsächliche Anhaltspunkte dafür vorliegen, dass eine verfolgbare Straftat begangen wurde.

Zudem ist die Norm nur anwendbar, wenn die beabsichtige Maßnahme nicht spezialgesetzlich geregelt ist.

Für polizeiliche Auskunftsverlangen an Behörden muss Gefahr im Verzuge vorliegen. Dies bedeutet, dass der Untersuchungserfolg ohne ein Tätigwerden der Behörden vereitelt oder erschwert werden würde.

Adressat

195 Maßnahmen können sich gegen Beschuldigte, Verdächtige und Zeugen richten.

Anordnungsbefugnis

196 Gemäß § 161 StPO ist die Staatsanwaltschaft befugt, die Anordnungen zu treffen. § 163 Abs. 1 S. 2 StPO regelt die entsprechende Befugnis für die Beamten des Polizeidienstes.

Verfahrensvorschriften

197 Über die – geringen – Tatbestandsvoraussetzungen hinaus bestehen keine besonderen Verfahrensvorschriften.

Rechtsfolge

198 §§ 161, 163 Abs. 1 S. 2 StPO lassen nach ihrem Wortlaut Auskunftsersuchen/-Verlangen und „Ermittlungen jeder Art“ zu. Mit dem StVÄG 1999 wurde dadurch eine Ermittlungsgeneralklausel geschaffen. Auskünfte können bei Behörden ersucht werden. Bei Gefahr im Verzuge kann die Polizei Auskunft auch verlangt werden, Staatsanwaltschaft kann dage-

132 BVerfG NStZ 1996, 45.

gen diese Auskünfte immer verlangen. Grenzen sind hier doch die gesetzlichen Vorgaben zum Datenschutz.

Beispiele
Das Steuer- (§ 30 AO) und das Sozialgeheimnis (§ 35 SGB I) stehen der Auskunftspflicht entgegen, nicht jedoch das gesetzlich nicht geregelte „Bankgeheimnis".

Bei Privatpersonen kann ebenfalls Auskunft eingeholt werden, jedoch sind hier die Grenzen zur Zeugen- bzw. Beschuldigtenvernehmung zu beachten.

Beispiel
Am Unfallort stellen die Polizeibeamten mehrere verletzte Personen fest. Nach der Erstversorgung fragen sie umherstehende Personen, wer an dem Unfall beteiligt war und wer den Unfallhergang beobachtet hat.

Diese Befragung ist (noch) keine Zeugenvernehmung, da der Status der Personen noch nicht geklärt ist. Es handelt sich um eine informatorische Befragung nach der Generalklausel.

Auskunftsverlangen werden insbesondere an Telekommunikationsdiensteanbieter (Provider) gestellt, um Bestandsdaten zu ermitteln, vgl. Rn. 304.

Weitere zulässige Maßnahmen sind insbesondere

- offene oder verdeckte kurzfristige Observation,
- Bildaufnahmen vom Tatort,
- Lichtbildvorlage von möglichen Tätern,
- Einsatz von nicht offen ermittelnden Polizeibeamten (NoeP), z. B. als Scheinkäufer, auch über Internet,
- Einsatz von Informanten und Vertrauenspersonen (VP)[133], auch für Ermittlungen über Internet.

Beispiel[134]
Informant B geht zum Schein unter Überwachung der Ermittlungsbeamten über das soziale Netzwerk Facebook auf ein Drogengeschäft ein.

Hier wird das Fernmeldegeheimnis nicht verletzt, es ist kein richterlicher Beschluss nach § 100a StPO erforderlich. Nach der Hörfallen-Entscheidung[135] des Bundesgerichtshofes ist es ein allgemeines Risiko, aufgrund von Angaben überführt zu werden, die man einem anderen im Vertrauen auf dessen Verschwiegenheit gemacht hat. Zudem sei es nicht zu beanstanden, Privatpersonen zur Strafverfolgung einzusetzen. Da aber ein Eingriff in das Recht auf informationelle Selbstbestimmung vorliegt, bedarf es einer Ermächtigungsgrundlage, die hier mit der Ermittlungsgeneralklausel vorliegt.

133 Vgl. Rn. 383.
134 Nach Müller Kriminalistik 2012, 295 (297).
135 BGHSt-GS 42, 139.

2.5 Beschuldigtenvernehmung, § 163a Abs. 1 u. 4 i. V. m. § 136 StPO

199
- ***Aufsatz-Literatur:*** *Hinderer JA 2012, 115 (Beschuldigtenvernehmung im Strafverfahren); Soiné NStZ 2010, 596 (Kriminalistische List im Ermittlungsverfahren); Huber JuS 2007, 711 f. (Grundwissen – Strafprozessrecht: Schweigerecht des Beschuldigten); Artkemper Kriminalistik 2007, 517 (Belehrung und Vernehmung von Beschuldigten); Burgmer Kriminalistik 2004, 334 (Der Fall Daschner – Androhung von Folter zur Rettung des Lebens eines entführten Kindes) und Grabenwalter NJW 2010, 3128 (Androhung von Folter und faires Strafverfahren – Das vorläufig letzte Wort aus Straßburg [Fall Gäfgen/Daschner]).*

- ***Leitentscheidungen:*** *BGHSt 10, 8 (Beschuldigtenbegriff); BGHSt 35, 328 (Unzulässige Täuschung bei Vernehmung); BGHSt 38, 214 (Folgen unterlassener Belehrung); BGHSt 42, 15 (Widerspruchslösung); BGHSt-GS 42, 139 (Hörfallen-Entscheidung: Verwertung von Aussagen aus behördlich iniziiertem Telefongespräch); BGHSt 44, 308 (Einsatz von Polygrafen); BGHSt 51, 150 (Grundsatz des fairen Verfahrens bei Vernehmung eines Belastungszeugen); BVerfG NStZ 1995, 555 (vollständiges Schweigen darf nicht als Indiz für Täterschaft gewertet werden); BGH NStZ 2011, 596 (Verwertbarkeit der Aufzeichnung eines verdeckten Gesprächs zwischen einem Informanten und dem Beschuldigten); BVerfG NStZ 2007, 159 (Belehrung ausländischer Beschuldigter über Recht auf konsularischen Beistand); BGH NStZ 2007, 344 (Verwertbarkeit einer unter Beteiligung ausländischer Polizeibeamter durchgeführten Vernehmung); BGH NStZ 2009, 648 (Polizeiliche Beschuldigtenvernehmung ohne „qualifizierte" Belehrung); BGH NStZ 2008, 48 (Übergang von der Zeugen- zur Beschuldigtenvernehmung).*

- ***Übungsfälle:*** *Steinberg/Kreuzner JuS 2011, 624 ff. (Schwerpunktbereichsklausur – Strafprozessrecht: Tatort Altbau).*

200

Beschuldigtenvernehmung
§ 163a I, IV S.1 i. V. m. § 136 StPO

Materielle Rechtmäßigkeit

1. Ermächtigungsgrundlage

Tatbestandsvoraussetzung/Adressat

– Beschuldigter

2. Anordnungsbefugnis

– StA/Polizeibeamte

3. Verfahrensvorschriften

– Informationsgebot: Bekanntgabe, welche Straftat zur Last gelegt wird, § 136 I StPO

– Belehrungspflichten, § 136 I StPO

→ Recht auf Aussagefreiheit

→ Recht auf Verteidigerkonsultation

→ Recht auf Beweisantragstellung

4. Rechtsfolge

a) Zulässige Maßnahmen
Vernehmung: gezieltes Befragen zur Strafverfolgung

b) Verhältnismäßigkeit

Beschuldigter ist jede Person, gegen die im Rahmen eines Strafverfahrens wegen einer bestimmten Straftat ermittelt wird (BGHSt 10, 8 (12).

Verdächtiger ist derjenige, bei dem Anhaltspunkte bestehen, er könne Täter oder Teilnehmer einer verfolgbaren Straftat sein.

Vernehmung ist das gezielte Befragen zum Zwecke des Strafverfahrens kraft erkennbarer staatlicher Autorität.

Überblick

Die Vernehmung soll dem Beschuldigten gemäß § 136 Abs. 2 StPO Gelegenheit geben, die gegen ihn vorliegenden Verdachtsgründe zu beseitigen und die zu seinen Gunsten sprechenden Tatsachen geltend zu machen. Die Beschuldigtenvernehmung ist ein „Kernstück des von Art. 6 Abs. 1 EMRK garantierten fairen Verfahrens".[136] § 136 StPO stellt klar, dass niemand verpflichtet ist, gegen sich selbst auszusagen.[137] Nach der gesetzlichen Wertung hat die Vernehmung also in erster Linie den Zweck der Verteidigung. 201

Aus kriminalistischer Sicht hat sie jedoch auch das Ziel, die Geständnisbereitschaft zu fördern und die umfassende Tataufklärung einschließlich des Nachweises der Erfüllung der objektiven und subjektiven Tatbestandsmerkmale sowie der Feststellung des Motives und der besonderen Tatumstände der Straftat zu ermöglichen.[138] Es besteht somit auch ein großes Ermittlungsinteresse. Daraus ergibt sich das Spannungsfeld einer jeden Beschuldigtenvernehmung.

Vor Abschluss der Ermittlungen ist der Beschuldigte zu vernehmen. Davon kann abgesehen werden, wenn die Sache ersichtlich eingestellt wird. Bei einfachen Fällen kann die Vernehmung ersetzt werden durch die Möglichkeit der schriftlichen Äußerung, § 163a Abs. 1 StPO.

Grundrechtseingriffe

Durch die Vernehmung wird regelmäßig in das Recht auf informationelle Selbstbestimmung aus Art. 2 Abs. 1 GG i. V. m. Art. 1 Abs. 1 GG eingegriffen. Zudem liegt eine Freiheitsbeschränkung i.S.v. Art. 2 Abs. 2 GG i. V. m. Art. 104 Abs. 1 GG vor. 202

Tatbestandsvoraussetzung/Adressat

Beschuldigter ist jede Person, gegen die sich das Strafverfahren richtet.[139] Sie wird schon zum Beschuldigten, wenn die Strafverfolgungsbehörden Ermittlungsmaßnahmen ergreifen, die erkennbar darauf abzielen, gegen sie wegen einer Straftat strafrechtlich vorzugehen.[140] Insofern ist der Beschuldigtenbegriff formell zu verstehen: Eine Person wird erst durch entsprechenden Willensakt der Strafverfolgungsbehörde zum Beschuldigten.[141] Die Stärke des Tatverdachtes ist dabei nicht relevant. Auch werden keine besonderen Anforderungen an den nach außen tretenden Willensakt gestellt, es reicht bereits jede konkrete Ermittlungshandlung gegen eine Person mit dem Willen der konkreten Strafverfolgung. Wichtig ist, dass das subjektive Element des Willens zur konkreten Strafverfolgung zur Ermittlungshandlung treten muss, um die Beschuldigteneigenschaft zu konstituieren. Eine Ermittlungsmaßnahme alleine begründet die Beschuldigteneigenschaft nicht. 203

Beispiel
Der Jugendliche A wird unmittelbar nach einem Straßenraub durchsucht, da die vom jugendlichen Opfer abgegebene vage Beschreibung auf A zutrifft. Bei A wird nichts aufgefunden. Noch am Ort des Geschehens kommt T auf die Beamten zu, übergibt die Beute und gesteht die Tat.

136 EGMR NJW 2002, 499.
137 BGHSt 14, 364.
138 Vgl. Ackermann/Clages/Roll Kap. XIII, Rn. 2.
139 BGHSt 10, 8 (12).
140 Vgl. dazu auch § 397 Abs. 1 AO für Steuerstrafverfahren.
141 BGHSt 34, 138 (140).

Vorliegend ist nicht schon aufgrund der Durchsuchung der Beamten die Beschuldigteneigenschaft gegeben. Vielmehr ist A nur Verdächtigter, wenn die Beamten nicht mit dem Ziel handelten, ein Strafverfahren gegen A zu führen. Verdächtiger ist derjenige, bei dem lediglich Anhaltpunkte bestehen, dass er Täter oder Teilnehmer einer Straftat sein könnte und noch keine Maßnahmen mit dem konkreten Ziel der Einleitung eines Strafverfahrens betrieben werden.

Beispiel
Bei einer allgemeinen Verkehrskontrolle stellen die Polizeibeamten Alkoholgeruch bei dem Fahrer fest (Verdächtiger). Nachdem der Alkoholtest eine Atemalkoholkonzentration von 1,5 ‰ ergibt, wird der Fahrer zum Beschuldigten.

204 Kinder können nicht Beschuldigte sein, da sie gemäß § 19 StGB strafrechtlich nicht verantwortlich sind. Ihre Aussagen zum Geschehen werden in formloser Anhörung schriftlich niedergelegt. Sollen ermittlungsrelevante Feststellungen im Rahmen eines Strafverfahrens gegen eine strafmündige Person festgehalten werden, so ist das Kind als Zeuge zu vernehmen.

Wird ein Strafverfahren gegen Jugendliche geführt, sind sie nach den hier dargestellten Regeln grundsätzlich als Beschuldigte zu vernehmen. Ergänzend gelten das Jugendgerichtsgesetz und die PDV 382. Demnach sind Jugendliche vor der ersten Vernehmung in einer ihrem geistigen Entwicklungsstand angemessenen Weise über ihre Rechte zu belehren. Sie können dann selbst darüber entscheiden, ob sie diese Rechte in Anspruch nehmen. Vor ihrer Entscheidung ist ihnen die Möglichkeit einzuräumen, mit einem Erziehungsberechtigten und gesetzlichen Vertreter zu sprechen. Sein Widerspruch ist unbeachtlich, jedoch aktenkundig zu machen. Bestehen Anhaltspunkte dafür, dass der Jugendliche den Sinn der Belehrung nicht versteht, die Einsicht in die Tragweite seiner Entscheidung nicht hat oder zur Zeit der Tat nach seiner sittlichen und geistigen Entwicklung nicht reif genug war, das Unrecht der Tat einzusehen und nach seiner Einsicht zu handeln, so darf nach PDV 382 Nr. 3.4.3 eine förmliche Belehrung und damit eine Vernehmung als Beschuldigter nicht erfolgen. Die Anhaltspunkte sind aktenkundig zu machen. In diesen Fällen kann der Jugendliche als Zeuge in das Verfahren erst einbezogen werden, wenn das Ermittlungsverfahren gegen ihn förmlich abgeschlossen ist.

Verfahrensvorschriften

205 Zunächst bestimmt § 163a Abs. 4 S. 1 StPO eine Informationspflicht. Dem Beschuldigten ist mitzuteilen, welche Tat ihm zur Last gelegt wird.

Darüber hinaus besteht gemäß § 163a Abs. 4 i. V. m. § 136 Abs. 1 StPO Belehrungspflicht:

- **Recht auf Aussagefreiheit, § 136 Abs. 1 S. 2 StPO**

  Der Beschuldigte ist darauf hinzuweisen, dass es ihm freisteht, sich zu der Beschuldigung zu äußern oder nicht zur Sache auszusagen. Er hat ein umfassendes Schweigerecht. Dies gehört zu den grundlegenden Prinzipien des Strafprozesses: „nemo tenetur se ipsum accusare", niemand hat die Pflicht, sich selbst anzuklagen/zu belasten. Dieser Grundsatz hat ausdrücklich seinen gesetzlichen Niederschlag in Art. 14 Abs. 3 lit. g des Internationalen Paktes über bürgerliche und politische Rechte gefunden. Die Wahrnehmung des Rechts darf auch nicht zum Nachteil des Beschuldigten ausgelegt werden, es darf insbesondere nicht als Indiz für die Täterschaft gewertet werden.[142] Anders soll es nach BGHSt 20, 298 sein, wenn der Beschuldigte nur zu einzelnen Punkten schweigt. Dann soll es zulässig sein, daraus nachteilige Schlüsse zu ziehen. Denn in diesem Falle habe sich der Beschuldigte nach freiem Entschluss zu einem Beweismittel gemacht, er unterstellt sich damit der nach § 261 StPO gebotenen freien Beweiswürdigung. Daher ist es auch zulässig, aus dem partiellen Schweigen nachteilige Schlüsse zu ziehen.

- **Recht auf Verteidigerkonsultation, § 136 Abs. 1 S. 2 StPO**

  Der Beschuldigte ist darauf hinzuweisen, dass er jederzeit, auch schon vor seiner Vernehmung, einen von ihm zu wählenden Verteidiger befragen kann. Die Polizei ist verpflichtet, ernstliche Hilfe bei der Verteidigerkonsultation zu leisten.

  Beispiel[143]
  Der Italiener A wird unter Mitwirkung eines Dolmetschers als Beschuldigter in einem Strafverfahren wegen Mordes vernommen. Nach ordnungsgemäßer Belehrung konnte A keinen Rechtsanwalt benennen, der Dolmetscher lehnte die Benennung eines Verteidigers aus „berufsständischen Gründen“ ab. Dem Beschuldigten wurde das Branchenbuch der Stadt zur Verfügung gestellt. Davon machte er zunächst keinen Gebrauch. Später wurde der Name eines italienisch sprechenden Rechtsanwaltes benannt, der aber zur späten Stunde nicht erreicht werden konnte. Über den anwaltlichen Notdienst wurde der Beschuldigte nicht unterrichtet.

  Der Bundesgerichtshof hat die bloße Überlassung des Branchenbuches als unzureichende Hilfsmaßnahme angesehen. Hier hätte es des Hinweises auf den anwaltlichen Notdienst bedurft.

- **Recht auf Beweisantragstellung, § 136 Abs. 1 S. 3 StPO**

  Der Beschuldigte ist darauf hinzuweisen, dass er zu seiner Entlastung einzelne Beweiserhebungen beantragen kann.

Die Einhaltung dieser Belehrungspflichten ist fundamentale Voraussetzung für ein faires Verfahren. Verstöße dagegen führen daher grundsätzlich zur Unverwertbarkeit der Erkenntnisse, wenn sie nicht durch eine qualifizierte Belehrung geheilt werden, vgl. dazu im Einzelnen Rn. 208.

Schließlich sind die verbotenen Vernehmungsmaßnahmen nach § 136a StPO zu beachten. 206
Die Vorschrift ist Ausprägung der durch Art 1 Abs. 1 GG geschützten Menschenwürde. Der Beschuldigte ist Subjekt, nicht bloßes Objekt im Strafverfahren.

Demnach darf die Freiheit der Willensentschließung und -betätigung nicht beeinträchtigt werden durch

→ Misshandlung

Gemeint sind körperliche Misshandlungen und Gesundheitsbeschädigungen, so wie sie in § 223 StGB (Körperverletzung) unter Strafe stehen.

→ Ermüdung

Dauerverhöre, die bis zur Erschöpfung der Willenskraft führen, sind verboten. Ausgeschlossen sind damit aber nicht Vernehmungen zur Nachtzeit.

142 BVerfG NStZ 1995, 555.
143 Nach BGHSt 42, 15.

→ Körperliche Eingriffe

Darunter sind alle schmerzfreien Eingriffe zu verstehen; im Übrigen wird ein körperlicher Eingriff regelmäßig auch eine Misshandlung darstellen.

→ Verabreichung von Mitteln

Mittel in diesem Sinne sind vor allem Alkohol, Rauschgift, Schlaf- oder Beruhigungsmittel. Die Gewährung von Erfrischungen und von Kaffee, Tee oder Zigaretten ist nicht davon erfasst.[144]

→ Quälerei

In Abgrenzung zur Misshandlung sind hier vor allem seelische Beeinträchtigungen gemeint.

→ Täuschung

Die unzulässige Täuschung ist von der zulässigen kriminalistischen List abzugrenzen. Unzulässig sind Lügen, die den Beschuldigten bewusst in die Irre führen sollen.

> **Beispiel**
> In der Vernehmung eröffnet Kriminalkommissar Meyer dem Beschuldigten eines Tötungsdeliktes wahrheitswidrig, dass die Leiche bereits gefunden worden sei.

Auch eine falsche Darlegung der Verdachtslage kann eine Täuschung i. S. v. § 136a StPO darstellen.

> **Beispiel**[145]
> Trotz weniger Indizien, die gegen den Verdächtigen sprachen, erklärt der Kriminalbeamte, es lägen so viele Beweise gegen ihn vor, dass er auf keinen Fall entlassen werde, wenn er bei seiner bisherigen Einlassung bleibe; er habe überhaupt keine Chance; alles laufe auf Mord mit „lebenslänglich" hinaus; er könne seine Lage überhaupt nur verbessern, wenn er ein Geständnis ablege; denn dann lasse sich prüfen, ob die Tat möglicherweise nur als Totschlag oder nur als Körperverletzung mit Todesfolge einzuordnen sei. Der Verdächtige räumt daraufhin ein, das Opfer mit Fußtritten traktiert und damit getötet zu haben.

Der Bundesgerichtshof und das Landgericht Kleve als Vorinstanz werteten die Angaben des Kriminalbeamten als unzulässige Täuschung des Verdächtigen, das Geständnis konnte nicht verwertet werden. Da die ursprüngliche Einlassung, er habe sich zur Tatzeit zu Hause aufgehalten, nicht durch andere Beweismittel widerlegt werden konnte, wurde der Angeklagte freigesprochen.

→ Hypnose

Ebenso ist die bloße Drohung mit einer dieser unzulässigen Maßnahmen oder das Versprechen eines gesetzlich nicht vorgesehenen Vorteils verboten.

> **Beispiel**
> Kriminalkommissar Meyer eröffnet dem Beschuldigten, dass gegen ihn im Falle eines Geständnisses keine Strafe verhängt werde.

144 BGHSt 5, 290.
145 Nach BGHSt 35, 328.

Der Einsatz eines Polygrafen (Lügendetektor) ist nach der Grundsatzentscheidung [146] des Bundesgerichtshofes nicht gemäß § 136a StPO unzulässig, aber ein völlig ungeeignetes Beweismittel. Da jedoch in vielen anderen Ländern der Polygraf zulässiges Beweismittel ist, hält auch hier die Diskussion dazu weiterhin an.[147]

Rechtsfolge

Rechtsfolge der Vorschrift ist die Vernehmung, also die gezielte Befragung zum Zwecke des Strafverfahrens kraft erkennbarer staatlicher Autorität. Der Begriff ist abzugrenzen von der Spontanäußerung und informatorischen Befragung. Bei der Spontanäußerung handelt es sich um eine unaufgeforderte Äußerung einer Person ohne gezielte Befragung. 207

Beispiel
Als die Beamten an den Tatort kommen, werden sie direkt mit den Worten empfangen: „Gut, dass Sie endlich kommen, jetzt können Sie mich endlich mitnehmen. Ich habe meinen Vater erschlagen."

Informatorische Befragungen sind eine Sonderform der Vernehmung.[148] Auch Erkenntnisse aus der informatorischen Befragung können nach h. M. ohne Belehrung verwertet werden.[149] Sie unterliegen damit also nicht den Vernehmungsvorschriften, sondern der Ermittlungsgeneralklausel §§ 161, 163 Abs. 1 S. 2 StPO, vgl. dazu Rn. 191 ff.

Beispiel
Die Beamten kommen zu einem Verkehrsunfallort. Ein Kind ist schwer verletzt worden. Auf die Frage der Beamten, wer Beteiligter sei und wer den Unfall gesehen habe, gesteht der alkoholisierte T sogleich, den Unfall verursacht zu haben.

Zu dem Begriff der Vernehmung im Sinne der Strafprozessordnung gehört, dass der Vernehmende der Auskunftsperson, also dem Beschuldigten, Zeugen oder Sachverständigen in amtlicher Funktion gegenübertritt und in dieser Eigenschaft von ihr Auskunft verlangt. Eine Erweiterung des Begriffs der Vernehmung in dem Sinne, dass hierzu alle Äußerungen des Beschuldigten gehören, welche ein Strafverfolgungsorgan direkt oder indirekt herbeigeführt hat, ist dem Gesetz nicht zu entnehmen. Daher ist es kein Verstoß gegen die Belehrungsvorschriften, wenn ein Beschuldigter durch verdeckt handelnde Polizeibeamte zu einer Selbstäußerung veranlasst wird, ohne darüber informiert zu sein, dass seine Aussage zu Beweiszwecken von der ermittelnden Polizeibehörde protokolliert wird.[150]

Hinsichtlich Abgrenzung zur Zeugenvernehmung vgl. Rn. 216.

Beweisverwertung

Die Belehrungspflichten sind von ganz besonderer rechtsstaatlicher Bedeutung; sie sind Kernstück des von Art. 6 Abs. 1 EMRK garantierten fairen Verfahrens.[151] Denn Rechte des Beschuldigten können nur wirksam werden, wenn sie bekannt sind. Daher hat der Bundesgerichtshof bereits früh festgestellt, dass Aussagen, die ohne Belehrung über das 208

146 BGHSt 44, 308.
147 Vgl. Meyer-Goßner § 136a, Rn. 24 m. w. N.
148 So auch Kramer, Rn. 31.
149 BGHSt 38, 214 (228).
150 BGHSt 42, 139; vgl. dazu im Einzelnen auch Kirkpatrick, 13.
151 EGMR NJW 2002, 499.

Schweigerecht[152] oder die Verteidigerkonsultation[153] nach § 136 Abs. 1 S. 2 StPO erfolgten, grundsätzlich einem Verwertungsverbot unterliegen.

Nach der sogenannten **Widerspruchslösung** tritt das Verwertungsverbot jedoch nur ein, wenn der verteidigte Angeklagte in der Hauptverhandlung rechtzeitig der Verwertung der ohne Belehrung gemachten Aussagen widerspricht.[154] Ein Verwertungsverbot ist überdies auch dann ausgeschlossen, wenn feststeht, dass der Beschuldigte sein Schweigerecht auch ohne Belehrung kannte.

Um Beweisschwierigkeiten zu der Frage, ob die Belehrung erfolgte, nicht entstehen zu lassen, ist die Belehrung immer aktenkundig zu machen.

Ist die Belehrung nicht erfolgt, so führt das grundsätzlich zur Unverwertbarkeit der Erkenntnisse. Der Verstoß kann jedoch durch eine **qualifizierte Belehrung** geheilt werden. Diese qualifizierte Belehrung muss neben dem regulären Inhalt den Hinweis enthalten, dass die zuvor gemachten Aussagen nicht verwertbar sind.

Beispiel
A ist des Totschlages verdächtigt. Auf der Fahrt vom Tatort zum Polizeipräsidium gesteht A den Polizeibeamten – die die Belehrung unterlassen haben – die Tat und schildert detailliert den Tathergang.

Die gemachten Aussagen sind wegen unterlassener Belehrung grundsätzlich nicht verwertbar. Dieser Verfahrensverstoß wird geheilt durch eine erneute Vernehmung mit Belehrung und dem Hinweis, dass die zuvor gemachten Aussagen nicht verwertbar sind. Wiederholt der Beschuldigte die Äußerungen, können sie nunmehr in Verfahren eingeführt werden, sie sind verwertbar.

Die unterlassene qualifizierte Belehrung hat im Gegensatz zur gänzlich unterlassenen Belehrung nach der umstrittenen Rechtsprechung nicht zwingend ein Beweisverwertungsverbot zur Folge.[155]

209 Wird unterlassen, auf das Recht auf Einschaltung des Konsulates hinzuweisen, führt dies nicht zu einem Verwertungsverbot.[156]

152 BGHSt 38, 218.
153 BGHSt 47, 172.
154 BGHSt 42, 15 (22).
155 Vgl. Beulke, Rn. 119.
156 BGH NStZ 2008, 168.

2.6 Zeugenvernehmung, § 163 Abs. 3 StPO

- ***Aufsatz-Literatur:*** *Kramer JURA 1983, 113 (Die Vernehmung von Verfahrensbeteiligten im Strafprozess als Zeugen).* 210

- ***Leitentscheidungen:*** *BVerfGE 49, 280 (Zeugenentschädigung von Hausfrauen, Zeugenpflicht ist allgemeine Staatsbürgerpflicht); BVerfGE 38, 105 (Recht des Zeugen auf Rechtsbeistand); BGHSt 45,164 (wissenschaftliche Anforderungen an Glaubhaftigkeitsgutachten, Anwesenheit eines Gutachters bei erster Vernehmung von Kindern in bedeutenden Strafverfahren); BGHSt 37, 48 (Übergang von Zeugenvernehmung zur Beschuldigtenvernehmung); BGH NStZ 1985, 36 (Umfang der Zeugenbelehrung); BGHSt 14, 159 (Zeugnisverweigerungsrecht von Kindern).*

Zeugenvernehmung, § 163 Abs. 3 StPO

Materielle Rechtmäßigkeit

1. **Ermächtigungsgrundlage**

   Tatbestandsvoraussetzung/Adressat

   – Zeuge

2. **Anordnungsbefugnis**

   – StA/Polizeibeamte

3. **Verfahrensvorschriften**

   – Informationsgebot: Bekanntgabe des Gegenstandes der Vernehmung und Person des Beschuldigten (§ 69 I S. 2 StPO)

   – Belehrungspflicht:
   → Zeugnisverweigerungsrecht des Angehörigen, § 52 III StPO
   → Auskunftsverweigerungsrecht, § 55 II StPO
   → Wahrheitspflicht, § 57 S. 1 StPO
   → Folgen falscher Aussage, § 57 S. 1 StPO
   → ggf. Recht zur Verweigerung der Anschriftnennung, § 68 II StPO

   – einzelne Vernehmung, § 58 StPO

   – Aufzeichnung, § 58a StPO

   – anwaltlicher Zeugenbeistand, § 68b StPO

4. **Rechtsfolge**

   a) Zulässige Maßnahmen
   – Vernehmung

   b) Verhältnismäßigkeit

211 **Zeuge** ist, wer seine Wahrnehmung über Tatsachen durch Aussage kundgeben soll, ohne Sachverständiger oder Beschuldigter zu sein (Kramer, Rn. 121).

Vernehmung ist das gezielte Befragen zum Zwecke des Strafverfahrens kraft erkennbarer staatlicher Autorität.

Überblick

212 Die Zeugenpflicht ist nach deutscher Rechtstradition eine allgemeine Staatsbürgerpflicht.[157] Die Zeugenvernehmung wurde durch das 2. Opferrechtsreformgesetz 2009 neu geregelt. Dabei wurde auf eine ursprünglich geplante Erscheinungspflicht des Zeugen bei der Polizei verzichtet. Daher besteht die Erscheinungspflicht weiterhin nur bei staatsanwaltlichen und richterlichen Vernehmungen.

§ 163 Abs. 3 StPO verweist bei der Vernehmung von Zeugen auf eine ganze Reihe allgemeiner Vorschriften, insbesondere §§ 52, 55, 57, 58, 58a, 68–69 StPO. Dies erschwert das Erfassen der wesentlichen Voraussetzung. Wie auch bei der Beschuldigtenvernehmung sind insbesondere die Verfahrensvorschriften von großer Praxisrelevanz.

Grundrechtseingriffe

213 Durch die Vernehmung wird regelmäßig in das Recht auf informationelle Selbstbestimmung aus Art. 2 Abs. 1 GG i. V. m. Art. 1 Abs. 1 GG eingegriffen. Zudem liegt eine Freiheitsbeschränkung i.S.v. Art. 2 Abs. 2 GG i. V. m. Art. 104 Abs. 1 GG vor.

Tatbestandsvoraussetzung/Adressat

214 Die befragte Person muss Zeuge sein. Zeugen sind Personen, die sachdienliche Angaben im Zusammenhang mit strafbarem Verhalten machen können, aber selbst nicht Beschuldigte oder Sachverständige sind. Daher handelt es sich nicht erst dann um eine Zeugenvernehmung, wenn die Person im Vernehmungszimmer der Kriminalpolizei oder vor Gericht förmlich befragt wird. Bereits die Befragung unmittelbar am Tatort kann eine Zeugenvernehmung sein.

> **Beispiel**
> Nach einem Verkehrsunfall mit Personenschaden gibt sich am Unfallort A als Beifahrer im Fahrzeug eines Unfallbeteiligten zu erkennen. Bei der anschließenden Befragung von A handelt es sich um eine Zeugenvernehmung.

Aus den Vorschriften der Identitätsfeststellung (§ 163b Abs. 2 StPO) ergibt sich, dass der Zeuge grundsätzlich seine vollständigen Personalien angeben muss. Im Verweigerungsfalle begeht er eine Ordnungswidrigkeit nach § 111 OWiG. Gemäß § 68 Abs. 3 StPO soll einem Zeuge gestattet werden, statt des Wohnortes seinen Geschäfts- oder Dienstort oder eine andere ladungsfähige Anschrift anzugeben, wenn ein begründeter Anlass zu der Besorgnis besteht, dass durch die Angabe des Wohnortes Rechtsgüter des Zeugen oder einer anderen Person gefährdet werden oder dass auf Zeugen oder eine andere Person in unlauterer Weise eingewirkt werden wird.

215 Auch Minderjährige können Zeugen sein. Die Zeugenfähigkeit ist abhängig vom Entwicklungsstand des Kindes und dem Gegenstand der Aussage. Allgemein ist anzunehmen, dass Kinder unter 5 Jahren nicht als Zeuge in Betracht kommen.

216 Für die Vernehmung von Verdächtigen gelten die Regeln der Zeugenvernehmung.[158] In Einzelfällen ist die Abgrenzung zwischen Zeugen-, Verdächtigten- und Beschuldigtenstatus einer Person schwierig.

---

157 BVerfGE 49, 280.
158 BGHSt 37, 48.

Beispiel
A wird in einer „Vermisstensache" als Zeuge vernommen. Am Ende der Vernehmung wird ihm mitgeteilt, dass er nunmehr Beschuldigter eines Tötungsdeliktes sei.

Der Bundesgerichtshof hat dazu erklärt, dass die Abgrenzung von der Stärke des Tatverdachts abhängt und im pflichtgemäßen Ermessen der Strafverfolgungsbehörden steht: „Für die Frage, wann von der Zeugen- zur Beschuldigtenvernehmung überzugehen ist, kommt es auf die Stärke des Tatverdachts an. Dabei unterliegt es der pflichtgemäßen Beurteilung der Strafverfolgungsbehörde, ob sie einen solchen Grad des Verdachts auf eine strafbare Handlung für gegeben hält, dass sie ihn als Beschuldigten verfolgt und als solchen vernimmt. Eine Belehrung nach § 136 StPO und eine dementsprechende Vernehmung als Beschuldigter ist somit erst veranlasst, wenn sich der bereits bei Beginn der Vernehmung bestehende Verdacht so verdichtet hat, dass die vernommene Person ernstlich als Täter der untersuchten Straftat in Betracht kommt. Dabei ist gerade bei dem besonders schweren Vorwurf der Begehung eines Tötungsdelikts eine sehr sorgfältige Abwägung geboten. Die Strafverfolgungsbehörde überschreitet nur dann die Grenzen des ihr eingeräumten Beurteilungsspielraums, wenn sie trotz eines starken Tatverdachts nicht von der Zeugenvernehmung zur Beschuldigtenvernehmung übergeht."[159] Daraus folgt, dass der Verdächtige vernehmungsrechtlich als Zeuge zu behandeln ist. Erst wenn der Tatverdacht stärker wird, ist er als Beschuldigter zu vernehmen.

Verfahrensvorschriften

→ Informationspflicht 217
Zunächst bestimmt § 163 Abs. 3 i. V. m. § 69 Abs.1 S. 2 StPO eine Informationspflicht. Dem Zeugen sind vor seiner Vernehmung der Gegenstand der Untersuchung und die Person des Beschuldigten, sofern ein solcher vorhanden ist, zu bezeichnen.

→ Belehrungspflichten 218
Darüber hinaus bestehen gemäß § 163 Abs. 3 i. V. m. §§ 52, 55, 57, 68 StPO Belehrungspflichten:

- **Zeugnisverweigerungsrecht, § 52 Abs. 3 StPO**
  Der Zeuge ist darüber zu belehren, dass er ein Zeugnisverweigerungsrecht aus persönlichen Gründen gemäß § 52 StPO hat, wenn es sich bei dem Beschuldigten um einen Angehörigen handelt. Damit sind gemeint: Verlobte, (Ex-)Lebenspartner, (Ex-)Ehegatten oder Verwandte gerader Linie bzw. Verschwägerte. Ebenso besteht ein Zeugnisverweigerungsrecht, wenn es sich um ein Verwandtschaftsverhältnis handelt, das in der Seitenlinie bis zum dritten Grad oder bis zum zweiten Grad verschwägert ist oder war. Bei einer eheähnlichen Gemeinschaft wird ein Zeugnisverweigerungsrecht nach h. M. abgelehnt.[160] Kommt aus den Umständen ein solches Recht offensichtlich nicht in Betracht bzw. kann es noch nicht beurteilt werden, bedarf es der Belehrung nicht. Dies wäre zum Beispiel der Fall, wenn noch gar kein Beschuldigter bekannt ist.

159 BGHSt 37, 48.
160 Vgl. SK-Rogall, § 52, Rn. 20; Meyer-Goßner § 52, Rn. 5.

Auf ein Zeugnisverweigerungsrecht aus beruflichen Gründen (§ 53 StPO) oder auf die Verschwiegenheitspflicht nach § 54 StPO muss vor der Belehrung nicht hingewiesen werden.

- **Auskunftsverweigerungsrecht, § 55 Abs. 2 StPO**
  Der Zeuge ist darauf hinzuweisen, dass er die Auskunft auf Fragen verweigern kann, deren Beantwortung ihn selbst oder einen der in § 52 StPO genannten Angehörigen in die Gefahr bringen würde, wegen einer Straftat oder einer Ordnungswidrigkeit verfolgt zu werden. Diese Vorschrift dient damit dem Schutz des Zeugen vor Selbstbezichtigung. Eine pauschale Belehrung ohne Anlass ist nicht rechtswidrig, die Belehrung ist jedoch auch hier abhängig vom Einzelfall: Sie sollte bei nicht offensichtlich Tatbeteiligten erst erfolgen, wenn Grund zu der Annahme und nicht nur die theoretische Möglichkeit besteht, dass der Zeuge sich durch die Aussage selbst belasten könnte.[161]

  Er muss sich ausdrücklich auf sein Auskunftsverweigerungsrecht berufen, darf also belastende Aussagen nicht einfach verschweigen.[162]

- **Wahrheitspflicht; Folgen falscher Aussage, § 57 StPO**
  Der Zeuge ist zur Wahrheit zu ermahnen. Er ist auf die Folgen falscher Aussagen hinzuweisen. Diese wären insbesondere eine mögliche Strafbarkeit nach § 257 StGB (Begünstigung), § 258 StGB (Strafvereitelung), § 164 StGB (Falsche Verdächtigung), § 145d (Vortäuschen einer Straftat). § 153 StGB (Falsche uneidliche Aussage) betrifft nur falsche Aussagen vor Gericht, nicht aber bei der Polizei.

- **Angabe des Wohnortes, § 68 StPO**
  Grundsätzlich haben Zeugen den Vornamen, den Nachnamen, das Alter, den Beruf und den Wohnort anzugeben. Einem Zeugen soll gemäß § 68 Abs. 2 StPO gestattet werden, statt des Wohnortes seinen Geschäfts- oder Dienstort oder eine andere ladungsfähige Anschrift anzugeben, wenn ein begründeter Anlass zu der Besorgnis besteht, dass durch die Angabe des Wohnortes Rechtsgüter des Zeugen oder einer anderen Person gefährdet werden oder dass auf Zeugen oder eine andere Person in unlauterer Weise eingewirkt werden wird. Gemäß § 68 Abs. 4 StPO ist er auf diese Befugnis hinzuweisen, wenn Anhaltspunkte dafür vorliegen.

219 **→ Einzelne Vernehmung, Gegenüberstellung § 58 StPO**
Zeugen sind einzeln in Abwesenheit der später zu hörenden Zeugen zu vernehmen. Eine Gegenüberstellung ist zulässig und Teil der Vernehmung.

220 **→ Aufzeichnung auf Bild-Ton-Träger, § 58a StPO**
Jede Zeugenvernehmung kann aufgezeichnet werden. Sie ist aufzunehmen, wenn das bei Opfern unter 18 Jahren zum Schutze ihrer Interessen geboten ist. Dies kommt namentlich zur Vermeidung weiterer Vernehmungen in Betracht. Des Weiteren hat eine Aufzeichnung zu erfolgen, wenn zu besorgen ist, dass der Zeuge in der Hauptverhandlung nicht mehr zur Verfügung steht und die Aufzeichnung zur Erforschung der Wahrheit erforderlich ist.

161 Vgl. Meyer-Goßner § 55, Rn. 14 mit Hinweis auf BGH MDR 53, 402.
162 BGHSt 21, 171.

→ Zeugenbestand, § 68b StPO 221

Zeugen können sich eines anwaltlichen Beistandes bedienen, welchem die Anwesenheit bei der Vernehmung zu gestatten ist. Die Anwesenheit ist zu versagen, wenn eine geordnete Beweiserhebung in Gefahr ist, insbesondere wenn der Zeugenbeistand selbst an der Tat beteiligt ist.

→ Minderjährige als Zeugen 222

Für die Zeugenvernehmung von Kindern und Jugendlichen gelten die ergänzenden Regelungen der PDV 382. Demnach hat die Belehrung in jedem Fall zu erfolgen, angepasst an dem geistigen Entwicklungsstand des minderjährigen Zeugen. Hat der Minderjährige die Belehrung verstanden, so ist seine Entscheidung maßgebend. Hat er sie nicht verstanden, so darf die Vernehmung nur erfolgen, wenn er zur Aussage bereit ist und der gesetzliche Vertreter zustimmt. Er ist darüber zu belehren, dass er nicht auszusagen braucht, auch wenn der gesetzliche Vertreter zustimmt. Ist ein gesetzlicher Vertreter Beschuldigter, so tritt an seine Stelle ein gemäß § 1909 BGB vom Vormundschaftsgericht bestellter Pfleger.

> **Beispiel**
> A wird des sexuellen Missbrauchs an seinem 6-jährigen Stiefkind E beschuldigt. Über eine mögliche Aussage entscheidet dann der vom Gericht bestellte Ergänzungspfleger, wenn E die Belehrung offensichtlich nicht versteht.

Das Ersuchen auf Bestellung eines Ergänzungspflegers wird in der Regel von der Staatsanwaltschaft gestellt. Darüber hinaus haben die Erziehungsberechtigten gemäß PDV 382 Nr. 3.6.4 ein Anwesenheitsrecht. Im Übrigen enthält die PDV 382 weitere Regelungen zur praktischen Durchführung und Taktik.

Aussagegenehmigungspflicht, § 54 StPO 223

§ 54 StPO normiert ein eingeschränktes Beweiserhebungsverbot. Richter, Beamte und andere Personen des öffentlichen Dienstes benötigen zur Aussage über Umstände, auf die sich ihre Pflicht zur Amtsverschwiegenheit bezieht, eine Aussagegenehmigung. Zuständig für die Erteilung ist der gegenwärtige Dienstvorgesetzte, bei Pensionären der letzte.[163]

Die Einholung der Aussagegenehmigung obliegt nach RiStBV Nr. 66 Abs. 1 der vernehmenden Stelle (Polizei, Staatsanwaltschaft, Gericht). Dabei ist der Gegenstand der Vernehmung so erschöpfend mitzuteilen, dass eine Prüfung des Dienstvorgesetzten möglich ist. Für die Regelfälle des Polizeidienstes besteht oft eine generelle, formalisierte Aussagegenehmigung.

Die Pflicht zur Verschwiegenheit ergibt sich für (Landes-)Polizeibeamte aus § 37 BeamtStG, für Bundesbeamte aus §§ 67–69 BBeamtG, für Richter aus §§ 46, 71 DRiG. Bei sonstigen Personen des öffentlichen Dienstes sind (tarif-)vertragliche Regelungen maßgebend. Eine Versagung der Genehmigung ist nur unter den genannten Bestimmungen zulässig. Das Gericht muss in die Lage versetzt werden, dass Vorliegen dieser Voraussetzungen prüfen zu können. Insofern bedarf es aussagekräftiger Begründung.

Wird die Aussage des Zeugen zulässig versagt, darf er nicht zur Sache vernommen werden.

163 Meyer-Goßner § 54, Rn. 19.

224 **Rechtsfolge**

Rechtsfolge der Vorschrift ist die Vernehmung, also die gezielte Befragung zum Zwecke des Strafverfahrens kraft erkennbarer staatlicher Autorität. Der Begriff ist abzugrenzen von der Spontanäußerung und der informatorischen Befragung. Bei der Spontanäußerung handelt es sich um eine unaufgeforderte Äußerung einer Person ohne gezielte Befragung.

Beispiel
Als die Beamten an den Tatort kommen, werden sie direkt mit den Worten empfangen: „Gut, dass Sie endlich kommen, mein Vater hat meine Mutter erschlagen!"

Diese Spontanäußerungen unterliegen nach h. M. keinem Verwertungsverbot. Sie können verwertet werden, obwohl die Belehrung naturgemäß nicht erfolgen kann.

Informatorische Befragungen sind eine Sonderform der Vernehmung.[164] Auch Erkenntnisse aus der informatorischen Befragung können nach h. M. ohne Belehrung verwertet werden.[165] Sie unterliegen damit also nicht der Vernehmungsvorschriften, sondern der Ermittlungsgeneralklausel §§ 161, 163 Abs. 1 S. 2 StPO, vgl. dazu Rn. 191 ff.

Beispiel
Die Beamten kommen zu einem Verkehrsunfallort. Ein Kind ist schwer verletzt worden. Auf die Frage der Beamten, wer Beteiligter sei und wer den Unfall gesehen habe, sagt der leicht alkoholisierte Beifahrer, seine Frau habe den Unfall verursacht, da sie viel zu schnell und ohne erforderliche Beleuchtung gefahren sei.

225 **Beweisverwertung**

Die unterlassene Belehrung über das Auskunftsverweigerungsrecht hat kein Verwertungsverbot im betreffenden Strafverfahren zur Folge, da die Vorschrift nicht dem Schutz des Beschuldigten dient. Es führt jedoch nach h. M. zu einem Verwertungsverbot in einem ggf. durchgeführten Strafverfahren gegen den Zeugen.[166]

Wurden zeugnisverweigerungsberechtigte Personen nicht belehrt, so ist ihre Aussage nicht verwertbar. Es besteht ein Verlesungs- und Verwertungsverbot.[167]

164 So auch Kramer, Rn. 31.
165 BGHSt 38, 214 (228).
166 OLG Celle NStZ 2002, 386; Meyer-Goßner § 55, Rn. 17.
167 BGHSt 14, 159 (160).

2.7 Erkennungsdienstliche Behandlung, § 81b StPO

- ***Aufsatz-Literatur:*** *Schenke JZ 2006, 707 (Die Rechtsnatur einer erkennungsdienstlichen Maßnahme gemäß § 81b Alt. 2 StPO).* 226
- ***Leitentscheidungen:*** *BVerwG NVwZ-RR 2011, 710 (Eröffnung des Verwaltungsrechtswegs bei § 81b Alt. 2 StPO).*
- ***Übungsfall:*** *Hapkemeyer Kriminalistik 2011, 367 (Klausur mit Lösung im Fach Eingriffsrecht).*

Erkennungsdienstliche Behandlung § 81b StPO

Materielle Rechtmäßigkeit

1. Ermächtigungsgrundlage

a) Tatbestandsvoraussetzung

– Zweck:
Alt. 1: Durchführung des Strafverfahrens
oder
Alt. 2: für Erkennungsdienst
– notwendig

b) Adressat

– Beschuldigter

2. Anordnungsbefugnis

– bei § 81b Alt. 1: Polizeibeamte/StA
– bei § 81b Alt. 2: nur Polizeibeamte

3. Verfahrensvorschriften

– Aufbewahrung, Speicherung und Nutzung nach §§ 481, 484 StPO
– Belehrung über Vernichtungsverlangen

4. Rechtsfolge

a) Zulässige Maßnahmen
Fertigung von Lichtbildern, Fingerabdrücken; Messungen und ähnliche Maßnahmen

b) Verhältnismäßigkeit

Beschuldigter ist jede Person, gegen die im Rahmen eines Strafverfahrens wegen einer bestimmten Straftat ermittelt wird (BGHSt 10, 8 (12). 227

Notwendig ist die erkennungsdienstliche Behandlung, wenn sie entweder erforderlich ist, um der Sachaufklärungspflicht des § 244 Abs. 2 StPO nachzukommen (Alt. 1) oder um die zukünftig zu führenden Ermittlungen zu gewährleisten (Alt. 2).

Überblick 228

Die Vorschrift regelt 2 Fälle mit einerseits repressiver und anderseits präventiver Zielrichtung. Bei § 81b Alt. 1 StPO geht es um eine klassische Maßnahme der Strafverfolgung: Informationen von der Person des Beschuldigten sollen zum Zwecke der Aufklärung einer Straftat mit vorhandenen Informationen abgeglichen werden. Dazu bedarf es zunächst der Erhebung von erkennungsdienstlichen Daten nach § 81b Alt. 1 StPO.

Beispiel
An einem Einbruchstatort wurden Fingerspuren gesichert. Zudem wurde zur Tatzeit vom Nachbarn am Tatort eine verdächtige Person beobachtet. Die Fingerabdrücke des Beschuldigten sollen mit den gesicherten Fingerspuren abgeglichen werden, das Bild des Beschuldigten soll im Rahmen einer Wahllichtbildvorlage dem Zeugen vorgelegt werden.

229 Bei § 81b Alt. 2 StPO handelt es sich dagegen materiell um Polizeirecht, da diese Variante präventive Zwecke verfolgt. Hier geht es also nicht um die Aufklärung von begangenen Straftaten, sondern um Vorsorge zur Aufklärung künftiger Straftaten.

Beispiel
A wird des Handtaschenraubes beschuldigt. Da er bereits wiederholt wegen gleichartiger Delikte aufgefallen ist, werden zum Zwecke der Aufklärung ggf. folgender Taten Lichtbilder und Fingerabdrücke von A genommen. So ist die Polizei künftig in der Lage, eine Wahllichtbildvorlage durchzuführen.

Während § 81b Alt. 1 StPO Justizverwaltungsakte darstellen, handelt es sich aufgrund des präventiven Charakters bei § 81b Alt. 2 StPO nach noch h. M. um Verwaltungsakte i. S. v. § 35 VwVfG.[168] Diese Unterscheidung ist wichtig für den Rechtsweg. Während für die Anfechtung von Justizverwaltungsakten die ordentlichen Gerichte (hier: Amtsgericht) zuständig sind, ist richtiger Rechtsweg bei Verwaltungsakten der Verwaltungsrechtsweg, § 40 VwGO.

Erkennungsdienstliche Behandlung zum Zweck der Identitätsfeststellung ist auf § 163 b StPO zu stützen, vgl. Rn. 171.

Grundrechtseingriffe

230 Mit den Maßnahmen nach § 81b StPO wird in das Recht auf informationelle Selbstbestimmung, Art. 2 Abs. 1 GG i. V. m. Art. 1 Abs. 1 GG und die Bewegungsfreiheit in Form der Freiheitsbeschränkung gemäß Art. 2 Abs. 2 GG eingegriffen.

Tatbestandsvoraussetzungen/Adressat

231 Die Maßnahme darf sich nur gegen Beschuldigte richten. Beschuldigter ist jede Person, gegen die sich das Strafverfahren richtet.[169] Sie wird schon zum Beschuldigten, wenn die Strafverfolgungsbehörden Ermittlungsmaßnahmen ergreifen, die erkennbar darauf abzielen, gegen sie wegen einer Straftat strafrechtlich vorzugehen.[170] Insofern ist der Beschuldigtenbegriff formell zu verstehen: Eine Person wird erst durch entsprechenden Willensakt der Strafverfolgungsbehörde zum Beschuldigten.[171] Die Stärke des Tatverdachtes ist dabei nicht relevant. Auch werden keine besonderen Anforderungen an den nach außen tretenden Willensakt gestellt, es reicht bereits jede konkrete Ermittlungshandlung gegen eine Person mit dem Willen der konkreten Strafverfolgung. Wichtig ist, dass das subjektive Element des Willens zur konkreten Strafverfolgung zur Ermittlungshandlung treten muss, um die Beschuldigteneigenschaft zu konstituieren.

Kinder können keine Beschuldigte sein. Gegen sie kann eine erkennungsdienstliche Behandlung nur aufgrund der Polizeigesetze erfolgen.

168 Dagegen BVerwG NJW 2006, 1225, das dazu tendiert, die Maßnahme als Strafverfolgungsvorsorge nicht als Verwaltungsakt anzusehen und damit den ordentlichen Gerichten zuzuschreiben.
169 BGHSt 10, 8 (12).
170 Vgl. dazu auch § 397 Abs. 1 AO für Steuerstrafverfahren.
171 BGHSt 34, 138 (140).

→ § 81b Alt. 1 StPO 232

Die erkennungsdienstliche Behandlung nach § 81b Alt. 1 StPO dient dazu, die Strafbarkeit des Beschuldigten zu klären. Die im Gesetz geforderte Notwendigkeit der Maßnahme ergibt sich grundsätzlich schon aus der Sachaufklärungspflicht analog § 244 Abs. 2 StPO. Demnach ist zur Erforschung der Wahrheit die Beweisaufnahme auf alle Tatsachen zu erstrecken, die für die Entscheidung im Strafprozess von Bedeutung sein können. Die Maßnahme kann nur dann nicht notwendig sein, wenn die Tat bereits mittels anderer Beweismittel nachgewiesen werden kann.

→ § 81b Alt. 2 StPO 233

Die erkennungsdienstliche Behandlung nach § 81b Alt. 2 StPO hat zwar ein konkretes Strafverfahren zum Anlass. Jedoch dient sie nicht zur Aufklärung gerade dieses Strafverfahrens, sondern zur Aufklärung zukünftiger Straftaten. Es ist eine zweifache Prognose anzustellen: Zum einen muss die Wahrscheinlichkeit bestehen, dass der Beschuldigte weitere Straftaten begehen wird, zum anderen muss die erkennungsdienstliche Behandlung die Aufklärung der zukünftigen Taten fördern. In Betracht kommt die Maßnahme also insbesondere gegen gewohnheits- und gewerbsmäßig handelnde Täter. Da es sich um eine präventivpolizeiliche Maßnahme, mithin einen Verwaltungsakt handelt, sind grundsätzlich Widerspruch[172] und Klage möglich – mit der Folge der aufschiebenden Wirkung. Die aufschiebende Wirkung entfällt, wenn die sofortige Vollziehung gemäß § 80 Abs. 2 Nr. 4 VwGO angeordnet wird. Rechtsschutz ist hier im Verwaltungsrechtsweg zu suchen.

Verfahrensvorschriften

Erkennungsdienstliche Unterlagen nach § 81b Alt. 1 StPO werden in den Strafakten aufbe- 234
wahrt. Die weitere Speicherung und Nutzung richtet sich nach § 481 StPO.

Für die präventivpolizeiliche Verwendung des Materials gelten nach § 484 Abs. 4 StPO die Polizeigesetze der Länder.

Nach § 14 Abs. 3 PolG NRW ist der Betroffene darüber zu belehren, dass er die Vernichtung der Unterlagen verlangen kann, wenn die Voraussetzungen für ihre weitere Aufbewahrung entfallen sind. Diese Vorschrift gilt auch für das Strafverfahren.

Rechtsfolge

§ 81b StPO gestattet die erkennungsdienstliche Behandlung. Damit sind insbesondere die 235
Abnahme von Fingerabdrücken und das Fertigen von Fotos des Beschuldigten gemeint.

Zulässig sind darüber hinaus „ähnliche Maßnahmen“. So können beispielsweise Tätowierungen vermessen oder Videoaufnahmen des Beschuldigten angefertigt werden. Die Veränderung des Erscheinungsbildes des Beschuldigten, etwa durch Aufsetzen einer Perücke, ist von § 81b StPO gedeckt. Die Abnahme einer Speichelprobe dagegen ist nicht von § 81b StPO gedeckt, es handelt sich dann um einen körperlichen Eingriff nach § 81a StPO.

172 In NRW ist das Widerspruchsverfahren gemäß § 6 Abs. 1 AGVwGO NRW jedenfalls bis 31.10.2012 weitestgehend abgeschafft.

Übersicht: Offene Datenerhebung

	Tatbestand	Adressat	Anordnungs-befugnis	Verfahrensvorschriften
§ 163b I StPO **Identitäts-feststellung beim Verdächtigen**	Verdächtiger bei Festhalten, Durchsuchung und ED-Behandlung: nur, wenn Identität sonst nicht oder nur unter erheblichen Schwierig-keiten festgestellt werden kann		StA/ Polizeibeamte	Information über zur Last gelegte Tat, §§ 163b I, 163a IV StPO bei Festhalten: - unverzüglich Richtervorführung - Angehörigenverständigung - Belehrungspflichten, § 114 c StPO bei Durchsuchung: - gleichgeschlechtl. Arzt - Zufallsfunde
§ 163b II StPO **Identitäts-feststellung beim Unverdächtigen**	Tatverdacht zur Aufklärung der Tat geboten	Unver-dächtiger	StA/ Polizeibeamte	Information über Gegenstand der Untersuchung/Person des Beschuldigten, § 69 I StPO bei Festhalten: - unverzüglich Richtervorführung - Angehörigenverständigung - Belehrungspflichten, § 114 c StPO bei Durchsuchung: - gleichgeschlechtl. Arzt - Zufallsfunde
§§ 111 StPO **Kontrollstelle**	konkretisierter Tatver-dacht hinsichtlich: - § 129a, 129b I StGB *oder* Katalogstraftat nach § 129a StGB *oder* § 250 I Nr. 1 StGB - Erfolgstatsachen	Jedermann an Kontroll-stelle	Gericht bei GiV auch StA	keine speziellen, bei IDF/Durchsuchung siehe dort Unterrichtung, Löschung, Berichtspflichten
§§ 161, 163 I S.2 StPO **Ermittlungs-generalklausel**	Tatverdacht drohende Ver-dunkelung der Sache keine Spezial-ermächtigung ein-schlägig	Ver-dächtige/ Unver-dächtige, Be-schuldigte, Behörden	StA/ Polizeibeamte	

	Tatbestand	Adressat	Anordnungs-befugnis	Verfahrensvorschriften
§ 163a I, IV i.V.m. § 136 StPO **Beschuldigten-vernehmung**	Beschuldigter		StA/ Polizeibeamte	Information über zur Last gelegte Tat, § 163a IV StPO Belehrung, § 136 I - Aussagefreiheit - Verteidigerkonsultation - Beweisantragstellung
§ 163 III StPO **Zeugen-vernehmung**	Zeuge		StA/ Polizeibeamte	Information über Gegenstand der Untersuchung/Person des Beschuldigten, § 69 I StPO Belehrung, § 136 I - Zeugnisverweigerungsrecht - Auskunftsverweigerungsrecht - Wahrheitspflicht einzelne Vernehmung, § 58 StPO Aufzeichnung, § 58 StPO anwaltlicher Zeugenbeistand, § 68 b StPO
§§ 81b StPO **Erkennungs-dienstliche Behandlung**	Nr. 1: zur Durchführung des Strafverfahrens *oder* Nr. 2: für Erkennungsdienst notwendig	Beschuldigter	Nr. 1: StA/ Polizeibeamte Nr. 2: nur Polizeibeamte	Speicherung und Nutzung § 481 StPO präventivpolizeiliche Verwendung § 484 IV StPO Belehrung über Vernichtungsverlangen

3 Verdeckte Datenerhebung

236
- ***Aufsatz-Literatur:*** *Gercke StV 2012, 266 (Anmerkung zur Entscheidung des BVerfG zur Verfassungsmäßigkeit der Normen zur Neuregelung der TKÜ und anderer heimlicher Überwachungsmaßnahmen); Kurz DuD 2012, 258 (Bremst Richtervorbehalt den Datenschutz aus?); Kudlich GA 2011, 193 (Strafverfolgung im Internet); Hefendehl GA 2011, 209 (Die Entfesselung des Strafverfahrens über Methoden der Nachrichtendienste); Soiné NStZ 2010, 596 (Kriminalistische List im Ermittlungsverfahren); Singelnstein NStZ 2009, 481 (Rechtsschutz gegen heimliche Ermittlungsmaßnahmen nach Einführung des § 101 Abs.7, Nr. 2-4 StPO); Ruhmannseder JA 2009, 57 (Die Neuregelung der strafprozessualen verdeckten Ermittlungsmaßnahmen); Henrichs Kriminalistik 2008, 169 (TKÜ-Maßnahmen und andere Intensivermittlungen).*
- ***Leitentscheidungen:*** *BGH NJW 2012, 833 (Zur Verfassungsmäßigkeit von Vorschriften des Gesetzes zur Neuregelung der Telekommunikationsüberwachung und anderer heimlicher Ermittlungsmaßnahmen); BVerfGE 65, 1 (Volkszählungsurteil, Konstruktion des Rechts auf informationelle Selbstbestimmung).*

Übersicht

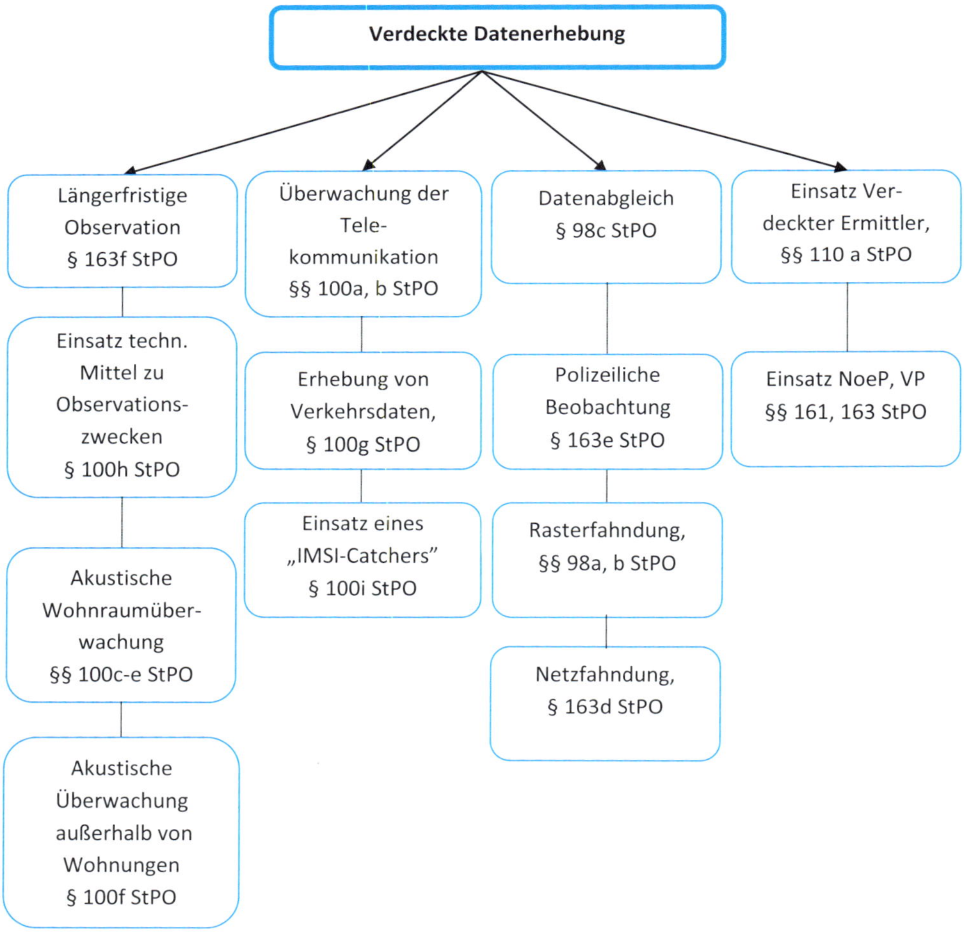

3.1 Längerfristige Observation, § 163f StPO

- ***Aufsatz-Literatur:*** *Keller PSP 2/2012, 17 (Observation und Einsatz technischer Mittel auf Grundlage des PolG NRW und der StPO; Gusy VerwArch 2010, 309 (Vom neuen Sicherheitsbegriff zur neuen Sicherheitsarchitektur).* 237

- ***Leitentscheidungen:*** *BVerfG NJW-Spezial 2009, 585 (Verstoß gegen Richtervorbehalt); BGH NStZ 2007, 635 (kein Anspruch auf Verhinderung von Straftaten während der Observation); LG Kaiserslautern NStZ 2006, 516 f. (Richterliche Anordnung für Dauerobservationen); OLG Hamm NStZ 2009, 347 f. (Zuständigkeit des OLG für Anordnungen längerfristiger Observationen); OLG Hamburg StV 2007, 628 ff. (Beweisverwertungsverbot für Erkenntnisse aus einer rechtswidrigen Observationsmaßnahme).*

- ***Übungsfall:*** *Hantschel JURA 2001, 472 (Klausur Strafprozessrecht – „Der Feuerteufel").*

Längerfristige Observation § 163f StPO

Materielle Rechtmäßigkeit

1. Ermächtigungsgrundlage

a) Tatbestandsvoraussetzung
- Anfangsverdacht für Straftat von erheblicher Bedeutung
- qualifizierte Subsidiaritätsklausel

b) Adressat
- Beschuldigter
- Kontakt- und Begleitpersonen des Beschuldigten bei Erfolgsprognose

2. Anordnungsbefugnis
- Gericht
- bei GiV: StA/Ermittlungspersonen der StA
- schriftliche, begründete Anordnung, erste Anordnung höchstens 3 Monate, Verlängerungen von jeweils höchstens 3 Monaten möglich

3. Verfahrensvorschriften
- Schutz von Berufsgeheimnisträgern, § 160a StPO
- Unterrichtungs- und Löschungspflichten, § 101 StPO

4. Rechtsfolge

a) Zulässige Maßnahmen Längerfristige Observation

b) Verhältnismäßigkeit

Observation ist eine planmäßig angelegte Beobachtung. 238

Längerfristig ist die Observation, wenn sie durchgehend länger als 24 Stunden dauert oder an mehr als 2 Tagen stattfinden soll.

Zureichende tatsächliche Anhaltspunkte sind über bloße Vermutungen hinausgehende Erkenntnisse für das Vorliegen einer Straftat.

Eine Straftat von erheblicher Bedeutung liegt insbesondere vor, wenn sie mindestens der mittleren Kriminalität zuzurechnen ist, den Rechtsfrieden empfindlich stört und dazu geeignet ist, das Gefühl der Rechtssicherheit der Bevölkerung erheblich zu beeinträchtigen (BT-Drs. 16/5846, S. 40 m. w. N.).

Beschuldigter ist jede Person, gegen die im Rahmen eines Strafverfahrens wegen einer bestimmten Straftat ermittelt wird (BGHSt 10, 8 (12).

Gefahr im Verzuge ist gegeben, wenn auf den Beschluss des Gerichts nicht gewartet werden kann, ohne dass die Erforschung des Sachverhaltes oder die Ermittlung des Aufenthaltsortes des Beschuldigten gefährdet wäre.

Überblick

239 Die Strafprozessordnung wie auch die Polizeigesetze des Bundes und der Länder unterscheiden zwischen der kurz- und längerfristigen Observation. Während die kurzfristige Observation im Strafprozessrecht auf die Ermittlungsgeneralklausel der §§ 161, 163 Abs. 1 S. 2 StPO zu stützen ist, sind längerfristige Observationen wegen des damit verbundenen erheblichen Grundrechtseingriffes an die engen Vorschriften des § 163f StPO gebunden. Die Vorschrift wurde durch das Gesetz zur Neuregelung der Telekommunikationsüberwachung und anderer verdeckter Ermittlungsmaßnahmen sowie zur Umsetzung der Richtlinie 2006/24/EG vom 21.12.2007 wesentlich verändert. Ergänzt wurden der Richtervorbehalt und die nachträgliche Benachrichtigungspflicht des Betroffenen. Dies geschah vor dem Hintergrund, dass eine längerfristige Observation, insbesondere in Kumulation mit anderen Ermittlungsmaßnahmen, namentlich durch den Einsatz technischer Mittel gemäß § 100h Abs. 1 StPO, einen erheblichen Grundrechtseingriff darstellen kann. Findet die Observation mittels technischer Mittel statt, müssen auch die Voraussetzungen des § 100h StPO vorliegen.

Grundrechtseingriffe

240 Durch die Observation wird regelmäßig in das von Art. 2 Abs. 1 GG i. V. m. 1 Abs. 1 GG erfasste Recht auf informationelle Selbstbestimmung eingegriffen. Aber auch Eingriffe in Art. 13 GG sind durch Observationen als „große Späheingriffe" möglich. Dies ist immer dann anzunehmen, wenn die Beobachtung in eine Wohnung unter Überwindung von Barrieren erfolgt, die mit einer Störung der Privatsphäre einhergehen.

> **Beispiel**
> Polizeibeamte klettern auf das Flachdach eines Bungalows und schauen durch das Oberlicht in die Wohnung der Zielperson.

Die Beamten haben hier in die räumliche Privatsphäre eingegriffen. Damit ist ein Eingriff in Art. 13 GG gegeben. Anders ist der Fall zu beurteilen, wenn lediglich durch ein offenes Fenster in die Wohnung geschaut wird. In diesem Fall hat der Grundrechtsträger seine besondere Privatsphäre aufgegeben, sodass ein Eingriff in Art. 13 GG zu verneinen ist.[173]

Tatbestandsvoraussetzungen

241 **→ Anfangsverdacht einer Straftat von erheblicher Bedeutung**

Grundvoraussetzung ist zunächst, dass zureichende tatsächliche Anhaltpunkte für eine Straftat von erheblicher Bedeutung vorliegen. Es muss also ein Anfangsverdacht i. S. v. § 152 Abs. 2 StPO für eine Straftat der mindestens mittleren Kriminalität gegeben sein.

242 **→ Subsidiaritätsklausel**

Die Observation ist nach der qualifizierten Subsidiaritätsklausel des § 163f Abs. 1 StPO nur zulässig, wenn aufgrund Tatsachen anzunehmen ist, dass die Maßnahme zur Erforschung des Sachverhalts oder zur Ermittlung des Aufenthaltsortes des Täters führen wird und dies auf andere Weise erheblich weniger Erfolg versprechend oder wesentlich erschwert wäre. In der Sache handelt es sich bei dieser Subsidiaritätsklausel um eine im Tatbestand nor-

173 Vgl. zum Ganzen eingehend Nimtz, 66 ff.

mierte Erforderlichkeitserwägung. Diese Klausel gilt für Observationen von Beschuldigten wie auch von Kontakt-/Begleitpersonen.

Adressaten: Beschuldigter und Kontakt-/Begleitpersonen 243

Die Maßnahme kann sich gegen 2 Personenkreise richten:

- **Beschuldigter**

  Dies ist jede Person, gegen die sich das Strafverfahren richtet.[174] Sie wird schon zum Beschuldigten, wenn die Strafverfolgungsbehörden Ermittlungsmaßnahmen ergreifen, die erkennbar darauf abzielen, gegen sie wegen einer Straftat strafrechtlich vorzugehen.[175] Insofern ist der Beschuldigtenbegriff formell zu verstehen: Eine Person wird erst durch entsprechenden Willensakt der Strafverfolgungsbehörde zum Beschuldigten.[176] Die Stärke des Tatverdachtes ist dabei nicht relevant. Auch werden keine besonderen Anforderungen an den nach außen tretenden Willensakt gestellt, es reicht bereits jede konkrete Ermittlungshandlung gegen eine Person mit dem Willen der konkreten Strafverfolgung.

- **Kontakt- und Begleitpersonen**

  Gegen andere, also nicht beschuldigte Personen, darf die Maßnahme nur angeordnet werden, wenn aufgrund bestimmter Tatsachen anzunehmen ist, dass sie mit dem Täter in Verbindung stehen oder eine solche Verbindung hergestellt wird. Das sind die sogenannten Kontakt- und Begleitpersonen. Kontaktpersonen sind dabei Personen, die nicht Beschuldigte sind, von deren Beobachtung aber zu erwarten ist, dass hierdurch wichtige Hinweise für die Tataufklärung gewonnen werden können.

  Als Begleitpersonen kommen insbesondere Personen mit engen persönlichen Bindungen zu einem namentlich noch nicht bekannten oder sich verborgen haltenden Beschuldigten in Betracht.

  Handelt es sich bei den Kontakt- oder Begleitpersonen um Verteidiger oder Abgeordnete, so ist eine Anordnung im Hinblick des Schutzes dieses Personenkreises (§ 148 StPO, Art. 47 S. 1 GG) unzulässig.

Gemäß § 163f Abs. 3 StPO darf die Maßnahme auch durchgeführt werden, wenn Dritte, also weder Beschuldigte noch Kontakt-/Begleitpersonen, unvermeidbar betroffen werden.

Anordnungsbefugnis

Gemäß § 163f Abs. 3 StPO obliegt die Anordnung der längerfristigen Observation grundsätzlich dem Gericht. Bei Gefahr im Verzuge sind auch die Staatsanwaltschaft und ihre Ermittlungspersonen[177] zur Anordnung befugt. Die nichtrichterliche Anordnung tritt außer Kraft, wenn sie nicht binnen 3 Werktagen von dem Gericht bestätigt wird. Für die Fristberechnung gelten die §§ 42, 43 StPO. Demnach zählt der Anfangstag nicht mit. Fällt das 244

174 BGHSt 10, 8 (12).
175 Vgl. dazu auch § 397 Abs. 1 AO für Steuerstrafverfahren.
176 BGHSt 34, 138 (140).
177 Vgl. zu Ermittlungspersonen der Staatsanwaltschaft: § 152 GVG i. V. m. den jeweiligen landesrechtlichen Regelungen; z. B. NRW: § 1 Abs. 1 der Verordnung über die Ermittlungspersonen der Staatsanwaltschaft vom 30.4.1996.

Ende der Frist auf einen Samstag, Sonntag oder Feiertag, so endet die Frist mit Ablauf des nächsten Werktages.[178]

> **Beispiel**
> Am Dienstag ordnet die Staatsanwältin eine längerfristige Observation an. Spätestens am nächsten Montag muss eine richterliche Bestätigung erfolgen. Die staatsanwaltliche Anordnung gilt also längstens 6 Tage.

Die Anordnung hat gemäß § 163f Abs. 3 S. 3 i. V. m. § 100b Abs. 2 S. 1 StPO schriftlich zu ergehen. Die Maßnahme ist auf 3 Monate zu befristen, mehrmalige Verlängerungen um jeweils 3 Monate sind zulässig.

Verfahrensvorschriften

245 • **Unterrichtungs- und Löschungspflichten, § 101 StPO**

Gemäß § 101 Abs. 4 Nr. 12 StPO ist die Zielperson (nachträglich) von der Maßnahme zu unterrichten mit dem Hinweis, dass auch nachträglich gerichtlicher Rechtsschutz möglich ist. Die Benachrichtigung unterbleibt gemäß § 101 Abs. 4 S. 3 StPO, wenn ihr überwiegende schutzwürdige Belange einer betroffenen Person entgegenstehen. Gemäß § 101 Abs. 5 StPO erfolgt die Benachrichtigung, sobald dies ohne Gefährdung des Untersuchungszweckes, des Lebens, der körperlichen Unversehrtheit und der persönlichen Freiheit einer Person und von bedeutenden Vermögenswerten sowie der Möglichkeit der weiteren Verwendung eines Verdeckten Ermittlers möglich ist. Wird die Benachrichtigung zurückgestellt, sind die Gründe aktenkundig zu machen. Sind Daten nicht mehr erforderlich, sind sie umgehend zu löschen.

- **Schutz von Berufsgeheimnisträgern, § 160a StPO**
- **Gemäß § 160a StPO** darf sich die Maßnahme nicht gegen einen Berufsgeheimnisträger richten, dennoch erlangte Erkenntnisse dürfen nicht verwertet werden, Aufzeichnungen darüber sind zu vernichten. Die Vorschrift ergänzt die Zeugnisverweigerungsrechte und richtet sich primär an Verteidiger, Geistliche und Abgeordnete (Absatz 1) und ihre Berufshelfer (Absatz 3). Bei den in § 160a Abs. 2 StPO genannten zeugnisverweigerungsberechtigten Personen ist die Verhältnismäßigkeit besonders zu beachten.

Rechtsfolge

246 Liegen die Voraussetzungen von § 163f StPO vor, so können die Ermittlungsbehörden eine längerfristige Observation durchführen. Damit meint das Gesetz eine durchgehend länger als 24 Stunden dauernde oder an mehr als 2 Tagen stattfindende planmäßig angelegte Beobachtung. Eine längerfristige Observation liegt nicht nur dann vor, wenn diese von vornherein auf eine Überschreitung der genannten Fristen gerichtet ist, sondern auch, wenn sich während einer zunächst kurzfristig angelegten Beobachtung herausstellt, dass die Fristen überschritten werden müssen.[179] Wenn also mehrere kurzfristige Beobachtungen stattfinden, so werden sie erst ab der dritten Beobachtung zu einer längerfristigen Observation. Eine Rückrechnung auf die erste Beobachtung ist nicht erforderlich.

---

178 Vgl. § 43 Abs. 2 StPO, der aufgrund des allgemeinen Rechtsgedankens nicht nur bei Wochen- und Monatsfristen, sondern auch bei Tagesfristen anzuwenden ist.

179 Meyer-Goßner § 163f, Rn. 1a mit Hinweis auf BVerfG StraFo 2009, 453.

Beispiel
Im Rahmen eines Ermittlungsverfahrens wegen des Verdachtes des unerlaubten Handeltreibens mit Betäubungsmitteln wird der Beschuldigte an 3 Tagen jeweils spontan für 1–2 Stunden durch den Einsatztrupp der Polizei in zivil observiert.

Hier beginnt mit der dritten Beobachtung die längerfristige Observation, die im Grundsatz einer richterlichen Anordnung bedarf.[180]

Andererseits wird aus einer geplanten längerfristigen keine kurzfristige Observation, nur weil sie nicht länger als 24 Stunden dauert, sondern vorzeitig beendet wird.

Beweisverwertung

Fehlende Anordnung oder Überziehung der zulässigen Dauer einer Observation führen zu einem Beweisverwertungsverbot[181], ein Verstoß gegen die Schriftform dagegen nicht.[182] 247

Für Zufallserkenntnisse gilt § 477 Abs. 2 S. 2 StPO. Demnach dürfen Zufallserkenntnisse aus Observationen in anderen Strafverfahren nur verwendet werden, wenn sie auch für das Strafverfahren, welches die Zufallserkenntnisse betrifft, hätten angeordnet werden dürfen. Dem liegt das Prinzip des „hypothetischen Ersatzeingriffs" zugrunde. Zu fragen ist also, ob wegen der Tat, die bei Gelegenheit der Ausführung einer anderweitig angeordneten Maßnahme entdeckt worden ist, ebenfalls eine solche Maßnahme hätte angeordnet werden können.[183]

Beispiel
Bei einer Observation, die zu Ermittlungen von BtM-Delikten angeordnet wurde, beobachten die Beamten, dass offensichtlich Beute aus einem Raub versteckt wird.

Weil auch der Raub grundsätzlich eine Straftat von erheblicher Bedeutung ist, können die Erkenntnisse im Raub-Strafverfahren verwandt werden.

180 Vgl. zum Fall BVerfG 2. BvR 1691/07, Beschluss v. 2.7.2009.
181 BVerfG 2. BvR 1691/07, Beschluss v. 2.7.2009.
182 Meyer-Goßner § 163f, Rn. 10.
183 Joecks § 477, Rn. 3.

3.2 Einsatz technischer Mittel zu Observationszwecken, § 100h StPO

248 • ***Aufsatz-Literatur:*** *Keller PSP 2/2012, 17 (Observation und Einsatz technischer Mittel auf Grundlage des PolG NRW und der StPO); Wilcken NZV 2011, 67 (§ 100h I 1 Nr. 1 StPO als gesetzliche Ermächtigungsgrundlage für sog. „verdachtsunabhängige" Geschwindigkeitsmessungen in der Verkehrsüberwachung); Abate DuD 2011, 451 (Präventive und repressive Videoüberwachung öffentlicher Plätze); Muckel JA 2010, 835 (Geschwindigkeitskontrollen mit Bildaufnahmen); Eisenberg/Singelnstein NStZ 2005, 62 (Zur Unzulässigkeit der heimlichen Ortung per „stiller SMS"); Hauschild NStZ 2005, 337 (Beschlagnahme des Mobiltelefons zum Zwecke des Auslesens der SIM-Karte).*

• ***Leitentscheidungen:*** *BVerfGE 112, 304 (Einsatz von GPS, Verfassungsmäßigkeit der Norm); LG Magdeburg NStZ 2006, 304 (Mitteilung von Maut-Gebührendaten im strafrechtlichen Ermittlungsverfahren).*

• ***Übungsfall:*** *Hantschel JURA 2001, 472 (Klausur Strafprozessrecht – „Der Feuerteufel").*

249

Einsatz techn. Mittel zu Observationszwecken § 100h StPO

Materielle Rechtmäßigkeit

1. Ermächtigungsgrundlage

a) Tatbestandsvoraussetzung
- bei Beschuldigten: einfache Subsidiaritätsklausel bei sonstigen Personen: qualifizierte Subsidiaritätsklausel
- bei § 100h I Nr. 2 StPO: Straftat von erheblicher Bedeutung

b) Adressat
- Beschuldigter
- Kontakt- und Begleitpersonen
- andere Personen

2. Anordnungsbefugnis
- StA/Beamte des Polizeidienstes

3. Verfahrensvorschriften
- § 101 StPO: Kennzeichnung, Löschung und grds. Benachrichtigung der Zielperson u. der erheblich mitbetroffenen Personen

4. Rechtsfolge

a) Zulässige Maßnahmen
§ 100h I Nr. 1: Bildaufnahmen zur Obs.
§ 100h I Nr. 2: besondere techn. Mittel zur Observation

b) Verhältnismäßigkeit

Observation ist eine planmäßig angelegte Beobachtung.

Eine Straftat von erheblicher Bedeutung liegt insbesondere vor, wenn sie mindestens der mittleren Kriminalität zuzurechnen ist, den Rechtsfrieden empfindlich stört und dazu geeignet ist, das Gefühl der Rechtssicherheit der Bevölkerung erheblich zu beeinträchtigen (BT-Drs. 16/5846, S. 40 m. w. N.).

Beschuldigter ist jede Person, gegen die im Rahmen eines Strafverfahrens wegen einer bestimmten Straftat ermittelt wird (BGHSt 10, 8 (12).

Gefahr im Verzuge ist gegeben, wenn auf den Beschluss des Gerichts nicht gewartet werden kann, ohne dass die Erforschung des Sachverhaltes oder die Ermittlung des Aufenthaltsortes des Beschuldigten gefährdet wäre.

Übersicht

Die Vorschrift findet Anwendung bei kurz- und längerfristigen Observationen. Rechtlich bedeutsam ist sie insbesondere für die kurzfristige Observation, welche auf die Generalermittlungsklausel nach § 163 Abs. 1 S. 2 StPO zu stützen ist. Für die längerfristige Observation nach § 163f StPO läuft sie regelmäßig ins Leere, da sich die Voraussetzungen weitestgehend decken. 250

Grundrechtseingriffe

Durch den Einsatz technischer Mittel wird regelmäßig in das von Art. 2 Abs. 1 GG i. V. m. 1 Abs. 1 GG erfasste Recht auf informationelle Selbstbestimmung eingegriffen. Eingriffe in Art. 13 GG sind aufgrund der Norm nicht zulässig.[184] 251

Tatbestandsvoraussetzung

Die Eingriffsvoraussetzung richtet sich nach der Rechtsfolge:

→ § 100h Abs. 1 Nr. 1 StPO: Herstellung von Bildaufnahmen: Subsidiaritätsklausel 252

Für das Anfertigen von Bildaufnahmen reicht es gemäß § 100h Abs. 1 StPO, dass ohne die Bildaufnahmen die Erforschung des Sachverhaltes oder die Ermittlung des Aufenthaltsortes eines Beschuldigten weniger Erfolg versprechend oder erschwert wäre. Mit der Beschränkung auf die bloße Erschwernis läuft diese Einschränkung weithin leer, denn wenn der Einsatz der Mittel zur Bildaufnahme Erfolg versprechender ist, wird er in der Regel auch leichter als die Benutzung anderer Mittel sein.[185] Der Sache nach handelt es sich wie bei den anderen Subsidiaritätsklauseln um eine im Tatbestand umschriebene Erforderlichkeitserwägung.

→ § 100h Abs. 1 Nr. 2 StPO: Verwendung sonstiger besondere für Observationszwecke bestimmte technische Mittel 253

Werden sonstige Mittel zur Observation eingesetzt, so bedarf es nach § 100h Abs. 1 Nr. 2 StPO einer Straftat von erheblicher Bedeutung. Die Strafprozessordnung definiert diesen Begriff nicht. Damit sind Straftaten mindestens der mittleren Kriminalität gemeint.

Adressaten: Beschuldigter, Kontakt-/Begleitpersonen, sonstige Unverdächtige

Die Maßnahme kann sich gegen 3 Personenkreise richten: 254

- **Beschuldigter**

  Dies ist jede Person, gegen die sich das Strafverfahren richtet.[186] Sie wird schon zum Beschuldigten, wenn die Strafverfolgungsbehörden Ermittlungsmaßnahmen ergreifen, die erkennbar darauf abzielen, gegen sie wegen einer Straftat strafrechtlich vorzugehen.[187] Insofern ist der Beschuldigtenbegriff formell zu verstehen: Eine Person wird erst durch entsprechenden Willensakt der Strafverfolgungsbehörde zum Beschuldigten.[188] Die Stärke des Tatverdachtes ist dabei nicht relevant. Auch werden keine be-

184 Meyer-Goßner § 100h, Rn. 1.
185 Meyer-Goßner § 100h, Rn. 4.
186 BGHSt 10, 8 (12).
187 Vgl. dazu auch § 397 Abs. 1 AO für Steuerstrafverfahren.
188 BGHSt 34, 138 (140).

sonderen Anforderungen an den nach außen tretenden Willensakt gestellt, es reicht bereits jede konkrete Ermittlungshandlung gegen eine Person mit dem Willen der konkreten Strafverfolgung.

- **Kontakt- und Begleitpersonen**

  Gegen andere, also nicht beschuldigte Personen, sind technische Mittel zur Observation (§ 100h Abs. 1 Nr. 2 StPO) nur zulässig, wenn aufgrund bestimmter Tatsachen anzunehmen ist, dass sie mit dem Täter in Verbindung stehen oder eine solche Verbindung hergestellt wird. Das sind die sogenannten Kontakt- und Begleitpersonen.

- **Sonstige andere Personen**

  Unter Beachtung der verschärften Subsidiaritätsklausel des § 100h Abs. 2 Nr. 1 StPO können Bildaufnahmen zu Observationszwecken auch gemacht werden, wenn die Erforschung des Sachverhalts oder die Ermittlung des Aufenthaltsortes des Beschuldigten auf andere Weise **erheblich** weniger Erfolg versprechend oder **wesentlich** erschwert wäre. Eine trennscharfe Abgrenzung zur einfachen Subsidiaritätsklausel, die ohnehin zu beachten ist, wird in praxi wohl nicht möglich sein.

Gemäß § 100h Abs. 3 StPO dürfen die Maßnahmen der Bildaufzeichnungen und der sonstigen technischen Mittel auch durchgeführt werden, wenn Dritte, also weder Beschuldigte noch Kontakt-/Begleitpersonen noch sonstige andere Personen, unvermeidbar betroffen werden.

Anordnungsbefugnis

255 Mangels einer ausdrücklichen Regelung sind die Staatsanwaltschaft und die Beamten des Polizeidienstes anordnungsbefugt. Die Anordnung ist nicht auf die Ermittlungspersonen der Staatsanwaltschaft beschränkt.[189]

Verfahrensvorschriften

256 Gem. § 101 StPO ist die Zielperson (nachträglich) von der Maßnahme zu unterrichten mit dem Hinweis, dass auch nachträglich gerichtlicher Rechtsschutz möglich ist. Die Benachrichtigung unterbleibt gemäß § 101 Abs. 4 S. 3 StPO, wenn ihr überwiegende schutzwürdige Belange einer betroffenen Person entgegenstehen. Gemäß § 101 Abs. 5 StPO erfolgt die Benachrichtigung, sobald dies ohne Gefährdung des Untersuchungszweckes, des Lebens, der körperlichen Unversehrtheit und der persönlichen Freiheit einer Person und von bedeutenden Vermögenswerten sowie der Möglichkeit der weiteren Verwendung eines Verdeckten Ermittlers möglich ist. Wird die Benachrichtigung zurückgestellt, sind die Gründe aktenkundig zu machen. Sind Daten nicht mehr erforderlich, sind sie umgehend zu löschen.

Rechtsfolge

257 § 100h StPO unterscheidet 2 Rechtsfolgen: zum einen die Bildaufnahmen (Nr. 1) und zum anderen sonstige besondere für Observationszwecke bestimmte technische Mittel (Nr. 2). Aus dem systematischen Zusammenhang von § 100h Abs. 1 Nr. 1 zu § 100h Abs. 1 Nr. 2 StPO ist zu folgern, dass Bildaufnahmen ebenfalls lediglich zu Observationszwecken gefer-

189 So auch Hilger NStZ 92, 463 Fn. 117.

tigt werden dürfen.[190] Nach anderer Ansicht sei dies aus dem Wortlaut der Norm nicht zu folgern und beispielsweise Aufnahmen vom Tatort auch von der Norm erfasst.[191]

§ 100h Abs. 1 Nr. 1 StPO erfasst die Aufnahme von Lichtbildern, Video- und Filmaufnahmen unabhängig, mit welchem Gerät (auch z. B. mit einem Handy).

Sonstige technische Mittel im Sinne von § 100h Abs. 1 Nr. 2 StPO sind insbesondere Peilsender, Nachtsichtgeräte und der Einsatz von GPS. Gebräuchliche Observationsmittel, wie etwa Sprechfunkgeräte und Ferngläser, unterfallen nicht der Vorschrift.[192] Dies ergibt sich schon aus der Formulierung „besondere für Observationszwecke bestimmte technische Mittel".

Beweisverwertung

Nach dem Bundesverfassungsgericht wird mit dem Einsatz technischer Mittel zur Obser- 258
vation typischerweise nicht in den Kernbereich privater Lebensgestaltung eingegriffen.[193] Daher sind Erkenntnisse aus Maßnahmen nach der Vorschrift grundsätzlich unbeschränkt verwertbar.[194]

190 So ganz herrschende Meinung, vgl. Meyer-Goßner § 100h, Rn.1.
191 Keller PSP 2/2012, 17 (22).
192 Vgl. Meyer-Goßner § 100h, Rn. 2.
193 BVerfGE 112, 304 zum Einsatz von GPS zur Observation.
194 Meyer-Goßner § 100h, Rn. 12

3.3 Akustische Wohnraumüberwachung, §§ 100c – e StPO

259 • **Aufsatz-Literatur:** *Keller PSP 2/2012, 17 (Observation und Einsatz technischer Mittel auf Grundlage des PolG NRW und der StPO); Fehn Kriminalistik 2008, 251 (Akustische Wohnraumüberwachung); Meyer-Wick Kriminalistik 2005, 648 (Akustische Wohnraumüberwachung – empirische Befunde); Hauck NStZ 2010, 17 (Lauschangriff in der U-Haft); Sachs JuS 2005, 740 (Verfassungsrechtliche Anforderungen an Observationen unter Einsatz des Global Positioning Systems [GPS]).*

• **Leitentscheidungen:** *BVerfGE 109, 279 (Schutz Kernbereich privater Lebensführung; Zweckänderung von Daten erfordert gesetzliche Grundlage); BGHSt 53, 294 (Abhören von Ehegattengesprächen in der U-Haft); OLG Düsseldorf NStZ 2009, 54 (Akustische Überwachung der Privatwohnung des Beschuldigten); OLG Hamm NStZ 2008, 478 (Heimliche Installation einer Entschlüsselungssoftware – Beschwerde der StA).*

260

Akustische Wohnraumüberwachung § 100c StPO

Materielle Rechtmäßigkeit

1. Ermächtigungsgrundlage

a) Tatbestandsvoraussetzung
- konkretisierter Tatverdacht einer Katalogstraftat nach § 100c II StPO
- besondere Schwere der Tat
- Geeignetheit: verfahrensrelevante Äußerungen des Beschuldigten können erfasst werden
- strenge Subsidiaritätsklausel

b) Adressat
- Beschuldigter
- andere Personen nur, wenn Maßnahme gegen Beschuldigten allein nicht ausreicht

2. Anordnungsbefugnis
- LG-Kammer mit 3 Berufsrichtern, bei GiV Vorsitzender der Kammer
- schriftlich, Befristung auf 1 Monat, Verlängerung möglich
Nach 6 Monaten entscheidet OLG

3. Verfahrensvorschriften
- Schutz des Kernbereichs privater Lebensführung, § 100c IV, V
- Schutz v. Berufsgeheimnisträgern, § 100c VI
- Unterrichtungs- und Löschungspflichten, § 101
- Berichtspflichten, § 100e StPO

4. Rechtsfolge

a) Zulässige Maßnahmen
Abhören des nichtöffentlich gesprochenen Wortes mit techn. Mitteln in Wohnungen einschließlich erforderl. Begleitmaßnahmen

b) Verhältnismäßigkeit

Beschuldigter ist jede Person, gegen die im Rahmen eines Strafverfahrens wegen einer bestimmten Straftat ermittelt wird (BGHSt 10, 8 (12).

Gefahr im Verzuge ist gegeben, wenn auf den Beschluss des Gerichts nicht gewartet werden kann, ohne dass die Erforschung des Sachverhaltes oder die Ermittlung des Aufenthaltsortes des Beschuldigten gefährdet wäre.

Wohnungen sind alle Räumlichkeiten, die der allgemeinen Zugänglichkeit durch eine räumliche Abschottung entzogen und zur Stätte des privaten Lebens und Wirkens gemacht sind (Jarass/Pieroth Art. 13, Rn. 4).

Konkretisierter Tatverdacht ist eine über den bloßen Anfangsverdacht hinausgehende Wahrscheinlichkeit, dass eine Straftat begangen wurde.

Gefahr im Verzuge ist gegeben, wenn auf den Beschluss des Gerichts nicht gewartet werden kann, ohne dass die Erforschung des Sachverhaltes oder die Ermittlung des Aufenthaltsortes des Beschuldigten gefährdet wäre.

Überblick

§ 100c StPO erfasst die akustische Wohnraumüberwachung, das Filmen in Wohnungen lässt die Norm nicht zu. Die Vorschrift wurde mit Wirkung vom 1.7.2005 neu gefasst, nachdem das Bundesverfassungsgericht die alte Fassung insbesondere mangels Regelungen zum Schutz des Kernbereichs privater Lebensführung für verfassungswidrig erklärt hat. Geregelt wird der von Kritikern sogenannte „große Lauschangriff", welcher sich im Gegensatz zum „kleinen Lauschangriff" auf Abhörmaßnahmen in Wohnungen bezieht. Der praktische Relevanz der Vorschrift ist sehr begrenzt: Die Wohnraumüberwachung nach § 100c StPO wurde bislang bundesweit angeordnet: 2005 lediglich 7-mal, 2006 3-mal, 2007 10-mal und 2008 9-mal, 2009 7-mal, 2010 nur 4-mal.[195] Erhebliche Einschränkung erfährt die Vorschrift durch die vom Bundesverfassungsgericht eingeforderten Regelungen zum Schutz des Kernbereichs privater Lebensführung. 261

Grundrechtseingriffe

Durch das Abhören in Wohnungen wird in das Recht auf informationelle Selbstbestimmung aus Art. 2 Abs. 1 GG i. V. m. 1 Abs. 1 GG und das Recht auf Unverletzlichkeit der Wohnung aus Art. 13 GG eingegriffen. Um das Abhören in Wohnungen zu ermöglichen, wurde 1998 Art. 13 GG geändert. Das Einverständnis des Wohnungsinhabers macht die Einhaltung von § 100c, d StPO nicht entbehrlich, da auch die Rechte anderer Personen, die sich in der Wohnung aufhalten, geschützt werden muss.[196] 262

Tatbestandsvoraussetzungen

→ Konkretisierter Tatverdacht einer schwerwiegenden Katalogstraftat 263

Es muss ein konkretisierter Tatverdacht hinsichtlich einer besonders schwerwiegenden Straftat nach § 100c Abs. 2 StPO vorliegen. Der Verdacht des Versuches reicht aus.

Der durch bestimmte Tatsachen begründete Verdacht unterliegt zwar höheren Anforderungen als der bloße Anfangsverdacht, erreicht jedoch nicht bereits den Grad eines „hinreichenden" oder gar „dringenden" Tatverdachts, den andere Normen der Strafprozessordnung vorsehen. § 100c Abs. 1 Nr. 3 StPO erfordert eine konkretisierte Verdachtslage. Hierfür reicht das bloße Vorliegen von Anhaltspunkten nicht aus. Es müssen vielmehr konkrete und in gewissem Umfang verdichtete Umstände als Tatsachenbasis für den Verdacht vorhanden sein. Nur bereits ermittelte und in Antrag und Anordnung genannte Tatsachen kommen für die jeweilige Bewertung in Betracht. Da sich die akustische Wohnraumüberwachung nur gegen den Beschuldigten richten und erst als letztes Mittel der Strafverfolgung eingesetzt werden darf, muss aufgrund der bereits vorliegenden Erkenntnisse eine erhöhte Wahrscheinlichkeit für die Begehung der besonders schweren Katalogstraftat bestehen.[197]

Ein konkretisierter Anfangsverdacht einer im Einzelfall eher leichteren Katalogtat reicht jedoch nicht. Die Tat muss auch im Einzelfall schwerwiegend sein.

---

195 Nach Wohnraumüberwachungsstatistik des Bundesamtes für Justiz; www.bundejustizamt.de.
196 Meyer-Goßner § 100c, Rn. 4.
197 BVerfGE 109, 279.

Beispiel
A steht im Verdacht, mehrere Straßenraubdelikte unter Mitführung eines Messers begangen zu haben. Dabei wurden die Opfer nur leicht verletzt, die Beute betrug jeweils maximal 50 €.

Der Verdacht dieser Katalogtaten erfüllt nicht die Voraussetzung des § 100c Abs. 1 StPO, Abhörmaßnahmen in Wohnungen sind hier unzulässig.

264 **→ Subsidiaritätsklausel**
Nach der strengen Subsidiaritätsklausel des § 100c Abs. 1 Nr. 4 StPO ist die Maßnahme nur zulässig, wenn die Erforschung des Sachverhaltes oder die Ermittlung des Aufenthaltsortes eines Mitbeschuldigten auf andere Weise unverhältnismäßig erschwert oder aussichtslos wäre. Damit wird deutlich, dass die Wohnraumüberwachung nur Ultima Ratio der Strafverfolgung sein darf.[198]

Adressaten: Beschuldigter, Kontaktpersonen

265 Adressaten können gemäß § 100c Abs. 3 StPO sein:

- **Wohnung des Beschuldigten**

  Beschuldigter ist jede Person, gegen die sich das Strafverfahren richtet.[199] Sie wird schon zum Beschuldigten, wenn die Strafverfolgungsbehörden Ermittlungsmaßnahmen ergreifen, die erkennbar darauf abzielen, gegen sie wegen einer Straftat strafrechtlich vorzugehen.[200]

- **Wohnungen von Kontaktpersonen**

  Gegen Dritte darf sich die Maßnahme richten, wenn aufgrund von Tatsachen anzunehmen ist, dass sich der Beschuldigte dort aufhält und allein das Abhören seiner Wohnung nicht zur Erforschung des Sachverhaltes/Ermittlung des Aufenthaltsortes führen wird.

Gemäß §100c Abs. 3 S.3 StPO darf die akustische Wohnraumüberwachung auch durchgeführt werden, wenn Dritte, also weder Beschuldigte noch Kontaktpersonen, unvermeidbar betroffen werden.

Anordnungsbefugnis

266 § 100d StPO normiert die Anordnungskompetenz. Akustische Wohnraumüberwachungen dürfen grundsätzlich nur durch eine Strafkammer des Landgerichts, die mit drei Berufsrichtern besetzt ist, angeordnet werden.[201] Bei Gefahr im Verzuge reicht die Anordnung des Vorsitzenden. In diesem Fall muss binnen 3 Tagen eine Bestätigung der Kammer erfolgen. Für die Fristberechnung gelten die §§ 42, 43 StPO. Demnach zählt der Anfangstag nicht mit. Fällt das Ende der Frist auf einen Samstag, Sonntag oder Feiertag, so endet die Frist mit Ablauf des nächsten Werktages.[202]

---

198 Meyer-Goßner § 100c, Rn. 8.
199 BGHSt 10, 8 (12).
200 Vgl. dazu auch § 397 Abs. 1 AO für Steuerstrafverfahren.
201 Vgl. zur Gerichtsbesetzung § 74a Abs. 4 GVG.
202 Vgl. § 43 Abs. 2 StPO, der aufgrund des allgemeinen Rechtsgedankens nicht nur bei Wochen- und Monatsfristen, sondern auch bei Tagesfristen anzuwenden ist.

Beispiel
Am Dienstag ordnet die Vorsitzende der Strafkammer am LG auf Antrag der Staatsanwaltschaft Abhörmaßnahmen an. Spätestens am nächsten Montag muss eine richterliche Bestätigung erfolgen. Die staatsanwaltliche Anordnung gilt also längstens 6 Tage.

Die Anordnung ergeht schriftlich, ist zu begründen und auf einen Monat zu befristen. Eine Verlängerung um jeweils einen Monat ist zulässig. Werden so mehr als 6 Monate erreicht, hat das Oberlandesgericht zu entscheiden (§ 100d Abs. 1 S. 6 StPO).

Verfahrensvorschriften

- **Schutz des Kernbereichs privater Lebensführung, § 100c Abs. 4, 5 StPO** 267

  Als Verfahrensvorschrift schreibt § 100c Abs. 4, 5 StPO zunächst den Schutz des Kernbereichs privater Lebensführung vor. Diese Vorschrift schränkt die Zulässigkeit der akustischen Überwachung deutlich ein. Die Maßnahme ist nämlich nur zulässig, wenn zu erwarten ist, dass höchst private Äußerungen nicht aufgezeichnet werden. Es bedarf also einer sorgfältigen Prognose und Aufklärungsarbeit im Hinblick auf die Räumlichkeiten und die beteiligten Personen. Werden doch solche Gespräche geführt, ist ein Abhören und Aufzeichnen sofort zu unterbrechen (§ 100c Abs. 5 StPO), vorhandene Aufzeichnungen sind zu löschen. Wenn Zweifel über die Unterbrechung oder Fortführung bestehen, ist die Entscheidung des Gerichtes einzuholen.

  Was zum Kernbereich privater Lebensführung gehört, ist nur im Einzelfall zu bestimmen. Nach § 100c Abs. 4 S. 2 StPO zählen Gespräche in Betriebs- und Geschäftsräumen in der Regel nicht dazu. Dies kann jedoch anders sein, wenn es sich beispielsweise um einen Familienbetrieb handelt oder wenn der Betroffene eine intime Beziehung zu einer Kollegin hat.

- **Schutz von Berufsgeheimnisträgern, § 100c Abs. 6 StPO**

  Sind von der Überwachungsmaßnahme Personen betroffen, die nach § 53 StPO ein Zeugnisverweigerungsrecht haben, so ist sie gemäß § 100c Abs. 5 StPO sofort zu unterbrechen. Gegen diesen Personenkreis darf die Maßnahme nicht angeordnet werden. Erfasst von der Norm sind insbesondere Gespräche von Geistlichen, Verteidigern, Abgeordneten, Ärzten sowie Mitarbeitern von Presse und Rundfunk.

  Beispiel
  Während der akustischen Wohnraumüberwachung telefoniert der Beschuldigte mit seinem Verteidiger.

  Aufzeichnungen diesbezüglich sind unverwertbar und zu löschen.

  Diese Regelung geht der allgemeinen Schutzregel nach § 160a StPO als lex spezialis vor.

- **Unterrichtungs- und Löschungspflichten; § 101 StPO**

  Gem. § 101 Abs. 4 StPO ist der Betroffene (nachträglich) von der Maßnahme zu unterrichten, mit dem Hinweis, dass auch nachträglich gerichtlicher Rechtsschutz möglich ist. Die Benachrichtigung unterbleibt gemäß § 101 Abs. 4 S. 3 StPO, wenn ihr überwiegende schutzwürdige Belange einer betroffenen Person entgegenstehen. Gemäß § 101 Abs. 5 StPO erfolgt die Benachrichtigung, sobald dies ohne Gefährdung des Untersuchungszweckes, des Lebens, der körperlichen Unversehrtheit und der persönlichen Freiheit einer Person und von bedeutenden Vermögenswerten sowie der Möglichkeit der weiteren Verwendung eines Verdeckten Ermittlers möglich ist. Wird die Benachrichtigung zurückgestellt, sind die Gründe aktenkundig zu machen. Sind Daten nicht mehr erforderlich, sind sie umgehend zu löschen.

- **Berichtspflichten, § 100e StPO**

  § 100e StPO normiert Berichtspflichten der Länder und des Generalbundesanwaltes insbesondere über die Anzahl, Dauer, Anlasstat der Abhörmaßnahmen. Diese Berichte werden gemäß § 100e Abs. 1 S. 2 StPO im Internet veröffentlicht.[203]

Rechtsfolge

268 § 100c StPO regelt das Aufzeichnen und Abhören des nicht öffentlich gesprochenen Wortes in Wohnungen, mithin den sogenannten großen Lauschangriff. Damit verbundene notwendige Begleiteingriffe, wie das Betreten der Räumlichkeiten zum Zwecke des Anbringens von Abhörvorrichtungen, sind ebenfalls von der Vorschrift gedeckt. Maßgebliches Kriterium der Wohnung ist die räumliche Privatsphäre. Zu diesem Wohnungsbegriff zählen auch Büro- und Geschäftsräume, soweit sie nicht allgemein zugänglich sind. Pkw sind keine Wohnungen i. d. S. Für Überwachungen in Pkw siehe Rn. 270 ff.

Optische Überwachung in Wohnungen ist unzulässig.

Beweisverwertung

269 In § 100c Abs. 5, 6 und 7 StPO sind explizit Verwertungsregelungen getroffen. Nach § 100c Abs. 6 dürfen Erkenntnisse aus Abhörmaßnahmen, von zeugnisverweigerungsberechtigten Personen nach §§ 52, 53a StPO (insbesondere Verwandte und Berufshelfer), nur eingeschränkt verwertet. Es muss ein Abwägung erfolgen zwischen der Bedeutung des Vertrauensverhältnisses und dem Interesse an der Erforschung des Sachverhaltes/Aufenthaltsortes des Beschuldigten. Der Verweis auf § 160 Abs. 4 StPO in der Vorschrift bedeutet, dass diese Einschränkung nicht gilt, wenn die zeugnisverweigerungsberechtigte Person selbst der Beteiligung bzw. der Begünstigung, Strafvereitelung oder Hehlerei verdächtig ist.

Aufzeichnungen, die den Kernbereich privater Lebensführung betreffen, sind gemäß § 100c Abs. 5 S. 2 StPO nicht verwertbar. Das Gleiche gilt für Aufzeichnungen, die eine Person betreffen, welche ein Zeugnisverweigerungsrecht aus beruflichen Gründen (§ 53 StPO) hat.

Unverwertbar sind Erkenntnisse, die unter völliger Umgehung des § 100c StPO erlangt worden sind, so etwa bei Verstoß gegen die Subsidiaritätsklausel oder Anordnung trotz fehlenden Verdachtes einer Katalogstraftat.[204]

---

203 Vgl. dazu www.bundesjustizamt.de.
204 Vgl. Joecks StPO § 100c, Rn. 11.

3.4 Akustische Überwachung außerhalb von Wohnungen, § 100f StPO

- ***Aufsatz-Literatur:*** *Keller PSP 2/2012, 17 (Observation und Einsatz technischer Mittel auf Grundlage des PolG NRW und der StPO); von Heintschel-Heinegg JA 2012, 395 (Selbstgespräche sind kein Beweis).* 270

- ***Leitentscheidungen:*** *BGH NJW 2012, 945 (Unverwertbarkeit eines im KFZ aufgezeichneten Selbstgespräches); BGHSt 53, 294 (Überwachung von Angehörigenbesuchen in der U-Haft); BGH NStZ 2001, 386 (Begleitmaßnahmen zum Einbau von GPS-Sendern von der Befugnisnorm erfasst).*

Akustische Überwachung außerhalb von Wohnungen, § 100f StPO

Materielle Rechtmäßigkeit

1. Ermächtigungsgrundlage

a) Tatbestandsvoraussetzung
- konkretisierter Tatverdacht einer Katalogstraftat nach § 100a II StPO
- konkret schwerwiegende Tat
- strenge Subsidiaritätsklausel

b) Adressat
- Beschuldigter
- Kontaktpersonen bei Erfolgsprognose

2. Anordnungsbefugnis
- Gericht, bei GiV auch StA
- schriftlich, Befristung auf 3 Monate, Verlängerung um jeweils max. 3 Monate möglich

3. Verfahrensvorschriften
- Schutz des Kernbereichs privater Lebensgestaltung
- Schutz von Berufsgeheimnisträgern, § 160a
- Unterrichtungs- und Löschungspflichten, § 101

4. Rechtsfolge

a) Zulässige Maßnahmen
Abhören des nichtöffentlich gesprochenen Wortes mit techn. Mitteln außerhalb von Wohnungen einschließlich erforderlicher Begleitmaßnahmen

b) Verhältnismäßigkeit

Beschuldigter ist jede Person, gegen die im Rahmen eines Strafverfahrens wegen einer bestimmten Straftat ermittelt wird (BGHSt 10, 8 (12). 271

Gefahr im Verzuge ist gegeben, wenn auf den Beschluss des Gerichts nicht gewartet werden kann, ohne dass die Erforschung des Sachverhaltes oder die Ermittlung des Aufenthaltsortes des Beschuldigten gefährdet wäre.

Wohnungen sind alle Räumlichkeiten, die der allgemeinen Zugänglichkeit durch eine räumliche Abschottung entzogen und zur Stätte des privaten Lebens und Wirkens gemacht sind (Jarass/Pieroth Art. 13, Rn. 4).

Konkretisierter Tatverdacht ist eine über den bloßen Anfangsverdacht hinausgehende Wahrscheinlichkeit, dass eine Straftat begangen wurde.

Überblick

272 Während § 100c StPO das Abhören innerhalb von Wohnungen, den sogenannten „großen Lauschangriff“, regelt, erfasst § 100f StPO übrige Fälle der akustischen Überwachung, die „kleinen Lauschangriffe“.

Grundrechtseingriffe

273 Durch das Abhören wird in das Recht auf informationelle Selbstbestimmung aus Art. 2 Abs. 1 GG i. V. m. 1 Abs. 1 GG eingegriffen. Sobald die Wohnung tangiert ist, gelten die §§ 100c–100e StPO.

Tatbestandsvoraussetzungen

274 Konkretisierter Tatverdacht einer Katalogstraftat nach § 100a Abs. 2 StPO

Es muss ein konkretisierter Tatverdacht hinsichtlich einer besonders schwerwiegenden Straftat nach § 100c Abs. 2 StPO handelt. Der Verdacht des Versuches reicht aus.

Der durch bestimmte Tatsachen begründete Verdacht unterliegt zwar höheren Anforderungen als der bloße Anfangsverdacht, erreicht jedoch nicht bereits den Grad eines „hinreichenden“ oder gar „dringenden“ Tatverdachts, den andere Normen der Strafprozessordnung vorsehen. § 100c Abs. 1 Nr. 3 StPO erfordert eine konkretisierte Verdachtslage. Hierfür reicht das bloße Vorliegen von Anhaltspunkten nicht aus. Es müssen vielmehr konkrete und in gewissem Umfang verdichtete Umstände als Tatsachenbasis für den Verdacht vorhanden sein. Nur bereits ermittelte und in Antrag und Anordnung genannte Tatsachen kommen für die jeweilige Bewertung in Betracht. Da sich die akustische Wohnraumüberwachung nur gegen den Beschuldigten richten und erst als letztes Mittel der Strafverfolgung eingesetzt werden darf, muss aufgrund der bereits vorliegenden Erkenntnisse eine erhöhte Wahrscheinlichkeit für die Begehung der besonders schweren Katalogstraftat bestehen.[205]

Es reicht aber nicht ein konkretisierter Anfangsverdacht einer im Einzelfall eher leichteren Katalogtat. Die Tat muss auch im Einzelfall schwerwiegen.

> **Beispiel**
> A steht im Verdacht, mehrere Straßenraubdelikte unter Mitführung eines Messers begangen zu haben. Dabei wurden die Opfer nicht verletzt, die Beute betrug jeweils maximal 50 €.

Der Verdacht dieser Katalogtaten erfüllt nicht die Voraussetzung des § 100f Abs. 1 StPO, Abhörmaßnahmen sind hier unzulässig.

275 Subsidiaritätsklausel

Nach der strengen Subsidiaritätsklausel des § 100f Abs. 1 StPO ist die Maßnahme nur zulässig, wenn die Erforschung des Sachverhaltes oder die Ermittlung des Aufenthaltsortes eines Beschuldigten auf andere Weise aussichtslos oder wesentlich erschwert wäre.

276 **Adressaten: Beschuldigter, Kontaktpersonen**

Das Abhören außerhalb von Wohnungen darf sich gemäß § 100f Abs. 2 StPO gegen 2 Personenkreise richten:

205 BVerfGE 109, 279.

- **Beschuldigter**
  Beschuldigter ist jede Person, gegen die sich das Strafverfahren richtet.[206] Sie wird schon zum Beschuldigten, wenn die Strafverfolgungsbehörden Ermittlungsmaßnahmen ergreifen, die erkennbar darauf abzielen, gegen sie wegen einer Straftat strafrechtlich vorzugehen.[207] Insofern ist der Beschuldigtenbegriff formell zu verstehen: Eine Person wird erst durch entsprechenden Willensakt der Strafverfolgungsbehörde zum Beschuldigten.[208] Besondere Anforderungen an den nach außen tretenden Willensakt werden nicht gestellt, es reicht bereits jede Ermittlungshandlung gegen eine Person mit dem Willen der konkreten Strafverfolgung.
- **Kontaktpersonen**
  Gegen andere, also nicht beschuldigte Personen, ist die Maßnahme nur zulässig, wenn aufgrund bestimmter Tatsachen anzunehmen ist, dass sie mit dem Täter in Verbindung stehen oder eine solche Verbindung hergestellt wird. Das sind sogenannte Kontaktpersonen. In diesem Fall ist die strenge Subsidiaritätsklausel zu beachten. Danach ist die Maßnahme nur zulässig, wenn aufgrund bestimmter Tatsachen anzunehmen ist, dass sie zur Erforschung des Sachverhaltes oder zur Ermittlung des Aufenthaltsortes eines Beschuldigten führen wird und dies auf andere Weise aussichtslos oder wesentlich erschwert wäre. Da das Abhören generell nur unter Wahrung der strengen Subsidiaritätsklausel zulässig ist, hat diese Einschränkung kein eigenes Gewicht.

Gemäß §100f Abs. 3 StPO darf die Maßnahme auch durchgeführt werden, wenn Dritte, also weder Beschuldigte noch Kontakt-/Begleitpersonen, unvermeidbar betroffen werden.

Anordnungsbefugnis

§ 100f Abs. 4 i. V. m. § 100b Abs. 1 StPO normiert die Anordnungskompetenz. Akusti- 277
sche Überwachungen außerhalb von Wohnungen dürfen grundsätzlich nur auf Antrag der Staatsanwaltschaft durch das Gericht angeordnet werden. Diesen Antrag darf nur die Staatsanwaltschaft, nicht die Polizei stellen. § 163 Abs. 2 S. 2 StPO, nach dem die Polizei sich auch unmittelbar an das Gericht wenden kann, gilt hier nicht. Das Gericht darf den Antrag des Gerichts auch nicht nach § 165 StPO als Notstaatsanwalt ersetzen. Bei Gefahr im Verzuge reicht die Anordnung der Staatsanwaltschaft. In diesem Fall muss binnen 3 Tagen eine richterliche Bestätigung erfolgen. Für die Fristberechnung gelten die §§ 42, 43 StPO. Demnach zählt der Anfangstag nicht mit. Fällt das Ende der Frist auf einen Samstag, Sonntag oder Feiertag, so endet die Frist mit Ablauf des nächsten Werktages.[209]

Beispiel
Am Dienstag ordnet die Staatsanwältin Abhörmaßnahmen in einem Fahrzeug an. Spätestens am nächsten Montag muss eine richterliche Bestätigung erfolgen. Die staatsanwaltliche Anordnung gilt also längstens 6 Tage.

206 BGHSt 10, 8 (12).
207 Vgl. dazu auch § 397 Abs. 1 AO für Steuerstrafverfahren.
208 BGHSt 34, 138 (140).
209 Vgl. § 43 Abs. 2 StPO, der aufgrund des allgemeinen Rechtsgedankens nicht nur bei Wochen- und Monatsfristen, sondern auch bei Tagesfristen anzuwenden ist.

278 Die Anordnung ergeht schriftlich, ist zu begründen und auf höchsten 3 Monate zu befristen. Eine Verlängerung um jeweils maximal 3 Monate ist zulässig. Notwendiger Inhalt der Anordnung ergibt sich aus § 100f Abs. 4 i. V. m. 100d Abs. 2 StPO. Entfallen die Voraussetzungen, die bei Anordnung vorlagen, ist die Maßnahme unverzüglich zu beenden, § 100f Abs. 4 i. V. m. § 100b Abs. 4 S. 1 StPO.

Verfahrensvorschriften

279
- **Schutz des Kernbereichs privater Lebensführung**
  Im Gegensatz zur akustischen Wohnraum- und zur Telekommunikationsüberwachung sieht § 100f keine Schutzvorschriften für den Kernbereich privater Lebensführung vor. Aus verfassungsrechtlichen Gründen ist eine analoge Anwendung der Schutzvorschriften des § 100a Abs. 4 StPO geboten.[210] Die Maßnahme ist daher unzulässig, wenn zu erwarten ist, dass höchst private Äußerungen aufgezeichnet werden. In diesem Fall ist ein Abhören und Aufzeichnen sofort zu unterbrechen, vorhandene Aufzeichnungen sind zu löschen. Dies muss für alle akustischen Überwachungen gelten, nicht nur für die in Wohnungen und der Telekommunikation. Was zum Kernbereich privater Lebensführung gehört, ist nur im Einzelfall zu bestimmen.

- **Schutz von Berufsgeheimnisträgern, § 160a StPO**
  Gemäß § 160a StPO darf sich die Maßnahme nicht gegen einen Berufsgeheimnisträger richten, dennoch erlangte Erkenntnisse dürfen nicht verwertet werden, Aufzeichnungen darüber sind zu vernichten. Die Vorschrift ergänzt die Zeugnisverweigerungsrechte und richtet sich primär an Verteidiger, Geistliche und Abgeordnete (Absatz 1) und ihre Berufshelfer (Absatz 3). Bei den in § 160a Abs. 2 StPO genannten zeugnisverweigerungsberechtigten Personen ist die Verhältnismäßigkeit besonders zu beachten.

- **Unterrichtungs- und Löschungspflichten, § 101 StPO**
  Gem. § 101 Abs. 4 StPO ist der Betroffene (nachträglich) von der Maßnahme zu unterrichten mit dem Hinweis, dass auch nachträglich gerichtlicher Rechtsschutz möglich ist. Die Benachrichtigung unterbleibt gemäß § 101 Abs. 4 S. 3 StPO, wenn ihr überwiegende schutzwürdige Belange einer betroffenen Person entgegenstehen. Gemäß § 101 Abs. 5 StPO erfolgt die Benachrichtigung, sobald dies ohne Gefährdung des Untersuchungszweckes, des Lebens, der körperlichen Unversehrtheit und der persönlichen Freiheit einer Person und von bedeutenden Vermögenswerten sowie der Möglichkeit der weiteren Verwendung eines Verdeckten Ermittlers möglich ist. Wird die Benachrichtigung zurückgestellt, sind die Gründe aktenkundig zu machen. Sind Daten nicht mehr erforderlich, sind sie umgehend zu löschen.

Rechtsfolge

280 § 100f StPO regelt das Aufzeichnen und Abhören des nicht öffentlich gesprochenen Wortes außerhalb von Wohnungen, insbesondere in Pkw. Damit verbundene notwendige Begleiteingriffe sind ebenfalls von der Vorschrift gedeckt.

210 Ähnlich Meyer-Goßner § 100f Rn.19, der jedenfalls ein Verwertungsverbot postuliert.

Beispiel[211]
In einem Pkw soll eine Anhörvorrichtung installiert werden. Zu diesem Zweck wird das Fahrzeug für den Beschuldigten unbemerkt auf das Gelände der Polizei geschleppt.

Maßgebliches Kriterium der Wohnung ist die räumliche Privatsphäre. Zu diesem Wohnungsbegriff zählen auch Büro- und Geschäftsräume, soweit sie nicht allgemein zugänglich sind.

Beweisverwertung

Missachtung des Subsidiaritätsgrundsatzes führt zu einem Verwertungsverbot. 281

Für Zufallserkenntnisse gilt § 477 Abs. 2 S. 2 StPO. Demnach dürfen Zufallserkenntnisse aus der Maßnahme in anderen Strafverfahren nur verwendet werden, wenn sie auch für dieses Strafverfahren hätte angeordnet werden dürfen. Dem liegt das Prinzip des „hypothetischen Ersatzeingriffs" zugrunde. Zu fragen ist also, ob wegen der Tat, die bei Gelegenheit der Ausführung einer anderweitig angeordneten Maßnahme entdeckt worden ist, ebenfalls eine solche Maßnahme hätte angeordnet werden können.[212]

Beispiel
Im Rahmen einer wegen eines BtM-Deliktes angeordneten Überwachung eines Pkw berichtet der Beschuldigte von einem Raub.

Weil auch der Raub eine Katalogstraftat ist, kann die Erkenntnis im Raub-Strafverfahren verwandt werden.

Ein in einem Kraftfahrzeug aufgezeichnetes Selbstgespräch eines sich unbeobachtet fühlenden Beschuldigten ist – auch bei Strafverfahren gegen Mitbeschuldigte – unverwertbar, da es dem absoluten Kernbereich der Persönlichkeit zuzurechnen ist.[213]

211 Vgl. zu einem ähnlichen Fall BGHSt 46, 266.
212 Joecks § 477, Rn. 3.
213 BGH NJW 2012, 945.

3.5 Telekommunikationsüberwachung, §§ 100a, b StPO

282 • ***Aufsatz-Literatur:*** *Stadtler MMR 2012, 18 (Zulässigkeit der heimlichen Installation von Überwachungssoftware); Sachs JuS 2012, 374 (Grundrechte: Fernmeldegeheimnis und Unverletzlichkeit der Wohnung); Becker/ Meinicke StV 2011, 50 (Die sog. Quellen-TKÜ und die StPO – Von einer „herrschenden Meinung" und ihrer fragwürdigen Entstehung); Roggan StV 2011, 762 (Der Schutz des Kernbereichs privater Lebensgestaltung bei strafprozessualer Telekommunikationsüberwachung); Kudlich JA 2010, 319 (An der Quelle angezapft – zur Zulässigkeit einer Quellen-TKÜ im Strafverfahren); Keller Kriminalistik 2009, 493 (Überwachung des E-Mail-Verkehrs und „Online-Streife"); Brodowski JR 2009, 402 (Strafprozessualer Zugriff auf E-Mail-Kommunikation); Henrichs Kriminalistik 2008, 169 (TKÜ-Maßnahmen und andere Intensivermittlungen); Sankol CR 2008, 13 (Überwachung der Internet-Telefonie); Jahn JuS 2006, 491 (Der strafprozessuale Zugriff auf Telekommunikationsverbindungen); Sankol JuS 2006, 698 (Strafprozessuale Zwangsmaßnahmen und Telekommunikation – Der Regelungsgehalt der §§100a StPO).*

• ***Leitentscheidungen:*** *BVerfG NJW 2007, 2749 (Anschluss eines Verteidigers); BVerfGE 113, 348 (Schutz des Kernbereichs privater Lebensgestaltung); LG Landshut NStZ 2011, 479 (Überwachung der Telekommunikation – Zulässigkeit sog. Quellen-TKÜ); BGH NStZ 2009, 224 (Zufallsfunde bei Telekommunikationsüberwachung); BGH NStZ 2008, 230 (Übersetzung von Telefonaten in einer fremden Sprache).*

283 **Telekommuniaktionsüberwachung §§ 100a, b StPO**

Materielle Rechtmäßigkeit

1. **Ermächtigungsgrundlage**
   a) Tatbestandsvoraussetzung
      – konkretisierter Tatverdacht einer Katalogstraftat nach § 100a II StPO
      – konkret schwerwiegende Tat
      – strenge Subsidiaritätsklausel
   b) Adressat
      – Beschuldigter
      – Nachrichtenmittler
2. **Anordnungsbefugnis**
   – Gericht, bei GiV auch StA
   – schriftlich, Befristung 3 Monate, Verlängerung um jeweils max. 3 Monate möglich
3. **Verfahrensvorschriften**
   – Schutz des Kernbereichs privater Lebensgestaltung, § 100a II
   – Schutz von Berufsgeheimnisträgern, § 160a
   – Unterrichtungs- und Löschungspflichten, § 101
4. **Rechtsfolge**
   a) Zulässige Maßnahmen
      Abhören und Aufzeichnung der Telekommunikation
   b) Verhältnismäßigkeit

Telekommunikation ist der technische Vorgang des Aussendens, Übermittelns und Empfangens von Signalen mittels Telekommunikationsanlagen (§ 3 Nr. 22 TKG).

Telekommunikationsanlagen sind technische Einrichtungen oder Systeme, die als Nachrichten identifizierbare elektromagnetische oder optische Signale senden, übertragen, vermitteln, empfangen, steuern oder kontrollieren können (§ 3 Nr. 23 TKG).

Gefahr im Verzuge ist gegeben, wenn auf den Beschluss des Gerichts nicht gewartet werden kann, ohne dass die Erforschung des Sachverhaltes oder die Ermittlung des Aufenthaltsortes des Beschuldigten gefährdet wäre.

Beschuldigter ist jede Person, gegen die im Rahmen eines Strafverfahrens wegen einer bestimmten Straftat ermittelt wird (BGHSt 10, 8 (12).

Konkretisierter Tatverdacht ist eine über den bloßen Anfangsverdacht hinausgehende Wahrscheinlichkeit, dass eine Straftat begangen wurde.

Überblick

Die Vorschrift regelt die Überwachung und Aufzeichnung der Telekommunikation. Erfasst ist dabei der Inhalt der Kommunikation, die Erhebung sogenannter Inhaltsdaten, nicht dagegen das Ausspähen von Daten auf einem PC.[214] Die Erhebung von Bestandsdaten richtet sich nach §§ 161, 163 StPO i. V. m. 112, 113 TKG, von Verkehrsdaten nach § 100g StPO.[215] 284

Neben der Übermittlung von Audiodaten (Sprache) per Telefon ist auch die Versendung von Text-/Bildnachrichten (SMS/MMS/E-Mail) erfasst. Dies ist auch unabhängig von der benutzten Technik, erfasst sind Kommunikation per Festnetz, Mobilfunknetz, Internet-Telefonie einschließlich der Bildübertragung mittels Web-Cam, Satelliten-Kommunikation und W-LAN-Technik. 285

Im Jahre 2010 wurden bundesweit in insgesamt 5.493 Ermittlungsverfahren 17.351 Erst- und 3.047 Verlängerungsanordnungen nach § 100a StPO getroffen. Anlasstaten sind ganz überwiegend Straftaten nach dem Betäubungsmittelgesetz.[216] Gefahrenabwehrende Vorschriften zur Telekommunikationsüberwachung enthalten einige Polizeigesetze.[217] 286

Grundrechtseingriffe

Die Vorschrift gestattet Eingriffe in das Post- und Fernmeldegeheimnis, Art. 10 GG, und das Recht auf informationelle Selbstbestimmung, Art. 2 Abs. 1 i. V. m. Art. 1 Abs. 1 GG. Das Fernmeldegeheimnis schützt in erster Linie die Vertraulichkeit der ausgetauschten Informationen und damit den Kommunikationsinhalt gegen unbefugte Kenntniserlangung durch Dritte.[218] Geschützt sind damit alle auf dem Wege des Fernmeldeverkehrs übermittelten Daten. Der Schutz von Art. 10 GG endet am Endgerät des Fernsprechteilnehmers.[219] 287

Tatbestandsvoraussetzungen

→ Konkretisierter Tatverdacht einer Katalogstraftat nach § 100a Abs. 2 StPO 288

Es muss ein konkretisierter Tatverdacht hinsichtlich einer schwerwiegenden Straftat nach § 100a Abs. 2 StPO (sogenannte Katalogtat) vorliegen. Der durch bestimmte Tatsachen begründete Verdacht unterliegt zwar höheren Anforderungen als der bloße Anfangsverdacht, erreicht jedoch nicht bereits den Grad eines „hinreichenden“ oder gar „dringenden“ Tatverdachts, den andere Normen der Strafprozessordnung vorsehen. § 100a StPO erfordert eine konkretisierte Verdachtslage. Hierfür reicht das bloße Vorliegen von Anhaltspunkten nicht aus. Es müssen vielmehr konkrete und in gewissem Umfang verdichtete Umstände als Tatsachenbasis für den Verdacht vorhanden sein. Nur bereits ermittelte und in Antrag und Anordnung genannte Tatsachen kommen für die jeweilige Bewertung in Betracht.[220]

Der Begriff der schweren Straftat ist im Gesetz nicht definiert. Es ist wohl – entsprechend der Gesetzesmaterialien – von einer Straftat mit einer Mindesthöchststrafe von 5 Jahren Freiheitsstrafe auszugehen, wobei in Einzelfällen aufgrund der besonderen Bedeutung

214 Vgl. dazu Rn. 410.
215 Siehe zu den Begrifflichkeiten im Einzelnen Rn. 304.
216 Übersicht der Telekommunikationsüberwachung für 2010 des Bundesamtes für Justiz; www.bundesjustizamt.de
217 Vgl. etwa § 31 POGrp; § 34a thürPAG.
218 BVerGE 100, 313.
219 BGHSt 42, 139.
220 BVerfGE 109, 279.

des geschützten Rechtsgutes oder des besonderen öffentlichen Interesses an der Strafverfolgung aber auch eine geringere Freiheitsstrafe ausreichend ist.[221] Der Verdacht des Versuches oder der Teilnahme (Anstiftung oder Beihilfe) reicht aus. Es reicht aber nicht ein bloßer Anfangsverdacht einer im Einzelfall eher leichteren Katalogtat.

Beispiel
A steht im Verdacht, mehrere Straßenraubdelikte unter Mitführung eines Messers begangen zu haben. Dabei wurden die Opfer nur leicht verletzt, die Beute betrug jeweils maximal 50 €.

Der Verdacht dieser Katalogtaten erfüllt nicht die Voraussetzung des § 100a Abs. 1 StPO, Abhörmaßnahmen sind hier unzulässig.

289 **→ Subsidiaritätsklausel**
Nach der strengen Subsidiaritätsklausel des § 100b Abs. 1 StPO ist die Maßnahme nur zulässig, wenn die Erforschung des Sachverhaltes oder die Ermittlung des Aufenthaltsortes eines Beschuldigten auf andere Weise aussichtslos oder wesentlich erschwert wäre. Auch hier handelt es sich um konkretisierte Erforderlichkeitserwägungen.

Adressaten

290 Die Überwachung der Telekommunikation darf sich gemäß § 100a Abs. 3 StPO gegen 3 Personenkreise richten:

- **Beschuldigte**
  Beschuldigter ist jede Person, gegen die sich das Strafverfahren richtet.[222] Sie wird schon zum Beschuldigten, wenn die Strafverfolgungsbehörden Ermittlungsmaßnahmen ergreifen, die erkennbar darauf abzielen, gegen die Person wegen einer Straftat strafrechtlich vorzugehen.[223] Insofern ist der Beschuldigtenbegriff formell zu verstehen: Eine Person wird erst durch entsprechenden Willensakt der Strafverfolgungsbehörde zum Beschuldigten.[224] Besondere Anforderungen an den nach außen tretenden Willensakt werden nicht gestellt, es reicht bereits jede konkrete Ermittlungshandlung gegen eine Person mit dem Willen der konkreten Strafverfolgung. Wichtig ist, dass das subjektive Element des Willens zur konkreten Strafverfolgung zur Ermittlungshandlung treten muss, um die Beschuldigteneigenschaft zu konstituieren.

- **Nachrichtenmittler**
  Gegen andere, also nicht beschuldigte Personen, ist die Maßnahme nur zulässig, wenn sie Nachrichtenmittler sind. Dies sind Personen, bei denen aufgrund bestimmter Tatsachen anzunehmen ist, dass sie für den Beschuldigten bestimmte oder von ihm herrührende Mitteilungen entgegennehmen oder weitergeben.

- **Personen, deren Anschluss vom Beschuldigten genutzt wird**
  Gleiches wie für den Nachrichtenmittler gilt für Personen, deren Anschluss vom Beschuldigten genutzt wird, unabhängig von deren Kenntnis.

221 So BT-Drs. 16/5846 S. 40.
222 BGHSt 10, 8 (12).
223 Vgl. dazu auch § 397 Abs. 1 AO für Steuerstrafverfahren.
224 BGHSt 34, 138 (140).

Anordnungsbefugnis

§ 100b Abs. 1 StPO normiert die Anordnungskompetenz. Überwachungen der Telekommunikation dürfen grundsätzlich nur auf Antrag der Staatsanwaltschaft durch das Gericht angeordnet werden. Dieser Antrag darf nur die Staatsanwaltschaft, nicht die Polizei stellen. § 163 Abs. 2 S. 2 StPO, nach dem die Polizei sich auch unmittelbar an das Gericht werden kann, gilt hier nicht. Das Gericht darf den Antrag des Gerichts auch nicht nach § 165 StPO als Notstaatsanwalt ersetzen. Bei Gefahr im Verzuge reicht die Anordnung der Staatsanwaltschaft. In diesem Fall muss binnen 3 Tagen eine richterliche Bestätigung erfolgen. Für die Fristberechnung gelten die §§ 42, 43 StPO. Demnach zählt der Anfangstag nicht mit. Fällt das Ende der Frist auf einen Samstag, Sonntag oder Feiertag, so endet die Frist mit Ablauf des nächsten Werktages.[225] 291

Beispiel
Am Dienstag ordnet die Staatsanwältin TKÜ-Maßnahmen an. Spätestens am nächsten Montag muss eine richterliche Bestätigung erfolgen. Die staatsanwaltliche Anordnung gilt also längstens 6 Tage.

Die Anordnung ergeht schriftlich, ist zu begründen und auf höchsten 3 Monate zu befristen. Eine Verlängerung um jeweils maximal 3 Monate ist zulässig. Notwendiger Inhalt der Anordnung ergibt sich aus § 100b Abs. 2 StPO. Entfallen die Voraussetzungen, die bei Anordnung vorlagen, ist die Maßnahme unverzüglich zu beenden, § 100b Abs. 4 S.1 StPO. 292

Bei Telekommunikationsvorgängen, bei denen die Mobilfunknummer automatisch in eine Festnetznummer wechselt, wenn der Nutzer sich zu Hause aufhält („Homezone-Verfahren“), muss sich die Anordnung auf beide Nummern zu erstrecken.

Verfahrensvorschriften

- **Schutz des Kernbereichs privater Lebensführung, § 100a Abs. 4 StPO** 293
  § 100a Abs. 4 StPO enthält Regelungen zum Schutz des Kernbereichs privater Lebensführung. Diese Regelungen sind weniger streng als die entsprechenden Regelungen zur akustischen Wohnraumüberwachung. Bei der Telekommunikation sah der Gesetzgeber deutlich weniger die Erfordernis einschränkender Regelungen als bei der Überwachung der Wohnung. Wenn zu erwarten ist, dass allein Kenntnisse aus diesem Bereich zu erwarten sind, ist die Maßnahme unzulässig. Im Gegensatz dazu bedarf es bei der akustischen Wohnraumüberwachung einer strengeren Prognose: Sie ist nur zulässig, wenn die Erlangung von Erkenntnissen aus dem Kernbereich privater Lebensführung ausgeschlossen werden kann. Was zu diesem Kernbereich privater Lebensführung gehört, ist nur im Einzelfall zu bestimmen.
- **Schutz von Berufsgeheimnisträgern, § 160a StPO**
  Gemäß § 160a StPO darf sich die Maßnahme nicht gegen einen Berufsgeheimnisträger richten, dennoch erlangte Erkenntnisse dürfen nicht verwertet werden, Aufzeichnungen darüber sind zu vernichten. Die Vorschrift ergänzt die Zeugnisverweigerungsrechte und richtet sich primär an Verteidiger, Geistliche und Abgeordnete (Absatz 1) und ihre Berufshelfer (Absatz 3). Bei den in § 160a Abs. 2 StPO genannten zeugnisverweigerungsberechtigten Personen ist die Verhältnismäßigkeit besonders zu beachten.

225 Vgl. § 43 Abs. 2 StPO, der aufgrund des allgemeinen Rechtsgedankens nicht nur bei Wochen- und Monatsfristen, sondern auch bei Tagesfristen anzuwenden ist.

- **Unterrichtungs- und Löschungspflichten, § 101 StPO**
  Gemäß § 101 Abs. 4 StPO ist der Betroffene (nachträglich) von der Maßnahme zu unterrichten mit dem Hinweis, dass auch nachträglich gerichtlicher Rechtsschutz möglich ist. Die Benachrichtigung unterbleibt gemäß § 101 Abs. 4 S. 3 StPO, wenn ihr überwiegende schutzwürdige Belange einer betroffenen Person entgegenstehen. Gemäß § 101 Abs. 5 StPO erfolgt die Benachrichtigung, sobald dies ohne Gefährdung des Untersuchungszweckes, des Lebens, der körperlichen Unversehrtheit und der persönlichen Freiheit einer Person und von bedeutenden Vermögenswerten sowie der Möglichkeit der weiteren Verwendung eines Verdeckten Ermittlers möglich ist. Wird die Benachrichtigung zurückgestellt, sind die Gründe aktenkundig zu machen. Sind Daten nicht mehr erforderlich, sind sie umgehend zu löschen.

- **Berichtspflichten**

Gemäß § 100b Abs. 5 StPO bestehen Berichtspflichten der Länder und des Generalbundesanwaltes insbesondere über Anzahl der Anordnungen. Den Umfang der Berichtspflicht regelt im Einzelnen § 100b Abs. 6 StPO.

Rechtsfolge

294 § 100a StPO regelt die **Überwachung der Telekommunikation**. Darunter ist entsprechend § 3 Nr. 22 TKG der technische Vorgang des Aussendens, Übermittelns und Empfangens von Signalen mittels Telekommunikationsanlagen zu verstehen. Telekommunikationsanlagen sind technische Einrichtungen oder Systeme, die als Nachrichten identifizierbare elektromagnetische oder optische Signale senden, übertragen, vermitteln, empfangen, steuern oder kontrollieren können, § 3 Nr. 23 TKG. In erster Linie sind damit Handy- und Festnetzüberwachungen gemeint. Aber ebenso könnte ein Faxgerät oder eine Datenübermittlung eines PC im Rahmen der Internetkommunikation, etwa innerhalb geschlossener Benutzergruppen oder bei der Internettelefonie, davon erfasst werden.

295 Nicht erfasst werden **Positionsmeldungen** von Mobiltelefonen, mit denen nicht telefoniert wird.[226] Einschlägig ist in diesen Fällen § 100g StPO. Die Standortbestimmung bei aktivierten Mobilfunkendgeräte bestimmt sich nach § 100i StPO.

296 Beim **E-Mail-Verkehr** ist nur die Übermittlung der Nachricht durch den Absender an den Mailserver und das Abrufen vom Mailserver des Providers durch den Empfänger von § 100a StPO erfasst, da es sich um Telekommunikationsvorgänge handelt. Befindet sich die E-Mail aber bereits auf dem Datenträger des Empfängers, ist der Telekommunikationsvorgang abgeschlossen; ein Eingriff in Art. 10 GG liegt beim Überwachen dieser Nachrichten nicht vor. Diese Nachrichten können durch analoge Anwendung der §§ 94, 98 StPO sichergestellt werden. Ebenso ist nach nunmehr dem Bundesverfassungsgericht auch zu verfahren, wenn sich die Nachrichten noch auf dem Mailserver des Providers befinden, obwohl damit ein Eingriff in Art. 10 GG verbunden ist.[227] Der Bundesgerichtshof hielt dagegen bislang eine Beschlagnahme von Nachrichten beim E-Mail-Server des Providers jedenfalls nach § 99 StPO für zulässig.[228]

226 BVerfG NJW 07, 351; schon Bernsmann NStZ 2002, 103.
227 BVerfGE 127, 43.
228 BGH StV 2009, 623, vgl. im Einzelnen Rn. 508.

Die sogenannte **Quellen-Telekommunikationsüberwachung** und die dazu erforderlichen Begleitmaßnahmen sind von § 100a StPO gedeckt. Als Quellen-Telekommunikationsüberwachung bezeichnet man das Mitschneiden der Kommunikation vor der technischen Verschlüsselung im Rahmen der Internettelefonie. Dazu wird unbemerkt ein Programm auf dem Computer installiert, mit dem die zu überwachende Kommunikation getätigt wird. 297

Beispiel [229]
In einem Ermittlungsverfahren wegen organisierten Zigarettenschmuggels sollen Gespräche der Beschuldigten überwacht werden, die diese via Voice-over-IP mittels der Software „Skype" im Rahmen der Internettelefonie führen. Da Skype die Daten verschlüsselt, wird heimlich ein spezielle Software auf die Notebooks der Beschuldigten aufgespielt, die die Kommunikationsdaten noch vor ihrer Verschlüssel an die Ermittlungsbehörden weiterleitet. Das unbemerkte Aufspielen des Programms erfolgte nach Zusendung einer fingierten Werbe-DVD, die der Beschuldigte nutzte.

Das Aufspielen der Spezialsoftware auf die Notebooks als Sekundärmaßnahme ist von § 100a StPO gedeckt. Dies ist ein relativ kleiner Eingriff in die Rechte des Betroffenen. Denn es handelt sich nicht um die Infiltrierung in dessen Computersystem zum Zwecke des Ausspähens der Daten (unzulässige sogenannte Online-Durchsuchung), sondern lediglich technische Vorkehrungen zur Überwachung der Telekommunikation.

Der Einsatz einer **„Stillen SMS"** (Stealth Ping, Silent SMS) ist nach h. M. von § 100a StPO 298
gedeckt. Dabei wird eine Nachricht vom Nutzer unbemerkt an das Mobilfunkgerät gesendet. Dadurch entstehen Verkehrsdaten beim Netzanbieter, die eine Standortbestimmung ermöglichen.

Eine solche Standortbestimmung kann nach der Neuregelung der verdeckten Ermittlungsmaßnahmen 2008 gemäß § 100g Abs. 1 StPO aber auch bei einem Mobilfunkgerät in Echtzeit durchgeführt werden, welches sich im Stand-by-Modus befindet. Dies soll nach Willen des Gesetzgebers den rechtlich umstrittenen Einsatz der „Stillen SMS" entbehrlich machen.[230]

Beweisverwertung

Die Erkenntnisse aus der Maßnahme dürfen auch bei späterer Änderung der rechtlichen 299
Wertung verwertet werden, etwa wenn eine spätere Beurteilung eine Katalogstraftat ausschließt. Entscheidend ist, dass zum Anordnungszeitpunkt eine Katalogstraftat zulässig angenommen wurde.[231]

Für Zufallsfunde gilt § 477 Abs. 2 S. 2 StPO. Demnach dürfen Zufallserkenntnisse aus der Maßnahme in anderen Strafverfahren nur verwendet werden, wenn sie auch für dieses Strafverfahren hätte angeordnet werden dürfen. Dem liegt das Prinzip des „hypothetischen Ersatzeingriffs" zugrunde. Zu fragen ist also, ob wegen der Tat, die bei Gelegenheit der Ausführung einer anderweitig angeordneten Maßnahme entdeckt worden ist, ebenfalls eine solche Maßnahme hätte angeordnet werden können.[232]

229 Abgewandelt auf Grundlage von LG Hamburg NJW-Spezial 2011, 282.
230 BT-Drs. 16/5846, 51; vgl. dazu auch Meyer-Goßner § 100a, Rn. 6a.
231 BGHSt 28, 122.
232 Joecks § 477, Rn. 3.

Beispiel
Im Rahmen einer wegen eines BtM-Deliktes angeordneten Handyüberwachung berichtet der Beschuldigte von einem Raub.

Weil auch der Raub eine Katalogstraftat ist, kann die Erkenntnis im Raub-Strafverfahren verwandt werden.

300 Ein Verwertungsverbot ist für Erkenntnisse aus dem Kernbereich privater Lebensführung in § 100a Abs. 4 S. 2 StPO normiert.

301 Unverwertbar sind auch Erkenntnisse, die unter Umgehung der Voraussetzungen der §§ 100a, b StPO erlangt wurden. So etwa bei fehlender Katalogtat, fehlender Anordnungskompetenz oder Missachtung des Subsidiaritätsgrundsatzes. Ebenso sind Erkenntnisse aus Gesprächen mit Verteidigern, Geistlichen oder Abgeordneten gemäß § 160a Abs. 1 StPO nicht verwertbar.

3.6 Erhebung von Verkehrsdaten, § 100g StPO

- ***Aufsatz-Literatur:*** *Volkmer NStZ 2010, 318 (Vorratsdatenspeicherung); Graulich NVwZ 2008, 485 (Telekommunikationsgesetz und Vorratsdatenspeicherung); Sachs JuS 2010, 747 (Grundrechte: Fernmeldegeheimnis); Weber/Meckbach NStZ 2006, 492 (Äußerungsdelikte in Internetforen); Günther 2005, 485 (Zur strafprozessualen Erhebung von Telekommunikationsdaten – Verpflichtung zur Sachverhaltsaufklärung oder verfassungsrechtlich unkalkulierbares Wagnis); Sachs JuS 2005, 742 (Wohnungsdurchsuchung ohne richterliche Anordnung – Beschlagnahme eines Mobiltelefons zur Feststellung geführter Gespräche); Kudlich JA 2009, 72 (Persönlichkeitsschutz für einen Handy-Dieb – keine Auskunft über Telekommunikation mit einem gestohlenen Handy).* 302

- ***Leitentscheidungen:*** *BVerfGE 125, 260 (Verfassungswidrigkeit der Norm, soweit sie die Erhebung von Verkehrsdaten nach § 113 TKG zulässt); BGHSt 56, 138 (Verwertung von rechtmäßig erlangten Kommunikationsdaten); BGH NStZ 2005, 278 (Auskunft über Verbindungsdaten auf elektronischen Datenträgern); BVerfG NStZ 2008, 290 (Einstweilige Anordnung zur Vorratsdatenspeicherung).*

Erhebung von Verkehrsdaten, § 100g StPO

Materielle Rechtmäßigkeit

1. Ermächtigungsgrundlage

a) Tatbestandsvoraussetzung
- Nr. 1: konkretisierter Tatverdacht einer Straftat von erheblicher Bedeutung, insb. Katalogstraftat nach § 100a II StPO *oder* Nr. 2: Straftat, die mittels Telekommunikation begangen wurde
- Erforderlichkeit
- im Falle Nr. 2: strenge Subsidiaritätsklausel

b) Adressat
- Beschuldigter
- Nachrichtenmittler
- Personen, deren Anschluss vom Beschuldigten benutzt wird

2. Anordnungsbefugnis
- Gericht, bei GiV auch StA
- schriftlich, 3 Monate, Verlängerungen um jeweils max. 3 Monate möglich

3. Verfahrensvorschriften
- Schutz des Kernbereichs privater Lebensgestaltung, § 100a II
- Schutz von Berufsgeheimnisträgern, § 160a
- Unterrichtungs- und Löschungspflichten, § 101

4. Rechtsfolge

a) Zulässige Maßnahmen
Erhebung von Verkehrsdaten

b) Verhältnismäßigkeit

Telekommunikation ist der technische Vorgang des Aussendens, Übermittelns und Empfangens von Signalen mittels Telekommunikationsanlagen (§ 3 Nr. 22 TKG). 303

Telekommunikationsanlagen sind technische Einrichtungen oder Systeme, die als Nachrichten identifizierbare elektromagnetische oder optische Signale senden, übertragen, vermitteln, empfangen, steuern oder kontrollieren können (§ 3 Nr. 23 TKG).

Eine Straftat von erheblicher Bedeutung liegt insbesondere vor, wenn sie mindestens der mittleren Kriminalität zuzurechnen ist, den Rechtsfrieden empfindlich stört und dazu geeignet ist, das Gefühl der Rechtssicherheit der Bevölkerung erheblich zu beeinträchtigen (BT-Drs. 16/5846, S. 40 m. w. N.).

Verkehrsdaten sind solche, die bei der Erbringung eines Telekommunikationsdienstes erhoben, verarbeitet oder genutzt werden (§ 3 Nr. 30 TKG).

Konkretisierter Tatverdacht ist eine über den bloßen Anfangsverdacht hinausgehende Wahrscheinlichkeit, dass eine Straftat begangen wurde.

Überblick

304 Die Vorschrift regelt die Erhebung von technischen Daten, sogenannten Verkehrsdaten der Telekommunikation. Verkehrsdaten sind zu trennen von Bestands- und Kommunikationsdaten:

- **Verkehrsdaten:** Dies sind gemäß §§ 3 Nr. 30, 96 Abs. 1 TKG-Daten, die bei der Erbringung eines Telekommunikationsdienstes erhoben, verarbeitet oder genutzt werden, insbesondere sind hierunter Nummer und Kennung der beteiligten Anschlüsse, Beginn und Ende der jeweiligen Verbindung und der in Anspruch genommene Telekommunikationsdienst zu verstehen. Verkehrsdaten werden nur bei einem Telekommunikationsdienstevertrag gespeichert, nicht bei PrePaid-Karten.
- **Bestandsdaten:** Darunter sind gemäß §§ 3 Nr. 3, 111 TKG Daten eines Teilnehmers zu versehen, die für die Begründung, inhaltliche Ausgestaltung, Änderung oder Beendigung eines Vertragsverhältnisses über Telekommunikationsdienste erhoben werden. Es sind dies insbesondere Rufnummern, Name und Anschrift des Anschlussinhabers, Geburtsdatum, Gerätenummer des Gerätes und der Vertragsbeginn. Erhebung zulässig aufgrund Ermittlungsgeneralklausel, §§ 161, 163 StPO i. V. m. §§ 112, 113 TKG, vgl. Rn. 198.
- **Kommunikationsdaten (Inhaltsdaten):** Dies sind Inhalte von Gesprächen, SMS, E-Mail. Erhebung nur zulässig nach §§ 100a, b, vgl. Rn. 282 ff.

305 Im Jahre 2010 wurden in Deutschland rund 12 300 Erst- und 300 Verlängerungsanordnungen für eine Maßnahme nach § 100g StPO erteilt.[233]

306 **Achtung**

Gemäß § 113a TKG waren Provider verpflichtet, Verkehrsdaten 6 Monate zu speichern. Nach einem Urteil des Bundesverfassungsgerichtes vom 2.3.2010 ist diese anlasslose Vorratsdatenspeicherung jedoch mit Art. 10 GG nicht vereinbar und daher nichtig: „Der Grundsatz der Verhältnismäßigkeit verlangt, dass die gesetzliche Ausgestaltung einer solchen Datenspeicherung dem besonderen Gewicht des mit der Speicherung verbundenen Grundrechtseingriffs angemessen Rechnung trägt. Erforderlich sind hinreichend anspruchsvolle und normenklare Regelungen hinsichtlich der Datensicherheit, der Datenverwendung, der Transparenz und des Rechtsschutzes. Hinsichtlich der Datensicherheit bedarf es Regelungen, die einen besonders hohen Sicherheitsstandard normenklar und verbindlich vorgeben. Es ist jedenfalls dem Grunde nach gesetzlich sicherzustellen, dass sich dieser an dem Entwicklungsstand der Fachdiskussion orientiert, neue Erkenntnisse und Einsichten fortlaufend aufnimmt und nicht unter dem Vorbehalt einer freien Abwägung mit allgemeinen wirtschaftlichen Gesichtspunkten steht.“[235] §§ 113a, b TKG erfüllen diese Anforderungen nicht. Somit wurde auch die Erhebung dieser Daten gemäß § 100g Abs. 1 S. 1 StPO für unzulässig erklärt, soweit er den Abruf von Verkehrsdaten erlaubt, die allein aufgrund der Verpflichtung nach §§ 113a, b TKG gespeichert wurden.

Von dieser Nichtigkeit ist nicht die Erhebung von Rechnungsdaten erfasst, sodass eine Speicherung dieser Daten auch weiterhin erfolgt.

233 Http://www.bundesjustizamt.de/cln_108/nn_2103284/DE/Themen/Buergerdienste/Justizstatistik/Telekommunikation/Telekommunikationsueberwachung__node.html?__nnn=true.

234 BVerfGE 125, 260-385.

Grundrechtseingriffe

Die Vorschrift gestattet Eingriffe in das Post- und Fernmeldegeheimnis, Art. 10 GG, und das Recht auf informationelle Selbstbestimmung, Art. 2 Abs. 1 i. V. m. Art. 1 Abs. 1 GG. Geschützt sind damit alle auf dem Wege des Fernmeldeverkehrs übermittelten Daten. Der Schutz von Art. 10 GG endet am Endgerät des Fernsprechteilnehmers.[235] 307

Tatbestandsvoraussetzungen

→ Konkretisierter Tatverdacht einer Straftat von erheblicher Bedeutung 308

In der Variante des § 100g Abs. 1 Nr. 1 StPO muss ein konkretisierter Verdacht hinsichtlich einer Straftat von erheblichen Bedeutung bestehen. Der durch bestimmte Tatsachen begründete Verdacht unterliegt zwar höheren Anforderungen als der bloße Anfangsverdacht, erreicht jedoch nicht bereits den Grad eines „hinreichenden“ oder gar „dringenden“ Tatverdachts, den andere Normen der Strafprozessordnung vorsehen. § 100g Abs. 1 Nr. 1 StPO erfordert eine konkretisierte Verdachtslage. Hierfür reicht das bloße Vorliegen von Anhaltspunkten nicht aus. Es müssen vielmehr konkrete und in gewissem Umfang verdichtete Umstände als Tatsachenbasis für den Verdacht vorhanden sein. Nur bereits ermittelte und in Antrag und Anordnung genannte Tatsachen kommen für die jeweilige Bewertung in Betracht.

Der Begriff der Straftat von erheblicher Bedeutung ist im Gesetz nicht definiert, beispielhaft ist auf die Katalogtaten nach § 100a Abs. 2 StPO verwiesen. Es ist wohl – entsprechend der Gesetzesmaterialien – von einer Straftat mindestens der mittleren Kriminalität auszugehen, die den Rechtsfrieden empfindlich stören und dazu geeignet sein kann, das Gefühl der Rechtssicherheit der Bevölkerung erheblich zu beeinträchtigen.[236] Der Verdacht des Versuches oder der Teilnahme (Anstiftung oder Beihilfe) reicht aus. Es reicht aber nicht ein bloßer Anfangsverdacht einer im Einzelfall eher leichteren Katalogtat. Die Tat muss konkret von erheblicher Bedeutung sein.

Beispiel
A steht im Verdacht, mehrere Straßenraubdelikte unter Mitführung eines Messers begangen zu haben. Dabei wurden die Opfer nur leicht verletzt, die Beute betrug jeweils maximal 50 €.

Der Verdacht dieser Katalogtaten erfüllt nicht die Voraussetzung des § 100g Abs. 1 StPO, Verkehrsdaten dürfen daher nicht erhoben werden.

In der Variante des § 100g Abs. 1 Nr. 2 StPO sind auch weniger schwerwiegende Taten ausreichend. Sie müssen aber im Zusammenhang mit der Telekommunikation stehen.

Beispiele
Beleidigungen oder Nötigungen mittels Telefon; Stalkinghandlungen über SMS; Betrügerische Warenbestellungen mittels PC.

→ Subsidiaritätsklausel 309

Nach der strengen Subsidiaritätsklausel des § 100g Abs. 1 Nr.2 StPO ist die Maßnahme nur zulässig, wenn die Erforschung des Sachverhaltes oder die Ermittlung des Aufenthaltsor-

235 BGHSt 42, 139.
236 So BT-Drs. 16/5846 S. 40.

tes eines Beschuldigten auf andere Weise aussichtslos oder wesentlich erschwert wäre. Auch hier handelt es sich um konkretisierte Erforderlichkeitserwägungen.

Adressaten

310 Die Auskunft über die Verkehrsdaten darf sich gemäß § 100e Abs. 2 i. V. m. § 100a Abs. 3 StPO gegen 3 Personenkreise richten:

- **Beschuldigter**

  Beschuldigter ist jede Person, gegen die sich das Strafverfahren richtet.[237] Sie wird schon zum Beschuldigten, wenn die Strafverfolgungsbehörden Ermittlungsmaßnahmen ergreifen, die erkennbar darauf abzielen, gegen sie wegen einer Straftat strafrechtlich vorzugehen.[238] Insofern ist der Beschuldigtenbegriff formell zu verstehen: Eine Person wird erst durch entsprechenden Willensakt der Strafverfolgungsbehörde zum Beschuldigten.[239] Besondere Anforderungen an den nach außen tretenden Willensakt werden nicht gestellt, es reicht bereits jede konkrete Ermittlungshandlung gegen eine Person mit dem Willen der konkreten Strafverfolgung. Wichtig ist, dass das subjektive Element des Willens zur konkreten Strafverfolgung zur Ermittlungshandlung treten muss, um die Beschuldigteneigenschaft zu konstituieren.

- **Nachrichtenmittler**

  Gegen andere, also nicht beschuldigte Personen, ist die Maßnahme nur zulässig, wenn sie Nachrichtenmittler sind. Dies sind Personen, bei denen aufgrund bestimmter Tatsachen anzunehmen ist, dass sie für den Beschuldigten bestimmte oder von ihm herrührende Mitteilungen entgegennehmen oder weitergeben.

- **Personen, deren Anschluss vom Beschuldigten genutzt wird**

  Gleiches wie für den Nachrichtenmittler gilt für Personen, deren Anschluss vom Beschuldigten genutzt wird, unabhängig von deren Kenntnis.

Anordnungsbefugnis

311 §§ 100g Abs. 2 i. V. m. 100b Abs. 1 StPO normieren die Anordnungskompetenz. Anordnungen auf Erhebung der Verkehrsdaten dürfen grundsätzlich nur auf Antrag der Staatsanwaltschaft durch das Gericht ergehen. Diesen Antrag darf nur die Staatsanwaltschaft, nicht die Polizei stellen. § 163 Abs. 2 S. 2 StPO, nach dem die Polizei sich auch unmittelbar an das Gericht wenden kann, gilt hier nicht. Das Gericht darf den Antrag des Gerichts auch nicht nach § 165 StPO als Notstaatsanwalt ersetzen. Bei Gefahr im Verzuge reicht die Anordnung der Staatsanwaltschaft. In diesem Fall muss binnen 3 Tagen eine richterliche Bestätigung erfolgen. Für die Fristberechnung gelten die §§ 42, 43 StPO. Demnach zählt der Anfangstag nicht mit. Fällt das Ende der Frist auf einen Samstag, Sonntag oder Feiertag, so endet die Frist mit Ablauf des nächsten Werktages.[240]

---

237 BGHSt 10, 8 (12).

238 Vgl. dazu auch § 397 Abs. 1 AO für Steuerstrafverfahren.

239 BGHSt 34, 138 (140).

240 Vgl. § 43 Abs. 2 StPO, der aufgrund des allgemeinen Rechtsgedankens nicht nur bei Wochen- und Monatsfristen, sondern auch bei Tagesfristen anzuwenden ist.

Beispiel

Am Dienstag ordnet die Staatsanwältin die Erhebung von Verkehrsdaten an. Spätestens am nächsten Montag muss eine richterliche Bestätigung erfolgen. Die staatsanwaltliche Anordnung gilt also längstens 6 Tage.

Die Anordnung ergeht schriftlich, ist zu begründen und auf höchsten 3 Monate zu be- 312
fristen. Eine Verlängerung um jeweils maximal 3 Monate ist zulässig. Notwendiger Inhalt der Anordnung ergibt sich aus § 100b Abs. 2 StPO. Entfallen die Voraussetzungen, die bei Anordnung vorlagen, ist die Maßnahme unverzüglich zu beenden, § 100b Abs. 4 S. 1 StPO. Abweichend von § 100b Abs. 2 Nr. 2 StPO ist im Falle einer Straftat von erheblicher Bedeutung eine räumlich und zeitlich hinreichend bestimmte Bezeichnung der Telekommunikation ausreichend. Dann muss nach der Subsidiaritätsklausel des § 100g Abs. 2 a. E. die Erforschung des Sachverhaltes oder die Ermittlung des Aufenthaltsortes des Beschuldigten auf andere Weise aussichtslos oder wesentlich erschwert sein. Damit wird die sogenannte Funkzellenabfrage ermöglicht, mit der alle Mobilfunkteilnehmer eines bestimmten örtlichen Bereichs ermittelt werden sollen.

Verfahrensvorschriften

- **Schutz von Berufsgeheimnisträgern, § 160a StPO** 313

  Gemäß § 160a StPO darf sich die Maßnahme nicht gegen einen Berufsgeheimnisträger richten, dennoch erlangte Erkenntnisse dürfen nicht verwertet werden, Aufzeichnungen darüber sind zu vernichten. Die Vorschrift ergänzt die Zeugnisverweigerungsrechte und richtet sich primär an Verteidiger, Geistliche und Abgeordnete (Absatz 1) und ihre Berufshelfer (Absatz 3). Bei den in § 160a Abs. 2 StPO genannten zeugnisverweigerungsberechtigten Personen ist die Verhältnismäßigkeit besonders zu beachten.

- **Unterrichtungs- und Löschungspflichten, § 101 StPO**

  Gem. § 101 Abs. 4 StPO ist der Betroffene (nachträglich) von der Maßnahme zu unterrichten mit dem Hinweis, dass auch nachträglich gerichtlicher Rechtsschutz möglich ist. Die Benachrichtigung unterbleibt gemäß § 101 Abs. 4 S. 3 StPO, wenn ihr überwiegend schutzwürdige Belange einer betroffenen Person entgegenstehen. Gemäß § 101 Abs. 5 StPO erfolgt die Benachrichtigung, sobald dies ohne Gefährdung des Untersuchungszweckes, des Lebens, der körperlichen Unversehrtheit und der persönlichen Freiheit einer Person und von bedeutenden Vermögenswerten sowie der Möglichkeit der weiteren Verwendung eines Verdeckten Ermittlers möglich ist. Wird die Benachrichtigung zurückgestellt, sind die Gründe aktenkundig zu machen. Sind Daten nicht mehr erforderlich, sind sie umgehend zu löschen.

Rechtsfolge

§ 100g StPO regelt die Erhebung von Verkehrsdaten der Telekommunikation. Damit ist 314
zum einen der Anspruch auf Herausgabe der Daten gegen den Telekommunikationsdienstanbieter erfasst. Seine Pflicht, die Daten zur Verfügung zu stellen, ergibt sich aus § 100g Abs. 2 S.1 i. V. m. § 100b Abs. 3 StPO. Demnach haben die Telekommunikationsanbieter die Maßnahme zu ermöglichen und die erforderlichen Angaben unverzüglich zu erteilen.

Zum anderen ist auch die eigene Erhebung der Daten in Echtzeit durch die Polizei erfasst, § 100g Abs. 1 S. 3 StPO. Dies dient insbesondere der Unterstützung von Observationsmaßnahmen und Erstellung eines Bewegungsbildes des Täters.

315 Werden Daten nicht beim Telekommunikationsanbieter erhoben, so ist ausweislich § 100g Abs. 3 StPO nach Abschluss des Kommunikationsvorganges nicht § 100g StPO einschlägig. Dann bestimmt sich die Erhebung nach allgemeinen Regeln, namentlich der Sicherstellungs-/Beschlagnahmevorschriften, da nach Abschluss des Kommunikationsvorganges kein Eingriff in Art. 10 GG mehr vorliegt.

Den Umfang der erlaubten Erhebung bestimmt § 96 TKG: Es handelt sich insbesondere um Nummer und Kennung der beteiligten Anschlüsse (IMEI-Nummern der Handys sowie IP-Adressen der beteiligten PC), Beginn und Ende der jeweiligen Verbindung und den vom Nutzer in Anspruch genommenen Telekommunikationsdienst. Standortdaten eines Handys sind ebenfalls Verkehrsdaten. So kann im Rahmen von Observationsmaßnahmen ein Bewegungsbild des Tatverdächtigen erstellt werden.

316 Unter der Wahrung der Subsidiaritätsklausel des § 100g Abs. 2 a. E. ist auch die Funkzellenabfrage zulässig, mit der alle Mobilfunkteilnehmer eines bestimmten örtlichen Bereichs ermittelt werden sollen.

Beweisverwertung

317 Die Erkenntnis aus der Maßnahme dürfen auch bei späterer Änderung der rechtlichen Wertung verwertet werden, etwa wenn eine spätere Beurteilung eine Katalogstraftat ausschließt. Entscheidend ist, dass zum Anordnungszeitpunkt eine Katalogstraftat zulässig angenommen wurde.[241]

Für Zufallsfunde gilt § 477 Abs. 2 S. 2 StPO. Demnach dürfen Zufallserkenntnisse aus der Maßnahme in anderen Strafverfahren nur verwendet werden, wenn sie auch für dieses Strafverfahren hätte angeordnet werden dürfen. Dem liegt das Prinzip des „hypothetischen Ersatzeingriffs“ zugrunde. Zu fragen ist also, ob wegen der Tat, die bei Gelegenheit der Ausführung einer anderweitig angeordneten Maßnahme entdeckt worden ist, ebenfalls eine solche Maßnahme hätte angeordnet werden können.[242]

> **Beispiel**
> Im Rahmen einer wegen eines BtM-Deliktes angeordneten Handyüberwachung berichtet der Beschuldigte von einem Raub.

Weil auch der Raub eine Katalogstraftat ist, kann die Erkenntnis im Raub-Strafverfahren verwandt werden.

318 Ein Verwertungsverbot ist für Erkenntnisse aus dem Kernbereich persönlicher Lebensgestaltung in § 100a Abs. 4 S. 2 StPO normiert. Unverwertbar sind auch Erkenntnisse, die unter Umgehung der Voraussetzungen des §§ 100a, b StPO erlangt wurden. So etwa bei fehlender Katalogtat, fehlender Anordnungskompetenz oder Missachtung des Subsidiaritätsgrundsatzes. Ebenso sind Erkenntnisse aus Gesprächen mit Verteidigern, Geistlichen oder Abgeordneten gemäß § 160a Abs. 1 StPO nicht verwertbar.

241 BGHSt 28, 122.
242 Joecks § 477, Rn. 3.

3.7 Einsatz eines „IMSI-Catchers", 100i StPO

- ***Aufsatz-Literatur:*** *Sachs JuS 2007, 375 (Feststellung der Geräte- und Kartennummer eines Mobilfunkendgerätes sowie seines Standortes als Eingriffe in die durch Art. 10 I GG geschützten Geheimnisse).* 319
- ***Leitentscheidungen:*** *BVerfG NJW 2007, 351 (Grundrechtsrelevanz von Maßnahmen nach § 100i StPO).*
- ***Übungsfälle:*** *Jochum JuS 2010, 719 ([Original-Referendarexamensklausur – Öffentliches Recht – Grundrechte, Strafverfolgung und Kommunikation – Einsatz eines IMSI-Catchers).*

Einsatz eines „IMSI-Catchers" § 100i StPO

Materielle Rechtmäßigkeit

1. Ermächtigungsgrundlage

a) Tatbestandsvoraussetzung

- konkretisierter Tatverdacht einer Straftat von erheblicher Bedeutung, insb. Katalogstraftat nach § 100a II StPO
- Erforderlichkeit

b) Adressat

- Beschuldigter
- Nachrichtenmittler
- Personen, deren Anschluss vom Beschuldigten benutzt wird

2. Anordnungsbefugnis

- Gericht, bei GiV auch StA
- schriftlich, Dauer: 6 Monate, Verlängerung um jeweils max. 6 Monate möglich

3. Verfahrensvorschriften

- Unterrichtungs- und Löschungspflichten, § 101 StPO

4. Rechtsfolge

a) Zulässige Maßnahmen
techn. Ermittlung der IMSI und der IMEI
Standortbestimmung des Mobilfunkgerätes

b) Verhältnismäßigkeit

Eine Straftat von erheblicher Bedeutung liegt insbesondere vor, wenn sie mindestens der mittleren kriminalität zuzurechnen ist, den Rechtsfrieden empfindlich stört und dazu geeignet ist, das Gefühl der Rechtssicherheit der Bevölkerung erheblich zu beeinträchtigen (BT-Drs. 16/5846, S. 40 m. w. N.). 320

Gefahr im Verzuge ist gegeben, wenn auf den Beschluss des Gerichts nicht gewartet werden kann, ohne dass die Erforschung des Sachverhaltes oder die Ermittlung des Aufenthaltsortes des Beschuldigten gefährdet wäre.

Beschuldigter ist jede Person, gegen die im Rahmen eines Strafverfahrens wegen einer bestimmten Straftat ermittelt wird (BGHSt 10, 8 (12).

Konkretisierter Tatverdacht ist eine über den bloßen Anfangsverdacht hinausgehende Wahrscheinlichkeit, dass eine Straftat begangen wurde.

Überblick

321 § 100i StPO dient 2 technisch unterschiedlichen Ermittlungsmaßnahmen. Zum einen dient sie der technischen Ermittlung der IMSI (International Mobile Subscriber Identity = Teilnehmeridentifikationsnummer, gespeichert auf der SIM-Karte) sowie der IMEI (International Mobile Equipment Identity = Gerätenummer) von Mobilfunkendgeräten. Das sind erforderliche Daten, um eine Telekommunikationsüberwachung nach § 100a StPO zu beantragen. Zum anderen kann nach § 100i Nr. 2 StPO der Standort eines Mobilfunkendgerätes bestimmt werden. Damit kann die Maßnahme dazu dienen, eine Telekommunikationsüberwachung oder auch die Erhebung von Verkehrs- oder Bestandsdaten vorzubereiten. Dazu simuliert der IMSI-Catcher die Basisstation einer Funkzelle, bei dem sich alle Handys im Bereich des Gerätes einwählen. Dabei werden viele Daten Unbeteiligter erfasst, die Mobiltelefone können geortet und über die IMSI-Nummer ihre Inhaber bestimmt werden. Bewegt sich die Zielperson, werden durch mehrere Messungen die Übereinstimmung der IMSI- und IMEI-Nummer geprüft. Selbst bei einem Wechsel der SIM-Karte ist die Ortung möglich, da auch die IMEI-Nummer des Gerätes bei der Kommunikation übermittelt wird.

322 Gegenüber dem Mobilfunknetz gibt sich der IMSI-Catcher als Handy aus, sodass auch ein Abhören des Gespräches technisch möglich ist. Das Abhören ist jedoch nicht durch § 100i StPO zugelassen. Dazu müssen die Voraussetzungen des § 100a StPO vorliegen.

Grundrechtseingriffe

323 Durch die Maßnahme wird nicht in Art. 10 GG eingegriffen.[243] Es liegen nur geringfügige Eingriffe in das Recht auf informationelle Selbstbestimmung vor. Soweit der Einsatz eine IMSI-Catchers kurzfristige Versorgungslücken bei unbeteiligten Dritten verursacht, ist die allgemeine Handlungsfreiheit nach Art. 2 Abs. 1 GG berührt.

Tatbestandsvoraussetzungen

324 **→ Konkretisierter Tatverdacht für eine Straftat von erheblicher Bedeutung**

§ 100i Abs. 1 StPO erfordert zunächst einen konkretisierter Verdacht hinsichtlich einer Straftat von erheblichen Bedeutung. Der durch bestimmte Tatsachen begründete Verdacht unterliegt zwar höheren Anforderungen als der bloße Anfangsverdacht, erreicht jedoch nicht bereits den Grad eines „hinreichenden" oder gar „dringenden" Tatverdachts, den andere Normen der Strafprozessordnung vorsehen. § 100i Abs. 1 StPO erfordert eine konkretisierte Verdachtslage. Hierfür reicht das bloße Vorliegen von Anhaltspunkten nicht aus. Es müssen vielmehr konkrete und in gewissem Umfang verdichtete Umstände als Tatsachenbasis für den Verdacht vorhanden sein.

Der Begriff der Straftat von erheblicher Bedeutung ist im Gesetz nicht definiert, beispielhaft ist auf die Katalogtaten nach § 100a Abs. 2 StPO verwiesen. Es ist wohl – entsprechend der Gesetzesmaterialien – von einer Straftat mindestens der mittleren Kriminalität auszugehen, die den Rechtsfrieden empfindlich stören und dazu geeignet sein kann, das Gefühl der Rechtssicherheit der Bevölkerung erheblich zu beeinträchtigen.[244] Der Verdacht des Versuches oder der Teilnahme (Anstiftung oder Beihilfe) reicht aus. Es reicht

243 BVerfG NJW 2007, 351.
244 So BT-Drs. 16/5846 S. 40.

aber nicht ein bloßer Anfangsverdacht einer im Einzelfall eher leichteren Katalogtat. Die Tat muss konkret von erheblicher Bedeutung sein.

Beispiel
A steht im Verdacht, 2 Straßenraubdelikte unter Mitführung eines Messers begangen zu haben. Dabei wurden die Opfer nur leicht verletzt, die Beute betrug jeweils maximal 50 €.

Der Verdacht dieser Katalogtaten erfüllt nicht die Voraussetzung des § 100i Abs. 1 StPO, der IMSI-Catcher darf nicht eingesetzt werden.

Schließlich muss die Maßnahme zur Erforschung des Sachverhaltes oder der Ermittlung des Aufenthaltsortes des Beschuldigten erforderlich sein. Dies ist lediglich ein im Tatbestand erfolgter allgemeiner Hinweis auf das rechtsstaatliche Gebot der Verhältnismäßigkeit im weiteren Sinne.

Adressaten

Die Ermittlung der entsprechenden Daten darf sich gemäß § 100i Abs. 3 i.V.m. § 100a 325
Abs. 3 StPO gegen 3 Personenkreise richten:

- **Beschuldigter**
  Beschuldigter ist jede Person, gegen die sich das Strafverfahren richtet.[245] Sie wird schon zum Beschuldigten, wenn die Strafverfolgungsbehörden Ermittlungsmaßnahmen ergreifen, die erkennbar darauf abzielen, gegen sie wegen einer Straftat strafrechtlich vorzugehen.[246] Insofern ist der Beschuldigtenbegriff formell zu verstehen: Eine Person wird erst durch entsprechenden Willensakt der Strafverfolgungsbehörde zum Beschuldigten.[247] Besondere Anforderungen an den nach außen tretenden Willensakt werden nicht gestellt, es reicht bereits jede konkrete Ermittlungshandlung gegen eine Person mit dem Willen der konkreten Strafverfolgung. Wichtig ist, dass das subjektive Element des Willens zur konkreten Strafverfolgung zur Ermittlungshandlung treten muss, um die Beschuldigteneigenschaft zu konstituieren.
- **Nachrichtenmittler**
  Gegen andere, also nicht beschuldigte Personen ist die Maßnahme nur zulässig, wenn sie Nachrichtenmittler sind. Dies sind Personen, bei denen aufgrund bestimmter Tatsachen anzunehmen ist, dass sie für den Beschuldigten bestimmte oder von ihm herrührende Mitteilungen entgegennehmen oder weitergeben.
- **Personen, deren Anschluss vom Beschuldigten genutzt wird**
  Gleiches wie für den Nachrichtenmittler gilt für Personen, deren Anschluss vom Beschuldigten genutzt wird, unabhängig von deren Kenntnis.

Gemäß § 100i Abs. 2 StPO dürfen personenbezogene Daten anderer Personen nur erhoben werden, wenn dies aus technischen Gründen unvermeidbar ist.

245 BGHSt 10, 8 (12).
246 Vgl. dazu auch § 397 Abs. 1 AO für Steuerstrafverfahren.
247 BGHSt 34, 138 (140).

Anordnungsbefugnis

326 § 100i Abs. 2 i. V. m. § 100b Abs. 1 StPO normiert die Anordnungskompetenz. Anordnungen zum Einsatz des IMSI-Catchers dürfen grundsätzlich nur auf Antrag der Staatsanwaltschaft durch das Gericht erfolgen. Diesen Antrag darf nur die Staatsanwaltschaft, nicht die Polizei stellen. § 163 Abs. 2 S. 2 StPO, nach dem die Polizei sich auch unmittelbar an das Gericht wenden kann, gilt hier nicht. Das Gericht darf den Antrag des Gerichts auch nicht nach § 165 StPO als Notstaatsanwalt ersetzen. Bei Gefahr im Verzuge reicht die Anordnung der Staatsanwaltschaft. In diesem Fall muss binnen 3 Tagen eine richterliche Bestätigung erfolgen. Für die Fristberechnung gelten die §§ 42, 43 StPO. Demnach zählt der Anfangstag nicht mit. Fällt das Ende der Frist auf einen Samstag, Sonntag oder Feiertag, so endet die Frist mit Ablauf des nächsten Werktages.[248]

Beispiel
Am Dienstag ordnet die Staatsanwältin den Einsatz eines IMSI-Catchers an. Spätestens am nächsten Montag muss eine richterliche Bestätigung erfolgen. Die staatsanwaltliche Anordnung gilt also längstens 6 Tage.

327 Die Anordnung ergeht schriftlich, ist zu begründen (§ 34 StPO) und auf höchsten 6 Monate zu befristen, § 100i Abs. 3 S. 2 StPO. Eine Verlängerung um jeweils maximal 6 Monate ist zulässig. Entfallen die Voraussetzungen, die bei Anordnung vorlagen, ist die Maßnahme unverzüglich zu beenden, § 100b Abs. 4 S. 1 StPO.

Verfahrensvorschriften

328 Gemäß § 101 Abs. 4 StPO ist die Zielperson (nachträglich) von der Maßnahme zu unterrichten mit dem Hinweis, dass auch nachträglich gerichtlicher Rechtsschutz möglich ist. Die Benachrichtigung unterbleibt gemäß § 101 Abs. 4 S. 3 StPO, wenn ihr überwiegende schutzwürdige Belange einer betroffenen Person entgegenstehen. Gemäß § 101 Abs. 5 StPO erfolgt die Benachrichtigung, sobald dies ohne Gefährdung des Untersuchungszweckes, des Lebens, der körperlichen Unversehrtheit und der persönlichen Freiheit einer Person und von bedeutenden Vermögenswerten sowie der Möglichkeit der weiteren Verwendung eines Verdeckten Ermittlers möglich ist. Wird die Benachrichtigung zurückgestellt, sind die Gründe aktenkundig zu machen. Sind Daten nicht mehr erforderlich, sind sie umgehend zu löschen. Unterlagen sind zu vernichten, wenn sie für das Verfahren nicht mehr benötigt werden.

Rechtsfolge

329 Die Maßnahme dient der Ermittlung der IMSI (Teilnehmeridentifizierungsnummer) durch technische Mittel, welche auf der SIM-Karte gespeichert ist. Sie wird weltweit immer nur einmal vergeben und ermöglicht die Feststellung der Telefonnummer wie des Inhabers. Weiterhin dient die Vorschrift der technischen Ermittlung der IMEI, also der Gerätenummer. Damit kann festgestellt werden, welche Telefonnummern dem Gerät zugeordnet wurden. Dies ist relevant bei Beschuldigten, die ihre SIM-Karten häufig wechseln. Dabei ist jedoch zu bedenken, dass durch Manipulationsprogramme die Möglichkeit besteht, die IMEI-Nummer zu überschreiben (SIM-Lock-Entsperrung).

248 Vgl. § 43 Abs. 2 StPO, der aufgrund des allgemeinen Rechtsgedankens nicht nur bei Wochen- und Monatsfristen, sondern auch bei Tagesfristen anzuwenden ist.

Die ersten Ziffern der IMSI bezeichnet den Netzbetreiber; anhand der weiteren Ziffern kann gemäß §§ 161, 163 StPO über die beim Netzbetreiber gespeicherten Bestandsdaten (u. a. Rufnummer, Name, und Anschrift des Rufnummerinhabers) der Mobilfunkteilnehmer ermittelt werden. Die Abfrage der Bestandsdaten ist auch per IMEI möglich, was dann von Bedeutung ist, wenn ein Mobiltelefon mit verschiedenen SIM-Karten genutzt wird.[249] Bestandsdaten von ausländischen Providern können jedoch nur durch ein Rechtshilfeersuchen erlangt werden.

Schließlich kann mittels IMSI-Catcher eine Standortbestimmung des Mobilfunkendgerätes erfolgen. Dies erfolgt dadurch, dass eine durch den IMSI-Catcher aufgebaute virtuelle Funkzelle nach dem Mobiltelefon der Zielperson durchsucht wird. Daher müssen die IMEI, IMSI- oder Telefonnummer und der ungefähre Standort der Zielperson bekannt sein. Ist das gesuchte Mobiltelefon erfasst, sind zur genauen Positionsbestimmung weitere Messungen von verschiedenen Standorten erforderlich.[250] **330**

Wenn durch den Einsatz des IMSI-Catchers auch ein Mithören des Telefongesprächs möglich ist, wird dies durch § 100i StPO nicht gedeckt. Erforderlich ist dann eine Anordnung nach §§ 100a, b StPO. **331**

§ 100i StPO erfasst nur die technische Ermittlung der entsprechenden Daten, also den Einsatz des IMSI-Catchers. Soweit Mitwirkung der Telekommunikationsunternehmen erforderlich sind, ergeben sich diese aus den allgemeinen Vorschriften, insbesondere §§ 94 ff., 161 Abs. 1 S. 2 StPO und den Auskunftspflichten der Telekommunikationsdienstleister nach §§ 111 ff. TKG.[251] **332**

Beweisverwertung

Zufallsfunde bei Dritten dürfen gemäß § 100i Abs. 2 StPO für andere Strafverfahren nicht verwendet werden. Diese Vorschrift geht der allgemeinen Regelung des § 477 Abs. 2 S. 2 StPO vor. **333**

249 BVerfG NJW 2007, 351.
250 BVerG a. a. O.
251 Meyer-Goßner § 100i, Rn. 19.

3.8 Datenabgleich, § 98c StPO

334 • ***Aufsatz-Literatur:*** *Wittig JuS 1997, 961 (Schleppnetzfahndung, Rasterfahndung und Datenabgleich); Siebrecht StV 1996, 566 (Ist der Datenabgleich zur Aufklärung einer Straftat rechtmäßig?).*

335

Datenabgleich
§ 98c StPO

Materielle Rechtmäßigkeit

1. Ermächtigungsgrundlage

a) Tatbestandsvoraussetzung

– Zweckbindung:
zur Aufklärung einer Straftat
oder
zur Ermittlung des Aufenthaltsortes einer Person

b) Adressat

– Jedermann

2. Anordnungsbefugnis

– StA/Polizeibeamte

3. Verfahrensvorschriften

- - - - -

4. Rechtsfolge

a) Zulässige Maßnahmen
Abgleich personenbezogener Daten aus Strafverfahren mit polizeilichen Dateien

b) Verhältnismäßigkeit

Personenbezogene Daten sind Einzelangaben über persönliche oder sachliche Verhältnisse einer bestimmten oder bestimmbaren Person.

Überblick

336 Die Vorschrift regelt den Abgleich von strafprozessual erlangten Daten mit polizeilichen Dateien. Sie ergänzt insofern die landesgesetzlichen, gefahrenabwehrenden Regelungen.[252] Aufgrund der repressiven Zweckrichtung hat die Maßnahme geringere praktische Bedeutung als die jeweils korrespondierende gefahrenabwehrende Landesvorschrift. Aufgrund des geringfügigen Grundrechtseingriffs sind keine wesentlich einschränkenden Voraussetzungen normiert.

252 Vgl. z. B. § 25 PolG NRW.

Grundrechtseingriff

Durch den Datenabgleich wird geringfügig in das Grundrecht auf informationelle Selbstbestimmung aus Art. 2 Abs. 1 i. V. m. Art 1 Abs. 1 GG eingegriffen. 337

Tatbestandsvoraussetzungen

Voraussetzung ist lediglich die Zweckbindung: Der Datenabgleich muss der Aufklärung einer Straftat oder der Ermittlung des Aufenthaltsortes einer Person dienen, nach der für die Zwecke des Strafverfahrens gefahndet wird. 338

Adressat

Die Maßnahme kann sich sowohl gegen Beschuldigte und Verdächtige als auch Zeugen oder Sachverständige richten. 339

Anordnungsbefugnis

Mangels ausdrücklicher Regelung sind die Staatsanwaltschaft sowie jeder Polizeibeamte anordnungsbefugt. 340

Rechtsfolge

§ 98c StPO gestattet den Abgleich der Daten mit polizeilichen Dateien. Damit sind alle Dateien gemeint, welche die Polizei selbst führt, sowie solche, auf die die Polizei im Online-Verfahren Zugriff hat. 341

> **Beispiele**
> Personen- und Sachfahndung, Haftdatei, Kriminalaktennachweis-Land/Bund; Ausländerzentralregister, Einwohnermeldedatei: Im Rahmen eines Ermittlungsverfahrens wegen Hehlerei werden alle Einträge der Einwohnermeldedatei eines Mehrfamilienhauses erhoben und mit den vorhandenen polizeilichen Fahndungsdateien abgeglichen.

3.9 Polizeiliche Beobachtung, § 163e StPO

342 • ***Aufsatz-Literatur:*** *Sinn JURA 2003, 812 (Besondere Ermittlungsmaßnahmen und die damit verbundenen Beweisprobleme); Krahl NStZ 1998, 339 (Anwendungsbereich der polizeilichen Beobachtung nach § 163e StPO als strafprozessuale Ermittlungsmaßnahme).*

343 **Polizeiliche Beobachtung**
§ 163e StPO

Materielle Rechtmäßigkeit

1. Ermächtigungsgrundlage

a) Tatbestandsvoraussetzung

– Anfangsverdacht einer Straftat von erheblicher Bedeutung
– qualifizierte Subsidiaritätsklausel

b) Adressat

– Beschuldigter
– Kontaktpersonen bei Erfolgsprognose

2. Anordnungsbefugnis

– Gericht, bei GiV auch StA
– Anordnungsdauer: 1 Jahr, Verlängerung um jeweils max. 3 Monate möglich

3. Verfahrensvorschriften

– Unterrichtungs- und Löschungspflichten, § 101 StPO

4. Rechtsfolge

a) Zulässige Maßnahmen
Ausschreibung der Person/des Kennzeichens in polizeilichen Datensystemen

b) Verhältnismäßigkeit

Eine Straftat von erheblicher Bedeutung liegt insbesondere vor, wenn sie mindestens der mittleren Kriminalität zuzurechnen ist, den Rechtsfrieden empfindlich stört und dazu geeignet ist, das Gefühl der Rechtssicherheit der Bevölkerung erheblich zu beeinträchtigen (BT-Drs. 16/5846, S. 40 m. w. N.).

Gefahr im Verzuge ist gegeben, wenn auf den Beschluss des Gerichts nicht gewartet werden kann, ohne dass die Erforschung des Sachverhaltes oder die Ermittlung des Aufenthaltsortes des Beschuldigten gefährdet wäre.

Beschuldigter ist jede Person, gegen die im Rahmen eines Strafverfahrens wegen einer bestimmten Straftat ermittelt wird (BGHSt 10, 8 (12).

Anfangsverdacht ist gegeben, wenn zureichende tatsächliche Anhaltspunkte auf eine verübte Straftat hindeuten.

Überblick

344 Entgegen dem Wortlaut der gesetzlichen Überschrift handelt es sich hier nicht um Beobachtung im Sinne von Observationen. Diese finden ihre Rechtsgrundlagen in §§ 161, 163 StPO (kurzfristige Observation) bzw. § 163f StPO (längerfristige Observation). Bei der polizeilichen Beobachtung geht es um die Ausschreibung einer Person in polizeilichen Fahndungssystemen mit dem Zweck, heimlich ein Bewegungsbild zu erstellen und Be-

ziehungen zu anderen Personen zu erkennen. Sie dient damit in erster Linie der Ermittlungen beim polizeilichen Staatsschutz. Wird der Betroffene im Rahmen einer Kontrolle (z. B. allgemeine Verkehrskontrolle oder einer Kontrollstelle nach § 111 StPO) angetroffen, werden Daten über Reisewege, Transportmittel, Begleitpersonen und Ähnliches der ausschreibenden Stelle übermittelt.

Grundrechtseingriff

Durch die Ausschreibung zur polizeilichen Beobachtung wird in das Grundrecht auf informationelle Selbstbestimmung aus Art. 2 Abs. 1 i. V. m. Art 1 Abs. 1 GG eingegriffen. 345

Tatbestandsvoraussetzungen

Erforderlich ist ein Anfangsverdacht hinsichtlich einer Straftat von erheblicher Bedeutung. 346 Der Begriff ist im Gesetz nicht definiert, findet sich aber in einigen Vorschriften der Strafprozessordnung, so etwa bei § 100a StPO. Es ist wohl – entsprechend der Gesetzesmaterialien – von einer Straftat mindestens der mittleren Kriminalität auszugehen, die den Rechtsfrieden empfindlich stören und dazu geeignet sein kann, das Gefühl der Rechtssicherheit der Bevölkerung erheblich zu beeinträchtigen.[253] Der Verdacht des Versuches oder der Teilnahme (Anstiftung oder Beihilfe) reicht aus.

> **Beispiel**
> A ist Kopf einer rechtsradikalen Gruppierung. Um die Organisationsstruktur zu ermitteln, wird er zur polizeilichen Beobachtung ausgeschrieben.

Nach der qualifizierten Subsidiaritätsklausel des § 163e Abs. 1 S. 2 StPO ist die Maßnahme nur zulässig, wenn die Erforschung des Sachverhaltes oder die Ermittlung des Aufenthaltsortes „des Täters“[254] auf andere Weise erheblich weniger Erfolg versprechend oder wesentlich erschwert wäre. Auch hier handelt es sich um konkretisierte Erforderlichkeitserwägungen. 347

Adressat

Die Maßnahme kann sowohl gegen den Beschuldigten als auch gegen Kontaktpersonen des Beschuldigten angeordnet werden. 348

Begleitpersonen können festgestellt und der ausschreibenden Stelle gemeldet werden.

Anordnungsbefugnis

§ 163e Abs. 4 StPO normiert die Anordnungskompetenz. Anordnungen von Ausschreibungen zur polizeilichen Beobachtung dürfen grundsätzlich nur durch das Gericht erfolgen. 349 Diesen Antrag darf auch die Polizei stellen, vgl. § 163 Abs. 2 S. 2 StPO, nach dem die Polizei sich auch unmittelbar an das Gericht wenden kann. Bei Gefahr im Verzuge reicht die Anordnung der Staatsanwaltschaft. Eine Anordnung durch die Ermittlungspersonen der Staatsanwaltschaft ist nach den Gesetzesmaterialien ausdrücklich nicht gewollt und nicht zulässig.[255] Im Falle der staatsanwaltlichen Anordnung muss binnen 3 Tagen eine schriftli-

253 So BT-Drs. 16/5846 S. 40.
254 Die Vorschrift ist hier sprachlich missglückt: Richtig muss es „des Beschuldigten“ heißen.
255 Vgl. BT-Drs. 12/2720, S. 48.

che[256] richterliche Bestätigung erfolgen. Für die Fristberechnung gelten die §§ 42,43 StPO. Demnach zählt der Anfangstag nicht mit. Fällt das Ende der Frist auf einen Samstag, Sonntag oder Feiertag, so endet die Frist mit Ablauf des nächsten Werktages.[257]

Beispiel
Am Dienstag ordnet die Staatsanwältin eine polizeiliche Beobachtung an. Spätestens am nächsten Montag muss eine richterliche Bestätigung erfolgen. Die staatsanwaltliche Anordnung gilt also längstens 6 Tage.

350 Die Anordnung selbst kann mündlich ergehen. Ergeht sie schriftlich, ist sie zu begründen (§ 34 StPO). Sie ist auf höchstens 1 Jahr zu befristen, eine Verlängerung um jeweils maximal 3 Monate ist zulässig.

Verfahrensvorschriften

351 Gemäß § 101 Abs. 4 Nr. 11 StPO ist der Zielperson und die Person, deren personenbezogene Daten gemeldet wurden, (nachträglich) von der Maßnahme zu unterrichten mit dem Hinweis, dass auch nachträglich gerichtlicher Rechtsschutz möglich ist. Die Benachrichtigung unterbleibt gemäß § 101 Abs. 4 S. 3 StPO, wenn ihr überwiegende schutzwürdige Belange einer betroffenen Person entgegenstehen. Gemäß § 101 Abs. 5 StPO erfolgt die Benachrichtigung, sobald dies ohne Gefährdung des Untersuchungszweckes, des Lebens, der körperlichen Unversehrtheit und der persönlichen Freiheit einer Person und von bedeutenden Vermögenswerten sowie der Möglichkeit der weiteren Verwendung eines Verdeckten Ermittlers möglich ist. Wird die Benachrichtigung zurückgestellt, sind die Gründe aktenkundig zu machen. Sind Daten nicht mehr erforderlich, sind sie umgehend zu löschen.

Unterlagen sind zu vernichten, wenn sie für das Verfahren nicht mehr benötigt werden.

Rechtsfolge

352 § 163e StPO gestattet zum einen die Ausschreibung der Person in polizeilichen Datensystemen. Zum anderen dürfen nach § 163e Abs. 2 StPO auch Fahrzeugkennzeichen des Beschuldigten und der Kontaktpersonen ausgeschrieben werden.

256 Meyer-Goßner § 163e, Rn. 14.
257 Vgl. § 43 Abs. 2 StPO, der aufgrund des allgemeinen Rechtsgedankens nicht nur bei Wochen- und Monatsfristen, sondern auch bei Tagesfristen anzuwenden ist.

3.10 Rasterfahndung, §§ 98a, b StPO

- ***Aufsatz-Literatur:*** *Bischof KJ 2004, 361 (Europäische Rasterfahndung); Wittig JuS 1997, 961 (Schleppnetzfahndung, Rasterfahndung und Datenabgleich).* 353
- ***Leitentscheidungen:*** *BVerfG NJW 2009, 1405 (Abgrenzung von Rasterfahndung zu Maßnahmen nach der Ermittlungsgeneralklausel).*

Rasterfahndung
§§ 98a, b StPO

Materielle Rechtmäßigkeit

1. Ermächtigungsgrundlage

a) Tatbestandsvoraussetzung
- Anfangsverdacht einer Straftat von erheblicher Bedeutung auf speziell genannten Gebieten
- qualifizierte Subsidiaritätsklausel

b) Adressat
- private oder öffentliche Stellen, die entsprechende Daten führen

2. Anordnungsbefugnis
- Gericht, bei GiV auch StA
- schriftlich, mit bestimmtem Inhalt, § 98b I

3. Verfahrensvorschriften
- Unterrichtungs-/Löschungspflichten, §§ 98 III, IV; 101 IV Nr. 1
- Rückgabe von Datenträgern, § 98b III

4. Rechtsfolge

a) Zulässige Maßnahmen
automatisierter Datenabgleich (Rasterfahndung) mit nichtpolizeilichen Dateien

b) Verhältnismäßigkeit

Eine Straftat von erheblicher Bedeutung liegt insbesondere vor, wenn sie mindestens der mittleren Kriminalität zuzurechnen ist, den Rechtsfrieden empfindlich stört und dazu geeignet ist, das Gefühl der Rechtssicherheit der Bevölkerung erheblich zu beeinträchtigen (BT-Drs. 16/5846, S. 40 m. w. N.). 354

Gefahr im Verzuge ist gegeben, wenn auf den Beschluss des Gerichts nicht gewartet werden kann, ohne dass die Erforschung des Sachverhaltes oder die Ermittlung des Aufenthaltsortes des Beschuldigten gefährdet wäre.

Anfangsverdacht ist gegeben, wenn zureichende tatsächliche Anhaltspunkte auf eine verübte Straftat hindeuten.

Überblick

Unter Rasterfahndung versteht man den systematischen automatisierten Abgleich perso- 355
nenbezogener Daten mit nichtpolizeilichen Dateien. Diese Dateien werden mit speziellen, nach kriminalistischen Gesichtspunkten ausgewählten Prüfkriterien, dem sogenannten Raster, abgeglichen. Die Maßnahme dient als negative Rasterfahndung dem Ausschluss

Nichtverdächtiger, als positive Rasterfahndung der Feststellung weiterer, für die Ermittlungen bedeutsamer Prüfmerkmale.[258]

Grundrechtseingriff

356 Mit der Rasterfahndung wird in das Grundrecht auf informationelle Selbstbestimmung aus Art. 2 Abs. 1 i. V. m. Art 1 Abs. 1 GG eingegriffen.

Tatbestandsvoraussetzungen

357 Erforderlich ist ein Anfangsverdacht hinsichtlich einer Straftat von erheblicher Bedeutung auf spezielle, in § 98a Abs. 1 StPO genannten Deliktsbereichen. Der Katalog ist abschließend, jedoch durch den Verzicht auf konkrete Straftatbestände deutlich weiter gefasst als vergleichbare Kataloge in § 100a StPO oder § 100c StPO.

Der Begriff „Straftaten von erheblicher Bedeutung" ist im Gesetz nicht definiert, findet sich aber in einigen Vorschriften der Strafprozessordnung, so etwa bei §§ 81g, 100a, 163e StPO. Es ist wohl – entsprechend der Gesetzesmaterialien – hierbei von Straftaten mindestens der mittleren Kriminalität auszugehen, die den Rechtsfrieden empfindlich stören und dazu geeignet sein können, das Gefühl der Rechtssicherheit der Bevölkerung erheblich zu beeinträchtigen.[259] Der Verdacht des Versuches oder der Teilnahme (Anstiftung oder Beihilfe) reicht aus.

358 Nach der qualifizierten Subsidiaritätsklausel des § 98a Abs. 1 S. 2 StPO ist die Maßnahme nur zulässig, wenn die Erforschung des Sachverhaltes oder die Ermittlung des Aufenthaltsortes „des Täters"[260] auf andere Weise erheblich weniger Erfolg versprechend oder wesentlich erschwert wäre. Auch hier handelt es sich um konkretisierte Erforderlichkeitserwägungen.

Adressat

359 Die Rasterfahndung richtet sich gegen private oder öffentliche Stellen, die entsprechende verfahrensrelevante Daten führen.

Anordnungsbefugnis

360 § 98b Abs. 1 StPO normiert die Anordnungskompetenz. Rasterfahndungen dürfen grundsätzlich nur durch das Gericht angeordnet werden. Diesen Antrag darf auch die Polizei stellen, vgl. § 163 Abs. 2 S. 2 StPO, nach dem die Polizei sich auch unmittelbar an das Gericht wenden kann. Bei Gefahr im Verzuge reicht die Anordnung der Staatsanwaltschaft. Im Falle der staatsanwaltlichen Anordnung muss binnen 3 Tagen eine schriftliche richterliche Bestätigung erfolgen. Für die Fristberechnung gelten die §§ 42,43 StPO. Demnach zählt der Anfangstag nicht mit. Fällt das Ende der Frist auf einen Samstag, Sonntag oder Feiertag, so endet die Frist mit Ablauf des nächsten Werktages.[261]

361 Die Anordnung ergeht schriftlich, ist zu begründen (§ 34 StPO). Anordnungen von Zwangsmitteln zur Durchsetzung der Mitführungspflicht der Daten führenden Stellen dürfen ge-

258 Meyer-Goßner § 98a, Rn. 2.

259 So BT-Drs. 16/5846 S. 40.

260 Die Vorschrift ist hier sprachlich missglückt: Richtig muss es „des Beschuldigten" heißen.

261 Vgl. § 43 Abs. 2 StPO, der aufgrund des allgemeinen Rechtsgedankens nicht nur bei Wochen- und Monatsfristen, sondern auch bei Tagesfristen anzuwenden ist.

mäß § 98b Abs. 2 StPO grundsätzlich durch den Richter, bei Gefahr im Verzuge auch durch die Staatsanwaltschaft ergehen. Haftfestsetzungen bleiben immer dem Gericht vorbehalten.

Verfahrensvorschriften

Gemäß § 101 Abs. 4 Nr. 1 StPO ist die Person, gegen die nach Auswertung der Daten weitere Ermittlungen geführt wurden, (nachträglich) von der Maßnahme zu unterrichten mit dem Hinweis, dass auch nachträglich gerichtlicher Rechtsschutz möglich ist. Die Benachrichtigung unterbleibt gemäß § 101 Abs. 4 S. 3 StPO, wenn ihr überwiegende schutzwürdige Belange einer betroffenen Person entgegenstehen. Gemäß § 101 Abs. 5 StPO erfolgt die Benachrichtigung, sobald dies ohne Gefährdung des Untersuchungszweckes, des Lebens, der körperlichen Unversehrtheit und der persönlichen Freiheit einer Person und von bedeutenden Vermögenswerten sowie der Möglichkeit der weiteren Verwendung eines Verdeckten Ermittlers möglich ist. Wird die Benachrichtigung zurückgestellt, sind die Gründe aktenkundig zu machen. Sind Daten nicht mehr erforderlich, sind sie umgehend zu löschen. 362

Unterlagen sind zu vernichten, wenn sie für das Verfahren nicht mehr benötigt werden. Die Benachrichtigung unterbleibt, wenn überwiegende schutzwürdige Belange einer betroffenen Person entgegenstehen, § 101 Abs. 4 S. 3 StPO.

Rechtsfolge

§ 98a StPO gestattet den automatisierten Datenabgleich mit Dateien außerhalb des polizeilichen Bereichs. Auswertungen per Hand sind keine Rasterfahndung, sondern von der Generalklausel für datenrelevante Eingriffe, §§ 161, 163 Abs. 1 S. 2 StPO, gedeckt. Die Vorschrift erfasst auch die Mitwirkungspflichten der speichernden Stelle, die für den Datenabgleich erforderlichen Daten herauszufiltern und zur Verfügung zu stellen. Diese Mitwirkungspflichten können gemäß § 98b Abs. 1 u. 2, 95, 70 StPO mit Ordnungs- und Zwangsmittel durchgesetzt werden. 363

Beweisverwertung

Wird die Rasterfahndung unter Missachtung des Subsidiaritätsgrundsatzes durchgeführt oder lag von vornherein kein Verdacht einer erheblich bedeutsamen Katalogstraftat vor, sind die Erkenntnisse unverwertbar. Ein Verwertungsverbot besteht dagegen nicht, wenn lediglich die richterliche Bestätigung nicht eingeholt wurde.[262] 364

262 Meyer-Goßner § 98a, Rn. 11.

3.11 Netzfahndung, § 163d StPO

365 • ***Aufsatz-Literatur:*** *Wittig JuS 1997, 961 (Schleppnetzfahndung, Rasterfahndung und Datenabgleich); Rogall NStZ 1986, 385 (Die sog. Schleppnetzfahndung – Frontalangriff auf die Bürgerrechte oder notwendige Strafverfolgungsmaßnahme?).*

• ***Leitentscheidungen:*** *BGH NJW 1989, 2636 (Rechtschutz bei Durchsuchung und Speicherung von Daten im Rahmen der Netzfahndung).*

366

Netzfahndung
§ 163d StPO

Materielle Rechtmäßigkeit

1. Ermächtigungsgrundlage

a) Tatbestandsvoraussetzung

– konkretisierter Tatverdacht einer Anlasstat von § 111 StPO
oder bei Grenzkontrollen:
Katalogstraftat nach § 100a II Nr. 6–9 und 11

– Zweck: Ergreifung des Täters oder Aufklärung der Straftat

– Erfolgsaussicht

– Verhältnismäßigkeit

b) Adressat

– jedermann

2. Anordnungsbefugnis, § 163d II, III:

– Gericht, bei GiV StA und ErmPers.

– schriftlich, max. 3 Monate, einmalige Verlängerung um max. 3 Monate möglich; örtlich begrenzt

3. Verfahrensvorschriften

– § 163d I: Datenübermittlung nur an Strafverfolgungsbehörden

– § 163d IV: Löschung, Dauer der Speicherung

– § 101: Benachrichtigungspflichten

4. Rechtsfolge

Zulässige Maßnahmen
zeitweilige Speicherung und Auswertung von Daten an einer grenzpolizeilichen Kontrolle nach §§ 2, 23 BPolG oder Personenkontrolle nach § 111 StPO

Konkretisierter Tatverdacht ist eine über den bloßen Anfangsverdacht hinausgehende Wahrscheinlichkeit, dass eine Straftat begangen wurde.

Gefahr im Verzuge ist gegeben, wenn auf den Beschluss des Gerichts nicht gewartet werden kann, ohne dass die Erforschung des Sachverhaltes oder die Ermittlung des Aufenthaltsortes des Beschuldigten gefährdet wäre.

Kontrollstelle ist ein festgelegter Platz, an dem Personen oder Sachen überprüft werden (anlehnend an PDV 100).

Erfolgsaussicht besteht, wenn die Annahme gerechtfertigt ist, dass der Täter ergriffen oder die Tat aufgeklärt wird.

Überblick

Netzfahndung ist die Speicherung und Auswertung von Daten, die an einer Grenzkontrollstelle nach §§ 2, 23 BPolG bzw. an einer Kontrollstelle nach § 111 StPO anfallen. Die Vorschrift erlaubt die temporäre Einrichtung einer entsprechenden Datei. Da unbestimmt viele unbeteiligte Personen erfasst werden, ist die Einrichtung der Datei nur unter sehr eingeschränkten Voraussetzungen zulässig. 367

§ 2 BPolG – Grenzschutz 368

(1) Der Bundespolizei obliegt der grenzpolizeiliche Schutz des Bundesgebietes (Grenzschutz), soweit nicht ein Land im Einvernehmen mit dem Bund Aufgaben des grenzpolizeilichen Einzeldienstes mit eigenen Kräften wahrnimmt.

(2) Der Grenzschutz umfasst

1. die polizeiliche Überwachung der Grenzen,

2. die polizeiliche Kontrolle des grenzüberschreitenden Verkehrs einschließlich

a) der Überprüfung der Grenzübertrittspapiere und der Berechtigung zum Grenzübertritt,
b) der Grenzfahndung,
c) der Abwehr von Gefahren,

3. im Grenzgebiet bis zu einer Tiefe von 30 Kilometern und von der seewärtigen Begrenzung an bis zu einer Tiefe von 50 Kilometern die Abwehr von Gefahren, die die Sicherheit der Grenze beeinträchtigen.

(....)

§ 23 BPolG – Identitätsfeststellung und Prüfung von Berechtigungsscheinen

(1) Die Bundespolizei kann die Identität einer Person feststellen

1. zur Abwehr einer Gefahr,

2. zur polizeilichen Kontrolle des grenzüberschreitenden Verkehrs,

3. im Grenzgebiet bis zu einer Tiefe von 30 Kilometern zur Verhinderung oder Unterbindung unerlaubter Einreise in das Bundesgebiet oder zur Verhütung von Straftaten im Sinne des § 12 Abs. 1 Nr. 1 bis 4,

(...)

Grundrechtseingriff

Mit der Netzfahndung wird in das Grundrecht auf informationelle Selbstbestimmung aus Art. 2 Abs. 1 i. V. m. Art 1 Abs. 1 GG eingegriffen. 369

Tatbestandsvoraussetzungen

→ Anlasstat i. S. v. § 111 StPO oder Katalogstraftat nach 100a Abs. 2 Nr. 6–9 und 11 StPO 370

Voraussetzung ist zunächst der konkretisierte Tatverdacht einer bestimmten Straftat.

Bei der ersten Alternative muss es sich um eine Anlasstat nach § 111 StPO handeln. Dies kann eine Straftat gemäß §§ 129a, 129b StGB oder eine der in § 129a genannten Straftaten (also z. B. Mord, Totschlag, Geiselnahme, Brandstiftungen) sein. Ebenso kommt als Anlasstat ein Raub mit Schusswaffe in Betracht. Die Formulierung im Gesetzestext bei § 111 Abs. 1 StPO „§ 250 Abs. 1 Nr. 1 StGB" ist veraltet, da § 250 StGB inzwischen neu gefasst wurde. Die insofern missverständliche Formulierung im Gesetz hängt damit zusammen, dass der Gesetzestext noch nicht der bereits 1998 geänderten Vorschrift des § 250

StGB angepasst wurde. Nach herrschender Meinung ist aufgrund der gleichen Strafandrohung als Anlasstat auch eine Räuberische Erpressung gemäß §§ 253, 250 Abs. 1 Nr. 1a StGB zugelassen.[263] Teilnahme und Versuch genügen jeweils. Damit dient die Netzfahndung wie die Einrichtung der Kontrollstelle der Fahndung nach ausgesuchten schweren Gewalttaten.

371 In der zweiten Alternative kann sich der Tatverdacht auch auf ein Straftat im Sinne von § 100a Abs. 1 Nr. 6–9 und 11 StPO beziehen. Erfasst sind damit insbesondere Fahndungen aus Anlass von Betäubungsmittel- und Waffendelikten.

372 Der Tatverdacht muss über den Anfangsverdacht hinaus aufgrund bestimmter Tatsachen nicht unerheblich sein und ein gewisses Maß an Konkretisierung erlangt haben. Der durch bestimmte Tatsachen begründete Verdacht unterliegt zwar höheren Anforderungen als der bloße Anfangsverdacht, erreicht jedoch nicht bereits den Grad eines „hinreichenden" oder gar „dringenden" Tatverdachts, den andere Normen der Strafprozessordnung vorsehen. Es müssen aber konkrete und in gewissem Umfang verdichtete Umstände als Tatsachenbasis für den Verdacht vorhanden sein.

373 → **Erfolgsaussicht**

Die Erfolgserwartung muss nicht auf bestimmte Tatsachen beruhen. Es reicht, wenn nach kriminalistischen Erfahrung die Annahme gerechtfertigt ist, der Täter könne gefasst oder die Tat aufgeklärt werden.[264]

374 → **Verhältnismäßigkeit**

Die besondere Beachtung der Verhältnismäßigkeit ist bereits im Tatbestand erwähnt. Sie ist daher auch bereits hier zu prüfen.

Adressat

375 Die Maßnahme richtet sich gegen alle Personen, deren Daten an der entsprechenden Kontrollstelle erhoben werden.

Anordnungsbefugnis

376 § 163d Abs. 2 StPO normiert die Anordnungskompetenz. Die Einrichtung einer Datei zur Netzfahndung darf grundsätzlich nur auf Antrag der Staatsanwaltschaft durch das Gericht angeordnet werden. Bei Gefahr im Verzuge reicht die Anordnung der Staatsanwaltschaft oder ihrer Ermittlungspersonen.[265] In diesem Fall muss binnen 3 Tagen eine richterliche Bestätigung erfolgen. Hebt die Staatsanwaltschaft vor Ablauf der 3 Tagen die Maßnahme auf, entfällt die richterliche Kontrolle.[266]

Die Maßnahme ist auf maximal 3 Monate zu befristen und räumlich zu beschränken. Sie kann höchstens einmal um 3 Monate verlängert werden. Die Anordnung ergeht schriftlich.

263 Meyer-Goßner § 111, Rn. 3; SK-Rudophi § 111b, Rn. 4.

264 Meyer-Goßner § 163d, Rn. 10; a. A. LR-Erb § 136d Rn. 16a, der Erfolgstatsachen verlangt.

265 Vgl. zu Ermittlungspersonen der Staatsanwaltschaft: § 152 GVG i. V. m. den jeweiligen landesrechtlichen Regelungen; z. B. NRW: § 1 Abs. 1 der Verordnung über die Ermittlungspersonen der Staatsanwaltschaft vom 30.4.1996.

266 Meyer-Goßner § 163d, Rn. 15.

Verfahrensvorschriften

Aufgrund der Schwere der Maßnahme bestehen eine Reihe von ermächtigungsbegrenzenden Bestimmungen: 377

- **§ 163d Abs. 1 StPO – Datenübermittlung**

  Die erlangten Daten dürfen nur an Strafverfolgungsbehörden übermittelt werden.

- **§ 163d Abs. 4 StPO – Ende der Maßnahme, Speicherung, Löschung, Unterrichtung**

  Nach Beendigung der Maßnahme sind die erlangten Daten umgehend zu löschen, wenn sie für das Verfahren nicht mehr benötigt werden. Eine Speicherung von mehr als 3 Monate nach der Laufzeit der Maßnahme ist unzulässig. Die Staatsanwaltschaft ist über die Löschung zu unterrichten.

- **§ 101 Abs. 1, Abs. 4 Nr. 10 StPO – Benachrichtigungspflicht, Löschung von Unterlagen**

  Gemäß § 101 Abs. 4 Nr. 10 StPO ist die Person, gegen die nach Auswertung der Daten weitere Ermittlungen geführt wurde, (nachträglich) von der Maßnahme zu unterrichten mit dem Hinweis, dass auch nachträglich gerichtlicher Rechtsschutz möglich ist. Die Benachrichtigung unterbleibt gemäß § 101 Abs. 4 S. 3 StPO, wenn ihr überwiegende schutzwürdige Belange einer betroffenen Person entgegenstehen. Gemäß § 101 Abs. 5 StPO erfolgt die Benachrichtigung, sobald dies ohne Gefährdung des Untersuchungszweckes, des Lebens, der körperlichen Unversehrtheit und der persönlichen Freiheit einer Person und von bedeutenden Vermögenswerten sowie der Möglichkeit der weiteren Verwendung eines Verdeckten Ermittlers möglich ist. Wird die Benachrichtigung zurückgestellt, sind die Gründe aktenkundig zu machen. Sind Daten nicht mehr erforderlich, sind sie umgehend zu löschen.

  Unterlagen sind zu vernichten, wenn sie für das Verfahren nicht mehr benötigt werden. Die Benachrichtigung unterbleibt, wenn überwiegende schutzwürdige Belange einer betroffenen Person entgegenstehen, § 101 Abs. 4 S. 3 StPO.

Rechtsfolge

Bei der zulässigen Rechtsfolge ist zu unterscheiden: 378

Grundsätzlich meint die Vorschrift die Datenspeicherung und -auswertung bei grenzpolizeilichen Kontrollen. Werden Daten an einer grenzpolizeilichen Kontrolle nach §§ 2, 23 BPolG erhoben, so dürfen sie zur Verfolgung einer Straftat, die in § 111 StPO oder in § 100a Abs. 2 Nr. 6–9 und Nr. 11 StPO genannt ist, gespeichert und ausgewertet werden.

Darüber hinaus erfasst die Vorschrift auch Personenkontrollen nach § 111 StPO. Werden 379
Daten an einer Personenkontrolle nach § 111 StPO erhoben, so dürfen sie dann auch nur zum Zwecke der Verfolgung der in § 111 StPO bezeichneten Straftaten in einer Datei gespeichert und ausgewertet werden.

Beweisverwertung

Für Zufallsfunde gilt § 477 Abs. 2 S. 2 StPO. Demnach dürfen Zufallserkenntnisse aus der 380
Maßnahme in anderen Strafverfahren nur verwendet werden, wenn sie auch für dieses Strafverfahren hätte angeordnet werden dürfen. Dem liegt das Prinzip des „hypothetischen Ersatzeingriffs" zugrunde. Zu fragen ist also, ob wegen der Tat, die bei Gelegenheit der Ausführung einer anderweitig angeordneten Maßnahme entdeckt worden ist, ebenfalls eine solche Maßnahme hätte angeordnet werden können.[267]

267 Joecks § 477, Rn. 3.

3.12 Einsatz Verdeckter Ermittler, §§ 110a – c StPO

381 • ***Aufsatz-Literatur:*** *Jahn JuS 2010, 832 (Strafprozessrecht: Beweisverwertungsverbot bei verdecktem Verhör); Bauer StV 2010, 120 (Verbot der Verwertung selbstbelastender Äußerungen gegenüber einem verdeckten Ermittler); Safferling NStZ 2006, 75 (Verdeckte Ermittler im Strafverfahren – deutsche und europäische Rechtsprechung im Konflikt?); Schuster NStZ 2006, 657 (Telekommunikationsüberwachung im grenzüberschreitenden Strafverfahren nach Inkrafttreten des EU- Rechtshilfeübereinkommens); Safferling NStZ 2006, 75 (Verdeckte Ermittler im Strafverfahren – deutsche und europäische Rechtsprechung im Konflikt?); Rogall 2008, 110 (Selbstbelastungsfreiheit und vernehmungsähnliche Befragung durch verdeckten Ermittler); Schneider Kriminalistik 2004, 359 (Ausgewählte Rechtsprobleme des Einsatzes Verdeckter Ermittler).*

• ***Leitentscheidungen:*** *BGHSt 42, 139 (Grundsatzentscheidung zu Verwertbarkeit von Erkenntnissen verdeckt ermittelnder Polizeibeamter); OLG Zweibrücken NStZ 2011, 113 (Zulässigkeit der „Cold-Case-Technik“); BGH NStZ 2009, 343f (Selbstbelastende Angaben gegenüber einem Verdeckten Ermittler); BGH NStZ 2005, 43 (audiovisuelle Vernehmung von VP und VE).*

382

Einsatz Verdeckter Ermittler, §§ 110a – c StPO

Materielle Rechtmäßigkeit

1. Ermächtigungsgrundlage

a) Tatbestandsvoraussetzung

Var. 1 – Anfangsverdacht einer Straftat von erheblicher Bedeutung auf speziell genannten Gebieten
– strenge Subsidiaritätsklausel

Var. 2 – Anfangsverdacht eines Verbrechens
– Wiederholungsgefahr
– strenge Subsidiaritätsklausel

Var. 3 – Anfangsverdacht eines Verbrechens
– besondere Bedeutung der Tat
– andere Maßnahmen aussichtslos

b) Adressat - jedermann

2. Anordnungsbefugnis

– Polizei nach Zustimmung StA; GiV: Polizei
– gegen Beschuldigte oder bei Wohnungsbetreten: StA nach schriftlicher Zustimmung des Gerichts, bei GiV: StA

3. Verfahrensvorschriften

– Schutz von Berufsgeheimnisträgern, § 160a
– Unterrichtungs- und Löschungspflichten, § 101

4. Rechtsfolge

a) Zulässige Maßnahmen
– getarnte Datenerhebung,
– Teilnahme am Rechtsverkehr unter Legende
– Herstellung/Gebrauch von Tarnpapieren
– Betreten v. Wohnung unter Legende

b) Verhältnismäßigkeit

Anfangsverdacht ist gegeben, wenn zureichende tatsächliche Anhaltspunkte auf eine verübte Straftat hindeuten.

Eine Straftat von erheblicher Bedeutung liegt insbesondere vor, wenn sie mindestens der mittleren Kriminalität zuzurechnen ist, den Rechtsfrieden empfindlich stört und dazu geeignet ist, das Gefühl der Rechtssicherheit der Bevölkerung erheblich zu beeinträchtigen (BT-Drs. 16/5846, S. 40 m. w. N.).

Gefahr im Verzuge ist gegeben, wenn auf den Beschluss des Gerichts nicht gewartet werden kann, ohne dass die Erforschung des Sachverhaltes oder die Ermittlung des Aufenthaltsortes des Beschuldigten gefährdet wäre.

Beschuldigter ist jede Person, gegen die im Rahmen eines Strafverfahrens wegen einer bestimmten Straftat ermittelt wird (BGHSt 10, 8 (12).

Verdeckte Ermittler sind Beamte des Polizeidienstes, die unter einer ihnen verliehenen, auf Dauer angelegten, veränderten Identität (Legende) ermitteln (Legaldefinition § 110a Abs. 2 StPO).

Überblick

Qualitative Veränderungen der Erscheinungsformen der Kriminalität, insbesondere der Organisierten Kriminalität, erfordern dieser Entwicklung angepasste Methoden der Verbrechensbekämpfung. Dazu gehört der Einsatz Verdeckter Ermittler, welcher mit dem Gesetz zur Bekämpfung der Organisierten Kriminalität 1992 gesetzlich geregelt wurde. Verdeckte Ermittler sind nach der Legaldefinition § 110a Abs. 2 StPO Beamte des Polizeidienstes, die unter einer ihnen verliehenen, auf Dauer angelegten, veränderten Identität (Legende) ermitteln. Keine Verdeckten Ermittler in diesem Sinne sind folgende Personen: 383

- **NoeP**

  „Nicht offen ermittelnde Polizeibeamte" sind Personen, die nur kurzfristig unter einer Legende auftreten, etwa als Scheinaufkäufer. Deren Einsatz wurde bewusst nicht gesetzlich geregelt mit der Begründung, dass deren Verwendung den allgemeinen Bestimmungen unterliegt.[268] Ihr Einsatz bestimmt sich also nach der Ermittlungsgeneralklausel §§ 161, 163 Abs. 1 S. 2 StPO, vgl. dazu Rn. 198.

  Als „qualifizierter Scheinkäufer" wird der Polizeibeamte verstanden, der im Rahmen der Bekämpfung der Drogenkriminalität mehrfach unter einer Legende gegenüber einem Tatverdächtigen auftritt. Damit ergeben sich aber Abgrenzungsprobleme zum Verdeckten Ermittler. Entscheidend ist, wo genau die rechtliche Trennlinie des NoeP zum Verdeckten Ermittler liegt. Denn dies ist maßgeblich für die Anwendung der begrenzenden Regeln des § 110a StPO. Nach einer Entscheidung des BGH aus dem Jahre 1995 kommt es bei der Unterscheidung nicht auf zeitliche Mindestgrenzen an. Selbst Verkaufsgespräche, die sich über einen längeren Zeitraum hinziehen, führen nicht zwingend zur Anwendbarkeit der §§ 110a ff. StPO.[269] Entscheidend soll vielmehr sein, ob der Ermittlungsauftrag über einzelne wenige, konkret bestimmte Ermittlungshandlungen hinausgeht, ob eine Täuschung einer unbestimmten Vielzahl von Personen über die wahre Identität des Polizeibeamte erforderlich ist und ob wegen Art und Umfang des Auftrages abzusehen ist, dass die Identität des Beamten in künftigen Straftaten auf Dauer geheim gehalten werden muss.[270]

- **VP**

  VP (V-Person; Vertrauensperson[271]) ist ein Person, die, ohne einer Strafverfolgungsbehörde anzugehören, bereit ist, diese bei der Aufklärung von Straftaten auf längere Zeit vertraulich zu unterstützen und deren Identität grundsätzlich geheim gehalten wird. Sie wird auch eingesetzt zur gezielten Informationsbeschaffung, die VP nimmt also auch konkrete Aufträge an. Deren Einsatz richtet sich nach herrschender, aber auch bestrittener Ansicht nach der Generalklausel für datenrelevante Eingriffe, §§ 161, 163 Abs. 1 S. 2 StPO.[272] Ihr Einsatz ist jedenfalls unstrittig, die Justizminister/-sentoren ha-

268 BT-Drs. 12/989, 42.

269 BGH NStZ 1995, 516.

270 BGHSt 41, 64.

271 Nach Weihmann/Schuch, 561 bezeichnet die Abkürzung VP „Vigilant-Person", von „wachsam, schlau, aufgeweckt"; allgemein gebräuchlich ist jedoch „Vertrauensperson".

272 Vgl. Hetzer Kriminalistik 2001, 690. Siehe zur Zulässigkeit der kommissarischen Vernehmung einer VP ohne Verteidiger Grundsatzurteil des BGHGS 32, 115.

ben sich auf gemeinsame Regeln für ihren Einsatz (wie auch für den Einsatz von Informanten) geeinigt.[273]

- **Informant**

  Informant (Gewährsperson) ist eine Person, die im Einzelfall bereit ist, gegen Zusicherung der Vertraulichkeit der Strafverfolgungsbehörde Informationen zu geben.

- **Undercoveragent**

  Dabei handelt es sich um Polizeibeamte, die langfristig, jedoch ohne konkreten Auftrag, in die kriminelle Szene eingeschleust werden und befreit von der Strafverfolgungspflicht milieutypische Straftaten begehen. Während ihr Einsatz durch Richtlinien in den USA zulässig ist, ist ihr Einsatz in Deutschland unzulässig.

384 Von dieser formalen Einteilung ist die Bezeichnung Agent Provokateur (Lockspitzel) zu trennen. Im Fokus stehen hier die konkrete Tätigkeit und die strafrechtliche Wertung des jeweils handelnden VE, VP, NoeP oder Informanten. Es besteht in der Förderung des fremden Tatentschlusses durch das vorgetäuschte Interesse am Erwerb inkriminierter Gegenstände mit dem Ziel der Sicherstellung. Dabei kommt eine tatbestandlich relevante Anstiftung des Lockspitzels zu der Tat des Beschuldigten in Betracht. Nach h. M. muss sie sich, angesichts des Strafgrundes der Teilnahme in Gestalt der mittelbaren Beeinträchtigung des geschützten Rechtsgutes, auf die Vollendung der Tat beziehen. Dies ist bei einem Lockspitzel jedenfalls dann nicht der Fall, wenn die Tat nach seinem Vorsatz im Versuchsstadium stecken bleiben soll. Er bleibt dann straflos.[274] Die Tatprovokation durch Verdeckte Ermittler stellt ein rechtsstaatliches Problem dar. Denn einerseits ist die Aufklärung von Straftaten wesentlicher Teil eines rechtsstaatlichen Gemeinwesens.[275] Anderseits liegt ein Verstoß gegen den Grundsatz des fairen Verfahrens gemäß Art. 6 Abs. 1 S. 1 EMRK vor, wenn eine unverdächtige und zunächst nicht tatgeneigte Person in einer dem Staat zuzurechnender Weise zu einer Straftat verleitet wird, die zu einem Strafverfahren führt.[276]

385 Verdeckte Ermittler dürfen keine Straftaten begehen, dies stellt § 110c S. 2 StPO klar. In Ausnahmefällen kann jedoch eine Rechtfertigung bzw. Entschuldigung gemäß §§ 34, 35 StGB in Betracht kommen. Eingriffe in Rechte Dritter sind ihnen nur im Rahmen der geltenden Gesetze gestattet. Der Verdeckte Ermittler ist von der Strafverfolgungspflicht nach § 163 StPO nicht befreit. Aus kriminaltaktischen Erwägungen können jedoch Ermittlungsmaßnahmen zurückgestellt werden. Neu hinzukommenden zureichenden Anhaltspunkten für strafbare Handlungen braucht der Verdeckte Ermittler wegen der Bedeutung der Strafverfolgungsaufgabe für die Allgemeinheit solange nicht nachzugehen, als dies ohne Gefährdung seiner Ermittlungen nicht möglich ist; eine Strafbarkeit wegen Strafvereitelung durch Unterlassen scheidet dann aus. Dies gilt nicht, wenn sofortige Ermittlungsmaßnahmen wegen der Schwere der neu entdeckten Tat geboten sind.[277]

273 Anlage D RiStBV.
274 Vgl. Kirkpatrick, 18.
275 BVerfGE 44, 353.
276 BGH, Urteil vom 30.5.2001 – 1 StR 116/01; Eingehende dazu Kirkpatrick, 58 ff.
277 Vgl. Insgesamt dazu: Richtlinien für das Strafverfahren und das Bußgeldverfahren, Anlage D.

Das Verbot, auch milieubedingte Straftaten zu begehen, begrenzt den Einsatz des Verdeckten Ermittlers wesentlich. Gesetzesinitiativen, solche Straftaten in engen Grenzen zuzulassen, konnten sich bislang nicht durchsetzen.[278]

Grundrechtseingriff

Mit dem Einsatz Verdeckter Ermittler wird in erster Linie das Grundrecht auf informationelle Selbstbestimmung aus Art. 2 Abs. 1 i. V. m. Art 1 Abs. 1 GG eingegriffen. Denn der Betreffende gibt Daten an staatliche Organe weiter, ohne dies zu wissen. Zudem kann ein Eingriff in Art. 13 GG – Unverletzlichkeit der Wohnung – gegeben sein. 386

Tatbestandsvoraussetzungen

Es sind 3 Zulässigkeitsvarianten zu unterscheiden:

→ Variante 1: § 110 Abs. 1 Satz 1 StPO 387

Erforderlich ist für die erste Variante ein Anfangsverdacht hinsichtlich einer Straftat von erheblicher Bedeutung auf spezielle, in § 110a Abs. 1 StPO genannte Deliktsbereiche. Der Katalog ist abschließend, jedoch durch den Verzicht auf konkrete Straftatbestände deutlich weiter gefasst als vergleichbare Kataloge in § 100a StPO oder § 100c StPO.

Erfasst sind:

- Delikte auf dem Gebiet des Betäubungsmittel- oder Waffenverkehrs, der Geld- oder Wertzeichenfälschung
- Staatsschutzdelikte
- Gewerbs- oder bandenmäßig begangene Delikte
- Gewohnheitsmäßig begangene Delikte
- In anderer Weise organisierte Begehung von Delikten (Auffangklausel)

Diese Straftat muss von erheblicher Bedeutung sein. Der Begriff „Straftaten von erheblicher Bedeutung" ist im Gesetz nicht definiert, findet sich aber in einigen Vorschriften der Strafprozessordnung, so etwa bei §§ 81g, 98a, 100a, 163e StPO. Es ist wohl – entsprechend der Gesetzesmaterialien – von einer Straftat mindestens der mittleren Kriminalität auszugehen, die den Rechtsfrieden empfindlich stören und dazu geeignet sein kann, das Gefühl der Rechtssicherheit der Bevölkerung erheblich zu beeinträchtigen.[279] Der Verdacht des Versuches oder der Teilnahme (Anstiftung oder Beihilfe) reicht aus.

Nach der strengen Subsidiaritätsklausel des § 110a Abs. 1 S. 3 StPO ist die Maßnahme nur zulässig, wenn die Aufklärung auf andere Weise aussichtslos oder wesentlich erschwert wäre. Auch hier handelt es sich um konkretisierte Erforderlichkeitserwägungen.

→ Variante 2: § 110a Abs. 1 Satz 2 StPO 388

Nach der zweiten Variante ist der Einsatz möglich zur Aufklärung eines Verbrechens. Dies sind gemäß § 12 StGB rechtswidrige Taten, die im Mindestmaß mit Freiheitsstrafe von einem Jahr oder darüber bestraft werden. Zudem muss Wiederholungsgefahr bestehen.

278 Gesetzesentwürfe der Länder Bayern und Thüringen vom 27.11.2001, BT-Drs. 1014/01.
279 So BT-Drs. 16/5846 S. 40.

Diese Prognose soll mit Tatsachen begründet werden, wobei allgemeine, nicht einzelfallbezogene, kriminalistische Erfahrungen nicht genügen.[280]

Auch hier gilt die strenge Subsidiaritätsklausel des § 110a Abs. 1 S. 3 StPO.

389 **→ Variante 3: § 110a Abs. 1 Satz 4 StPO**

Nach der dritten Zulässigkeitsvariante ist der Einsatz Verdeckter Ermittler zulässig, wenn es um die Aufklärung eines Verbrechens geht und die besondere Bedeutung der Tat den Einsatz gebietet. Diese besondere Bedeutung kann sich insbesondere aus der erhöhten Gefährlichkeit der Beschuldigten ergeben.

Adressat

390 Von der Maßnahme kann jedermann – nicht allein Beschuldigte – betroffen werden.

Anordnungsbefugnis

391 Verdeckte Ermittler dürfen gemäß § 100b Abs. 1 StPO durch die Polizei grundsätzlich nur nach Zustimmung der Staatsanwaltschaft eingesetzt werden. Bei Gefahr im Verzuge ist eine Zustimmung nachträglich einzuholen. Stimmt die Staatsanwaltschaft nicht binnen 3 Tagen zu, ist die Maßnahme zu beenden.

Richtet sich der Einsatz Verdeckter Ermittler – wie im Regelfall – gegen konkret Beschuldigte oder ist damit das Betreten einer Wohnung verbunden, so bedarf es gemäß § 110b Abs. 2 Nr. 2 StPO der Zustimmung des Gerichts. Bei Gefahr im Verzuge reicht die Zustimmung der Staatsanwaltschaft. Stimmt das Gericht nicht binnen 3 Tagen zu, ist die Maßnahme zu beenden. Die Zustimmung der Staatsanwaltschaft ergeht schriftlich und ist zu befristen. Die Schaffung der Legende sowie die konkrete Einsatzgestaltung obliegen dagegen der Polizei im Rahmen ihrer Vollzugskompetenz.

Verfahrensvorschriften

392 • **Schutz von Berufsgeheimnisträgern, § 160a StPO**

Gemäß § 160a StPO darf sich die Maßnahme nicht gegen einen Berufsgeheimnisträger richten, dennoch erlangte Erkenntnisse dürfen nicht verwertet werden, Aufzeichnungen darüber sind zu vernichten. Die Vorschrift ergänzt die Zeugnisverweigerungsrechte und richtet sich primär an Verteidiger, Geistliche und Abgeordnete (Absatz 1) und ihre Berufshelfer (Absatz 3). Bei denen in § 160a Abs. 2 StPO genannten zeugnisverweigerungsberechtigten Personen ist die Verhältnismäßigkeit besonders zu beachten.

• **Unterrichtungs- und Löschungspflichten, § 101 StPO**

Gemäß § 101 Abs. 4 Nr. 9 StPO ist die Zielperson, die erheblich mitbetroffene Person sowie die Person, deren Wohnung der Verdeckte Ermittler betreten hat, (nachträglich) von der Maßnahme zu unterrichten mit dem Hinweis, dass auch nachträglich gerichtlicher Rechtsschutz möglich ist. Die Benachrichtigung unterbleibt gemäß § 101 Abs. 4 S. 3 StPO, wenn ihr überwiegende schutzwürdige Belange einer betroffenen Person entgegenstehen. Gemäß § 101 Abs. 5 StPO erfolgt die Benachrichtigung, sobald dies ohne Gefährdung des Untersuchungszweckes, des Lebens, der körperlichen Unversehrtheit und der persönlichen Freiheit einer Person und von bedeutenden Vermögenswerten sowie der Möglich-

280 BVerfG NJW 2009, 1405; kritisch: Kirkpatrick, 21.

keit der weiteren Verwendung eines Verdeckten Ermittlers möglich ist. Wird die Benachrichtigung zurückgestellt, sind die Gründe aktenkundig zu machen. Sind Daten nicht mehr erforderlich, sind sie umgehend zu löschen. Unterlagen sind zu vernichten, wenn sie für das Verfahren nicht mehr benötigt werden.

Rechtsfolge

§ 110a StPO erlaubt den Einsatz Verdeckter Ermittler. Damit sind die Herstellung und der Gebrauch erforderlicher Dokumente (Tarnpapiere), die Teilnahme am Rechtsverkehr unter Legende, die Datenerhebung sowie das Betreten von Wohnungen unter Legende erfasst. Gemäß § 110b StPO kann die Identität des Verdeckten Ermittlers auch nach Beendigung des Einsatzes geheim gehalten werden. Eine zulässige Höchstdauer des Einsatzes ist im Gesetz nicht geregelt. Hinsichtlich der Zielsetzung der Maßnahme, auch in Leitungsebenen krimineller Organisationen vorzudringen, sind langfristige Einsätze unter Beachtung des Verhältnismäßigkeitsgrundsatzes zulässig. Maßgeblich für die Beurteilung der Verhältnismäßigkeit sind Schwere des Tatvorwurfs, Intensität des Tatvorwurfes sowie Umfang der Kontaktphasen.[281] 393

Beweisverwertung

Fehlt von vornherein eine Katalogtat, sind die Erkenntnisse unverwertbar.[282] Das Gleiche gilt, wenn das Erfordernis vorherige oder nachträgliche Zustimmung der Staatsanwaltschaft bzw. des Gerichts willkürlich nicht beachtet wurde.[283] Der Verwertung steht aber nicht entgegen, wenn die Zustimmung nur mündlich anstatt schriftlich erging; bloße Formfehler stehen der Verwertbarkeit nicht entgegen.[284] 394

281 Kirkpatrick, 28.
282 AG Koblenz StV 1995, 516.
283 BGHSt 44, 243 (250).
284 BGH StV 1995, 398.

Übersicht: Verdeckte Datenerhebung

	Tatbestand	Adressat	Anordnungs-befugnis	Verfahrensvor-schriften
§ 163f StPO **längerfris-tige Observation**	Anfangsverdacht für Straftat von erheblicher Bedeutung qualifizierte Subsidiaritätsklausel	Beschuldigter Kontakt-, Begleit-personen bei Erfolgsprognose	Gericht bei GiV StA/ErmPers. schriftlich, Dauer max. 3 Monate, Verlänge-rungen von jeweils 3 Monaten möglich	
§ 100h StPO **Einsatz techn. Mittel zu Observation**	Anfangsverdacht einfache Subsidiaritätsklausel bei Beschuldigten qualifizierte Subsidiaritäts-klausel bei sonst. Personen - bei § 100h I Nr. 2: Straftat von erheblicher Bedeutung	Beschuldigter Kontakt-, Begleit-personen andere Personen	StA/Polizei	Unterrichtung, Löschung
§§ 100c–e StPO **akustische Wohnraum-überwa-chung**	Konkretisierter Tatverdacht einer Katalogstraftat nach § 100c II StPO besondere Schwere der Tat Geeignetheit: Verfahrens-relevante Äußerungen können erfasst werden strenge Subsidiaritäts-klausel	Beschuldigter andere Personen nur, wenn Maß-nahme gegen Beschuldigten nicht ausreicht	Kammer des LG mit 3 Berufsrichtern, bei GiV Vorsitzender der Kammer schriftlich, Dauer 1 Monat, Verlänge-rung möglich, nach 6 Monaten entschei-det OLG	Schutz Kernbe-reich privater Lebensführung Schutz v. Berufsge-heimnisträgern, § 100c VI StPO Unterrichtung, Löschung Berichtspflichten
§ 100f StPO StPO **akustische Überwa-chung außerhalb von Wohnungen**	Konkretisierter Tatverdacht einer Katalogstraftat nach § 100a II konkret schwerwiegende Tat strenge Subsidiaritäts-klausel	Beschuldigter Kontaktpersonen bei Erfolgs-prognose	Gericht bei GiV auch StA schriftlich, Dauer 3 Monate, Ver-längerungen möglich	Schutz Kernbe-reich privater Lebensführung Schutz v. Berufsge-heimnisträgern, § 160a StPO Unterrichtung, Löschung

	Tatbestand	Adressat	Anordnungs-befugnis	Verfahrensvor-schriften
§§ 100a, b StPO **Tele-kommuni-kations-überwachung**	Konkretisierter Tatverdacht einer Katalogstraftat nach § 100a II besondere Schwere der Tat strenge Subsidiaritäts-klausel	Beschuldigter Nachrichten-mittler	Gericht bei GiV auch StA schriftlich, Dauer 3 Monate, Ver-längerungen möglich	Schutz Kernbe-reich privater Lebensführung Schutz v. Berufsge-heimnisträgern, § 160a StPO Unterrichtung, Löschung
§ 100g StPO **Erhebung von Verkehrs-daten**	Nr. 1: konkretisierter Tat-verdacht für Straftat von erheblicher Bedeutung *oder* Nr. 2: Straftat, die mittels TK begangen wurde Erforderlichkeit bei Nr. 2: strenge Subsidia-ritätsklausel	Beschuldigter Nachrichten-mittler Person, deren Anschluss vom Beschuldigten benutzt wird	Gericht bei GiV auch StA schriftlich, Dauer max. 3 Monate, Verlängerungen von jeweils 3 Monaten möglich	Schutz des Kern-bereichs privater Lebensgestaltung Unterrichtung, Löschung
§ 100i StPO **Einsatz IMSI-Catcher**	konkretisierter Tatverdacht für Straftat von erhebl. Be-deutung; insbes. Katalog-straftat nach § 100a II StPO Erforderlichkeit	Beschuldigter Nachrichten-mittler Person, deren Anschluss vom Beschuldigten benutzt wird	Gericht bei GiV auch StA schriftlich, Dauer 6 Monate, Ver-längerung um jeweils 6 Monate zulässig	Benachrichtigung, Löschung
§ 98c StPO **Daten-abgleich**	Zweckbindung: Aufklärung einer Straftat *oder* Ermittlung Aufenthaltsort	jedermann	StA/Polizei	- -
§ 163e StPO **Aus-schreibung zur polizei-lichen Be-obachtung**	Anfangsverdacht für Straftat von erheblicher Bedeutung qualifizierte Subsidiaritätsklausel	Beschuldigter Kontaktpersonen bei Erfolgs-prognose	Gericht bei GiV auch StA Dauer 1 Jahr, Verlän-gerungen um jeweils max. 3 Monate mög-lich	Benachrichtigung, Löschung

	Tatbestand	Adressat	Anordnungs-befugnis	Verfahrensvor-schriften
§§ 98a, b StPO **Raster-fahndung**	Anfangsverdacht einer Straftat von erheblicher Bedeutung auf speziellen Gebieten qualifizierte Subsidiaritätsklausel	private und öffentliche Stellen, die entsprechende Daten führen	Gericht bei GiV auch StA schriftlich	Unterrichtung, Löschung Rückgabe der Datenträger
§ 163d StPO **Netz-fahndung**	Konkretisierter Tatverdacht einer Anlasstat von § 111 StPO *oder* bei Grenzkontrollen: Katalogstraftat nach § 100a II Nr. 6 – 9, 11 Zweck: Ergreifung des Täters oder Aufklärung Erfolgsaussicht Verhältnismäßigkeit	jedermann	Gericht bei GiV auch StA/Ermittlungspers. schriftlich, Dauer max. 3 Monate, Verlängerungen von jeweils 3 Monaten möglich	örtliche Begrenzung Datenübermittlung Benachrichtigung, Löschung
§ 110a – c StPO **Einsatz Verdeckter Ermittler**	**Var. 1:** Anfangsverdacht für Straftat von erheblicher Bedeutung auf speziellen Gebieten strenge Subsidiaritätsklausel **Var. 2:** Anfangsverdacht eines Verbrechens Wiederholungsgefahr strenge Subsidiaritätsklausel **Var. 3:** Anfangsverdacht eines Verbrechens besondere Bedeutung der Tat andere Maßnahmen aussichtslos	jedermann	gegen Beschuldigte/bei Wohnungsbetreten: StA nach Zustimmung Richter, bei GiV: StA ansonsten: Polizei nach Zustimmung StA bei GiV: Polizei schriftl. Zustimmung, Dauer 6 Monate, Verlängerung um jeweils 6 Monate zulässig	Schutz v. Berufsgeheimnisträgern, § 160a StPO Benachrichtigung, Löschung

Übersicht: Ermittlungsmaßnahmen zur Datenerhebung

<table>
<tr><th colspan="2">Maßnahme</th><th>Rechtsgrundlage</th></tr>
<tr><td colspan="2">Auslesen einer E-Mail beim Computer des Empfängers</td><td rowspan="4">§§ 94, 98 StPO und ggf. §§ 102, 110 StPO</td></tr>
<tr><td colspan="2">Auswertung Speicher/SIM von Handy, Anhören von Mail-Box-Inhalten</td></tr>
<tr><td rowspan="14">Auskunftsverlangen hinsichtlich</td><td>Inhalte von E-Mail-Nachrichten beim Provider</td></tr>
<tr><td>Inhalte von Internetforen</td></tr>
<tr><td>Bestandsdaten (insbesondere Personalien, Rufnummer, Vertragsbegründung § 3 Nr. 3 TKG) bei Providern (z. B. O2)</td><td>§§ 161, 163 StPO i. V. m. § 113 I TKG</td></tr>
<tr><td>Bestandsdaten (insbesondere Personalien, Rufnummer, Vertragsbegründung, § 3 Nr. 3 TKG) bei Telemedien (z. B. Facebook, eBay)</td><td>§§ 161, 163 StPO i. V. m. § 14 Abs. 2 TMG</td></tr>
<tr><td>Personalien anhand Rufnummer, dynamischer/statischer IP-Adresse oder E-Mail-Adresse</td><td rowspan="2">§§ 161, 163 StPO i. V. m. 112, 113 TKG</td></tr>
<tr><td>IMSI, IMEI</td></tr>
<tr><td>Standortbestimmung Handy über Mobilfunknetz bei vergangenen Anrufen</td><td rowspan="2">§ 100a StPO</td></tr>
<tr><td>Standortbestimmung Pkw über Mobilfunknetz in der Vergangenheit (wenn ein SIM-Modul im Pkw installiert ist)</td></tr>
<tr><td>Standortbestimmung Mobiltelefon/Pkw in der Vergangenheit über eingebautem GPS-Modul</td><td>in StPO nicht geregelt</td></tr>
<tr><td>in Vergangenheit angefallene Verkehrsdaten, soweit sie nicht der Nichtigkeit der § 113a TKG unterfallen, insbesondere Rechnungsdaten</td><td>§ 100g i. V. m. §§ 96, 97 TKG</td></tr>
<tr><td>alle künftig anfallenden Verkehrsdaten (Nummer/Kennung, Beginn/Ende der Verbindung, Provider etc. (§ 96 TKG)</td><td>§ 100g StPO i. V. m. §§ 96, 97 TKG</td></tr>
<tr><td>PIN und PUK</td><td>§§ 161, 163 StPO i. V. m. § 113 I S. 2 TKG</td></tr>
<tr><td>welche Mobiltelefone sich in einer Funkzelle befunden haben (Funkzellenabfrage)</td><td>§ 100g Abs. 2 S. 2 StPO</td></tr>
<tr><td>Rufnummern, die einen bekannten Anschluss angewählt haben (Zielwahlsuche)</td><td>§ 100g Abs. 1 StPO (nur Rechnungsdaten)</td></tr>
<tr><td colspan="2">Erhebung von Verkehrsdaten (insbesondere Standortbestimmung) eines eingeschalteten Mobilfunkgerätes (stand-by) in Echtzeit</td><td>§ 100g StPO</td></tr>
<tr><td colspan="2">Überwachung der Telekommunikation (= Erheben von Inhaltsdaten aus Festnetz, Mobilfunknetz, E-Mail während der Übermittlung, W-LAN)</td><td rowspan="2">§ 100a StPO</td></tr>
<tr><td colspan="2">Überwachung von verschlüsselter Nachrichten im Rahmen der Internet-Telefonie (Quellen-TKÜ)</td></tr>
<tr><td colspan="2">Einsatz IMSI-Catcher zur Ermittlung IMSI (Mobilfunk, W-LAN)</td><td>§ 100i StPO</td></tr>
<tr><td colspan="2">Einsatz GPS zur Observation</td><td>§ 100h Abs. 1 Nr. 2 StPO</td></tr>
<tr><td colspan="2">Einsatz einer „Stillen SMS“ zur Standortbestimmung</td><td>str., h. M. § 100a StPO</td></tr>
<tr><td colspan="2">Akustische Überwachung Pkw</td><td>§ 100f StPO</td></tr>
<tr><td colspan="2">Akustische Überwachung Wohnraum</td><td>§ 100c StPO</td></tr>
</table>

4 Durchsuchung

395 • ***Aufsatz-Literatur:*** *Mosbacher JuS 2012, 134 (Aktuelles Strafprozessrecht 2. Teil). Herrmann/Soiné NJW 2011, 2922 (Durchsuchung persönlicher Datenspeicher und Grundrechtsschutz); Beulke/Ruhmannseder StV 2011, 180 (Strafprozessuale Zwangsmaßnahmen in der Verteidigungssphäre [Teil 1]); Gusy NStZ 2010, 353 (Grundrechtliche Anforderungen an Durchsuchungsbeschlüsse i.S.d. Art. 13 Abs. 2 GG); Sachs JuS 2010, 751 (Grundrechte: Beweisverwertungsverbot); Jahn JuS 2010, 83 (Strafprozessrecht: Verstoß gegen Richtervorbehalt); Michalke NJW 2008, 1490 (Wenn der Staatsanwalt klingelt – Verhalten bei Durchsuchung und Beschlagnahme); Schroeder JuS 2004, 858 (Die Durchsuchung im Strafprozess); Kunz BB 2000, 438 (Durchsuchung und Beschlagnahme in Steuerstrafverfahren).*

- ***Leitentscheidungen:*** *BVerfG – 2 BvR 1345/08 [juris] (Anforderungen an Durchsuchungsbeschluss).*
- ***Übungsfall:*** *Krumdiek JA 2010, 191 (Der flüchtige T).*

Übersicht

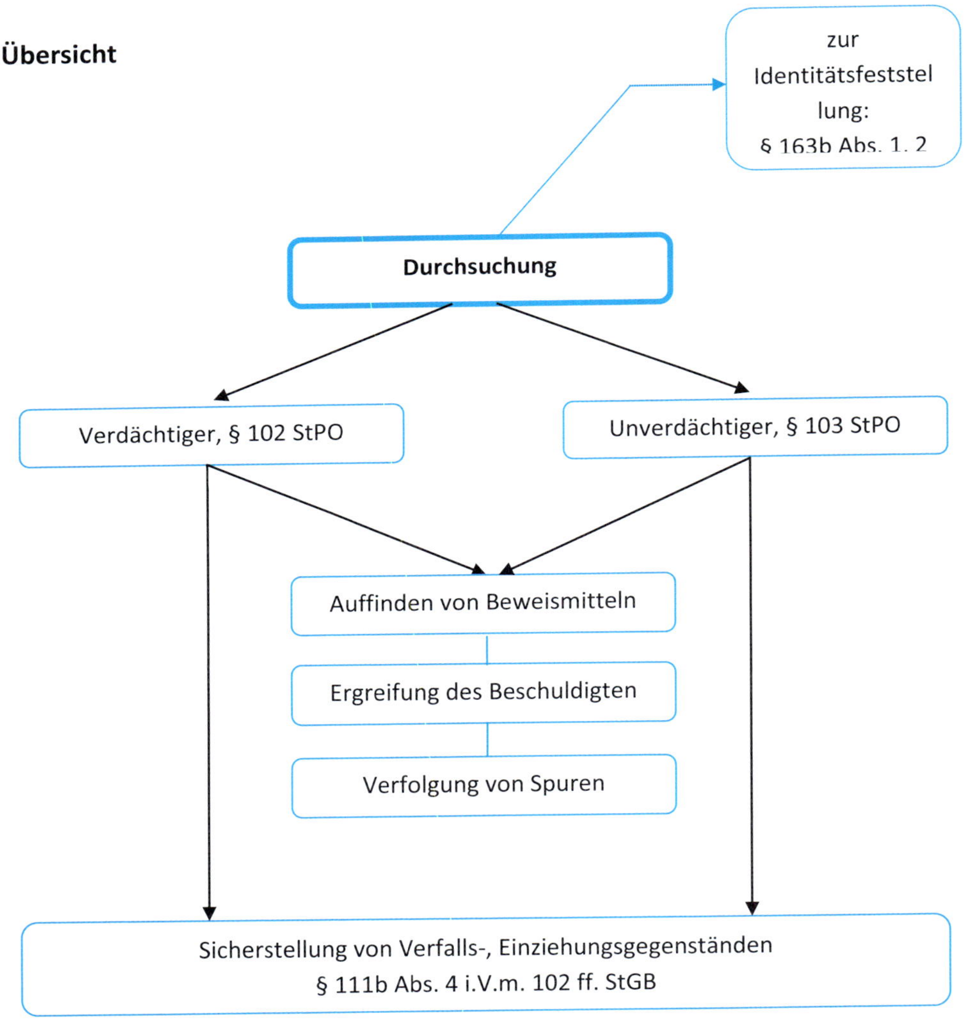

4.1 Durchsuchung beim Verdächtigen, §§ 102, 105 StPO

- ***Aufsatz-Literatur:*** *Jahn JuS 2010, 653 (Strafprozessrecht: Beweisverwertungsverbot nach polizeilicher „Ungeschicklichkeit"); Gusy NStZ 2010, 353 (Grundsätzliche Anforderungen an Durchsuchungsbeschlüsse i. S. d. Art. 13 GG); Hofmann NStZ 2005, 121 (Die Online-Durchsuchung – staatliches „Hacken" oder zulässige Ermittlungsmaßnahme); Amelung/Mittag NStZ 2005, 614 (Beweislastumkehr bei Haussuchungen ohne richterliche Anordnung gemäß §105 StPO); Jahn JuS 2006, 946 (Zur Konkretisierung und Begründung des Verdachts zur Rechtfertigung einer Wohnungsdurchsuchung).* 396

- ***Leitentscheidungen:*** *BVerfGE 113, 29 (Datenträger sind Papieren i. S. v. § 110 StPO gleichzusetzen); BVerfGE 103, 142 (Anforderungen an Durchsuchungen bei GiV); BGH NStZ 2008, 578 (Zuständigkeit für Durchsuchungsbeschluss); BVerfG StV 2004, 633 (Zur Bedeutung der GiV u. der Dokumentationspflichten).*

- ***Übungsfälle:*** *Keller/Braun Kriminalistik 2012, 261 (Der praktische Fall: Heimliches Betreten von Wohnungen zwecks Risikominimierung vor einer Festnahme); Berning Kriminalistik 2010, 133 u. 199 (Staatsprüfungsklausur mit Lösung im Staatsrecht/Eingriffsrecht); Augsberg/Schwebenbauer JuS 2011, 665 (Anfängerhausarbeit – Öffentliches Recht: Unverletzlichkeit der Wohnung und Beweisverwertungsverbot); Boxleitner JuS 2010, 632 ([Original-] Assessorexamensklausur – Strafrecht: Ausgehorcht und angeklagt).*

Durchsuchung beim Verdächtigen §§ 102, 105 StPO

Materielle Rechtmäßigkeit

1. Ermächtigungsgrundlage

a) Tatbestandsvoraussetzung
- Tatverdacht
- zulässiger Zweck
  - → Ergreifungsdurchsuchung
  - → Ermittlungsdurchsuchung
  - → Auffinden von Verfalls/ Einziehungsgegenständen (§ 111b Abs. 4 StPO)
- Erfolgsvermutung

b) Adressat
- Verdächtiger

2. Anordnungsbefugnis

- § 105 StPO: Gericht, bei GiV auch StA oder Ermittlungspersonen

3. Verfahrensvorschriften

- § 107 StPO: Schriftliche Mitteilung
- § 108 StPO: Beschlagnahme v. Zufallsfunden
- § 109 StPO: Kennzeichnung
- § 110 StPO: Durchsicht von Papieren

bei Wohnungsdurchsuchungen:
- § 104 StPO: Nachtzeitschranke
- § 105 StPO: Zeugen
- § 106 StPO: Zuziehung des Inhabers

4. Rechtsfolge

a) Zulässige Maßnahmen: Durchsuchung von Person, Sachen, Wohnungen und anderen Räumen
b) Verhältnismäßigkeit

Verdächtiger ist derjenige, bei dem Anhaltspunkte dafür bestehen, dass er Täter oder Teilnehmer einer verfolgbaren Straftat sein könnte. 397

Erfolgsvermutung liegt vor, wenn aufgrund von Tatsachen oder kriminalistischer Erfahrung die Wahrscheinlichkeit gegeben ist, dass das Gesuchte gefunden wird.

Gefahr im Verzuge ist gegeben, wenn auf den Beschluss des Gerichts nicht gewartet werden kann, ohne dass der Durchsuchungserfolg gefährdet wäre.

Zufallsfunde sind Gegenstände, auf die sich der Durchsuchungszweck nicht bezieht, bei denen aber die Wahrscheinlichkeit besteht, dass sie zum Beweis einer anderen Tat geeignet sind.

Durchsuchen bedeutet Nachschau halten in der Kleidung und allen ohne Weiteres einsehbaren Körperöffnungen.

Tatverdacht ist gegeben, wenn zureichende tatsächliche Anhaltspunkte auf eine verübte Straftat hindeuten.

Überblick

398 Die Durchsuchung ist eine strafprozessuale Standardmaßnahme. In der Systematik der Strafprozessordnung wird grundsätzlich nicht nach Durchsuchungsobjekten, sondern nach den Adressaten unterschieden. Durchsuchungen gegen Verdächtige werden von § 102 StPO, gegen andere Personen (Unverdächtige) dagegen von § 103 StPO erfasst.

Grundrechtseingriffe

399 Durch Durchsuchungen können, je nach Durchsuchungsobjekt, in die durch Art. 2 Abs. 1 GG als Ausprägung des Persönlichkeitsrechts geschützte Intimsphäre oder auch in das Recht auf Unverletzlichkeit der Wohnung, Art. 13 GG eingegriffen werden.

Tatbestandsvoraussetzungen

400 Grundvoraussetzung ist ein **Tatverdacht**. Es müssen tatsächliche zureichende Hinweise dafür vorliegen, dass eine Straftat begangen wurde. Der hier bezeichnete Tatverdacht entspricht dem Anfangsverdacht i. S. v. § 152 Abs. 2 StPO.

401 Die Durchsuchung muss zudem einem zulässigen **Zweck** dienen. Unterschieden wird die Ergreifungs- und die Ermittlungsdurchsuchung. Mit der Ergreifungsdurchsuchung soll der Verdächtige gefunden werden, dem aufgrund einer strafprozessualen Norm die Freiheit beschränkt oder entzogen werden kann. In Betracht kommen Haft- oder Vorführbefehle, Festhalten zur Identitätsfeststellung, Durchführung körperlicher Untersuchungen nach § 81a StPO oder erkennungsdienstlicher Maßnahmen nach § 81b StPO.

Bei der Ermittlungsdurchsuchung geht es um das Auffinden von Beweismitteln oder Spuren einer Straftat. Beweismittel sind dabei alle Gegenstände, die Rückschlüsse auf Tat, Täter und Tatzusammenhänge geben. Durch die Gleichstellung von Führerscheinen, die der Einziehung unterliegen, mit den Beweismitteln in § 94 Abs. 3 StPO, kann nach ihnen wie nach Beweismitteln durchsucht werden. Dies gilt nicht für Führerscheine, die lediglich wegen eines Fahrverbotes nach § 44 StGB beschlagnahmt werden sollen, da sie nicht der Einziehung unterliegen. Insofern fehlt eine gesetzliche Grundlage.

Durch den Verweis in § 111b Abs. 4 StPO auf § 102 ff. StPO ist auch zulässiger Durchsuchungszweck das Auffinden von Verfalls- und Einziehungsgegenständen, vgl. Rn. 528 ff.

402 Weitere Tatbestandsvoraussetzung ist die **Erfolgsvermutung**, dass mit der Durchsuchung entsprechende Beweismittel gefunden werden. Erfolgs*tatsachen* werden hier, im Gegensatz zu § 103 StPO, nicht verlangt. Es reicht also aus, dass aus kriminalistischer Erfahrung nicht gänzlich unwahrscheinlich ist, das Gesuchte zu finden.

Adressat

403 Die Durchsuchung nach § 102 StPO darf sich nur gegen Verdächtige richten. Verdächtiger ist jede Person, bei dem tatsächliche hinreichende Anhaltspunkte dafür vorliegen, dass sie Täter oder Teilnehmer einer Straftat sein könnte. Der Tatverdacht muss sich also auf eine konkrete Person als möglichen Beteiligten beziehen. Kinder (Personen unter 14 Jahre) können keine Verdächtige sein, da sie gemäß § 19 StGB schuldunfähig sind, insofern also keine verfolgbare Straftat vorliegt. Sie sind demnach Unverdächtige, die Durchsuchung muss sich in diesem Fall nach § 103 StGB richten, was aber einen Tatverdacht gegen eine andere, verfolgbare Person voraussetzt.[285] Gleiches gilt für den Fall, dass Rechtfertigungs- oder Entschuldigungsgründe offensichtlich sind.[286]

285 Vgl. dazu im Einzelnen Rn. 422.

286 Meyer-Goßner § 102, Rn. 4.

Anordnungsbefugnis

Durchsuchungen beim Verdächtigen bedürfen gemäß § 105 Abs. 1 StPO der richterlichen Anordnung, bei Gefahr im Verzuge steht die Anordnung auch der Staatsanwaltschaft und ihren Ermittlungspersonen[287] zu. Der Begriff der Gefahr im Verzuge ist gemäß dem Grundsatzurteil des Bundesverfassungsgerichtes bei Wohnungsdurchsuchungen eng auszulegen, die richterliche Anordnung soll die Regel, die Annahme von Gefahr im Verzuge die Ausnahme sein. Zudem muss die Annahme von Gefahr im Verzuge mit Tatsachen begründet sein, die auf den Einzelfall bezogen sind. Reine Spekulationen, hypothetische Erwägungen oder lediglich auf kriminalistische Alltagserfahrung gestützte, fallunabhängige Vermutungen reichen nicht aus. Gericht und Strafverfolgungsbehörde haben im Rahmen des Möglichen tatsächliche und rechtliche Vorkehrungen zu treffen, damit die in der Verfassung vorgesehene Regelzuständigkeit des Richters auch in der Masse der Alltagsfälle gewahrt bleibt.[288] Dies bedeutet jedoch nicht, dass zwingend ein richterlicher Bereitschaftdienst einzurichten ist, vielmehr nur, wenn dafür ein praktisches Bedürfnis besteht.[289] 404

Im Zweifelsfall ist immer zu versuchen, eine richterliche Anordnung zu erlangen. Jedenfalls bedarf es bei Gefahr im Verzuge der sorgfältigen Dokumentation, um eine gerichtliche Nachprüfung zu ermöglichen. Die Anordnung ergeht regelmäßig schriftlich, kann jedoch auch mündlich erfolgen.

Auch für Personendurchsuchungen ist grundsätzlich eine richterliche Anordnung einzuholen, in § 105 StPO wird nicht hinsichtlich des Durchsuchungsobjektes unterschieden. Hier wird jedoch in der Regel Gefahr im Verzuge zu bejahen sein. 405

Verfahrensvorschriften

Die Verfahrensvorschriften zur Durchsuchung ergeben sich aus §§ 104–110 StPO. 406

- **Schriftliche Mitteilung, § 107 StPO**

  Dem Betroffenen ist auf Verlangen eine schriftliche Mitteilung über die Maßnahme und die ggf. sichergestellten Gegenstände auszuhändigen. Praktische Relevanz hat die bloße Mitteilung, die mittels Formblatt erfolgt, insbesondere bei der Wohnungsdurchsuchung.

- **Beschlagnahme von Zufallsfunden, § 108 StPO**

  Gegenstände, die nicht in der Beziehung zur Untersuchung stehen, aber auf Verübung einer anderen Straftat hindeuten, sogenannte Zufallsfunde, sind einstweilen in Beschlag zu nehmen. Bei dieser Verfahrensvorschrift handelt es sich zugleich um eine spezielle Ermächtigung zur Vorbereitung der Beschlagnahme von Beweismitteln nach §§ 94, 98 StPO. Die Staatsanwaltschaft ist gemäß § 108 Abs. 1 S. 2 StPO von der Beschlagnahme des Gegenstandes in Kenntnis zu setzen. Gibt sie ihn nicht frei, so muss sie seine Beschlagnahme nach §§ 94, 98 StPO herbeiführen.[290] Die Beschlagnahme von Zufallsfunden kann jeder Polizeibeamte anordnen, auch ohne Ermittlungsbeamter der Staatsanwaltschaft zu sein, denn § 98 StPO findet keine Anwendung. Gefahr im Verzuge wird in diesen Fällen gesetzlich vermutet.[291] Beschlagnahmeverbote nach § 97 StPO für einen Gegenstand hindern auch die Beschlagnahme als Zufallsfund.

287 Vgl. zu Ermittlungspersonen der Staatsanwaltschaft: § 152 GVG i. V. m. den jeweiligen landesrechtlichen Regelungen; z. B. NRW: § 1 Abs. 1 der Verordnung über die Ermittlungspersonen der Staatsanwaltschaft vom 30.4.1996.
288 BVerfGE 103, 142.
289 BVerfG NJW 2004, 1442.
290 Meyer-Goßner § 108, Rn. 7.
291 BGHSt 19, 374 (376).

- **Durchsicht von Papieren, § 110 StPO**

  Die Durchsicht von Papieren steht grundsätzlich der Staatsanwaltschaft und auf deren Anordnung auch ihren Ermittlungspersonen zu. Im Übrigen darf die Durchsicht durch Beamte des Polizeidienstes erfolgen, wenn der Betroffene sie genehmigt. Der Begriff Papiere ist weit auszulegen. Dazu gehört alles, was wegen seines Gedankeninhaltes Bedeutung hat und auf Papier geschrieben ist, insbesondere alles private und geschäftliche Schriftgut.[292] Ebenso zählen dazu sämtliche Datenspeicher[293] sowie Notebooks.[294] Sollte eine Anordnung der Staatsanwaltschaft nicht vorliegen und der Betroffene die Durchsicht nicht genehmigen, so sind die Papiere nach Grobsichtung zu verpacken, mit dem Amtssiegel zu verschließen und der Staatsanwaltschaft abzuliefern, § 110 Abs. 2 S. 2 StPO.

- **Gleichgeschlechtliche/ärztliche Durchsuchung, § 81d StPO analog**

  Einfache körperliche Untersuchungen sind gemäß § 81d StPO von einer Person gleichen Geschlechts oder einem Arzt durchzuführen, wenn sie das Schamgefühl verletzen können. Entsprechendes gilt für die Durchsuchung von Personen.

407 Bei Durchsuchungen von Wohnungen, Geschäftsräumen und befriedetem Besitztum sind überdies zu beachten:

- **Nachtzeitschranke, § 104 StPO**

  Während der Nachtzeit[295] dürfen Wohnungen zur Wahrung des grundrechtlichen Schutzes nur eingeschränkt durchsucht werden. Zulässig ist eine Durchsuchung dann nur bei Verfolgung auf frischer Tat, bei Gefahr im Verzuge oder zur Wiederergreifung eines entwichenen Gefangenen. Dies gilt gemäß § 104 Abs. 2 StPO nicht für Räume, die jedermann zugänglich sind, oder in der Vorschrift näher bezeichnete kriminogene Orte darstellen.

  Beispiele
  Bordelle; Szenelokal, in dem vorwiegend Rauschgiftsüchtige verkehren.

  Hat die Durchsuchung vor 21.00 Uhr begonnen und reicht in die Nachtzeit hinein, darf sie zu Ende geführt werden, auch wenn die Voraussetzungen des § 104 StPO nicht vorliegen.[296] Zur Wahrung des grundrechtlichen Schutzes ist jedoch grundsätzlich darauf zu achten, dass Durchsuchungen vor 21.00 Uhr enden.

- **Zuziehung von Durchsuchungszeugen, § 105 Abs. 2 StPO**

  Wenn möglich, sind ein Gemeindebeamter oder 2 Gemeindemitglieder zuzuziehen, die nicht Polizeibeamte sein dürfen. In der Regel werden Beamte der Ordnungsbehörde zugezogen. Darauf kann der Betroffene verzichten.

---

292 Joecks § 110, Rn. 2.
293 BGH NStZ 2003, 670.
294 BVerfG NJW 2002, 1410.
295 Nach der Legaldefinition § 104 Abs. 3 StPO: 1. April bis 10. September 21.00 Uhr bis 04.00 Uhr; vom 1. Oktober bis 31. März 21.00 Uhr bis 06.00 Uhr.
296 BVerfGE 44, 353 (369).

- **Zuziehung des Inhabers, § 106 StPO**

  Der Inhaber hat das Recht, der Durchsuchung beizuwohnen. Ist er abwesend, ist, falls möglich, ein Vertreter hinzuzuziehen. Dies kann ein erwachsener Angehöriger, ein Hausgenosse oder Nachbar sein. Es handelt sich um eine bloße Ordnungsvorschrift, deren Verletzung führt nicht zu einer Unverwertbarkeit der Erkenntnisse.

Rechtsfolge

Die Vorschrift lässt die Durchsuchung, also das planmäßig Suchen nach Personen oder Sa- 408
chen, zu. Als zulässige Durchsuchungsobjekte kommen nach dem Wortlaut nur Räume in Betracht, nach ganz h. M. erfasst die Vorschrift aber auch die Durchsuchung von Personen und Sachen. Entscheident bei den Räumlichkeiten ist, ob der Verdächtige sie tatsächlich benutzt, gleichgültig, ob dies befugt oder unbefugt geschieht.[297] Der Begriff der **körperlichen Durchsuchung** gemäß §§ 102, 103 StPO ist von dem der körperlichen Untersuchung gemäß § 81a StPO zu unterscheiden. Um eine Personendurchsuchung handelt es sich, wenn der Körper abgetastet und Nachschau gehalten wird in der Kleidung und alle ohne Weiteres einsehbaren Körperöffnung (Mund, Nase, Ohren) mit dem Zweck, Gegenstände aufzufinden. Dient eine Maßnahme aber dazu, die körperliche Beschaffenheit oder das Vorhandensein von Fremdkörpern lediglich sinnlich wahrzunehmen, handelt es sich um eine körperliche Untersuchung nach § 81a StPO.[298] Daher kann eine Nachschau in die natürlichen Körperöffnungen je nach Zweck eine Personendurchsuchung oder eine körperliche Untersuchung sein.

Die Durchsicht von **Datenträgern** (z. B. externe Speicher, Handyspeicher, Notebook) zählt 409
zu der von Sachen, dabei ist die Verfahrensvorschrift des § 110 StPO zu beachten.[299]

Die sogenannte **Online-Durchsuchung** ist zum Zwecke der Strafverfolgung unzulässig. Da- 410
mit ist die Ausforschung des mit dem Internet verbundenen Computers mittels spezieller Trojaner-Programme zu verstehen. Es fehlt an einer gesetzlichen Regelung. Das Bundesverfassungsgericht hat eine entsprechende Regelung in § 5 Abs. 2 Nr. 11 VerfSchG NRW für verfassungswidrig und damit nichtig erklärt und dabei enge Grenzen der Zulässigkeit eines solchen Grundrechtseingriffes aufgezeigt.[300] Inzwischen existiert eine weitere präventive Regelung in § 20k BKAG, dessen Verfassungsmäßigkeitsüberprüfung andauert.

Beweisverwertung

Verstöße gegen die Ordnungsvorschriften §§ 106, 107, 109 StPO führen nicht zur Unver- 411
wertbarkeit. Bei Verkennung der richterlichen Anordnungskompetenz ist nach überwiegender Meinung Unverwertbarkeit der Erkenntnisse nur bei Willkür anzunehmen.[301] Eine unzureichende Dokumentation der Durchsuchungsanordnung führt nicht ohne Weiteres zur Unverwertbarkeit.[302]

297 BGH NStZ 1986, 84.
298 Für diese Unterscheidung nach dem Zweck auch Meyer-Goßner § 81a, Rn. 9.
299 Vgl. BVerfGE 113, 29.
300 BVerfGE 120, 274.
301 Vgl. Meyer-Goßner § 94, Rn. 21.
302 BGH NStZ 2005, 392.

4.2 Durchsuchung beim Unverdächtigen, §§ 103, 105 StPO

412
- ***Aufsatz-Literatur:*** *Beulke/Ruhmannseder StV 2011, 180 (Strafprozessuale Zwangsmaßnahmen in der Verteidigungssphäre [Teil 1]).*
- ***Leitentscheidungen:*** *OLG Frankfurt NStZ 2006, 302 (Durchsuchung der Kanzleiräume eines Verteidigers).*
- ***Übungsfälle:*** *Hapkemeyer Kriminalistik 2001, 367 (Klausur mit Lösung im Fach Eingriffsrecht).*

413

Durchsuchung beim Unverdächtigen §§ 103, 105 StPO

Materielle Rechtmäßigkeit

1. Ermächtigungsgrundlage

a) Tatbestandsvoraussetzung
- Tatverdacht
- zulässiger Zweck (Ausnahme: § 103 II StPO)
  - → Ergreifungsdurchsuchung
  - → Ermittlungsdurchsuchung
  - → Auffinden von Verfalls- und Einziehungsgegenständen (§ 111b Abs. 4 StPO)
- Erfolgstatsachen (Ausnahme: § 103 II StPO)

b) Adressat
- Unverdächtiger

2. Anordnungsbefugnis
- § 105 I StPO: Gericht, bei GiV auch StA/ErmPers.

3. Verfahrensvorschriften
- § 107 StPO: Schriftliche Mitteilung
- § 108 StPO: Beschlagnahme v. Zufallsfunden
- § 109 StPO: Kennzeichnung
- § 110 StPO: Durchsicht von Papieren bei Wohnungsdurchsuchungen:
- § 104 StPO: Nachtzeitschranke
- § 105 StPO: Zeugen
- § 106 StPO: Zuziehung des Inhabers
- § 106 StPO: Information über Zweck

4. Rechtsfolge

a) Zulässige Maßnahmen
Durchsuchung von Personen, Sachen, Wohnungen und anderen Räumen
Sonderfall: Gebäudedurchsuchung

b) Verhältnismäßigkeit

Durchsuchen bedeutet Nachschau halten in der Kleidung und allen ohne Weiteres einsehbaren Körperöffnungen.

Gefahr im Verzuge ist gegeben, wenn auf den Beschluss des Gerichts nicht gewartet werden kann, ohne dass der Durchsuchungserfolg gefährdet wäre.

Zufallsfunde sind Gegenstände, auf die sich der Durchsuchungszweck nicht bezieht, bei denen aber die Wahrscheinlichkeit besteht, dass sie zum Beweis einer anderen Tat geeignet sind.

Unverdächtiger ist derjenige, bei dem keine Anhaltspunkte dafür bestehen, dass er als Täter oder Teilnehmer einer Straftat in Betracht kommt.

Tatverdacht ist gegeben, wenn zureichende tatsächliche Anhaltspunkte auf eine verübte Straftat hindeuten.

Überblick

Die Durchsuchung ist eine strafprozessuale Standardmaßnahme. In der Systematik der Strafprozessordnung wird grundsätzlich nicht nach Durchsuchungsobjekten, sondern nach den Adressaten unterschieden. Durchsuchungen gegen Unverdächtige werden von § 103 StPO, gegen Verdächtige dagegen von § 102 StPO erfasst. 414

Grundrechtseingriffe

Durch Durchsuchungen können, je nach Durchsuchungsobjekt, in die durch Art. 2 Abs. 1 GG als Ausprägung des Persönlichkeitsrechts geschützte Intimsphäre oder auch in das Recht auf Unverletzlichkeit der Wohnung, Art. 13 GG, eingegriffen werden. 415

Tatbestandsvoraussetzungen

Grundvoraussetzung ist zunächst ein **Tatverdacht**. Der ist gegeben, wenn zureichende tatsächliche Anhaltspunkte für eine Straftat vorliegen. 416

Die Durchsuchung muss zudem einem zulässigen **Zweck** dienen. Unterschieden wird die Ergreifungs- und die Ermittlungsdurchsuchung. 417

Mit der Ergreifungsdurchsuchung soll der Beschuldigte gefunden werden, dem aufgrund einer strafprozessualen Norm die Freiheit beschränkt oder entzogen werden kann. In Betracht kommen Haft- oder Vorführbefehle, Festhalten zur Identitätsfeststellung nach § 163b StPO, Durchführung körperlicher Untersuchungen nach § 81a StPO oder erkennungsdienstlicher Maßnahmen nach § 81b StPO. Im Gegensatz zu § 102 StPO reicht hier der Verdächtigenstatus nicht aus, die Person muss Beschuldigter sein. Beschuldigter ist jede Person, gegen die sich das Strafverfahren richtet.[303] Sie wird schon zum Beschuldigten, wenn die Strafverfolgungsbehörden Ermittlungsmaßnahmen ergreifen, die erkennbar darauf abzielen, gegen sie wegen einer Straftat strafrechtlich vorzugehen.[304] Wichtig ist, dass das subjektive Element des Willens zur konkreten Strafverfolgung zur Ermittlungshandlung treten muss, um die Beschuldigteneigenschaft zu konstituieren.

Bei der Ermittlungsdurchsuchung geht es um das Auffinden von Spuren einer Straftat oder die Beschlagnahme genau zu bezeichnender Beweismittel. Beweismittel sind dabei alle Gegenstände, die Rückschlüsse auf Tat, Täter und Tatzusammenhänge zulassen können. Da nach konkret zu bezeichnenden Gegenständen gesucht werden muss, gebietet es der Verhältnismäßigkeitsgrundsatz, vorher nach freiwilliger Herausgabe zu fragen.[305] Durch die Gleichstellung von Führerscheinen, die der Einziehung unterliegen, mit den Beweismitteln in § 94 Abs. 3 StPO kann nach ihnen wie nach Beweismitteln durchsucht werden. Dies gilt nicht für Führerscheine, die lediglich wegen eines Fahrverbotes nach § 44 StGB beschlagnahmt werden sollen, da sie nicht der Einziehung unterliegen. Insofern fehlt eine gesetzliche Grundlage. Durch den Verweis in § 111b Abs. 4 StPO auf § 102 ff. StPO ist auch zulässiger Durchsuchungszweck das Auffinden von Verfalls- und Einziehungsgegenständen. 418

Weitere Tatbestandsvoraussetzung ist die **Erfolgstatsache**, es reicht im Gegensatz zu § 102 StPO nicht allein die Erfolgsvermutung. Es müssen, im Sinne einer gesicherten Auffindeprognose, Tatsachen die Erwartung begründen, dass die Durchsuchung zum Erfolg führt. 419

303 BGHSt 10, 8 (12).
304 Vgl. dazu auch § 397 Abs. 1 AO für Steuerstrafverfahren.
305 Joecks § 103, Rn. 2.

Wird der Beschuldigte in einer Räumlichkeit ergriffen oder hat er sie während der Flucht betreten, bedarf es zur Durchsuchung der Räume gemäß § 103 Abs. 2 StPO keiner besonderen Erfolgstatsachen und keines speziellen, in § 103 Abs. 1 StPO normierten Zweckes. So kann diese Durchsuchung auch zum Zwecke der Feststellung von etwaigen Zeugen erfolgen.

Sonderfall: Gebäudedurchsuchung

420 Nach § 103 Abs. 1 S. 2 StPO können alle Wohnungen und Räume in einem Gebäude durchsucht werden, wenn aufgrund von Tatsachen anzunehmen ist, dass sich der Beschuldigte dort aufhält. Diese Tatsachen können sich insbesondere aus Zeugenbeobachtungen oder eigenen Feststellungen ergeben. Voraussetzung ist zudem, dass die Durchsuchung zum Zwecke der Ergreifung des Beschuldigten erfolgt und dieser dringend verdächtig ist, eine Straftat nach § 129a StGB (Bildung terroristischer Vereinigungen), auch in Verbindung mit § 129b Abs. 1 StGB (Kriminelle oder terroristische Vereinigungen im Ausland), oder eine der in dieser Vorschrift bezeichneten Straftat begangen zu haben. Dieser besonders gravierende Grundrechtseingriff rechtfertigt sich aus der Gefährlichkeit Schwerstkrimineller.

Adressat

421 Die Maßnahme richtet sich gegen „andere Personen", in Abgrenzung zu § 102 StPO, mithin gegen Unverdächtige. Unverdächtige sind alle Personen, die nicht Verdächtige oder Beschuldigte sind.

422 Kinder (Personen unter 14 Jahren) können keine Verdächtige sein, da sie gemäß § 19 StGB schuldunfähig sind, insofern also keine verfolgbare Straftat vorliegt. Sie sind demnach immer Unverdächtige. Gleiches gilt für den Fall, dass Rechtfertigungs- oder Entschuldigungsgründe offensichtlich sind.[306] Eine Durchsuchung muss sich in diesem Fall nach § 103 StGB richten. Dies setzt aber voraus, dass überhaupt ein Anfangsverdacht einer verfolgbaren Straftat vorliegt. Kommt allein ein Kind als Täter in Betracht, ist daher auch eine Durchsuchung nach § 103 StPO unzulässig.

Beispiel
Der 12-jährige M entriss seinem Klassenkameraden mit mehreren Schlägen dessen Handy. Im Rahmen des polizeilichen Einsatzes ergeben sich Hinweise, dass M das Handy bei sich zu Hause aufbewahrt.

Eine Durchsuchung des Kinderzimmers nach § 102 StPO scheidet aus, da M nicht Verdächtiger i. S. d. Vorschrift ist. Die Durchsuchung nach § 103 StPO scheidet ebenfalls aus, da es insgesamt an einer verfolgbaren Straftat mangelt. In Betracht kommt aber eine Durchsuchung zur Beschlagnahme des Handys zur Rückgewinnungshilfe nach §§ 111b Abs. 1, 4 i. V. m. § 73 StGB, 102 StPO analog.[307]

Anordnungsbefugnis

423 Durchsuchungen beim Verdächtigen bedürfen gemäß § 105 Abs. 1 StPO der richterlichen Anordnung, bei Gefahr im Verzuge steht die Anordnung auch der Staatsanwaltschaft und

306 Meyer-Goßner § 102, Rn. 4.
307 Siehe zur Beschlagnahme im Rahmen der Rückgewinnungshilfe bei Kindern Rn. 554, 557.

ihren Ermittlungspersonen[308] zu. Der Begriff der Gefahr im Verzuge ist gemäß dem Grundsatzurteil des Bundesverfassungsgerichtes bei Wohnungsdurchsuchungen eng auszulegen, die richterliche Anordnung soll die Regel, die Annahme von Gefahr im Verzuge die Ausnahme sein. Dies bedeutet jedoch nicht, dass zwingend ein richterlicher Bereitschaftsdienst einzurichten ist, vielmehr nur, wenn dafür ein praktisches Bedürfnis besteht.[309] Im Zweifelsfall ist immer zu versuchen, eine richterliche Anordnung zu erlangen. Jedenfalls bedarf es bei Gefahr im Verzuge der sorgfältigen Dokumentation, um eine gerichtliche Nachprüfung zu ermöglichen. Die Anordnung ergeht regelmäßig schriftlich, kann jedoch auch mündlich erfolgen.

Verfahrensvorschriften

Die Verfahrensvorschriften zur Durchsuchung ergeben sich aus §§ 104–110 StPO, siehe 424
dazu oben, Rn. 406 f.

- Schriftliche Mitteilung, § 107 StPO
- Beschlagnahme von Zufallsfunden, § 108 StPO
- Durchsicht von Papieren, § 110 StPO
- Gleichgeschlechtliche/ärztliche Durchsuchung, § 81d StPO analog

Bei Durchsuchungen von Wohnungen, Geschäftsräumen und befriedetem Besitztum sind überdies zu beachten:

- Nachtzeitschranke, § 104 StPO
- Zuziehung von Durchsuchungszeugen, § 105 Abs. 2 StPO
- Zuziehung des Inhabers, § 106 Abs. 1 StPO
- Informationspflicht, § 106 Abs. 2 StPO

  Dem Inhaber der Wohnung bzw. seinem Vertreter ist der Zweck der Durchsuchung bekannt zu geben.

Rechtsfolge

Zur Rechtsfolge vgl. Rn. 408–410. 425

Beweisverwertung

Verstöße gegen die Ordnungsvorschriften §§ 106, 107, 109 StPO führen nicht zur Unver- 426
wertbarkeit. Bei Verkennung der richterlichen Anordnungskompetenz ist nach überwiegender Meinung Unverwertbarkeit der Erkenntnisse nur bei Willkür anzunehmen.[310] Eine unzureichende Dokumentation der Durchsuchungsanordnung führt nicht ohne Weiteres zur Unverwertbarkeit.[311]

---

308 Vgl. zu Ermittlungspersonen der Staatsanwaltschaft: § 152 GVG i. V. m. den jeweiligen landesrechtlichen Regelungen; z. B. NRW: § 1 Abs. 1 der Verordnung über die Ermittlungspersonen der Staatsanwaltschaft vom 30.4.1996.

309 BVerfG NJW 2004, 1442.

310 Vgl. Meyer-Goßner § 94, Rn. 21.

311 BGH NStZ 2005, 392.

Übersicht: Durchsuchung

	Tatbestand	Adressat	Anordnungs-befugnis	Verfahrensvorschriften
§§ 102, 105 StPO **Durchsuchung beim Verdächtigen**	Tatverdacht zulässiger Zweck: -- Ergreifung *oder* -- Ermittlung *oder* -- Auffinden von Verfalls-/Einziehungsgegenständen Erfolgsvermutung	Verdächtiger	Gericht bei GiV: StA/ ErmPers.	schriftliche Mitteilung, § 107 StPO Beschlagnahme Zufallsfunde, § 108 StPO Kennzeichnung, § 109 StPO Durchsicht von Papieren, § 110 StPO bei Wohnungsdurchsuchungen: Nachtzeitschranke, § 104 StPO Durchsuchungszeugen, § 105 StPO Zuziehung des Inhabers, § 106 StPO
§§ 103, 105 StPO **Durchsuchung beim Unverdächtigen**	Tatverdacht zulässiger Zweck: -- Ergreifung *oder* -- Ermittlung *oder* -- Auffinden von Verfalls-/Einziehungsgegenständen Erfolgstatsachen (Ausnahme § 103 II StPO)	Unverdächtiger	Gericht bei GiV: StA/ ErmPers.	schriftliche Mitteilung, § 107 StPO Beschlagnahme Zufallsfunde, § 108 StPO Kennzeichnung, § 109 StPO Durchsicht von Papieren, § 110 StPO bei Wohnungsdurchsuchungen: Nachtzeitschranke, § 104 StPO Durchsuchungszeugen, § 105 StPO Zuziehung des Inhabers, § 106 StPO Info über Zweck, § 106 StPO

5 Körperliche Untersuchung

Übersicht

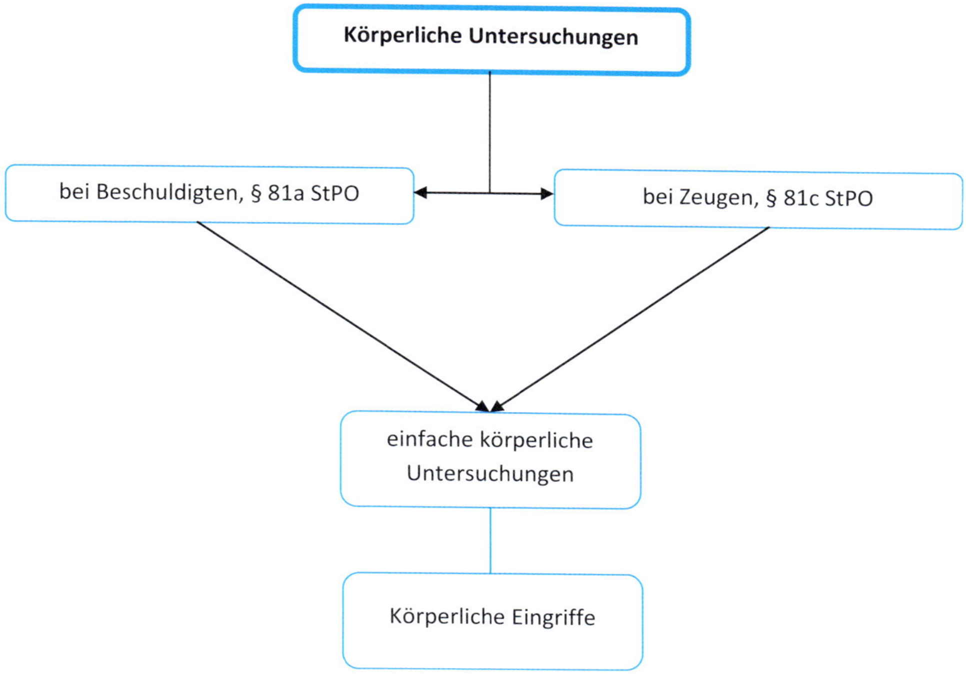

Überblick

Körperliche Untersuchungen sind in der Strafprozessordnung für Beschuldigte und Zeugen unterschiedlich geregelt. Die häufigsten körperlichen Untersuchungen sind die Blutproben- und die Speichelentnahme. 427

5.1 Körperliche Untersuchung des Beschuldigten, § 81a StPO

428 • ***Aufsatz-Literatur:*** *Busch ZRP 2012, 79 (Richtervorbehalt bei der Blutprobe); Kraft JuS 2011, 591 (Die Blutentnahme nach §81a StPO); Baldarelli PSP 2011, 43 (Zur Bedeutung des Richtervorbehaltes bei der Anordnung einer Blutprobe); Ernst JURA 2011, 94 (Aktuelles aus dem Bereich der Entnahme einer Blutprobe [...]); Oglakcioglu/Henne-Bruns/Wittau NStZ 2011, 73 (Unerlaubte Einfuhr von BtM mittels „Bodypacking"); Sachs JuS 2010, 1126 (Grundrechte: Effektiver Rechtsschutz); Herbst/Theurer NZV 2010, 544 (§ 81a StPO-Kompetenznorm im Spannungsfeld zwischen effektiver Strafverfolgung bei Trunkenheitsfahrten, Richtervorbehalt und Grundrechten des Beschuldigten); Hofmann NStZ 2010, 415 (Gefahr im Verzuge bei „unwilligem" Ermittlungsrichter); Götz NStZ 2008, 238 (Kein Beweisverwertungsverbot bei fehlerhafter Annahme von Gefahr im Verzuge); Saferling JURA 2008, 100 (Exkorpuration).*

• ***Leitentscheidungen:*** *BVerfG StrafFo 2011, 145 (Anordnung der Blutprobe); EGMR NJW 2006, 3117 (zur Exkorpuration); BVerfGE 47, 239 (Verfassungsmäßigkeit der Norm); BVerfGE 27, 211 (Verfassungskonforme Auslegung); BVerfG NStZ 2011, 289 (Unzureichende richterliche Überprüfung der polizeilichen Eilkompetenz bei Anordnung einer Blutentnahme); BGH NStZ 2010, 157 (Verwertung einer Speichelprobe ohne schriftliches Einverständnis); BVerfG NJW 2008, 3053 (Kein Beweisverwertungsverbot bei Missachtung des Richtervorbehaltes bei Blutentnahme).*

• ***Übungsfall:*** *Bair JA 2005, 37 („Alkoholgenuss, ein Unfall und die Folgen"); Berning Kriminalistik 2005, 694 (Staatsprüfungsklausur mit Lösung im Fach Staatsrecht/Eingriffsrecht).*

429 **Körperliche Untersuchung des Beschuldigten § 81a StPO**

Materielle Rechtmäßigkeit

1. Ermächtigungsgrundlage

a) Tatbestandsvoraussetzung
– Zweck:
Feststellung von verfahrensrelevanten Tatsachen

b) Adressat: Beschuldigter

2. Anordnungsbefugnis

– Gericht
– bei GiV: StA/Ermittlungspersonen der StA

3. Verfahrensvorschriften

bei einfacher körperlicher Untersuchung:
– bei Möglichkeit der Schamverletzung Durchführung nur von Personen gleichen Geschlechtes/Arzt, § 81d StPO

bei körperlichen Eingriffen:
– Durchführung nur von einem Arzt
– Blutproben/Körperzellen nur für das konkrete Verfahren, sind danach zu vernichten

4. Rechtsfolge

a) Zulässige Maßnahmen
– einfache körperliche Untersuchungen
– körperliche Eingriffe

b) Verhältnismäßigkeit

Beschuldigter ist jede Person, gegen die im Rahmen eines Strafverfahrens wegen einer bestimmten Straftat ermittelt wird (BGHSt 10, 8 (12).

Einfache körperliche Untersuchung ist die Wahrnehmung des Körpers oder des psychischen Zustandes ohne körperliche Eingriffe.

Körperlicher Eingriff liegt immer dann vor, wenn die körperliche Untersuchung mit einer Verletzung des Körpers einhergeht.

Gefahr im Verzuge ist gegeben, wenn auf den Beschluss des Gerichts nicht gewartet werden kann, ohne dass der Untersuchungserfolg gefährdet wäre.

Überblick

Die Vorschrift hat erhebliche praktische Bedeutung aufgrund der Blutproben- und Speichelentnahmen, die von der Norm erfasst sind. Im Übrigen erfasst die Regelung insbesondere die Feststellung von Spuren am Körper einer Person. 430

Grundrechtseingriffe

Durch die Maßnahme können die Grundrechte auf körperliche Unversehrtheit (Art. 2 Abs. 2 S. 1 GG), Freiheit der Person in Form der Freiheitsbeschränkung (Art. 2 Abs. 2 S. 2 GG) und das Recht auf Intimsphäre (Art. 2 Abs. 1 GG) eingeschränkt werden. 431

Tatbestandsvoraussetzungen

→ Zweck: Feststellung von Tatsachen, die für das Verfahren von Bedeutung sind 432

Der Zweck der Maßnahme ist die Beweisfeststellung. Bei Verkehrsdelikten soll durch eine Blutprobe der Tatbestand einer Verkehrsstraftat (insbesondere §§ 316, 315c StGB) festgestellt werden. Bei sonstigen Straftaten dient die Blutprobenentnahme der Feststellung der (verminderten) Schuldfähigkeit.

Adressat

Die Maßnahme darf sich nur gegen den Beschuldigten richten. Beschuldigter ist jede Person, gegen die sich das Strafverfahren richtet.[312] Sie wird schon zum Beschuldigten, wenn die Strafverfolgungsbehörden Ermittlungsmaßnahmen ergreifen, die erkennbar darauf abzielen, gegen sie wegen einer Straftat strafrechtlich vorzugehen.[313] Insofern ist der Beschuldigtenbegriff formell zu verstehen: Eine Person wird erst durch entsprechenden Willensakt der Strafverfolgungsbehörde zum Beschuldigten.[314] Die Stärke des Tatverdachtes ist dabei nicht relevant. Auch werden keine besonderen Anforderungen an den nach außen tretenden Willensakt gestellt, es reicht bereits jede konkrete Ermittlungshandlung gegen eine Person mit dem Willen der konkreten Strafverfolgung. Wichtig ist, dass das subjektive Element des Willens zur konkreten Strafverfolgung zur Ermittlungshandlung treten muss, um die Beschuldigteneigenschaft zu konstituieren. Eine Ermittlungsmaßnahme alleine begründet die Beschuldigteneigenschaft nicht. 433

> **Beispiel**
> Der Jugendliche A wird unmittelbar nach einem Straßenraub durchsucht, da die vom jugendlichen Opfer abgegebene vage Beschreibung auf A zutrifft. Bei A wird nichts aufgefunden. Noch am Ort des Geschehens kommt T auf die Beamten zu, übergibt die Beute und gesteht die Tat.

Vorliegend ist nicht schon aufgrund der Durchsuchung der Beamten die Beschuldigteneigenschaft gegeben. Vielmehr ist A nur Verdächtigter, wenn die Beamten nicht mit dem Ziel handelten, ein Strafverfahren gegen A zu führen. Verdächtiger ist derjenige, bei dem lediglich Anhaltspunkte bestehen, dass er Täter oder Teilnehmer einer Straftat sein könnte und noch keine Maßnahmen mit dem konkreten Ziel der Einleitung eines Strafverfahrens betrieben werden.

---

312 BGHSt 10, 8 (12).
313 Vgl. dazu auch § 397 Abs. 1 AO für Steuerstrafverfahren.
314 BGHSt 34, 138 (140).

Beispiel
Bei einer allgemeinen Verkehrskontrolle stellen die Polizeibeamten Alkoholgeruch bei dem Fahrer fest (Verdächtiger). Nachdem der Alkotest eine Atemalkoholkonzentration von 1,5 ‰ ergibt, wird der Fahrer zum Beschuldigten.

Anordnungsbefugnis

434 Gemäß § 81a Abs. 2 StPO obliegt die Anordnung der körperlichen Untersuchung grundsätzlich dem Gericht. Bei Gefahr im Verzuge sind auch die Staatsanwaltschaft und ihre Ermittlungspersonen[315] zur Anordnung befugt.

Da ein durchgängiger richterlicher Bereitschaftsdienst regelmäßig fehlt, stellt die Anordnung der Blutprobe ein besonderes praktisches Problem dar. Die Rechtsprechung um die Problemkreise der Gefahr im Verzuge (fehlender Eildienst, Gedankenlosigkeit der Polizeibeamten, keine richterliche Entscheidung ohne schriftliche Unterlage, Ungenauigkeit bei Rückrechnung des BAK-Wertes) und Beweisverwertung bei Verfahrensfehlern ist schon unübersehbar. Dem will jetzt der Gesetzesentwurf des Bundesrates auf Antrag des Landes Niedersachsen ein Ende setzen.[316] Dieser sieht zum Zwecke der effektiven Strafverfolgung ein eigenständiges Anordnungsrecht von Staatsanwaltschaft und deren Ermittlungspersonen für die Entnahme von Blutproben zum Zwecke des Nachweises von Alkohol, Betäubungsmitteln oder Medikamenten in den Fällen der §§ 315a, 315c bis 316 StGB vor.

Bis es zur Verabschiedung kommt, ist bei jeder nicht auf richterliche Anordnung erwogenen Blutprobe sorgfältig zu prüfen, ob Gefahr im Verzuge tatsächlich vorliegt. Es bedarf ausreichender Dokumentation der Gefahr im Verzuge. Die Bejahung der Gefahr im Verzuge allein aus dem Grund, dass jedes Zuwarten die Feststellung des Blutalkoholwertes ungenauer werden lässt, ist unzulässig, denn anerkannt ist die Möglichkeit der Rückrechnung.

435 Die Anordnung kann durch die Polizei auch ohne Gefahr im Verzuge erfolgen, wenn der Beschuldigte der Blutprobenentnahme wirksam einwilligt. In diesem Fall bedarf es der sorgfältigen Dokumentation über die Umstände der Einwilligungsfähigkeit. Dazu hat das OLG Hamm entschieden, dass es auch bei alkoholischen Beeinflussungen oberhalb von 2 Promille Blutalkoholkonzentration möglich ist, dass der Beschuldigte den Sinn und die Tragweite der Einwilligung in der Blutprobenentnahme nach § 81a StPO erkennt. Hierzu bedarf es jedoch einer näheren Darlegung der insoweit relevanten Umstände. Im betreffenden Fall wurde dem Beschuldigten nach einer Alkoholfahrt eine Blutprobe entnommen, die eine BAK von 2,46 Promille ergab. Dieser Blutprobenentnahme hatte der Beschuldigte schriftlich eingewilligt. Eine Einwilligung hat zur Folge, dass der Richtervorbehalt nach § 81 Abs. 2 StPO nicht beachtet werden muss. Das Oberlandesgericht hatte Zweifel an der Wirksamkeit der Einwilligungserklärung. Zwar könne eine Einwilligung auch bei einer Alkoholisierung über 2 Promille wirksam sein. Hierzu bedürfe es jedoch näherer Darlegung der insoweit relevanten Umstände, etwa des Vorhandenseins von Ausfallerscheinungen, des vorangegangenen Trinkverhaltens, der Trinkgewohnheiten und ggf. weiterer Umstände, die Anhaltspunkte für die Beurteilung einer Beeinträchtigung der kognitiven Fähigkei-

315 Vgl. zu Ermittlungspersonen der Staatsanwaltschaft: § 152 GVG i. V. m. den jeweiligen landesrechtlichen Regelungen; z. B. NRW: § 1 Abs. 1 der Verordnung über die Ermittlungspersonen der Staatsanwaltschaft vom 30.4.1996.

316 BR-Drs. 615/10; http://www.bundesrat.de/SharedDocs/Drucksachen/2010/0601-700/615-10,templateId=raw,property=publicationFile.pdf/615-10.pdf.

ten des Angeklagten aufgrund der gegebenen Alkoholisierung darstellen. Insofern ist also auf konkrete Angaben zu achten, formelhafte Ausführungen sind nicht ausreichend.[317]

Verfahrensvorschriften

Bei den Verfahrensvorschriften ist zu differenzieren zwischen körperlichen Eingriffen und einfachen körperlichen Untersuchungen: 436

- Körperliche Eingriffe dürfen gemäß § 81a Abs. 1 S. 2 StPO nur von einem Arzt nach den Regeln der ärztlichen Kunst vorgenommen werden. Sind gesundheitliche Nachteile zu befürchten, dürfen sie gegen den Willen des Beschuldigten nicht durchgeführt werden.
- Einfache körperliche Untersuchungen sind gemäß § 81d StPO von einer Person gleichen Geschlechts oder einem Arzt durchzuführen, wenn sie das Schamgefühl verletzen können. In diesem Fall soll auf Verlangen eine Person des Vertrauens zugelassen werden. Auf diese Regelungen ist der Beschuldigte hinzuweisen. Dies gilt auch, wenn die Person in die Untersuchung einwilligt.

Die Untersuchungsergebnisse sind gemäß § 81a Abs. 3 StPO unverzüglich zu vernichten, sobald sie für das Verfahren nicht mehr erforderlich sind.

Rechtsfolgen

Die Norm erlaubt körperliche Untersuchungen. Darunter sind zum einen einfache körperliche Untersuchungen, zum anderen körperliche Eingriffe zu verstehen. Die Unterscheidung richtet sich nicht nach dem Umstand, ob Schmerzen verursacht oder medizinische Instrumente gebraucht werden. Maßgeblich ist, ob der Eingriff mit – wenn auch geringfügigen – Verletzungen verbunden ist.[318] Ausdrücklich genannt als körperlicher Eingriff ist die Blutprobe. 437

Beispiele

Einfache körperliche Untersuchungen: Begutachtung des Körpers (Narben, Tätowierungen); Feststellung des psychischen Zustandes; Untersuchung der natürlichen Körperöffnungen (Mund, After, Scheide)[319], Speichelprobe.
Körperliche Eingriffe: Magenaushebung, Urinprobe, Röntgenaufnahmen.

Der Begriff der körperlichen Untersuchung gemäß § 81a StPO ist von dem der körperlichen Durchsuchung gemäß § 102 StPO zu unterscheiden. Um eine Personendurchsuchung handelt es sich, wenn der Körper abgetastet und Nachschau gehalten wird in der Kleidung und allen ohne Weiteres einsehbaren Körperöffnungen (Mund, Nase, Ohren) mit dem Zweck, Gegenstände aufzufinden. Dient eine Maßnahme aber dazu, die körperliche Beschaffenheit oder das Vorhandensein von Fremdkörpern lediglich sinnlich wahrzunehmen, handelt es sich um eine körperliche Untersuchung nach § 81a StPO.[320] Daher kann eine Nachschau in die natürlichen Körperöffnungen je nach Zweck eine Personendurchsuchung oder eine körperliche Untersuchung sein. 438

317 OLG Hamm, NJW-Spezial 2011, 203.
318 Meyer-Goßner § 81a, Rn. 15.
319 H.M. (Meyer-Goßner a. a. O.; a. A. SK-Rogall § 81a, Rn. 25).
320 Für diese Unterscheidung nach dem Zweck auch Meyer-Goßner § 81a, Rn. 9.

Eine Exkorpuration[321] ist nur unter strenger Beachtung des Verhältnismäßigkeitsgrundsatzes zulässig.[322]

Verhältnismäßigkeit

439 Dem rechtsstaatlichen Gebot der Verhältnismäßigkeit kommt bei dieser Maßnahme besondere Bedeutung zu. Entscheidend ist die Stärke des Tatverdachts in Bezug zur konkreten Maßnahme.[323] Zur Feststellung der Schuldfähigkeit ist besonders zu beachten, dass diese nach ständiger Rechtsprechung erst ab einem Wert von ca. 3 Promille angenommen werden kann. Die Annahme der eingeschränkten Schuldfähigkeit ist erst ab ca. 2 Promille zu vermuten. Daher ist eine Blutprobenentnahme zur Feststellung der (verminderten) Schuldfähigkeit grundsätzlich nur bei deutlicher Alkoholisierung durchzuführen.

Durch landesrechtliche Erlasse wird der Verhältnismäßigkeitsgrundsatz konkretisiert. So ist in NRW, Niedersachsen und Bayern grundsätzlich eine Blutprobenentnahme bei den Privatklagedelikten Hausfriedensbruch, Beleidigungen und der einfachen Sachbeschädigung zu unterlassen. Gleiches gilt, wenn das Alkotest-Ergebnis unter 0,25 mg/l (= 0,5 Promille) liegt.[324]

Beweisverwertung

440 Das Untersuchungsergebnis darf gemäß § 81a Abs. 3 StPO nur für das konkrete Strafverfahren verwendet werden.

Verstöße gegen § 81a StPO folgen in der Regel nicht zur Unverwertbarkeit der Erkenntnisse.[325] Bei falscher Wertung der Gefahr im Verzuge greift ein Verwertungsverbot grundsätzlich nicht ein.[326] Dies ist anders bei willkürlicher oder bewusster Missachtung der richterlichen Anordnungsbefugnis.[327]

---

321 Zwangsweise Verabreichen von Brechmitteln; kommt insbesondere bei Drogenkurieren in Betracht.

322 Joecks § 81a, Rn. 12; vgl. auch EGMR NJW 2006, 3117, dazu Safferling JURA 2008, 100.

323 BVerfGE 17, 108 (117).

324 Vgl. für NRW: Gem. RdErl. des IM (...) vom 15.8.2000 (MBl. NRW S. 934): Feststellung von Alkohol-, Medikamenten- und Drogeneinfluss bei Straftaten und Ordnungswidrigkeiten; Sicherstellung und Beschlagnahme von Führerscheinen. (VDP-Polizei-Fach-Handbuch: 3-15 La NRW).

325 BGHSt 24, 125 (128).

326 BVerfG NJW 2010, 2864.

327 Statt vieler OLG Hamm StV 2009, 518.

5.2 Körperliche Untersuchung anderer Personen, § 81c StPO

- ***Aufsatz-Literatur:*** *Mosbacher JuS 2012, 134 (Aktuelles Strafprozessrecht 2. Teil).* 441

Körperliche Untersuchung anderer Personen § 81c StPO

Materielle Rechtmäßigkeit

1. Ermächtigungsgrundlage

a) Tatbestandsvoraussetzung

– § 81 c 1. Alt StPO (allgemeine Unters.):
Zweck:
Feststellung Spuren/Folgen einer Straftat
oder

§ 81 c 2. Alt StPO (Abstammungsuntersuchung/Blutprobe):
unerlässlich und kein Nachteil für die Gesundheit zu befürchten

– zumutbar (§ 81c Abs. 4 StPO)

b) Adressat

– „andere“ Person, wenn sie als Zeuge in Betracht kommt

2. Anordnungsbefugnis

– Gericht, § 81c Abs. 5 StPO
– bei GiV: StA/Ermittlungspersonen der StA

3. Verfahrensvorschriften

– Belehrungspflicht analog § 55 Abs. 2 StPO: Verweigerungsrecht bei Zeugnisverweigerungsrecht.

bei einfacher körperlicher Untersuchung:
– bei Möglichkeit der Schamverletzung Durchführung nur von Person gleichen Geschlechtes/Arzt, § 81d StPO

bei Blutproben und Abstammungsunters.: nur Arzt

4. Rechtsfolge

a) Zulässige Maßnahmen

– einfache körperliche Untersuchungen zur Auffindung von Spuren u. Folgen (Alt. 1) u. zur Abstammungsfeststellung (Alt. 2)

- Blutproben

b) Verhältnismäßigkeit

442

Zeuge ist jede Person, die in einem nicht gegen sie selbst gerichteten Strafverfahren Auskunft über die Wahrnehmung von Tatsachen gibt.

Einfache körperliche Untersuchung ist die Wahrnehmung des Körpers oder des psychischen Zustandes ohne körperliche Eingriffe.

Körperlicher Eingriff liegt immer dann vor, wenn die körperliche Untersuchung mit einer Verletzung des Körpers einhergeht.

Spuren sind unmittelbar durch die Tat verursachte Veränderungen am Körper, die Rückschlüsse auf die Tatausführung oder den Täter ermöglichen (Meyer-Goßner § 81c, Rn. 12)

Gefahr im Verzuge ist gegeben, wenn auf den Beschluss des Gerichts nicht gewartet werden kann, ohne dass der Untersuchungserfolg gefährdet wäre.

Überblick

443 Die Vorschrift erfasst die körperliche Untersuchung von Personen gegen ihren Willen, welche nicht Beschuldigte sind. In erster Linie handelt es sich um Opfer und damit Zeugen von Straftaten. Der Zeugenstatus ist aber nicht zwingend erforderlich. So kann eine Person körperlich untersucht werden, die kein Zeuge des Verfahrens ist.

Beispiel
Nach dem Verdacht der Kindesmisshandlung wird der 1-jährige Säugling zur Feststellung von Verletzungen untersucht.

Opfer von (Gewalt-)Straftaten sind in aller Regel psychisch schwer belastet, sodass dem Verhältnismäßigkeitsgrundsatz hier eine ganz besondere Bedeutung zukommt.

Die Maßnahme dient der Feststellung von Spuren am Körper der Zeugen, die für die Beweisführung von Bedeutung sind. Eine wirksame Einwilligung hebt die Beschränkungen des § 81c StPO auf, wobei eine Blutprobe immer von einem Arzt durchzuführen ist.[328]

Grundrechtseingriffe

444 Durch die Maßnahme können die Grundrechte auf körperliche Unversehrtheit (Art. 2 Abs. 2 S. 1 GG), Freiheit der Person in Form der Freiheitsbeschränkung (Art. 2 Abs. 2 S. 2 GG) und das Recht auf Intimsphäre (Art. 2 Abs. 1 GG) eingeschränkt werden.

Tatbestandsvoraussetzungen

445 Zwei Alternativen sind zu unterscheiden:

→ § 81c Abs. 1 StPO (= 1. Alt: allgemeine Untersuchung)
Nach dieser Alternative muss zur Erforschung der Wahrheit die Feststellung notwendig sein, ob sich am Körper bestimmte Spuren oder Folgen einer Straftat befinden.

Beispiel
Bei einem Vergewaltigungsopfer ist es in der Regel notwendig, ggf. vorhandene Spermaspuren festzustellen.

→ § 81c Abs. 2 StPO (= 2. Alt.: Abstammungsuntersuchung, Blutprobe)
Nach der zweiten Alternative muss es zur Erforschung der Wahrheit unerlässlich sein, eine Abstammungsuntersuchung durchzuführen oder es handelt sich um die Entnahme einer Blutprobe. Dann darf keine Nachteil für die Gesundheit zu befürchten sein.

Adressat

446 Es muss sich zunächst um eine „andere Person“ handeln. Gemeint sind damit alle Personen, die keine Beschuldigten sind. Letztlich verengt sich die Vorschrift auf Zeugen.

Anordnungsbefugnis

447 Gemäß § 81c Abs. 5 StPO obliegt die Anordnung der körperlichen Untersuchung grundsätzlich dem Gericht. Bei Gefahr im Verzuge sind auch die Staatsanwaltschaft und ihre

328 Meyer-Goßner § 81c, Rn. 2

Ermittlungspersonen[329] zur Anordnung befugt. Anordnungen von Blutproben bei Minderjährigen oder Betreuten obliegt ausschließlich dem Richter, § 81c Abs. 3 StPO. Da ein durchgängiger richterlicher Bereitschaftsdienst regelmäßig fehlt, stellt die Anordnung der Blutprobe ein besonderes praktisches Problem dar, vgl. dazu oben Rn. 434.

Verfahrensvorschriften

Bei den Verfahrensvorschriften ist zu differenzieren zwischen dem einzig zugelassenen körperlichen Eingriff der Blutprobe und einfachen körperlichen Untersuchungen: 448

- Blutproben und körperliche Untersuchung zur Abstammungsfeststellungen dürfen gemäß § 81c Abs. 2 S. 2 StPO nur von einem Arzt nach den Regeln der ärztlichen Kunst vorgenommen werden. Sind gesundheitliche Nachteile zu befürchten, dürfen sie gegen den Willen nicht durchgeführt werden.
- Alle anderen körperlichen Untersuchungen dürfen grundsätzlich von jedem Polizeibeamten durchgeführt werden. Sie sind gemäß § 81d StPO von einer Person gleichen Geschlechts oder einem Arzt durchzuführen, wenn sie das Schamgefühl verletzen können. In diesem Fall soll auf Verlangen eine Person des Vertrauens zugelassen werden. Auf diese Regelungen ist der Beschuldigte hinzuweisen. Dies gilt auch, wenn die Person in die Untersuchung einwilligt.

Wenn ein Zeugnisverweigerungsrecht besteht, kann die Untersuchung vom Zeugen verweigert werden, § 81c Abs. 3 StPO. Auf dieses Recht ist gemäß § 81c Abs. 3 i. V. m. § 52 Abs. 3 StPO zu hinzuweisen. Die Untersuchungsergebnisse sind gemäß § 81c Abs. 5 S. 2 i. V. m. § 81a Abs. 3 StPO unverzüglich zu vernichten, sobald sie für das Verfahren nicht mehr erforderlich sind.

Rechtsfolgen

§ 81c Abs. 1 StPO erlaubt körperliche Untersuchungen. Darunter sind nur einfache körperliche Untersuchungen, keine körperlichen Eingriffe zu verstehen. Letztere sind nach 81c Abs. 1 StPO nicht zulässig. Ein körperlicher Eingriff in der einzig zulässigen Form der Blutprobe ist nur nach § 81c Abs. 2 zulässig. Die Unterscheidung zwischen körperlicher Untersuchung und körperlichem Eingriff richtet sich nicht nach dem Umstand, ob Schmerzen verursacht oder medizinische Instrumente gebraucht werden. Maßgeblich ist, ob der Eingriff mit – wenn auch geringfügigen – Verletzungen des Körpers verbunden ist.[330] 449

> **Beispiele**
> Einfache körperliche Untersuchungen: Begutachtung des Körpers (Verletzungen, Spermaspuren); Feststellung des psychischen Zustandes; Untersuchung der natürlichen Körperöffnungen (Mund, After, Scheide) [331], Speichelprobe.Körperliche Eingriffe: hier nur Blutprobe zulässig.

Zum Begriff der körperlichen Untersuchung siehe Rn. 438.

Beweisverwertung

Das Untersuchungsergebnis darf gemäß § 81c Abs. 5 S. 3 i. V. m. 81a Abs. 3 StPO nur für das konkrete Strafverfahren verwendet werden. 450

329 Vgl. zu Ermittlungspersonen der Staatsanwaltschaft: § 152 GVG i. V. m. den jeweiligen landesrechtlichen Regelungen; z. B. NRW: § 1 Abs. 1 der Verordnung über die Ermittlungspersonen der Staatsanwaltschaft vom 30.4.1996.

330 Meyer-Goßner § 81a, Rn. 15.

331 H.M. (Meyer-Goßner a. a. O.; a. A. SK-Rogall § 81a, Rn. 25).

Übersicht: Körperliche Untersuchung

	Tatbestand	Adressat	Anordnungs-befugnis	Verfahrensvorschriften
§ 81a StPO **körperliche Untersuchung, Blutprobe beim Beschuldigten**	zulässiger Zweck: Feststellung von verfahrensrelevanten Tatsachen	Beschuldigter	Gericht bei GiV: StA/ ErmPers.	bei einfacher körperlicher Untersuchung: bei Möglichkeit der Schamverletzung nur von Person gleichen Geschlechtes/Arzt, § 81d StPO bei körperlichem Eingriff: Durchführung nur von einem Arzt Blutprobe/Körperzellen nur für das konkrete Verfahren, sind danach zu vernichten, § 81a III StPO
§ 81c StPO **körperliche Untersuchung anderer Personen**	§ 81c 1. Alt: zulässiger Zweck: Feststellung von Spuren/Folgen einer Straftat *oder* § 81c 2. Alt: unerlässlich und kein Nachteil für die Gesundheit zu befürchten und dem Zeugen zumutbar (§ 81c IV StPO)	„andere Person“ = Zeuge	Gericht bei GiV: StA/ ErmPers.	Belehrungspflicht § 55 II StPO analog: Verweigerungsrecht bei Zeugnisverweigerungsrecht bei einfacher körperlicher Untersuchung (Alt. 1): bei Möglichkeit der Schamverletzung nur von Person gleichen Geschlechtes/Arzt, § 81d StPO bei Blutproben/Abstammungsuntersuchung (Alt. 2): Durchführung nur von einem Arzt

6 Molekulargenetische Untersuchung

- ***Aufsatz-Literatur:*** *Pommer, JA 2007, 621 (Die DNA-Analyse im Strafprozess – Problemfelder der §§ 81e StPO).* 451
- ***Leitentscheidungen:*** *BVerfGE 103, 21 (Rechtsweg bei § 81g-Maßnahmen).*

Übersicht

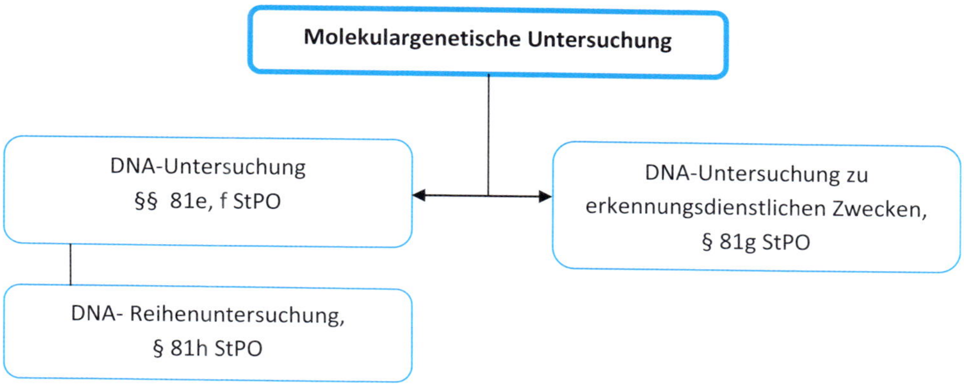

Überblick

Molekulargenetische Untersuchungen (DNA[332]-Untersuchungen) sind schon seit Jahren 452
als kriminalistische Methode anerkannt, sie haben die Kriminalistik revolutioniert. Ergebnis der molekularbiologischen Untersuchung ist zwar lediglich eine statistische Aussage. Sie hat aber aufgrund der Wahrscheinlichkeit sehr hohen Beweiswert. Sie wird daher auch als „genetischer Fingerabdruck“ bezeichnet.

Die Vorschriften über DNA-Untersuchung unterscheiden sich nach dem jeweiligen Zweck der Maßnahme. Während es bei den DNA-Untersuchungen nach §§ 81e, f und § 81h StPO um Straftatenaufklärung geht, verfolgt § 81g StPO allein präventive, erkennungsdienstliche Zwecke. Es geht hier um die Strafverfolgungsvorsorge, die von BVerfGE 103, 21 wohl als „genuines Strafprozessrecht“ zur Strafverfolgung gezählt wird. Weithin wird jedoch vertreten, dass es sich bei § 81g StPO – wie bei § 81b 2. Alt StPO (Erkennungsdienstliche Behandlung) – um einen gefahrenabwehrenden Fremdkörper in der Strafprozessordnung handelt.[333]

332 Engl.: Desoxyribonucleicacid; in Deutschland auch abgekürzt mit DNS (= Desoxyribonukleinsäure).
333 Vgl. Joecks § 81g, Rn. 2.

6.1 DNA-Untersuchung, §§ 81e, f StPO

453 • ***Aufsatz-Literatur:*** *Neuhaus StraFO 2010, 344 (Kritische Anmerkungen zum Einsatz von DNA-Analysen); Lengler SVR 2008, 246 (Die Zulässigkeit der Anordnung einer DNA-Untersuchung bei Straßenverkehrsdelikten); Pommer JA 2007, 621 (Die DNA-Analyse im Strafprozess – Problemfelder der §§ 81e StPO).*

• ***Leitentscheidungen:*** *BGHSt 54, 15 (Beweiswert einer mitochondrialen DNA-Analyse); BGH NStZ 2010, 157 (Verwertung einer Speichelprobe ohne schriftliche Einwilligung).*

• ***Übungsfälle:*** *Knauer JuS 2009, 227 (Übungsklausur – Strafprozessrecht: Durchsuchung, Beschlagnahme und DNA-Analyse – Pflanzen, Tiere, Kinder.)*

454 **DNA-Untersuchung, §§ 81e, f StPO**

Materielle Rechtmäßigkeit

1. Ermächtigungsgrundlage

a) Tatbestandsvoraussetzung

– Körpermaterial wurde rechtmäßig nach § 81a, oder § 81 c StPO erlangt
oder
Spurenmaterial wurde aufgefunden/sichergestellt/beschlagnahmt

– Zweck: Feststellung der Abstammung
oder
der Tatsache, ob Spurenmaterial vom Beschuldigten oder Verletzten stammt

– Erforderlichkeit der Maßnahme

b) Adressat

– Beschuldigter und Dritte

2. Anordnungsbefugnis

ohne Einwilligung:
– Gericht, bei GiV StA/ErmPers

mit Einwilligung: StA/ErmPers

bei aufgefundenem Spurenmaterial:
– StA/ErmPers

3. Verfahrensvorschriften

– enge Zweckbindung, § 81e Abs. 1
– bei Einwilligung Belehrung über Zweck
– Vorschriften über Verfahren, § 81f Abs.2

4. Rechtsfolge

a) Zulässige Maßnahmen
– genetische Untersuchung

b) Verhältnismäßigkeit

Beschuldigter ist jede Person, gegen die im Rahmen eines Strafverfahrens wegen einer bestimmten Straftat ermittelt wird (BGHSt 10, 8 (12).

Gefahr im Verzuge ist gegeben, wenn die Einholung einer richterlichen Entscheidung so viel Zeit in Anspruch nehmen würde, dass dadurch der Zweck der Maßnahme vereitelt wäre.

Überblick

Die Maßnahme dient der Aufklärung einer Straftat. Während §§ 81a, c StGB die Entnahme der Körperzellen regeln, gestattet § 81e StPO die anschließende Untersuchung des Materials. 455

Grundrechtseingriff

Durch die Untersuchung wird in das Recht auf informationelle Selbstbestimmung, Art. 2 Abs. 1 i. V. m. 1 Abs. 1 GG eingegriffen. 456

Tatbestandsvoraussetzungen

Zu unterscheiden sind 2 Fallkonstellationen: 457

→ § 81e Abs. 1 StPO: Untersuchungen von Material von Personen

Rechtmäßig erlangtes Körpermaterial des Beschuldigten oder einer dritten Person kann gemäß § 81e Abs. 1 StPO untersucht werden. Diese kann aus 2 Gründen geschehen. Die Untersuchung kann zunächst der Feststellung der Abstammung dienen. In praxi erfolgt sie aber in erster Linie zur Feststellung, ob das Material vom Beschuldigten oder Verletzten stammt. Dabei handelt es sich regelmäßig um Untersuchung von Speichelproben.

> **Beispiel**
> A wird der Geiselnahme beschuldigt. Anhand seiner nach § 81a Abs. 1 StPO erlangten Speichelprobe wird die DNA bestimmt.

Die Bestimmung der DNA richtet sich nach § 81e Abs. 1 StPO.

→ § 81e Abs. 1, 2 StPO: Untersuchung von aufgefundenem Spurenmaterial

Aufgefundenes Spurenmaterial kann nach § 81e Abs. 2 molekulargenetisch untersucht werden.

> **Beispiel**
> An einem Tatort wird eine Zigarettenkippe gefunden, welche offensichtlich vom Täter stammt. Anhand dieses Spurenmaterials wird die DNA bestimmt.

Die Bestimmung der DNA richtet sich in diesem Fall nach § 81e Abs. 1 und 2 StPO.

Die Untersuchung ist nur zulässig, wenn sie zu den genannten Zwecken erforderlich ist. Dies ist der Fall, wenn sie das mildeste Mittel zur Erreichung des Zweckes ist. Hier wurde der rechtsstaatliche Grundsatz der Erforderlichkeit explizit in den Tatbestand aufgenommen. 458

Anordnungsbefugnis

Die Anordnungskompetenz regelt § 81f StPO. Dabei ist zu unterscheiden: 459

→ Beschuldigter willigt nicht ein:
Anordnungsbefugt ist grundsätzlich das Gericht, bei Gefahr im Verzuge auch die Staatsanwaltschaft und ihre Ermittlungspersonen.[334]

334 Vgl. zu Ermittlungspersonen der Staatsanwaltschaft: § 152 GVG i. V. m. den jeweiligen landesrechtlichen Regelungen; z. B. NRW: § 1 Abs. 1 der Verordnung über die Ermittlungspersonen der Staatsanwaltschaft vom 30.4.1996.

→ Beschuldigter willigt ein:
Anordnungsbefugt sind die Staatsanwaltschaft und ihre Ermittlungspersonen.

→ Aufgefundenes Material wird untersucht:
Anordnungsbefugt sind die Staatsanwaltschaft und ihre Ermittlungspersonen.

Verfahrensvorschriften

460 • Enge Zweckbindung, § 81e Abs. 1 StPO

Die Untersuchung darf nur zu den oben genannten Zwecken erfolgen. Gemäß § 81e Abs. 1 StPO sind Untersuchungen zu anderen Zwecken unzulässig.

• Belehrung bei Einwilligung, § 81f Abs. 1 StPO

Willigt der Beschuldigten/Verletzte der Untersuchung ein, ist er über den Zweck der Untersuchung zu belehren.

• Verfahren der Untersuchung, § 81f Abs. 2 StPO

Mit der Anordnung ist ein spezieller Sachverständiger zu beauftragen, der von der beauftragten Stelle organisatorisch getrennt ist. Die unbefugte Kenntnisnahme Dritter vom Ergebnis der Untersuchung ist zu verhindern. Dem Sachverständigen sind die Proben anonymisiert zu übergeben. Die Vorschrift dient dem effektiven Datenschutz.

Rechtsfolge

461 Die Vorschrift befugt zur molekulargenetischen Analyse des erlangten Materials.

Ist der Beschuldigte einer Straftat von erheblicher Bedeutung oder einer Straftat gegen die sexuelle Selbstbestimmung verdächtigt, so können die erhobenen Daten beim Bundeskriminalamt gespeichert werden und zum Zwecke des Strafverfahrens, der Gefahrenabwehr und der internationalen Rechtshilfe übermittelt werden. Darüber ist der Beschuldigte zu benachrichtigten und zu belehren, dass er die gerichtliche Entscheidung beantragen kann, § 81g Abs. 5 StPO.

Beweisverwertung

462 Verstöße gegen die enge Zweckbindung des § 81e Abs. 1 S. 3 StPO sowie gegen die Anordnungskompetenz des Richters führen in der Regel zu einem Beweisverwertungsverbot.[335] Hat der Beschuldigte aber freiwillig, wenn auch ohne schriftliche Einwilligung, die Speichelprobe abgegeben, so verlangt der Bundesgerichtshof einen Widerspruch gegen die Verwertung des DNA-Ergebnisses.[336]

463 Die gewonnenen Erkenntnisse durch die Untersuchung des Materials vom Beschuldigten darf auch zur DNA-Identitätsfeststellung nach § 81g StPO verwendet werden.

335 Meyer-Goßner § 81e, Rn. 5; § 81f Rn. 9.
336 BGH NStZ 2010, 157.

6.2 DNA-Untersuchung zu erkennungsdienstlichen Zwecken, § 81g StPO

- ***Aufsatz-Literatur:*** *Schneider/Schneider/Fimmers/Brinkmann NStZ 2010, 433 (Allgemeine Empfehlungen der Spurenkommission zur statistischen Bewertung von DNA-Datenbank-Treffern).* 464
- ***Leitentscheidungen:*** *BVerfGE 103, 21 („Genetischer Fingerabdruck I" – Verfassungsmäßigkeit der Norm); BVerfG NStZ 2008, 226 (Verteidigerausschließung im DNA-Identitätsfeststellungsverfahren).*

DNA-Untersuchung zu erkennungsdienstlichen Zwecken, § 81g StPO

Materielle Rechtmäßigkeit

1. Ermächtigungsgrundlage

a) Tatbestandsvoraussetzung
- Tatbestandsvoraussetzung
- Tatverdacht hinsichtlich einer
  -- Straftat von erheblicher Bedeutung oder
  -- wiederholt begangenen sonstigen Straftat mit insgesamt gleichem Unwert *oder*
  -- Straftat gegen sex. Selbstbestimmung *oder*
- rechtskräftig Verurteilter und Eintragung noch nicht getilgt
- Wiederholungsgefahr

b) Adressat
- Beschuldigter, verurteilte + schuldlose Täter bei nicht gelöschter Eintragung

2. Anordnungsbefugnis

Entnahme ohne Einwilligung:
- Gericht, bei GiV: StA/ErmPers.
- mit Einwilligung: StA/ErmPers.

Untersuchung ohne Einwilligung: nur Richter

3. Verfahrensvorschriften
- enge Zweckbindung, Vernichtung, § 81g II StPO
- bei Einwilligung Belehrung über Zweck, § 81 III StPO
- Vorschriften über Durchführung, § 81f Abs.2
- Speicherung beim BKA und Übermittlung der Daten, § 81g V StPO

4. Rechtsfolge

a) Zulässige Maßnahmen
- Entnahme und Untersuchung von Körperzellen, Speicherung des DNA-Musters

b) Verhältnismäßigkeit

Beschuldigter ist jede Person, gegen die im Rahmen eines Strafverfahrens wegen einer bestimmten Straftat ermittelt wird (BGHSt 10, 8 (12). 465

Gefahr im Verzuge ist gegeben, wenn die Einholung einer richterlichen Entscheidung so viel Zeit in Anspruch nehmen würde, sodass dadurch der Zweck der Maßnahme vereitelt wäre.

Eine Straftat von erheblicher Bedeutung liegt insbesondere vor, wenn sie mindestens der mittleren Kriminalität zuzurechnen ist, den Rechtsfrieden empfindlich stört und dazu geeignet ist, das Gefühl der Rechtssicherheit der Bevölkerung erheblich zu beeinträchtigen (BT-Drs. 16/5846, S. 40 m. w. N.).

Überblick

466 Die Vorschrift dient präventiven Zwecken. Sie gestattet die Entnahme von Körperzellen und deren molekulargenetischen Untersuchung. Es geht um die Strafverfolgungsvorsorge, die von BVerfGE 103, 21 als „genuines Strafprozessrecht" zur Strafverfolgung gezählt wird. Weithin wird jedoch vertreten, dass es sich bei § 81g StPO – wie bei § 81b 2. Alt StPO (Erkennungsdienstliche Behandlung) – um einen gefahrenabwehrenden Fremdkörper in der Strafprozessordnung handelt.[337]

§ 81g Abs. 5 StPO bildet die rechtliche Grundlage für die DNA-Datei des Bundeskriminalamtes.

Grundrechtseingriff

467 Durch die Untersuchung wird in das Recht auf informationelle Selbstbestimmung, Art. 2 Abs. 1 i. V. m. 1 Abs. 1 GG eingegriffen.

Tatbestandsvoraussetzungen

468 **→ Maßnahme nach § 81g Abs. 1 StPO**

Die Maßnahme setzt zunächst den Tatverdacht einer Straftat aus 3 Deliktgruppen voraus:

- Straftat von erheblicher Bedeutung

Der Begriff ist im Gesetz nicht definiert, wird aber bei verschiedenen Eingriffsbefugnissen gebraucht. Es ist wohl – entsprechend der Gesetzesmaterialien – von einer Straftat mindestens der mittleren Kriminalität auszugehen, die den Rechtsfrieden empfindlich stören und dazu geeignet sein kann, das Gefühl der Rechtssicherheit der Bevölkerung erheblich zu beeinträchtigen.[338] Der Verdacht des Versuches oder der Teilnahme (Anstiftung oder Beihilfe) reicht aus.

- Sonstige Straftat, die durch wiederholte Begehung gleichen Unwertgehalt aufweist.
- Straftat gegen die sexuelle Selbstbestimmung.

469 Zudem muss Wiederholungsgefahr bestehen. Dies ist nach § 81g Abs. 1 StPO zu bejahen, wenn wegen der Art oder Ausführung der Tat, der Persönlichkeit des Beschuldigten oder sonstiger Erkenntnisse Grund zu der Annahme besteht, dass gegen ihn künftig Strafverfahren wegen einer Straftat von erheblicher Bedeutung zu führen sind. Indizien dafür könnten hohe Rückfallgeschwindigkeit, abgebrochene Therapien, Verhalten nach der Tat und die Auseinandersetzung mit der Tat sein.

Adressat

470 Die Vorschrift richtet sich in erster Linie gegen Beschuldigte, aber gemäß § 81g Abs. 3 auch gegen rechtskräftig Verurteilte und schuldlos handelnde Täter, deren Eintrag im Bundeszentralregister bzw. Erziehungsregister noch nicht getilgt ist.

Anordnungsbefugnis

471 Die Anordnungskompetenz regelt § 81g Abs. 3 StPO. Dabei ist zu unterscheiden:

337 Vgl. Joecks § 81g, Rn. 2.
338 So BT-Drs. 16/5846, S. 40.

→ Beschuldigter willigt nicht ein:
Anordnungsbefugt für die Entnahme ist grundsätzlich das Gericht, bei Gefahr im Verzuge auch die Staatsanwaltschaft und ihre Ermittlungspersonen.[339]

Für die Untersuchung ist stets nur der Richter anordnungsbefugt.

→ Beschuldigter willigt ein:
Anordnungsbefugt sind die Staatsanwaltschaft und ihre Ermittlungspersonen.

Verfahrensvorschriften

- **Enge Zweckbindung, Vernichtung, § 81g Abs. 1 StPO** 472

  Die Untersuchung darf nur zu den oben genannten Zwecken erfolgen. Gemäß § 81g Abs. 2 StPO sind Untersuchungen zu anderen Zwecken unzulässig. Wenn die Untersuchung erfolgt ist, sind die Körperzellen zu vernichten.

- **Belehrung bei Einwilligung, § 81g Abs. 3 StPO**

  Willigt der Beschuldigten/Verletzte der Untersuchung ein, ist er über den Zweck der Untersuchung zu belehren.

- **Verfahren der Untersuchung, § 81g Abs. 3 i. V. m. § 81f Abs. 2 StPO**

  Mit der Anordnung ist ein spezieller Sachverständiger zu beauftragen, der von der beauftragten Stelle organisatorisch getrennt ist. Die unbefugte Kenntnisnahme Dritter vom Ergebnis der Untersuchung ist zu verhindern. Dem Sachverständigen sind die Proben anonymisiert zu übergeben. Die Vorschrift dient dem effektiven Datenschutz.

- **Begründungserfordernisse**

  § 81g Abs. 3 S. 4 StPO enthält besondere Vorschriften der richterlichen Begründung der Maßnahme.

- **Speicherung und Übermittlung, § 81g Abs. 5 StPO**

  Die erhobenen Daten dürfen beim Bundeskriminalamt gespeichert werden und zum Zwecke der Strafverfolgung und Gefahrenabwehr sowie in der internationalen Rechtshilfe übermittelt werden.

Rechtsfolge

Die Vorschrift erlaubt die Entnahme, Untersuchung von Körperzellen und Speicherung 473
des DNA-Musters zur Identitätsfeststellung. Die Speicherung kann beliebig lange sein. Die Daten dürfen zum Zwecke eines Strafverfahrens oder zur Gefahrenabwehr übermittelt werden. Von der Norm erfasst sind auch typische Begleiteingriffe zur Entnahme.

Beweisverwertung

Verstöße gegen die Zweckbindung des § 81g Abs. 2 StPO führen zu einem Beweisverwer- 474
tungsverbot. Im Übrigen können Fehler nicht in dem anhängigen, sondern nur für künftige Verfahren gelten gemacht werden. Dabei werden unrichtige Beurteilungen der Voraussetzungen der Maßnahme in der Regel der Beweisverwertung nicht entgegenstehen.[340]

339 Vgl. zu Ermittlungspersonen der Staatsanwaltschaft: § 152 GVG i. V. m. den jeweiligen landesrechtlichen Regelungen; z. B. NRW: § 1 Abs. 1 der Verordnung über die Ermittlungspersonen der Staatsanwaltschaft vom 30.4.1996.

340 Vgl. Meyer-Goßner § 81g, Rn. 23.

6.3 DNA-Reihenuntersuchung, § 81h StPO

475 • ***Aufsatz-Literatur:*** *Brocke StraFo 2011, 298 (Zur Frage der Verwertbarkeit eines sogenannten Beinahetreffers im Rahmen der DNA-Reihenuntersuchung gemäß § 81h StPO); Saliger/Ademi JuS 2008, 193 (Der Massengentest nach § 81h StPO); Finger Kriminalistik 2006, 696 (Einwilligung in die Entnahme und Untersuchung von Körperzellen).*

• ***Leitentscheidungen:*** *LG Dortmund NStZ 2008, 175 (DNA-Reihenuntersuchung aufgrund eines Isotopenanalysegutachtens beim Verdacht der Tötung eines Neugeborenen).*

476 **DNA-Reihenuntersuchung**
§ 81h StPO

Materielle Rechtmäßigkeit

1. Ermächtigungsgrundlage

a) Tatbestandsvoraussetzung

– Tatverdacht hinsichtlich eines Verbrechens gegen Leben, körperliche Unversehrtheit, persönliche Freiheit, sex. Selbstbest.

– schriftliche Einwilligung

– Zweck: Feststellung der Herkunft von Spurenmaterial

– erforderlich, angemessen

b) Adressat

– Personen, die bestimmte Prüfmerkmale aufweisen

2. Anordnungsbefugnis

– nur Gericht

3. Verfahrensvorschriften

– enge Zweckbindung, §§ 81 h, g II

– schriftliche Belehrung über Zweck, Freiwilligkeit und Speicherung § 81h IV

– Vorschriften über Durchführung, §§ 81h, f II

– Vernichtung des Körpermaterials, § 81h, g II

4. Rechtsfolge

– Entnahme und Untersuchung von Körperzellen, automatisierter Abgleich

Tatverdacht ist gegeben, wenn zureichende tatsächliche Anhaltspunkte auf eine verübte Straftat hindeuten.

Überblick

Die Vorschrift regelt das sogenannte Massenscreening. Dabei wird eine Vielzahl von Personen, welche bestimmte Prüfmerkmale erfüllen, der Kontrolle unterzogen. 477

Beispiel
In Musterstadt, einer Kleinstadt mit ca. 5000 Einwohnern, wurde ein Kind ermordet. In Tatortnähe wurde zur vermutlichen Tatzeit ein ca. 25–35 Jahre alter Mann mit einem Fahrrad beobachtet, der sich auffallend verhielt. Zur Feststellung, von wem gefundenes Spurenmaterial stammt, werden alle Personen der Kleinstadt, die die Kriterien „Mann", „25–35 Jahre" sowie „wohnhaft in Musterstadt" erfüllen, aufgefordert, eine Speichelprobe abzugeben.

Grundrechtseingriff

Durch die Untersuchung wird in das Recht auf informationelle Selbstbestimmung, Art. 2 Abs. 1 i. V. m. 1 Abs. 1 GG eingegriffen. 478

Tatbestandsvoraussetzungen

Die Maßnahme setzt zunächst den Verdacht eines Verbrechens (Straftaten mit einer Mindeststrafe von 1 Jahr Freiheitsstrafe, § 12 StGB) aus einer von 4 Deliktgruppen voraus: 479

- gegen das Leben
- gegen die körperliche Unversehrtheit
- gegen die persönliche Freiheit
- gegen die sexuelle Selbstbestimmung

Zudem muss eine schriftliche Einwilligung des Betroffenen bestehen. Gesetzlich ist nicht geregelt, wie mit der fehlenden Einwilligung umzugehen ist. Dies allein soll den Tatverdacht im Hinblick auf die Anlasstat nicht begründen.[341] Aber mit anderen Tatsachen kann die Weigerung einen Tatverdacht verstärken, der die individuelle Anordnung der DNA-Untersuchung nach §§ 81e, f StPO erlauben kann.[342] In diesem Fall kommt auch eine zwangsweise Durchsetzung der Maßnahme nach §§ 81e, f StPO in Betracht. 480

Schließlich wird im Tatbestand von § 81h StPO ausdrücklich die Berücksichtigung der ohnehin zu beachtenden Verhältnismäßigkeit besonders normiert. Hier muss die Bedeutung der Straftat mit der Anzahl der betroffenen Personen abgewogen werden.

Adressat

Die Vorschrift richtet sich gegen alle Personen, die im Einzelfall bestimmte, vermutlich zutreffende Prüfkriterien erfüllen. Dies können insbesondere Geschlecht, Alter, ethnische Herkunft oder Wohnort sein. 481

---

341 BT-Drs. 15/5674 S. 13f; BVerfG NJW 1996, 1587.
342 Joecks § 81h, Rn. 3 m. w. N.

Anordnungsbefugnis

482 Die Anordnungskompetenz liegt gemäß § 81h Abs. 2 StPO ausschließlich beim Gericht. Die Anordnung ergeht schriftlich, hat die Prüfmerkmale zu bezeichnen und ist zu begründen. Die Anordnung ist nicht anfechtbar.

Verfahrensvorschriften

483
- **Enge Zweckbindung, Vernichtung, § 81h Abs. 3 i. V. m. § 81g Abs. 2 StPO**

  Die Untersuchung darf nur zu den oben genannten Zwecken erfolgen. Gemäß § 81g Abs. 2 StPO sind Untersuchungen zu anderen Zwecken unzulässig. Wenn die Untersuchung erfolgt ist, sind die Körperzellen zu vernichten und die festgestellten DNA-Muster zu löschen.

- **Schriftliche Belehrung, § 81g Abs. 4 StPO**

  Der Betroffene ist über die Freiwilligkeit, den Zweck der Untersuchung, der Unterlassenen Speicherung und die Vernichtung des Körpermaterials schriftlich zu belehren.

- **Verfahren der Untersuchung, § 81h Abs. 3 i. V. m. 81f Abs. 2 StPO**

  Mit der Anordnung ist ein spezieller Sachverständiger zu beauftragen, der von der beauftragten Stelle organisatorisch getrennt ist. Die unbefugte Kenntnisnahme Dritter vom Ergebnis der Untersuchung ist zu verhindern. Dem Sachverständigen sind die Proben anonymisiert zu übergeben. Die Vorschrift dient dem effektiven Datenschutz.

Rechtsfolge

484 Die Vorschrift erlaubt die Entnahme und Untersuchung von Körperzellen zur Feststellung des DNA-Identifizierungsmusters und des Geschlechts. Schließlich darf das DNA-Muster automatisiert mit dem vorhandenen (Tatort-)Spurenmaterial abgeglichen werden. Die Speicherung in der DNA-Datei des Bundeskriminalamtes ist ausdrücklich nicht zulässig. Ebenso ist die zwangsweise Durchsetzung bei Weigerung ausgeschlossen.

Beweisverwertung

485 Verstöße gegen die gesetzlich angeordnete Freiwilligkeit der Maßnahme führen zur Unverwertbarkeit der Erkenntnisse. Die freiwillige Abgabe der Speichelprobe ohne richterliche Anordnung nach § 81h Abs. 2 StPO soll der Verwertbarkeit jedoch nicht entgegenstehen.[343]

343 Meyer-Goßner § 81h, Rn. 15.

Übersicht: Molekulargenetische Untersuchung

	Tatbestand	Adressat	Anordnungs-befugnis	Verfahrensvorschriften
§§ 81e, f StPO **DNA-Untersuchung**	Körpermaterial rechtmäßig nach § 81a *oder* § 81c StPO erlangt *oder* Spurenmaterial wurde aufgefunden/sichergestellt/beschlagnahmt Zweck: Feststellung der Abstammung oder der Tatsache, dass Spurenmaterial vom Beschuldigten/Verletzten stammt Erforderlichkeit	Beschuldigter „Dritter"	ohne Einwilligung: Gericht bei GiV: StA/ErmPers. mit Einwilligung und bei aufgefundenem Spurenmaterial StA/ErmPers.	enge Zweckbindung, § 81e I StPO bei Einwilligung Belehrung über Zweck, § 81f I StPO Vorschriften über die Durchführung der Untersuchung, § 81f II StPO
§ 81g StPO **DNA-Untersuchung zu erkennungsdienstlichen Zwecken**	Tatverdacht bzgl. Straftat von erheblicher Bedeutung *oder* wiederholt begangener Straftat mit gleichem Unwert *oder* Straftat gegen sex. Selbstbestimmung Wiederholungsgefahr	Beschuldigter verurteilte und schuldlose Täter bei nicht gelöschter Eintragung	Entnahme ohne Einwilligung: Gericht bei GiV: StA/ErmPers. Untersuchung ohne Einwilligung: nur Gericht mit Einwilligung: StA/ErmPers.	enge Zweckbindung, Löschung § 81g II StPO bei Einwilligung Belehrung über Zweck, § 81g III StPO Vorschriften über die Durchführung, § 81f II StPO Speicherung beim BKA, § 81g V StPO Übermittlung der Daten, § 81g V StPO
§ 81h StPO **DNA-Reihenuntersuchung**	Tatverdacht bzgl. Verbrechens gegen Leben, körperl. Unversehrtheit, persönliche Freiheit, sex. Selbstbestimmung schriftlich Einwilligung Zweck: Feststellung der Herkunft von Spurenmaterial erforderlich, angemessen	Personen, die bestimmte Prüfmerkmale aufweisen	nur Gericht schriftliche Anordnung	enge Zweckbindung, Vernichtung Körperzellen §§ 81h, g II StPO schriftliche Belehrung über Zweck, Freiwilligkeit und Speicherung, § 81h IV StPO Vorschriften über die Durchführung der Untersuchung, §§ 81h, g II StPO Löschung der DNA-Muster, § 81h III StPO

7 Sicherstellung und Beschlagnahme

486 • ***Aufsatz-Literatur:*** *Pieper Kriminalistik 2008, 457 (Sicherstellung/Beschlagnahme nach der StPO); Michalke NJW 2008, 1490 (Wenn der Staatsanwalt klingelt – Verhalten bei Durchsuchung und Beschlagnahme).*

Übersicht

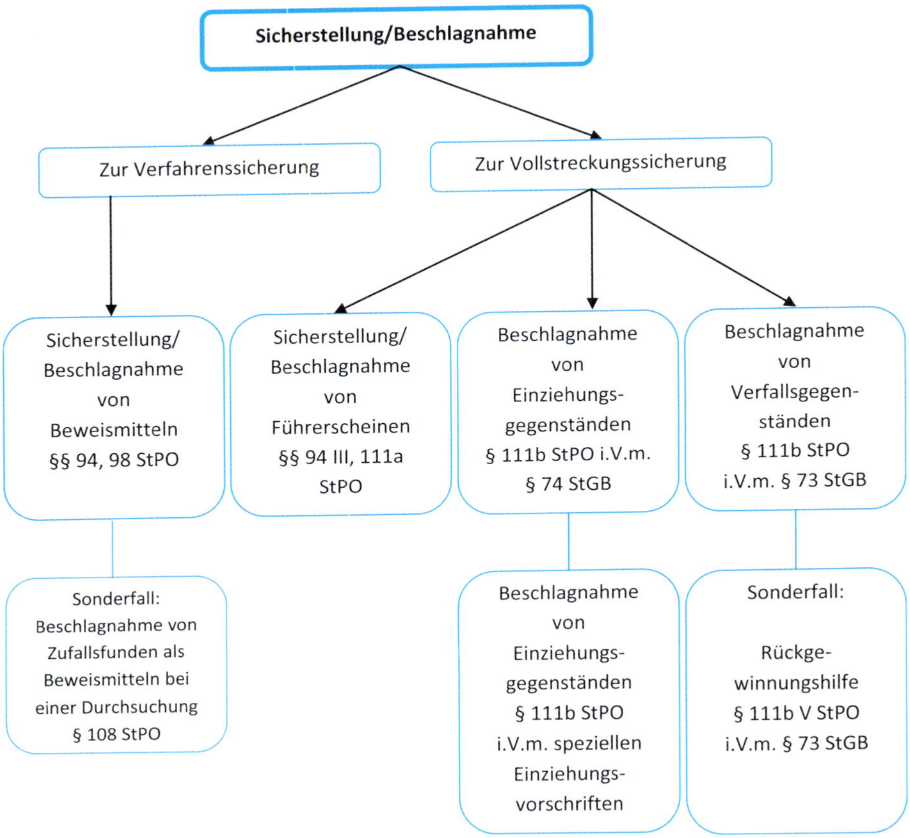

Überblick

487 Sicherstellung ist der Oberbegriff für die Begründung amtlicher Verwahrung. Wird ein Beweismittel oder ein einzuziehender Führerschein nicht freiwillig herausgegeben, so bedarf es gemäß § 94 Abs. 2 StPO der Beschlagnahme, einer förmlichen Sicherstellung. Ebenso bedarf es der Beschlagnahme, wenn Einziehungs- oder Verfallsgegenstände in Verwahrung genommen werden sollen.

Die Strafprozessordnung unterscheidet Formen der amtlichen Verwahrung nach dem Zweck. Dient der Gegenstand als Beweismittel oder handelt es sich um einen einzuziehenden Führerschein, ist § 94 StGB einschlägig. Handelt es sich um andere Einziehungs- oder Verfallsgegenstände, normiert § 111b StPO die maßgeblichen Tatbestandsvoraussetzungen. Einen Sonderfall stellt die Beschlagnahme von Zufallsfunden während einer Durchsuchung dar, auf die §§ 94, 98 StGB keine Anwendung finden, vgl. Rn. 406.

7.1 Sicherstellung und Beschlagnahme von Beweismitteln, §§ 94 Abs. 1 u. 2, 98 StPO

- ***Aufsatz-Literatur:*** *Beulke/Ruhmannseder StV 2011, 180 (Strafprozessuale Zwangsmaßnahmen in der Verteidigungssphäre [Teil 1]); Sachs JuS 2010, 88 ff. (Grundrechte: Unverletzlichkeit der Wohnung); Kemper NStZ 2005, 538 ff. (Die Beschlagnahmefähigkeit von Daten und E-Mails).* 488
- ***Leitentscheidungen:*** *BVerfGE 124, 43 (Beschlagnahme von E-Mails bei Provider); BVerfGE 120, 274 (Online-Durchsuchung); BVerfG NStZ 2011, 103 (Verwertbarkeit illegal erlangter Steuerdaten aus Liechtenstein); BGH NStZ 2010, 345 (Beschlagnahme von E-Mails).*
- ***Übungsfälle:*** *Krumdiek JA 2010, 191 („Der flüchtige T"); Berning Kriminalistik 2010, 134 und 199 (Staatsprüfungsklausur mit Lösung im Staatsrecht/Eingriffsrecht).*

Sicherstellung und Beschlagnahme von Beweismitteln, §§ 94 I u. II, 98 StPO

Materielle Rechtmäßigkeit

1. Ermächtigungsgrundlage

a) Tatbestandsvoraussetzung
- Tatverdacht
- potenzielles Beweismittel
- potenzielle Verfahrensbedeutung

zusätzlich bei Beschlagnahme:
- keine Beschlagnahmeverbote, §§ 96, 97, 160a StPO

b) Adressat
- Gewahrsamsinhaber

2. Anordnungsbefugnis
- bei Sicherstellung: StA/Polizeibeamte
- bei Beschlagnahme: Gericht, bei GiV StA/ErmPers., § 98 StPO

3. Verfahrensvorschriften
- Bescheinigung, § 107 S. 2 StPO
- Kennzeichnung, § 109 StPO
- Herausgabe, § 111k StPO

zusätzlich bei Beschlagnahme:
- Belehrung über Recht auf Beantragung richterlicher Entscheidung, § 98 II StPO
- Einholung richterl. Bestätigung, § 98 II StPO bei Beschlagnahme bei Widerspruch
- ggf. Sonderregelungen bei Bundeswehr, § 98 IV StPO

4. Rechtsfolge

a) Zulässige Maßnahmen
- Herausgabeverlangen, § 95 StPO
- Begründung amtlicher Verwahrung

b) Verhältnismäßigkeit

Tatverdacht ist gegeben, wenn zureichende tatsächliche Anhaltspunkte auf eine verübte Straftat hindeuten. 489

Beweismittel sind alle Gegenstände, die Rückschlüsse auf Tat, Täter oder Tatzusammenhänge ermöglichen können.

Gefahr im Verzuge liegt vor, wenn der Erfolg der Beschlagnahme durch die Verzögerung, die die Erwirkung der richterlichen Entscheidung mit sich bringen würde, gefährdet wäre (vgl. BVerfGE 51, 111).

Überblick

490 § 94 Abs. 1, 2 StPO regelt die Sicherstellung von Beweismitteln, diese dient der Verfahrenssicherung. Sicherstellung ist der Oberbegriff für die Begründung amtlicher Verwahrung. Befindet sich ein Gegenstand im Gewahrsam einer Person und wird nicht freiwillig herausgegeben, so bedarf es gemäß § 98 Abs. 2 StPO der Sicherstellung in der Rechtsform der förmlichen Beschlagnahme. Die Abgrenzung zur Beschlagnahme ist wichtig für die differenzierten Anordnungsbefugnisse.

491 Kommt ein Beweisgegenstand zugleich auch als Einziehungs- oder Verfallsgegenstand in Betracht, so ist die Beschlagnahme nach § 94 StPO zwar ausreichend. Wegen des nur nach § 111c Abs. 5 StPO eintretenden Veräußerungsverbots empfiehlt sich aber die gleichzeitige Beschlagnahme als Einziehungs- oder Verfallsgegenstand nach §§ 111b, 111e StPO.[344]

492 Postbeschlagnahme nach §§ 99, 100 StPO stellt eine besondere Form der Beschlagnahme zur Beweismittelsicherung dar, die im Ergebnis wesentlich engere Voraussetzungen als die allgemeine Beweismittelbeschlagnahme aufweist. Diese Vorschriften bauen nicht auf §§ 94, 98 StPO auf, sondern treten an deren Stelle.[345]

Grundrechtseingriffe

493 Mit der Beschlagnahme wird grundsätzlich in das Grundrecht auf Eigentum nach Art. 14 GG eingegriffen, denn Art. 14 GG schützt auch Eingriffe in das Nutzungsrecht.[346]

Soweit Gegenstände sichergestellt werden, die dem unmittelbar Betroffenen wegen eines Verstoßes gegen strafrechtliche Vorschriften zivilrechtlich nicht zustehen (vgl. §§ 134, 935 BGB), ist dessen Eigentumsgrundrecht schon mangels einer schutzfähigen Rechtsposition nicht berührt. Dies betrifft vor allem die Sicherstellung von Gegenständen, deren Besitz verboten ist, wie etwa Betäubungsmittel und verbotene Gegenstände nach dem Waffengesetz. Denn wegen des strafrechtlichen Verbots ist gemäß § 134 BGB neben dem schuldrechtlichen Verpflichtungsgeschäft zugleich die Übereignung der verbotenen Gegenstände unwirksam.[347] Unter den sachlichen Schutzbereich von Art. 14 GG Abs. 1 S. 1 GG fallen aber nur vermögenswerte Rechte, die dem Berechtigten von der Rechtsordnung in der Weise zugeordnet sind, dass er die damit verbundene Befugnis nach eigenverantwortlicher Entscheidung zu seinem privaten Nutzen ausüben darf.[348] Dies ist aber bei Gegenständen, deren Besitz verboten ist, gerade nicht der Fall. In der Sicherstellung von Betäubungsmitteln und verbotenen Gegenständen nach dem Waffengesetz liegt daher lediglich ein Eingriff in Art. 2 Abs. 1 GG.

494 Nach dem Urteil des Bundesverfassungsgerichts von 2009 kann mit der Beschlagnahme nach § 94 StPO auch in das Fernmeldegeheimnis aus Art. 10 GG eingegriffen werden, was insbesondere relevant ist bei der Beschlagnahme von E-Mails bei Providern. Aufgrund der systematischen Stellung zu §§ 99, 100a StPO sei nicht der Schluss auf ein gesetzgeberisches Regelungskonzept zu ziehen, wonach nur aufgrund §§ 99, 100a, 100g StPO in Art. 10 GG eingegriffen werden könne.[349]

---

344 Meyer-Goßner § 94, Rn. 2.
345 Kramer, Rn. 197.
346 Jarass/Pieroth Art. 14, Rn. 6.
347 BVerfGE 110, 1.
348 BVerfGE 83, 201.
349 BVerfGE 124, 43.

Tatbestandsvoraussetzungen

Grundvoraussetzung für die Anordnung der Maßnahme ist ein **Tatverdacht**. Der liegt im Sinne von § 152 Abs. 2 StPO vor, wenn zureichende tatsächliche Anhaltspunkte für die Begehung einer verfolgbaren Tat gegeben sind. Dies entspricht dem Anfangsverdacht i. S. v. § 152 Abs. 1 StPO. 495

Zudem muss sich es sich bei dem betreffenden Gegenstand um ein mögliches **Beweismittel** handeln. Dies sind alle Gegenstände, die Rückschlüsse auf Tat, Täter oder Tatzusammenhänge zulassen können. Es genügt die nicht ganz fern liegende Möglichkeit, dass der Gegenstand für die Beweisfrage Bedeutung gewinnen kann. Entscheidend ist deren potenzielle Beweiseignung. 496

> **Beispiele**
> Tatmesser, Zigarettenkippe, Blutanhaftungen, Handy, Kleidungsstücke, auch Räume, Gebäude (z. B. zur Ermittlungen bei einer Brandstiftung), Datenträger.

Die Entscheidung über die Beweiseignung hat der handelnde Beamte nach pflichtgemäßem Ermessen zu beurteilen.

Der Gegenstand muss **für das Verfahren von Bedeutung** sein. An der Beweiserheblichkeit fehlt es, wenn feststeht, dass das Verfahren nicht weitergeführt wird. 497

Bei Beschlagnahme: Keine Beweisverbote 498

Es dürfen keine Beweisverbote bestehen.

- **Beschlagnahmeverbote bei amtlichen Schriftstücken, § 96 StPO**

  Die Vorschrift ergänzt das Erfordernis der Aussagegenehmigung für Beamte und Richter nach § 54 StGB. Mit einer begründeten Sperrerklärung können Akten aus Geheimhaltungsgründen der Beschlagnahme entzogen werden. Die Regelung ist nicht unproblematisch, weil sie der Verwaltung einen Einfluss auf den Gang der Strafverfolgung einräumen kann.[350] Zum Schutz vor Nachteilen für die Strafverfolgungsbehörden und ihrer Angehörigen ist sie aber zwingend erforderlich.

- **Beschlagnahmeverbote bei zeugnisverweigerungsberechtigten Personen, § 97 StPO**

  Beschlagnahmefrei sind Gegenstände, die zeugnisverweigerungsberechtige Personen betreffen und sich in ihrem Gewahrsam befinden. Die Vorschrift betrifft insbesondere Angehörige und Berufsgeheimnisträger wie Geistliche, Verteidiger und Abgeordnete. Die Vorschrift soll verhindern, dass die Zeugnisverweigerungsrechte durch Beschlagnahme von Gegenständen unterlaufen werden. Die Vorschrift geht gemäß § 160a Abs. 5 StPO der allgemeinen Schutzvorschrift für zeugnisverweigerungsberechtigte Personen, § 160a StPO, als lex spezialis vor.

  Freiwillige Herausgabe der betreffenden Gegenstände ist durch die zeugnisverweigerungsberechtigte Person ohne Weiteres möglich, die Sicherstellung hindert § 97 StGB nicht. § 97 StGB ist auch nicht anwendbar auf zeugnisverweigerungsberechtigte Personen, die selbst beschuldigt sind.

---

350 Joecks § 96, Rn. 1.

Erfasst sind insbesondere schriftliche Unterlagen.

Beispiele
Ärztliche Unterlagen, Notizen.

- **Beschlagnahmeverbote aus dem allgemeinen Persönlichkeitsrecht**

  Nach h. M. besteht zum Schutz des Kernbereichs privater Lebensführung ein Beschlagnahmeverbot für höchstpersönliche Aufzeichnungen (Tagebücher, Liebes-, Abschiedsbriefe).

Adressat

499 Die Maßnahme richtet sich gemäß § 95 StPO gegen den letzten Gewahrsamsinhaber.

Anordnungsbefugnis

500 Hinsichtlich der Anordnungsbefugnis ist zwischen Sicherstellung und Beschlagnahme zu unterscheiden. Die Sicherstellung unterliegt keinen besonderen Beschränkungen, sie kann von jedem Staatsanwalt/Polizeibeamten angeordnet werden.

Bei Beschlagnahme bedarf es gemäß § 98 Abs. 1 StPO grundsätzlich der richterlichen Anordnung. Bei Gefahr im Verzuge sind auch die Staatsanwaltschaft und ihre Ermittlungspersonen[351] anordnungsbefugt.

501 Die Gültigkeit einer richterlichen Beschlagnahmeanordnung ist gesetzlich nicht geregelt. Sie ist bei Durchsuchungsbeschlüssen nach höchstrichterlicher Entscheidung auf 6 Monate begrenzt, da sich die rechtlichen Grundlagen der Maßnahme innerhalb eines halben Jahres verändert haben können und der Grundrechtsschutz durch den Richter anders nicht effektiv zu sichern ist. Es ist sachgerecht, hier ebenfalls die 6-Monats-Grenze anzunehmen.[352]

Verfahrensvorschriften

502 Differenziert werden muss auch bei den Verfahrensvorschriften hinsichtlich Sicherstellung und Beschlagnahme. Generell sind immer zu beachten:

- **Verzeichnis und Kenntlichmachung, §§ 107, 109 StPO**

  Dem Betroffenen ist auf Verlangen ein Verzeichnis der in Verwahrung genommenen Gegenstände auszuhändigen. Sie sind genau zu kennzeichnen.

- **Herausgabe, § 111k StPO**

  Wird der Gegenstand nicht mehr für das Verfahren benötigt, so ist er dem Gewahrsamsinhaber, dem der Besitz entzogen wurde, wieder auszuhändigen, wenn Ansprüche Dritter nicht entgegenstehen. Zuständig für die Entscheidung ist die Staatsanwaltschaft, sie kann in Zweifelsfällen nach § 111k S. 3 StPO die Entscheidung des Gerichts einholen.

351 Vgl. zu Ermittlungspersonen der Staatsanwaltschaft: § 152 GVG i. V. m. den jeweiligen landesrechtlichen Regelungen; z. B. NRW: § 1 Abs. 1 der Verordnung über die Ermittlungspersonen der Staatsanwaltschaft vom 30.4.1996.

352 So auch Kramer, Rn. 190b mit Verweis auf BVerfG NJW 97, 2165.

Darüber hinaus sind bei der Beschlagnahme folgende Vorschriften zu beachten: 503

- **Belehrungspflicht, § 98 Abs. 2 S. 5 StPO**

  Wenn ein Gegenstand ohne richterliche Anordnung beschlagnahmt wurde, so kann der Betroffene jederzeit eine richterliche Entscheidung beantragen. Auf dieses Recht ist er hinzuweisen.

- **Beantragung einer richterlichen Entscheidung, § 98 Abs. 2 S. 1 StPO**

  War der Betroffene bei einer Beschlagnahme ohne richterliche Anordnung nicht anwesend oder erhob er ausdrücklich Widerspruch, so hat der Polizeibeamte binnen drei Tagen die richterliche Bestätigung der Maßnahme zu beantragen.

- **Anzeigepflicht, § 98 Abs. 3 StPO**

  Bei Beschlagnahme nach Klageerhebung ist dem zuständigen Gericht Anzeige zu machen.

- **Sonderregelungen bei Beschlagnahme bei der Bundeswehr, § 98 Abs. 4 StPO**

  Beschlagnahmen in Dienstgebäuden der Bundeswehr obliegen grundsätzlich der vorgesetzten Stelle der Bundeswehr.

Ergänzende Vorschriften über die Behandlung amtlich verwahrter Gegenstände enthalten Nr. 74–76 der Richtlinien für das Strafverfahren und das Bußgeldverfahren (RiStBV).

Rechtsfolgen

Das Gesetz unterscheidet die einfache Sicherstellung und die Sicherstellung in der Rechtsform der Beschlagnahme. 504 Die Begründung des amtlichen Verwahrungsverhältnisses erfolgt durch Sicherstellung, wenn ein beweglicher Gegenstand entweder gewahrsamslos ist oder freiwillig herausgegeben wird. Dann bedarf es keiner richterlichen Anordnung nach § 98 Abs. 1 StPO.

> **Beispiel**
> Der Täter hat das Tatmesser auf der Flucht in ein Gebüsch geworfen (gewahrsamslos). Der Beschuldigte eines Internetbetruges übergibt den Beamten seinen Laptop (freiwillige Herausgabe).

Im Gegensatz dazu sind Gegenstände zu beschlagnahmen, wenn sie sich im Gewahrsam einer Person befinden und nicht freiwillig herausgegeben werden. Die Beschlagnahme steht unter Richtervorbehalt.

§ 95 StPO konstituiert über die bloße Duldungs- eine Herausgabepflicht. Sie kann nach 505 § 95 Abs. 2 i. V. m. § 70 StPO zwangsweise durchgesetzt werden. Die Herausgabepflicht trifft aber wegen des Verbotes des Selbstbelastungszwanges nicht den Beschuldigten, bei zeugnisverweigerungsberechtigten Personen kann die Pflicht nicht erzwungen werden, § 95 Abs. 2 S. 2 StPO.

Für Daten gelten grundsätzlich die Vorschriften des §§ 94, 98 StPO analog, da es sich nicht 506 um „Gegenstände" handelt.

Beim **E-Mail-Verkehr** ist nur die Übermittlung der Nachricht durch den Absender an 507 den Mailserver und das Abrufen vom Mailserver des Providers durch den Empfänger von § 100a StPO erfasst, da es sich um Telekommunikationsvorgänge handelt. Befindet sich die E-Mail aber bereits auf dem Datenträger des Empfängers, ist der Telekommunikationsvorgang abgeschlossen; ein Eingriff in Art. 10 GG liegt beim Überwachen dieser

Nachrichten nicht vor. Diese Nachrichten können durch analoge Anwendung der §§ 94, 98 StPO sichergestellt werden. Ebenso ist nach nunmehr dem Bundesverfassungsgericht auch zu verfahren, wenn sich die Nachrichten noch auf dem Mailserver des Providers befinden, obwohl damit ein Eingriff in Art. 10 GG verbunden ist.[353] Der Bundesgerichtshof hielt dagegen bislang eine Beschlagnahme von Nachrichten beim E-Mail-Server des Provider jedenfalls nach § 99 StPO für zulässig: „Die Beschlagnahme von E-Mails bei einem E-Mail-Provider, welche dort bis zu einem ersten oder weiteren Aufruf abgespeichert sind, auch unter Berücksichtigung des heutigen Kommunikationsverhaltens, sind in jeder Hinsicht vergleichbar mit der Beschlagnahme anderer Mitteilungen, welche sich zumindest vorübergehend bei einem Post- oder Telekommunikationsdienstleister befinden, bspw. von Telegrammen, welche gleichfalls auf dem Telekommunikationsweg dorthin übermittelt wurden. Daher können beim Provider gespeicherte, eingegangene oder zwischengespeicherte, E-Mails – auch ohne spezifische gesetzliche Regelung – jedenfalls unter den Voraussetzungen des § 99 StPO beschlagnahmt werden."[354] Aufgrund der Entscheidung des Bundesverfassungsgerichts ist eine Beschlagnahme von E-Mail-Nachrichten beim Provider nach den §§ 94, 98 StPO zu behandeln.

Bei der Beschlagnahme von E-Mail-Nachrichten ist jedoch der Verhältnismäßigkeitsgrundsatz besonders zu beachten. Die Beschlagnahme aller Nachrichten in einem Postfach wird regelmäßig gegen das Übermaßverbot verstoßen, mithin unverhältnismäßig sein.[355] Die Beschlagnahme ist daher zu begrenzen hinsichtlich tatrelevanter Zeiten des Mail-Eingangs oder bestimmter Adressaten. Ist das vor Ort nicht möglich, sind die Daten analog § 110 StPO durchzusehen und zurückzugeben, wenn sie für das Verfahren ohne Bedeutung sind.

508 Beschlagnahme bedeutet zugleich Verstrickung der Sache: Wird sie behördlicher Verfügung entzogen, begründet dies eine Straftat nach § 136 StGB.

Beweisverwertung

509 Der Verstoß gegen ein **Beschlagnahmeverbot** nach § 97 StPO führt zu einem Verwertungsverbot.[356] Eine rechtsfehlerhafte Durchsuchung steht der Verwertbarkeit der Beschlagnahme und deren Verwertung grundsätzlich nicht entgegen.[357] Der Fehler bei der Durchsuchung hat also grundsätzlich keine Fernwirkung, jedoch wird bei bewusster Missachtung der Anordnungskompetenz der Durchsuchung ein Verwertungsverbot auch hinsichtlich der beschlagnahmten Gegenstände zu bejahen sein.[358]

510 Daten aus dem **Mauterfassungssystem** dürfen nach §§ 4 Abs. 2, 7 Abs. 2 ABMG nur für die Durchführung der Mauterhebung verwendet werden. Eine Verwendung im Strafverfahren ist unzulässig.[359]

353 BVerfGE 127, 43.
354 BGH StV 2009, 623.
355 StV 2011, 73.
356 BGHSt 18, 227.
357 BGH NStZ 2004, 216.
358 Pieper Kriminalistik 2008, 458.
359 Beulke, Rn. 253d.

7.2 Sicherstellung und Beschlagnahme von Führerscheinen, §§ 94 Abs. 3, 111a StPO

- ***Aufsatz-Literatur:*** *Himmelreich/Halm NStZ 2011, 440 (Überblick über neue Entscheidungen im Verkehrsstraf- und -bußgeldsache); Backmann SVR 2010, 281 (Ausnahmen vom Entzug der Fahrerlaubnis und vom Fahrverbot – Europarechtlicher Rahmen); Trupp NZV 2004, 389 (Widersprüchliches zur Führerscheinbeschlagnahme durch die Staatsanwaltschaft und ihre Hilfsbeamten); Gramse NZV 2002, 345 (Verkehrsstraftat, Führerscheinbeschlagnahme, Wohnungsdurchsuchung).* 511
- ***Leitentscheidungen:*** *BGHSt-GS 50, 93 (Notwendiger Zusammenhang zwischen Tat und Verkehrssicherheit bei der Entziehung der Fahrerlaubnis).*
- ***Übungsfall:*** *Bair JA 2005, 37 („Alkoholgenuss, ein Unfall und die Folgen“).*

Beschlagnahme von Führerscheinen §§ 94 Abs. 3, 111a StPO

Materielle Rechtmäßigkeit

1. **Ermächtigungsgrundlage**
   a) Tatbestandsvoraussetzung
      – Führerschein
      – unterliegt der Einziehung
        – dringende Gründe für die Entziehung der Fahrerlaubnis, § 111a StPO
        – Gründe ergeben sich aus § 69 StGB:
        → rechtswidrige Tat
        → bei/im Zusammenhang mit Führen KFZ
        → Ungeeignetheit zum Führen eines KFZ
   b) Adressat - Gewahrsamsinhaber
2. **Anordnungsbefugnis**
   – bei Sicherstellung: StA/Polizeibeamte
   – bei Beschlagnahme: Gericht, bei GiV StA/ErmPers.,§ 98 StPO
3. **Verfahrensvorschriften**
   – Bescheinigung, § 107 S. 2 StPO
   – Herausgabe, § 111a V StPO
   zusätzlich bei Beschlagnahme:
   – Belehrung über Recht auf Beantragung richterlicher Entscheidung, § 98 II StPO
   – Einholung richterl. Bestätigung, § 98 II StPO, bei Beschlagnahme bei Widerspruch
4. **Rechtsfolge**
   a) Zulässige Maßnahmen
      – Herausgabeverlangen, § 95 StPO
      – Begründung amtlicher Verwahrung
   b) Verhältnismäßigkeit

Rechtswidrige Tat ist nur eine solche, die den Tatbestand eines Strafgesetzes verwirklicht (Legaldefinition § 11 Abs. 1 Nr. 5 StGB). 512

Führerschein ist die amtliche Bescheinigung, mit der die Fahrerlaubnis nachgewiesen wird (§ 4 Abs. 2 FeV).

Gefahr im Verzuge liegt vor, wenn der Erfolg der Beschlagnahme durch die Verzögerung, die die Erwirkung der richterlichen Entscheidung mit sich bringen würde, gefährdet wäre (vgl. BVerfGE 51, 111).

Kraftfahrzeuge sind Landfahrzeuge, die durch Maschinenkraft bewegt werden, ohne an Bahngleise gebunden zu sein (vgl. § 1 Abs. 2 StVG).

Überblick

513 Die Maßnahme dient der Vorbereitung der Einziehung des Führerscheins im Zusammenhang mit der Entziehung der Fahrerlaubnis durch richterliches Urteil. Nach § 94 Abs. 3 StPO finden § 94 Abs. 1 und 2 StPO entsprechend Anwendung für Führerscheine, die der Einziehung unterliegen. Es handelt sich um eine vollstreckungssichernde Maßnahme. Die Entziehung der Fahrerlaubnis dient nicht der Kriminalitätsbekämpfung, sondern der Sicherheit des Straßenverkehrs. Die strafgerichtliche Entziehung der Fahrerlaubnis stellt eine Maßregel der Besserung und Sicherung dar, die ihre Rechtfertigung aus dem Sicherungsbedürfnis der Verkehrsgemeinschaft bezieht. Dieses ist bedingt durch die hohen Risiken, die der Straßenverkehr infolge seiner Dynamik für Leben, Gesundheit und Eigentum der Verkehrsteilnehmer mit sich bringt. Diese Risiken werden durch körperlich, geistig, ebenso aber auch durch charakterlich ungeeignete Kraftfahrer verstärkt; dem soll durch den (zumindest zeitigen) Ausschluss des Betreffenden von der Teilnahme am motorisierten Straßenverkehr entgegengewirkt werden.[360]

Grundrechtseingriffe

514 Mit der Beschlagnahme wird in das Grundrecht auf Eigentum nach Art. 14 GG eingegriffen, denn Art. 14 GG schützt Eingriffe in das Nutzungsrecht.[361] Nach anderer Ansicht liegt lediglich ein Eingriff in Art. 2 Abs. 1 GG der allgemeinen Handlungsfreiheit vor.[362]

Tatbestandsvoraussetzungen

515 **→ Führerschein**

Führerschein ist die amtliche Bescheinigung, mit der die Fahrerlaubnis nachgewiesen wird, § 4 Abs. 2 FeV. Darunter fallen auch Erlaubnisse zum Führen bestimmter Fahrzeuge, wie etwa der Bundeswehrführerschein und ausländische Führerscheine, nicht jedoch die Mofa-Prüfbescheinigung nach § 5 FeV.

§ 111b Abs. 3 StGB stellt Führerscheine aus Mitgliedstaaten der Europäischen Union den deutschen Führerscheinen gleich, soweit der Inhaber einen festen Wohnsitz in Deutschland hat. Nach § 69b Abs. 2 StPO wird dieser Führerschein im Urteil eingezogen und der ausstellenden Behörde übersandt.

Bei übrigen ausländischen Führerscheinen ist zu beachten, dass sie nach der Spezialnorm des § 111b Abs. 5 S. 2 StPO beschlagnahmt werden. Hier gelten jedoch auch die Voraussetzungen der §§ 94, 98, 111b Abs. 1 StPO i. V. m. § 69b Abs. 1 StGB. Daher weicht diese Beschlagnahme in der Sache nicht von der Beschlagnahme deutscher Führerscheine ab. Zweck ist hier nicht die Einziehung des Führerscheins, sondern lediglich der Eintrag eines Vermerks über die Entziehung der Fahrerlaubnis in den Führerschein.

516 Nach § 94 Abs. 3 StPO darf ein Führerschein in amtliche Verwahrung genommen werden, und zwar in der Rechtsform der Sicherstellung (§ 94 Abs. 1 StPO) oder der Beschlagnahme (§ 94 Abs. 2 StPO), wenn er der Einziehung unterliegt. Führerscheine unterliegen gemäß § 69 Abs. 3 S. 2 StGB der Einziehung, wenn die Fahrerlaubnis durch das Gericht entzogen wird. Die Fahrerlaubnis darf gemäß § 111a Abs. 1 StPO durch den Richter vorläufig ent-

360 BGHSt-GS 50, 93.
361 Jarass/Pieroth Art. 14, Rn. 6.
362 Benfer, 139.

zogen werden, wenn dringende Gründe für die spätere endgültige Entziehung vorliegen. Entscheidend für die Frage der Beschlagnahme des Führerscheins ist folglich, ob dringende Gründe für die Entziehung der Fahrerlaubnis vorliegen. Die Voraussetzungen der Entziehung der Fahrerlaubnis ergeben sich aus § 69 Abs. 1, 2 StGB.

→ Rechtswidrige Tat 517

Es muss sich entsprechend § 11 Abs. 1 Nr. 5 StGB um eine Rechtsverletzung handeln, die den Tatbestand eines Strafgesetzes verwirklicht. Wegen einer Ordnungswidrigkeit kann die Fahrerlaubnis nicht entzogen werden.

→ Bei oder im Zusammenhang mit dem Führen eine Kraftfahrzeuges 518

Vorausgesetzt wird zudem das Führen eines Kraftfahrzeuges. Entsprechend § 1 Abs. 2 StVG sind dies Landfahrzeuge, die durch Maschinenkraft bewegt werden, ohne an Bahngleise gebunden zu sein. Die Tat muss entweder beim Führen eines Kraftfahrzeuges (in der Regel handelt es sich dann um ein Verkehrsdelikt) oder im Zusammenhang damit erfolgen. Letzteres erfasst die Fälle, bei denen das Kraftfahrzeug zu kriminellen Taten gebraucht wird oder sie dabei erfolgen.

Beispiele
A nutzt seinen Pkw regelmäßig zur unerlaubten Einfuhr von Betäubungsmitteln.
B schlägt nach einem leichten Verkehrsunfall den Geschädigten krankenhausreif.

Schließlich kann die Tat auch unter Verletzung der Pflichten eines Kraftfahrzeugführers begangen worden sein. In Betracht kommen insbesondere Missachtungen von Sicherungspflichten, die dann zu einem Personenschaden führen. Damit macht sich der Betreffende einer fahrlässigen Körperverletzung durch Unterlassung gemäß §§ 229, 13 StGB schuldig.

→ Ungeeignetheit zum Führen eines Kraftfahrzeuges 519

Der Täter muss zudem ungeeignet zum Führen eines Kraftfahrzeuges sein. Erforderlich für die Beurteilung ist eine Gesamtwürdigung von Tatumständen und Täterpersönlichkeit, die eine Beurteilung der Eignung zum Führen von Kraftfahrzeugen erlaubt.[363] Es muss dabei ein spezifischer Zusammenhang zwischen Anlasstat und Verkehrssicherheit bestehen.[364]

Ungeeignetheit liegt gemäß § 69 Abs. 2 StGB in der Regel vor, wenn es sich um eine Verkehrsstraftat nach §§ 315c, 316 StGB handelt. Beim unerlaubten Entfernen vom Unfallort ist zudem die Kenntnis des Täters notwendig, dass ein Mensch getötet oder nicht unerheblich verletzt worden oder an fremden Sachen bedeutender Schaden entstanden ist. Bei welcher Höhe ein Schaden „bedeutend" ist, wurde gesetzlich nicht normiert. Die Rechtsprechung dazu ist uneinheitlich.[365] Die Wertgrenze dürfte dafür bei 1 300 € liegen.[366]

Übrige Fälle der Ungeeignetheit müssen sich aus der Tat ergeben. „Aus der Tat" kann sich die charakterliche Ungeeignetheit des Täters zum Führen von Kraftfahrzeugen nur dann ergeben, wenn die Anlasstat selbst tragfähige Rückschlüsse darauf zulässt, dass der Täter bereit ist, die Sicherheit des Straßenverkehrs seinen eigenen kriminellen Zielen unterzu-

363 Fischer, § 44, Rn. 7.
364 Joecks, § 111a, Rn. 4.
365 LG Berlin NZV 06, 106 (1 100 €), LG Frankfurt NStZ-RR 09, 215 (1 400 €); LG Düsseldorf DAR 2003, 103 (1 250 €).
366 Fischer § 69, Rn. 29 mit Verweis auf OLG Jena NStZ-RR 2005, 183, OLG Dresden MZV 2006, 104, LG Berlin NStZ 2007, 281.

ordnen. Dies kann insbesondere bei anderen als in § 69 Abs. 2 StGB genannten Verkehrsstraftaten in Betracht kommen. Hierzu zählen etwa die unter Benutzung des Kraftfahrzeugs begangenen Fälle der Nötigung und des gefährlichen Eingriffs in den Straßenverkehr, unter Umständen aber auch Fälle des räuberischen Angriffs auf Kraftfahrer, wenn der Angriff von dem Fahrer während der Fahrt gegen das mitfahrende Opfer verübt wird. Während in diesen Fällen des Pflichtenverstoßes im Sinne des § 69 Abs. 1 Satz 1 StGB die Beeinträchtigung der Verkehrssicherheit regelmäßig offen zutage tritt, bedarf dies bei den Zusammenhangstaten besonderer, die Umstände des Einzelfalls berücksichtigender Begründung. Dabei sind auch Umstände aus dem Vorleben des Täters oder seiner Tatvorbereitung in die Beurteilung einzubeziehen, sofern sich daraus tragfähige Schlüsse auf eine mögliche Gefährdung der Verkehrssicherheit im Zusammenhang mit der Anlasstat ziehen lassen. Die Voraussetzungen der Entziehung der Fahrerlaubnis nach § 69 StGB können bei Zusammenhangstaten beispielsweise danach erfüllt sein, wenn sich der Täter bei einer vergleichbaren früheren Straftat, etwa auf der Flucht, verkehrsgefährdend verhalten hat. Bei Banküberfällen dürfte die Anordnung nach §§ 69, 69 a StGB regelmäßig in Betracht kommen, wenn aufgrund objektiver Umstände bei der Tat mit alsbaldiger Verfolgung und Flucht zu rechnen war und der Täter daher eine verkehrsgefährdende Verwendung des fluchtbereit tatortnah abgestellten Kraftfahrzeugs ersichtlich geplant hat oder mit einer solchen naheliegend rechnen musste. Ebenso dürfte jedenfalls in den Fällen gewaltsamer Entführung des Opfers im Kraftfahrzeug des Täters die Verkehrssicherheit regelmäßig gefährdet sein.[367]

Adressat

520 Die Maßnahme richtet sich gemäß § 95 StPO gegen den letzten Gewahrsamsinhaber.

Anordnungsbefugnis

521 Hinsichtlich der Anordnungsbefugnis ist zwischen Sicherstellung und Beschlagnahme zu unterscheiden. Die Sicherstellung unterliegt keinen besonderen Beschränkungen, sie kann von jedem Staatsanwalt/Polizeibeamten angeordnet werden.

Bei Beschlagnahme des Führerscheins bedarf es gemäß § 98 Abs. 1 StPO grundsätzlich der richterlichen Anordnung. Bei Gefahr im Verzuge sind auch die Staatsanwaltschaft und ihre Ermittlungspersonen[368] anordnungsbefugt.

Verfahrensvorschriften

522 Differenziert werden muss auch bei den Verfahrensvorschriften hinsichtlich Sicherstellung und Beschlagnahme. Generell sind immer zu beachten:

- **Verzeichnis und Kenntlichmachung, §§ 107, 109 StPO**

  Dem Betroffenen ist auf Verlangen eine Bescheinigung über die Verwahrungnahme auszustellen.

---

367 BGHSt-GS 50, 93.

368 Vgl. zu Ermittlungspersonen der Staatsanwaltschaft: § 152 GVG i. V. m. den jeweiligen landesrechtlichen Regelungen; z. B. NRW: § 1 Abs. 1 der Verordnung über die Ermittlungspersonen der Staatsanwaltschaft vom 30.4.1996.

- **Herausgabe, § 111a Abs. 5 StPO**

  Lehnt der Richter die vorläufige Entziehung der Fahrerlaubnis ab, so ist der Führerschein wieder herauszugeben.

- **Beantragung einer richterlichen Entscheidung, § 98 Abs. 2 S. 1 StPO**

  War der Betroffene bei einer Beschlagnahme ohne richterliche Anordnung nicht anwesend oder erhob er ausdrücklich Widerspruch, so hat der Polizeibeamte binnen 3 Tagen die richterliche Bestätigung der Maßnahme zu beantragen. Gemäß § 111a Abs. 3 StPO wirkt die vorläufige Entziehung der Fahrerlaubnis zugleich als Anordnung bzw. Bestätigung der Beschlagnahme des Führerscheins.

Darüber hinaus ist bei der Beschlagnahme folgende Vorschrift zu beachten: 523

- **Belehrungspflicht, § 98 Abs. 2 S. 5 StPO**

  Wurde der Führerschein ohne richterliche Anordnung beschlagnahmt, kann der Betroffene jederzeit eine richterliche Entscheidung beantragen. Auf dieses Recht ist er hinzuweisen.

Rechtsfolgen

Zulässige Rechtsfolge ist die Begründung eines amtlichen Verwahrungsverhältnisses von 524
Führerscheinen. § 94 Abs. 2 StPO unterscheidet Sicherstellung und Beschlagnahme. Die Begründung des amtlichen Verwahrungsverhältnisses erfolgt durch Sicherstellung, wenn der Führerschein freiwillig herausgegeben wird. Dann bedarf es keiner richterlichen Anordnung nach § 98 Abs. 1 StPO. Der Beschlagnahme bedarf es, wenn der Führerschein nicht freiwillig herausgegeben wird. Die Beschlagnahme steht unter Richtervorbehalt.

§ 95 StPO konstituiert über die bloße Duldungs- eine Herausgabepflicht. Sie kann nach 525
§ 95 Abs. 2 i. V. m. § 70 StPO zwangsweise durchgesetzt werden. Die Herausgabepflicht trifft aber wegen des Verbotes des Selbstbelastungszwanges nicht den Beschuldigten, bei zeugnisverweigerungsberechtigten Personen kann die Pflicht nicht erzwungen werden, § 95 Abs. 2 S. 2 StPO.

Wird die Fahrerlaubnis nach § 111b StPO vorläufig durch das Gericht entzogen, bewirkt 526
dies zugleich ein durch § 21 Abs. 1 Nr. 1 StVG strafbewährtes Fahrverbot.

7.3 Beschlagnahme von Einziehungsgegenständen, §§ 111b, e StPO

527
- *Aufsatz-Literatur: Dittmann/Reichhart JA 2011, 540 (Die Sicherung von Arrest und Einziehung durch die §§ 111b StPO im Ermittlungsverfahren); Mitsch NStZ 2005, 534 (Einziehung von nicht im Eigentum des Angeklagten stehenden oder mit dinglichen Rechten Dritter belasteter Gegenstände); Malitz NStZ 2002, 337 (Die Berücksichtigung privater Interessen bei vorläufigen Maßnahmen gemäß §§ 111b StPO).*
- *Leitentscheidungen: OLG Köln 2 Ws 559 – 560/09, 2 Ws 559/09, 2 Ws 560/06 – [juris] (Verhältnismäßigkeit der Sicherstellungen nach § 111b StPO).*
- *Übungsfall: Berning Kriminalistik 2010, 134 u. 199 (Staatsprüfungsklausur mit Lösung im Staatsrecht/Eingriffsrecht).*

528

Beschlagnahme von Einziehungsgegenständen §§ 111b, e StPO

Materielle Rechtmäßigkeit

1. Ermächtigungsgrundlage

a) Tatbestandsvoraussetzung
- Gründe für die Annahme der Einziehung, § 111b I StPO:
  - -- spezialgesetzlich *oder*
  - -- aus § 74 StGB:
    - → vorsätzliche Tat
    - → Produkt der Tat *oder* Instrument der Tat
    - → Gegenstand gehört dem Täter *oder* Gegenstand gefährdet Allgemeinh. *oder* Gefahr, dass weitere rw. Taten damit begangen werden

b) Adressat: „Täter" der vorsätzlichen Tat; bei gef. Gegenstände auch schuldlos Handelnde

2. Anordnungsbefugnis
- Gericht, bei GiV StA/ErmPers., § 111e Einschränken bei Schriften; §§ 111m, n StPO

3. Verfahrensvorschriften
- Belehrung über Recht auf Beantragung richterlicher Entscheidung, § 111e II StPO
- Bescheinigung, § 107 StPO
- Kennzeichnung, § 109 StPO
- Durchführung StA/ErmPers., § 111f
- Sonderregelung bei Bundeswehr, § 111f

4. Rechtsfolge

a) Zulässige Maßnahmen
- Begründung amtlicher Verwahrung
- gesetzliches Veräußerungsverbot, § 111c V

b) Verhältnismäßigkeit gemäß § 74b StGB besonders zu beachten

Gefahr im Verzuge liegt vor, wenn der Erfolg der Beschlagnahme durch die Verzögerung, die die Erwirkung der richterlichen Entscheidung mit sich bringen würde, gefährdet wäre (vgl. BVerfGE 51, 111).

Überblick

Die Beschlagnahme nach §§ 111b, e StPO dient als vollstreckungssichernde Maßnahme der Vorbereitung der Einziehung, welche nur durch das Gericht angeordnet werden kann. Mit der Einziehung von Gegenständen können 2 Zwecke verfolgt werden: Zum einen kann sie als zusätzliche Strafe angeordnet werden, zum anderen können Sicherungszwecke verfolgt werden, wenn es sich etwa um einen gefährlichen Gegenstand handelt. Eingezogen werden daher insbesondere Tatmittel, gefährliche und verbotene Gegenstände. 529

Mit der gerichtlichen Entscheidung über die Einziehung geht gemäß § 74e StGB das Eigentum an der Sache auf den Staat über. Die Beschlagnahme von Immobilien darf nicht durch die Polizei angeordnet werden, sie bleibt daher hier weitestgehend außer Betracht. Die Einziehung von Führerscheinen bestimmt sich nach § 94 Abs. 3 i.V.m. § 111a StPO, ist also von § 111b StPO nicht erfasst. Die Begründung amtlichen Gewahrsams kann bei der Einziehung nach § 111b StPO nur in der Rechtsform der Beschlagnahme erfolgen. Die strafgerichtliche Entziehung der Fahrerlaubnis stellt eine Maßregel der Besserung und Sicherung dar, die ihre Rechtfertigung aus dem Schutzinteresse der Allgemeinheit nimmt. 530

Grundrechtseingriffe

Da mit der Beschlagnahme nach § 111b StPO Zugriff auf Vermögenswerte erlaubt sind, die dem unmittelbar Betroffenen wegen eines Verstoßes gegen strafrechtliche Vorschriften zivilrechtlich nicht zustehen, ist dessen Eigentumsgrundrecht nach Art. 14 GG schon mangels einer schutzfähigen Rechtsposition nicht berührt.[369] Denn unter den sachlichen Schutzbereich von Art. 14 GG Abs. 1 S. 1 GG fallen nur vermögenswerte Rechte, die dem Berechtigten von der Rechtsordnung in der Weise zugeordnet sind, dass er die damit verbundene Befugnis nach eigenverantwortlicher Entscheidung zu seinem privaten Nutzen ausüben darf.[370] Dies ist aber bei Gegenständen, die der Einziehung unterliegen, gerade nicht der Fall. Es bleibt ein Eingriff in Art. 2 Abs. 1 GG. 531

Tatbestandsvoraussetzungen

Die Beschlagnahme kann gemäß § 111b StPO erfolgen, wenn Gründe für die Annahme bestehen, dass die Voraussetzungen der Einziehung vorliegen. Diese Gründe können sich aus spezialgesetzlichen Vorschriften oder aus der Generalvorschrift des § 74 StPO ergeben. 532

Beschlagnahme zur spezialgesetzlichen Einziehung

In vielen Deliktsbereichen ist die Einziehung der Tatobjekte spezialgesetzlich vorgeschrieben bzw. zugelassen. Dabei kommen insbesondere in Betracht:

- § 30 VersG für das Versammlungswesen
- § 54 WaffG für das Waffenwesen
- § 33 BtMG für Betäubungsmittel
- § 21 Abs. 3 StVG für Kraftfahrzeuge bei Fahren ohne Fahrerlaubnis
- § 22a Abs. 2 StVG für KFZ-Kennzeichen
- § 6 PflVersG bei Fahren ohne Versicherungsvertrag

369 BVerfGE 110, 1.
370 BVerfGE 83, 201.

- § 92b StGB für den Bereich der verfassungsfeindlichen Straftaten
- § 150 Abs. 2 StGB für falsche Geld- und Wertzeichen
- § 282 Abs. 2 StGB für den Bereich der Urkundendelikte
- § 40 BJagdG bei Straftat nach den Bundesjagdgesetz

Gemäß § 111b StPO i. V. m. § 74 Abs. 4 StGB gestaltet sich die Einziehung in diesen Fällen entsprechend der allgemeinen Einziehung. Dies bedeutet, dass bei Verdacht der Tatbegehung in diesen speziellen Deliktsbereichen per se Gründe für die Einziehung bestehen.

> **Beispiele**
> Nach langen Ermittlungen wird bekannt, dass ein Rauschgiftgeschäft auf einem Parkplatz stattfinden soll. Dort erfolgt der Zugriff: Bei D werden 1 kg Kokain aufgefunden.

Das Rauschgift wird gemäß § 111b StPO i. V. m. § 33 Abs. 2 BtmG beschlagnahmt. Da es sich nach den Ermittlungen ganz offensichtlich um Betäubungsmittel handelt und dieses gemäß § 33 Abs. 2 BtMG eingezogen werden kann, liegen die in § 111b StPO geforderten Gründe für die Annahme der Einziehung vor.

533 **Beschlagnahme zur allgemeinen Einziehung, § 111b StPO i. V. m. § 74 StGB**

Ist die Einziehung nicht spezialgesetzlich vorgeschrieben oder möglich, ist zu prüfen, ob Gründe für die allgemeine Einziehung gemäß § 74 StGB vorliegen. Diese Gründe können sich aus dem Verdacht des Vorliegens der Voraussetzungen ergeben, die nach § 74 StGB die Einziehung ermöglichen:

→ Vorsätzliche Tat

Zunächst muss eine Tat begangen worden sein. Entsprechend § 11 Abs. 1 Nr. 5 StGB ist dies eine Rechtsverletzung, die den Tatbestand eines Strafgesetzes verwirklicht. Diese muss vorsätzlich, also bewusst und gewollt verübt worden sein. Fahrlässigkeitstaten erlauben die Einziehung nicht, mangelnde Schuld gemäß § 74 Abs. 3 StGB nur, wenn es sich um gefährliche Gegenstände handelt bzw. wenn die Gefahr weiterer Straftatenbegehung mit den Gegenständen besteht.

534 **→ Durch die Tat hervorgebracht oder zur Tatbegehung gebraucht**

Gegenstand der allgemeinen Einziehung können Produkte und Instrumente der Tat sein. Produkte der Tat sind unmittelbar durch rechtswidriges Handeln hergestellte Gegenstände. Da diese Gegenstände jedoch in der Regel den speziellen Einziehungsvorschriften unterfallen, ist deren Beschlagnahme nicht auf § 111b i. V. m. § 74 StGB, sondern auf die spezielle Einziehungsvorschrift zu stützten.

> **Beispiel**
> Bei dem Fälscher F wird ein Koffer voll Falschgeld beschlagnahmt.

Das Falschgeld ist als Produkt der Tat zu beschlagnahmen nach § 111b StPO i. V. m. § 150 Abs. 2 StGB.

Tatbeute ist kein Produkt der Tat, sie ist nicht durch die Tat unmittelbar hergestellt worden. Beute wird als Verfallsgegenstand (ggf. im Rahmen der Rückgewinnungshilfe) beschlagnahme, vgl. Rn. 544, 549.

Weitaus größere Bedeutung hat die allgemeine Einziehung von Instrumenten der Tat. Damit sind Gegenstände gemeint, die zur Tatbegehung oder zu ihrer Vorbereitung gebraucht wurden.

Beispiele
Tatmesser bei Totschlag, Computer bei Internetbetrügereien, Auto als Tatort bei Vergewaltigungen.

Der Gegenstand darf jedoch nicht tatnotwendiges Mittel sein. Die Einziehung dieser sogenannten Beziehungsgegenstände richtet sind in aller Regel nach den speziellen Einziehungsvorschriften, vgl. oben Rn. 533.

Beispiele
Heroin, Butterflymesser.

Diese Gegenstände sind Beziehungsgegenstände, da ohne sie der entsprechende konkrete Verstoß gegen das Betäubungsmittelgesetz bzw. das Waffengesetz unmöglich wäre. Die Einziehung dieser Gegenstände richtet sich nach dem Betäubungsmittel- bzw. Waffengesetz.

→ Gegenstand gehört dem Täter oder steht im zu 535
Zur Einziehung als zusätzliche Strafe gemäß § 74 Abs.1, 2 Nr. 1 StGB können nur Gegenstände beschlagnahmt werden, bei denen der Verdacht besteht, dass sie dem Täter gehören, also in seinem Eigentum stehen.

→ Gefährliche Gegenstände 536
Zum Schutz von Gefahren erlaubt § 74 Abs. 2 Nr. 2 StGB auch die Einziehung von Gegenständen, die nach ihrer Art und den Umständen die Allgemeinheit gefährden.

Beispiele
Gifte, Sprengstoffe.

Des Weiteren können Gegenstände nach § 74 Abs. 2 Nr. 2 StGB eingezogen werden, wenn die individuelle Gefahr besteht, dass sie der Begehung rechtswidriger Taten dienen werden.

Beispiele
Einbruchswerkzeug, Messer, Nachschlüssel.

Adressat

Die Einziehung richtet sich nach dem Wortlaut in § 74 StGB gegen den „Täter der vorsätz- 537
lichen Tat“, die Beschlagnahme als vollstreckungssichernde Maßnahme richtet sich gegen den Verdächtigten dieser vorsätzlichen Tat. Gemäß § 74 Abs. 3 StGB ist die Einziehung bei gefährlichen Gegenständen (§ 74 Abs. 2 Nr. 2 StGB) auch zulässig, wenn der Täter ohne Schuld gehandelt hat. Damit können als Sicherungsmaßnahme gefährliche Gegenstände auch bei Kindern eingezogen werden.[371]

371 Keller PSP 1/2012, 9 (12).

Anordnungsbefugnis

538 Zur Beschlagnahme von beweglichen Einziehungsgegenständen bedarf es gemäß § 111e Abs. 1 StPO grundsätzlich der richterlichen Anordnung. Bei Gefahr im Verzuge sind auch die Staatsanwaltschaft und ihre Ermittlungspersonen[372] anordnungsbefugt. Die Gültigkeit einer richterlichen Beschlagnahmeanordnung ist gesetzlich nicht geregelt. Sie ist bei Durchsuchungsbeschlüssen nach höchstrichterlicher Entscheidung auf 6 Monate begrenzt, da sich die rechtlichen Grundlagen der Maßnahme innerhalb eines halben Jahres verändert haben können und der Grundrechtsschutz durch den Richter anders nicht effektiv zu sichern ist. Es ist sachgerecht, hier ebenfalls die 6-Monats-Grenze anzunehmen.[373]

Verfahrensvorschriften

539
- **Belehrungspflicht, § 111e Abs. 2 S. 3 StPO i. V. m. 98 Abs. 2 S. 2 StPO analog**

  Wurde ein Gegenstand ohne richterliche Anordnung beschlagnahmt, so kann der Betroffene jederzeit eine richterliche Entscheidung beantragen. Die Belehrung über dieses Recht ist explizit für Einziehung und Verfall nicht vorgeschrieben. Auf dieses Recht ist er aber bei entsprechender Anwendung der für Beweismittelbeschlagnahmen maßgeblichen Vorschrift § 98 Abs. 2 S. 6 StPO hinzuweisen.[374]

- **Verzeichnis und Kenntlichmachung, §§ 107, 109 StPO**

  Dem Betroffenen ist auf Verlangen eine Bescheinigung über die Verwahrungnahme auszustellen. Gegenstände sind hinreichend zu kennzeichnen, um Verwechslungen vorzubeugen.

- **Durchführung, § 111f Abs. 1 StPO**

  Die Durchführung der Beschlagnahme obliegt der Staatsanwaltschaft und deren Ermittlungspersonen.

- **Sonderregelungen bei Beschlagnahme bei der Bundeswehr, §§ 111f, 98 Abs. 4 StPO**

  Beschlagnahmen die Dienstgebäuden der Bundeswehr obliegen grundsätzlich der vorgesetzten Stelle der Bundeswehr.

Ergänzende Vorschriften über die Behandlung amtlich verwahrter Gegenstände enthalten Nr. 74–76 der Richtlinien für das Strafverfahren und das Bußgeldverfahren (RiStBV).

Weitere Vorschriften über das (gerichtliche) Einziehungsverfahren enthalten §§ 430–442 StPO.

Rechtsfolgen

540 Zulässige Rechtsfolge ist die Begründung eines amtlichen Herrschaftsverhältnisses durch Inverwahrungnahme (§ 111c StPO) in der Form der Beschlagnahme. Die Beschlagnahme bewirkt gemäß § 111c Abs. 5 StPO zugleich ein gesetzliches Veräußerungsverbot i. S. d. § 136 BGB. Dies bedeutet, dass der Gegenstand nicht verkauft oder verpfändet werden kann.

---

372 Vgl. zu Ermittlungspersonen der Staatsanwaltschaft: § 152 GVG i. V. m. den jeweiligen landesrechtlichen Regelungen; z. B. NRW: § 1 Abs. 1 der Verordnung über die Ermittlungspersonen der Staatsanwaltschaft vom 30.4.1996.

373 So auch Kramer Rn. 190b mit Verweis auf BVerfG NJW 97, 2165.

374 Meyer-Goßner § 111e, Rn. 8.

7.4 Beschlagnahme von Verfallsgegenständen Beschlagnahme zur Rückgewinnungshilfe, §§ 111b, e StPO i. V. m. § 73 StGB

- ***Aufsatz-Literatur:*** *Rhode wistra 2012, 85 (Der Fall nach § 73 Abs. 3 StGB); Baretto da Rosa ZRP 2012, 39 (Gnadenstoß für einen Totengräber – ein Plädoyer für die Abschaffung von § 73 I 2 StGB); Schilling StrFo 2011, 128 (Aktuelles zur Vermögensabschöpfung oder: Verfall hat die Wirklichkeit des Strafverfahrens erreicht); Schlachetzki wistra 2011, 41 (Das Ermessen bei der Zurückgewinnungshilfe); Rönau JZ 2009, 1124 (Von Ermittlungsbehörden eingesetztes Scheinkaufgeld als „erlangtes Etwas“ bei der Vermögensabschöpfung); Odenthal NStZ 2006, 14 (Gewinnabschöpfung und illegales Glücksspiel); Kiethe/Hohmann NStZ 2003, 505 (Spannungsverhältnis von Verfall und Rechten Verletzter).* 541

- ***Leitentscheidungen:*** *BVerfGE 110, 1 (§ 73d StGB und dessen Anwendung und Auslegung durch den BGH mit GG vereinbar); BGHSt 40, 371 (Verfassungsrechtlich gebotene Auslegung des § 73d StGB, erweiterter Verfall); OLG Hamburg NStZ 2005, 584f (Dinglicher Arrest gegen Drittbeteiligten – Vermögensverschiebung).*

Beschlagnahme von Verfallsgegenständen §§ 111b, e StPO i. V. m. § 73 StGB

Materielle Rechtmäßigkeit

1. Ermächtigungsgrundlage

a) Tatbestandsvoraussetzung
  – Gründe für die Annahme des Verfalls, § 111b I
    – Gründe ergeben sich aus 73 StGB:
    → rechtswidrige Tat
    → „etwas erlangt“
      -- unmittelbar für die Tat (Lohn) oder
      -- unmittelbar aus der Tat (Beute) oder
      -- mittelbar durch die Tat (§ 73 II)
    → keine Rechtsansprüche Dritter *oder* bei Rückgewinnungshilfe Verweis auf § 111b Abs. 5 StPO

b) Adressat
  – „Täter“ = rechtswidrig Handelnder

2. Anordnungsbefugnis

– Gericht, bei GiV StA/ErmPers., § 111e Einschränken bei Schriften; §§ 111m, n StPO

3. Verfahrensvorschriften

– Belehrung über Recht auf Beantragung richterlicher Entscheidung, § 111e II StPO
– Bescheinigung, § 107 S. 2 StPO
– Kennzeichnung, § 109 StPO
– Durchführung StA/ErmPers., § 111f
– Sonderregelung bei Bundeswehr, § 111f

4. Rechtsfolge

a) Zulässige Maßnahmen
  – Begründung amtlicher Verwahrung
  – gesetzliches Veräußerungsverbot, § 111c V

b) Verhältnismäßigkeit, § 73c StGB

Rechtswidrige Tat ist nur eine solche, die den Tatbestand eines Strafgesetzes verwirklicht (Legaldefinition § 11 Abs. 1 Nr. 5 StGB). 542

Gefahr im Verzuge liegt vor, wenn der Erfolg der Beschlagnahme durch die Verzögerung, die die Erwirkung der richterlichen Entscheidung mit sich bringen würde, gefährdet wäre (vgl. BVerfGE 51, 111).

Erlangen ist als faktischer Vorgang immer dann gegeben, wenn der Täter Verfügungsgewalt über den Gegenstand hat.

Überblick

543 Die Beschlagnahme nach §§ 111b, c StPO dient als vollstreckungssichernde Maßnahme der Vorbereitung des Verfalls. Gemäß § 73e StGB geht bei richterlicher Anordnung des Verfalls das Eigentum an der Sache auf den Staat über. Der Verfall dient der Abschöpfung von Vermögensvorteilen, Straftaten sollen sich nicht lohnen. Durch Anwendung des Bruttoprinzips[375], wonach gemachte Aufwendungen nicht abgezogen werden, hat die Maßnahme auch Strafcharakter. Denn es geht nicht mehr nur um „Gewinnabschöpfung", sondern um „Einnahmeabschöpfung".

544 Zu unterscheiden sind im Wesentlichen 3 Arten des Verfalls: Zunächst den hier beschriebenen einfachen Verfall gem. § 73 Abs. 1 StGB für unmittelbare Tatvorteile, Nutzungen und Surrogate. Darüber hinaus den Verfall des Wertersatzes nach § 73a StGB sowie schließlich den erweiterten Verfall aufgrund besonderer gesetzlicher Vorschriften i. V. m. § 73d StPO.

545 Die Beschlagnahme von Immobilien darf nicht durch die Polizei angeordnet werden, bleibt daher hier weitestgehend außer Betracht. Die Begründung amtlichen Gewahrsams kann bei der Vorbereitung des Verfalls nach § 111b StPO nur in der Rechtsform der Beschlagnahme erfolgen.

Grundrechtseingriffe

546 Da mit der Beschlagnahme nach § 111b StPO Zugriff auf Vermögenswerte erlaubt ist, die dem unmittelbar Betroffenen wegen eines Verstoßes gegen strafrechtliche Vorschriften zivilrechtlich nicht zustehen, ist dessen Eigentumsgrundrecht nach Art. 14 GG schon mangels einer schutzfähigen Rechtsposition nicht berührt.[376] Denn unter den sachlichen Schutzbereich von Art. 14 GG Abs. 1 S. 1 GG fallen nur vermögenswerte Rechte, die dem Berechtigten von der Rechtsordnung in der Weise zugeordnet sind, dass er die damit verbundene Befugnis nach eigenverantwortlicher Entscheidung zu seinem privaten Nutzen ausüben darf.[377] Dies ist aber bei Gegenständen, die dem Verfall unterliegen, gerade nicht der Fall. Gleiches gilt auch für Vermögenswert, die dem erweiterten Verfall unterliegen. Es bleibt ein Eingriff in Art. 2 Abs. 1 GG.

Tatbestandsvoraussetzungen

547 Die Beschlagnahme gemäß § 111b Abs. 1 StPO kann erfolgen, wenn Gründe für die Annahme bestehen, dass die Voraussetzungen des Verfalls vorliegen. Die vorherige Regelung verlangte noch „dringende Gründe" (gleichzusetzen mit dringendem Tatverdacht), was die Vorschrift deutlich einschränkte.

Diese Gründe für den Verfall ergeben sich in erster Linie aus § 73 StGB, der voraussetzt:

→ Rechtswidrige Tat

Zunächst muss eine Tat begangen worden sein. Entsprechend § 11 Abs. 1 Nr. 5 StGB ist dies eine Rechtsverletzung, die den Tatbestand eines Strafgesetzes verwirklicht. Da lediglich Gründe für die Annahme der rechtswidrigen Tat gefordert werden, muss für die Beschlagnahme letztlich ein Anfangsverdacht bestehen.

---

375 Vgl. Rn. 549.
376 BVerfGE 110, 1.
377 BVerfGE 83, 201.

→ Aus der Tat/für die Tat „etwas erlangt“

Der Täter oder Teilnehmer der Tat muss aus ihr oder für sie „etwas erlangt“ haben, gemeint ist jeder unmittelbare wirtschaftliche Vermögenszuwachs. Damit ist das „Bruttoprinzip“ vom Gesetz angeordnet. Bruttoprinzip bedeutet, dass nicht bloß der Gewinn, sondern grundsätzlich alles, was der Täter für die Tat oder aus ihr erhalten hat, für verfallen zu erklären ist. Bei der Berechnung des bei einem verbotenen „Verkauf“ Erlangten ist deshalb vom gesamten Erlös ohne Abzug des Einkaufspreises und sonstiger Aufwendungen auszugehen. Insbesondere bei Betäubungsmitteldelikten „besteht kein rechtlich schützenswertes Vertrauen, aus dem verbotenen Geschäft erlangte Vermögensbestandteile behalten zu dürfen, die der Erlös strafbarer Geschäfte sind. Das Bruttoprinzip sollte die Anordnung des Verfalls nicht nur im Hinblick auf seine Berechnung praktikabler machen. Die Abschöpfung des über den Nettogewinn hinaus Erlangten verfolgt vielmehr primär einen Präventionszweck. Die dadurch angestrebte Folge, dass auch die Aufwendungen nutzlos sind, soll zur Verhinderung gewinnorientierter Straftaten – und insbesondere diese wollte der Gesetzgeber erfassen – beitragen. Müsste der Betroffene für den Fall der Entdeckung lediglich die Abschöpfung des Tatgewinns befürchten, so wäre die Tatbegehung unter finanziellen Gesichtspunkten weitgehend risikolos. Diesen Präventionszweck – der Verfallsbetroffene soll das Risiko strafbaren Handelns tragen – hatte der Gesetzgeber im Auge, als er sich auf den Rechtsgedanken des § 817 S. 2 BGB bezog und darauf abhob, dass das in ein verbotenes Geschäft Investierte unwiederbringlich verloren sein soll.“ [378] 548

Beispiel

Der Täter reist mit dem Flugzeug nach Kolumbien, um von dort unerlaubt Betäubungsmittel zu importieren. Das gesamte beschlagnahme Rauschgift unterliegt dem Verfall, Kosten für den Erwerb oder den Flug können nicht in Abzug gebracht werden.

Wirtschaftlich erlangt ist ein Gegenstand oder Wert im Sinne von § 73 Abs. 1 StGB, sobald dieser unmittelbar aus der Tat in die eigene Verfügungsgewalt des Täters übergegangen ist. Beim Erlangen im Sinne von § 73 Abs. 1 StGB handelt es sich um einen tatsächlichen Vorgang. Auch der einem Kurier ausgehändigte Kaufpreis unterliegt bei diesem in voller Höhe dem Verfall, unabhängig von den zivilrechtlichen Besitz- und Eigentumsverhältnissen zwischen den Tatbeteiligten.[379] 549

Das Gesetz unterscheidet Erlangtes „aus der Tat“ (insbesondere Tatbeute, Gewinn) und „für die Tat“ (insbesondere Lohn). Auch hier gilt: Aus der Forderung nach Gründen für die Annahme, dass etwas erlangt wurde, ist zu schließen, dass ein diesbezüglicher Verdacht für eine Beschlagnahme ausreicht.

Neben dem unmittelbaren Tatvorteil i. S. v. § 73 Abs. 1 S. 1 StPO sieht das Gesetz weiteren Vermögenszugriff für den Verfall vor: 550

- Nach § 73 Abs. 2 S. 1 StGB erstreckt sich der Verfall auch auf gezogene Nutzungen. Nutzungen sind gemäß § 100 BGB Früchte einer Sache oder eines Rechts, sowie die Vorteile, welche der Gebrauch der Sache oder des Rechts gewährt.

378 BGHSt 51, 65.
379 BGH a. a. O.

- Nach § 73 Abs. 2 S. 2 StGB kann sich der Verfall auch auf Gegenstände erstrecken, die der Täter oder Teilnehmer durch die Veräußerung eines erlangten Gegenstandes oder als Ersatz für dessen Zerstörung, Beschädigung oder Entziehung oder aufgrund eines erlangten Rechts erworben hat. Damit erweitert sich der Verfall auf Surrogate.

Beispiel
A hat ein Fahrrad gestohlen. Dieses Fahrrad verkauft er auf dem Trödelmarkt dem gutgläubigen X. Der Erlös unterliegt als mittelbarer Tatvorteil dem Verfall nach § 73 Abs. 2 StGB.

- Gemäß § 73a StGB unterliegt auch der Geldbetrag dem Verfall, welcher dem Wert der Sache entspricht, die eigentlich dem Verfall unterliegt. Die Abschöpfung des **Wertersatzes** ist nur zulässig, wenn der bestimmte Gegenstand nicht mehr erlangt werden kann.

Beispiel[380]
T erhielt von unbekannt gebliebenen Hintermännern insgesamt 67 kg Marihuana auf Kommission. Diese Betäubungsmittel verkaufte er an verschiedene Abnehmer weiter. Er erhielt dafür insgesamt 161 000 €, die er an seine Lieferanten unter Abzug seines Gewinnanteils von 12 500 € weitergab.

Der T hat – nach dem Bruttoprinzip – insgesamt 161 000 € erlangt i. S. v. § 73 StGB. Da das Geld nicht mehr zur Verfügung steht, unterliegt der Wertersatz dem Verfall. Als Ausgleich zu unbilligen Härten des Bruttoprinzips fungiert die Härteklausel des § 73c Abs. 1 StGB, die im konkreten Fall nicht angewandt wurde.

- § 73d StGB **erweitert den Verfall** auf Gegenstände, bei denen nicht sicher ist, ob sie tatsächlich aus der in Rede stehenden Tat stammen. Es reichen Umstände, die darauf hindeuten, dass die Gegenstände für rechtwidrige Taten gebraucht oder aus ihnen erlangt wurden.

Beispiel
Gegen A besteht der Verdacht des Bandendiebstahls von Flachbildschirmen. In seiner Garage wurden 50 Flachbildschirme und zudem 200 Handys beschlagnahmt, deren Herkunft nicht geklärt werden konnte. Bei Verurteilung wegen Bandendiebstahls hinsichtlich der Flachbildschirme richtet sich die Einziehung nach den allgemeinen Regeln des § 73 StGB. Gemäß § 244 Abs. 4 i. V. m. § 73d StGB unterliegen jedoch auch die Handys dem (erweiterten) Verfall, obwohl diese Straftat nicht zweifelsfrei nachgewiesen wurde.

Der erweiterte Verfall ist verfassungsrechtlich bedenklich. Denn es handelt sich im Kern um ein Nachweisproblem: Nach dem Gesetzestext unterliegen bereits solche Gegenstände dem Verfall, wenn „die Umstände die Annahme rechtfertigen“, dass sie für rechtswidrige Taten gebraucht oder aus ihnen erlangt wurden. Dies soll nach dem Willen des Gesetzgebers schon vorliegen, wenn sich rechtmäßige Quellen nicht feststellen lassen und sich die Herkunft aus rechtwidrigen Taten im Hinblick auf die Situation des Täters und sein Vorleben einem objektiven Betrachter geradezu aufdrängt.[381] Trotz dieser Einschränkung werden die Verfallsvorschriften somit ganz beträchtlich ausgeweitet. Der Bundesgerichtshof fordert daher eine verfassungskonforme Auslegung: Im Lichte der hier berührten Grundrechte seien erhöhte Anforderungen an den Nachweis der Herkunft von deliktsverdächtigen Vermögensgegenständen zu stellen. Für die den Schuldspruch tragenden Feststellungen ist in der Rechtsprechung anerkannt,

380 Nach BGHSt 51, 65.
381 BT-Ds. 11/6623, 7.

dass selbst ein sehr hohes Maß an Wahrscheinlichkeit die notwendige tatrichterliche Überzeugung nicht ersetzen kann. Erforderlich für die Anordnung des erweiterten Verfalls ist eine „uneingeschränkte Überzeugung von der deliktischen Herkunft der Gegenstände"[382]. Nach BVerfGE 110, 1 ist die Vorschrift bei dieser Auslegung mit dem Schuldgrundsatz vereinbar und insgesamt verfassungskonform.

Voraussetzung für die Anwendung des erweiterten Verfalls ist gemäß § 73d Abs. 1 S. 1 StGB zudem, dass eine materielle Norm auf diese Vorschrift verweist, es bedarf also einer Anknüpfungstat. Anknüpfungstaten sind beispielsweise 551

§ 244 Abs. 4 StGB (Bandendiebstahl)

§ 244a Abs. 3 StGB (schwerer Bandendiebstahl)

§ 256 Abs. 2 StGB (bandenmäßige/gewerbsmäßige Begehung von Erpressungen)

§ 261 Abs. 7 StGB (bandenmäßige/gewerbsmäßig Begehung der Geldwäsche)

§ 54 WaffG (bandenmäßige/gewerbsmäßige Begehung von Verstößen gegen WaffG)

§ 33 BtMG (bandenmäßig/gewerbsmäßig Begehung von Verstößen gegen BtMG)

→ Keine Ansprüche Dritter 552

Der Verfall kann nur angeordnet werden, wenn keine Ansprüche Dritter, insbesondere der Tatopfer, entgegenstehen. In diesen Fällen ist eine Beschlagnahme des Gegenstandes aber zum Zwecke der Rückgewinnungshilfe zulässig.

Rückgewinnungshilfe, § 111b Abs. 5 StPO

Gemäß § 73 Abs. 1 S. 2 StGB ist der Verfall ausgeschlossen, wenn der Verletzte einen Anspruch auf die Sache hat. Hiermit ist insbesondere bei Eigentumsdelikten der Verfall weitestgehend ausgeschlossen. Ist der Verfall ausgeschlossen, liegt grundsätzlich auch die Voraussetzung der Beschlagnahme als Sicherungsmaßnahme des Verfalls nicht vor. Damit der Verletzte jedoch die ihm entwendeten Gegenstände zurückgewinnen kann, lässt § 111b Abs. 5 StPO die Beschlagnahme einer Sache trotz entgegenstehendem Anspruch Dritter zu, damit dieser Anspruch befriedigt werden kann. Der Sache nach handelt es sich bei der Rückgewinnungshilfe um Schutz privater Rechte. 553

Die gesetzliche Struktur der Rückgewinnungshilfe kann mit der „Ja-zwar-aber-Formel" erfasst werden: „**Ja**, bei der Tatbeute handelt es sich um ein taugliches Objekt des Verfalls. **Zwar** ist der Verfall gemäß § 73 Abs. 1 S. 2 StGB wegen entgegenstehender Ansprüche Dritter ausgeschlossen. **Aber** eine Beschlagnahme ist gemäß § 111b Abs. 5 StPO dennoch zulässig." 554

Die Herausgabe an den Verletzten regelt § 111k StPO. Zuständig dafür ist im Ermittlungsverfahren nach Nr. 75 Abs. 3 RiStBV die Staatsanwaltschaft, im Übrigen das Gericht. Wenn der Anspruch des Verletzten offensichtlich ist, so kann die Sache an ihn übergehen. Bestehen lediglich Anhaltspunkte, so kann die Staatsanwaltschaft ihn unter Bestimmung einer Frist Gelegenheit zum Nachweis geben. Gelingt der Nachweis nicht, so ist die Sache an den letzten Gewahrsamsinhaber oder an eine von ihm benannte Person herauszugeben. 555

382 BGHSt 40, 371.

Adressat

556 Die Maßnahme richtet sich gegen den „Täter oder Teilnehmer" einer rechtswidrigen Tat. Damit kommt es auf die Schuld nicht an. Die Verfallsanordnung kann sich also auch gegen schuldlos Handelnde, somit auch Kinder richten.[383]

Anordnungsbefugnis

557 Zur Beschlagnahme von beweglichen Verfallsgegenständen bedarf es gemäß § 111e Abs. 1 StPO grundsätzlich der richterlichen Anordnung. Bei Gefahr im Verzuge sind auch die Staatsanwaltschaft und ihre Ermittlungspersonen[384] anordnungsbefugt.

Die Gültigkeitsdauer einer richterlichen Beschlagnahmeanordnung ist gesetzlich nicht geregelt. Sie ist bei Durchsuchungsbeschlüssen nach höchstrichterlicher Entscheidung auf 6 Monate begrenzt, da sich die rechtlichen Grundlagen der Maßnahme dann verändert haben können und der Grundrechtsschutz durch den Richter anders nicht effektiv zu sichern ist. Es ist sachgerecht, hier ebenfalls die 6-Monats-Grenze anzunehmen.[385]

Verfahrensvorschriften

558
- **Belehrungspflicht, § 111e Abs. 2 S. 3 StPO i. V. m. 98 Abs. 2 S. 2 StPO analog**
  Wurde ein Gegenstand ohne richterliche Anordnung beschlagnahmt, kann der Betroffene jederzeit eine richterliche Entscheidung beantragen. Die Belehrung über dieses Recht ist für Einziehung und Verfall nicht explizit vorgeschrieben. Auf dieses Recht ist er aber bei entsprechender Anwendung der für Beweismittelbeschlagnahmen maßgeblichen Vorschrift § 98 Abs. 2 S. 6 StPO hinzuweisen.[386]
- **Verzeichnis und Kenntlichmachung, §§ 107, 109 StPO**
  Dem Betroffenen ist auf Verlangen eine Bescheinigung über die Verwahrungnahme auszustellen. Gegenstände sind hinreichend zu kennzeichnen, um Verwechslungen vorzubeugen.
- **Durchführung, § 111f Abs. 1 StPO**
  Die Durchführung der Beschlagnahme obliegt der Staatsanwaltschaft und deren Ermittlungspersonen.
- **Sonderregelungen bei Beschlagnahme bei der Bundeswehr, §§ 111f, 98 Abs. 4 StPO**
  Beschlagnahmen in Dienstgebäuden der Bundeswehr obliegen grundsätzlich der vorgesetzten Stelle der Bundeswehr.

Ergänzende Vorschriften über die Behandlung amtlich verwahrter Gegenstände enthalten Nr. 74–76 der Richtlinien für das Strafverfahren und das Bußgeldverfahren (RiStBV).

Rechtsfolgen

559 Zulässige Rechtsfolge ist die Begründung eines amtlichen Herrschaftsverhältnisses durch Inverwahrungnahme (§ 111c StPO) in der Form der Beschlagnahme. Die Beschlagnahme bewirkt gemäß § 111c Abs. 5 StPO zugleich ein gesetzliches Veräußerungsverbot i. S. d. § 136 BGB. Dies bedeutet, dass der Gegenstand nicht verkauft oder verpfändet werden kann.

---

383 Keller PSP 1/2012, 9 (12).

384 Vgl. zu Ermittlungspersonen der Staatsanwaltschaft: § 152 GVG i. V. m. den jeweiligen landesrechtlichen Regelungen; z. B. NRW: § 1 Abs. 1 der Verordnung über die Ermittlungspersonen der Staatsanwaltschaft vom 30.4.1996.

385 So auch Kramer, Rn. 190b mit Verweis auf BVerfG NJW 97, 2165.

386 Meyer-Goßner § 111e, Rn. 8; LR-Schäfer § 111e, Rn. 9.

Übersicht: Sicherstellung und Beschlagnahme

	Tatbestand	Adressat	Anordnungsbefugnis	Verfahrensvorschriften
§§ 94,98 StPO **Sicherstellung und Beschlagnahme von Beweismitteln**	Tatverdacht potenzielles Beweismittel potenzielle Verfahrensbedeutung bei Beschlagnahme: kein Beschlagnahmeverbot, §§ 96, 97, 148 StPO	Gewahrsamsinhaber	bei Sicherstellung: StA/Polizei bei Beschlagnahme: Gericht, bei GiV auch StA und ErmPers., § 98 StPO	Bescheinigung, § 107 StPO Kennzeichnung, § 109 StPO Herausgabe, § 111k StPO zusätzlich bei Beschlagnahme: Belehrung über Beantragungsrecht richterl. Entscheidung, § 98 II StPO Einholung richterl. Bestätigung im Falle Beschlagnahme mit Widerspruch bei GiV Sonderregelungen bei Bundeswehr, § 98 IV StPO
§§ 94 III, 111a StPO **Beschlagnahme von Führerscheinen**	Führerschein unterliegt der Einziehung: - dringende Gründe für die Entziehung der Fahrerlaubnis, § 111a StPO. Gründe ergeben sich aus § 69 StGB: → rw. Tat → bei/im Zusammenhang mit Führen KFZ → Ungeeignetheit zum Führen eines KFZ	Gewahrsamsinhaber	bei Sicherstellung: StA/Polizei bei Beschlagnahme: Gericht, bei GiV auch StA und ErmPers., § 98 StPO	Bescheinigung, § 107 StPO Herausgabe, § 111a V StPO zusätzlich bei Beschlagnahme: Belehrung über Beantragungsrecht richterl. Entscheidung, § 98 II StPO Einholung richterl. Bestätigung im Falle Beschlagnahme mit Widerspruch bei GiV, § 98 II StPO

	Tatbestand	Adressat	Anordnungs-befugnis	Verfahrensvorschriften
§§ 111b, e StPO i. V. m. § 74 StGB **Beschlagnahme von beweglichen Einziehungs-gegenständen**	Tatverdacht Gründe für die Ein-ziehung, § 111b I StPO. Gründe ergeben sich aus § 74 StGB: → vorsätzliche Tat → Produkt der Tat *oder* Instrument der Tat → Gegenstand gehört dem Täter *oder* gefährdet die Allgemeinheit *oder* Gefahr, dass weitere rw. Taten damit begangen werden	Ver-dächtiger/ schuldlos Handelnde	Gericht bei GiV StA und ErmPers. Einschränkungen bei Schriften, §§ 111m, n StPO	Bescheinigung, § 107 StPO Kennzeichnung, § 109 StPO Belehrung über Bean-tragungsrecht richterl. Entscheidung, § 111e II StPO Durchführung StA/ErmPers., § 111f StPO Sonderregelung bei Bundeswehr, § 111f StPO
§§ 111b, e StPO i. V. m. § 73 StGB **Beschlagnahme von Verfallsgegen-ständen** **Rück-gewinnungshilfe**	Tatverdacht Gründe für den Ver-fall, § 111b I StPO. Gründe ergeben sich aus § 73 StGB: → rechtswidrige Tat → „etwas erlangt" unmittelbare Tatvorteile Nutzungen, Surrogate Wertersatz erweiterter Verfall → keine Rechtsan-sprüche Dritter oder bei Rück-gewinnungshilfe Verweis auf § 111b V StPO	Ver-dächtiger/ schuldlos-Handelnde	Gericht bei GiV StA und ErmPers. Einschränkungen bei Schriften, §§ 111m, n StPO	Bescheinigung, § 107 StPO Kennzeichnung, § 109 StPO Belehrung über Bean-tragungsrecht richterl. Entscheidung, § 111e II StPO Durchführung StA/ErmPers., § 111f StPO Sonderregelung bei Bundeswehr, § 111f StPO

8 Festnahme und Vollstreckung von Haftbefehlen

- ***Aufsatz-Literatur:*** *Graf JA 2012, 262 (Die Untersuchungshaft); Paeffgen NStZ 2010, 257 (Übersicht über die [ober-]gerichtliche Rechtsprechung in Haft-Sachen – Teil 2).* 560
- ***Leitentscheidungen:*** *BVerfGE 19, 342 (Wencker-Beschluss zur Verhältnismäßigkeit bei Untersuchungshaft).*

Übersicht

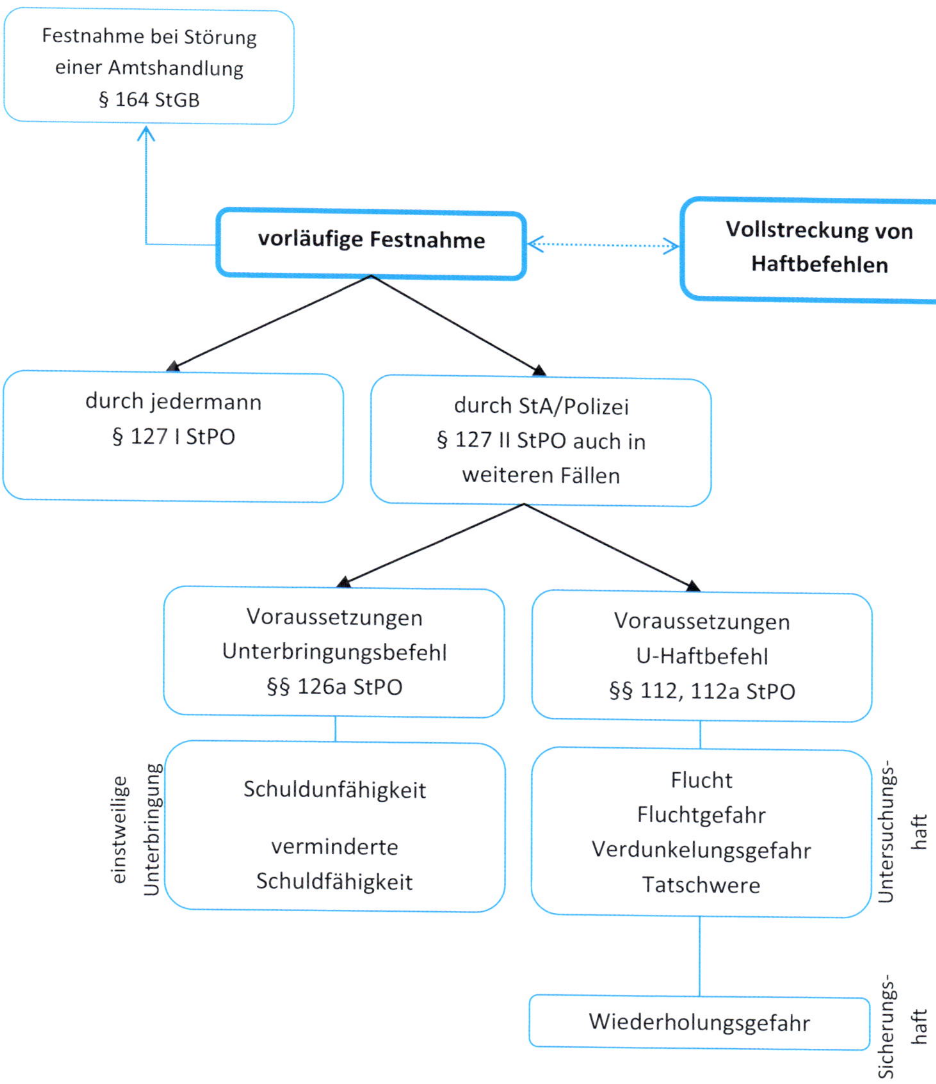

Überblick

561 Bei Haftanordnungen muss stets zwischen dem Freiheitsanspruch des noch als unschuldig geltenden Beschuldigten und dem Erfordernis abgewogen werden, ihn im Interesse einer wirksamen Strafverfolgung vorläufig in Haft zu nehmen. Denn die Untersuchungshaft ist mit der durch Art. 6 Abs. 2 EMRK garantierten Unschuldsvermutung nur schwer in Einklang zu bringen. Ihre Verfassungsmäßigkeit ist zwar unbestritten, dem Verhältnismäßigkeitsgrundsatz kommt jedoch eine ganz besondere Bedeutung zu. In dem Rechtsinstitut der Untersuchungshaft wird das Spannungsverhältnis zwischen dem in Art. 2 Abs. 2 und Art. 104 GG gewährleisteten Recht des Einzelnen auf persönliche Freiheit und den unabweisbaren Bedürfnissen einer wirksamen Strafverfolgung deutlich sichtbar.[387]

Die vorläufige Festnahme gemäß § 127 StPO dient der Herbeiführung eines Untersuchungshaft- bzw. Unterbringungsbefehls.

562 Die Zahl der Untersuchungsgefangenen in Deutschland ist seit dem Jahre 2000 rückläufig, zuletzt wieder leicht ansteigend. Waren im Jahre 2000[388] noch 17 524 Bürger in U-Haft, so waren es zum Stichtag 31. August 2010 noch 10 783 Personen.[389]

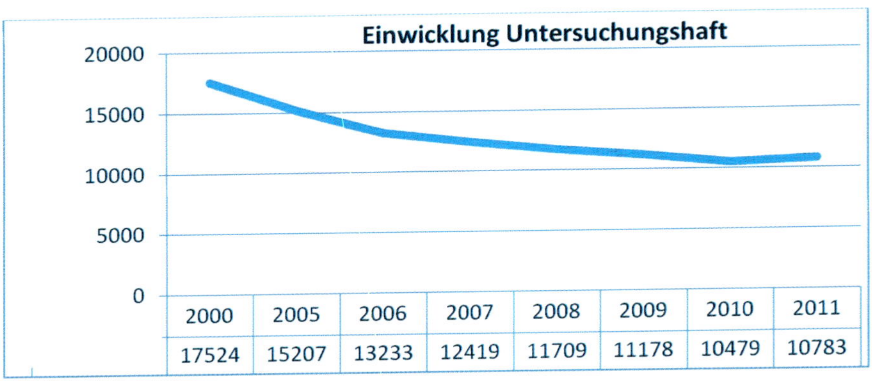

Im Jahre 2010 wurden bundesweit gegen 26 967 Personen U-Haft angeordnet. Anlasstaten waren 2010 in fast 50 % Eigentumsdelikte bzw. Verstöße gegen das Betäubungsmittelgesetz. Dabei ergingen in über 89 % der Fälle die Haftanordnungen wegen Flucht und Fluchtgefahr.[390]

Zum Ende 2010 waren 585 Personen in den westlichen Bundesländern einschließlich West-Berlin aufgrund eines vorläufigen Unterbringungsbefehls untergebracht.[391]

563 Besteht bereits ein Haftbefehl, welcher nur noch vollstreckt werden muss, so wird der Betreffende bei Antreffen „verhaftet". Zuständig für die Vollstreckung von gerichtlichen Haftbefehlen ist gemäß § 36 Abs. 2 S. 1 StPO die Staatsanwaltschaft, die sich dafür der Polizei bedient. Wird der Haftbefehl durch die Staatsanwaltschaft als Vollstreckungsbehörde erlassen, ist sie zuständig nach §§ 451, 457 Abs. 2 StPO.

387 Vgl. BVerfGE 19, 342.
388 Stichtag: 31.11.2000.
389 Statistisches Bundesamt, Bestand der Gefangenen und Verwahrten in den deutschen Justizvollzugsanstalten, Stand 4.11.2011; www.destatis.de.
390 Statistisches Bundesamt, Strafverfolgung, Fachserie 10 Reihe 3 – 2010; www.destatis.de.
391 Statistisches Bundesamt, Maßregelvollzugsstatistik 2010/2011 mit Stand vom 31.10.2011, S 3. Daten über das gesamte Bundesgebiet liegen nicht vor: www.destatis.de.

8.1 Vorläufige Festnahme durch jedermann, § 127 Abs. 1 StPO

- ***Aufsatz-Literatur:*** *Paeffgen NStZ 2010, 257 (Übersicht über die [ober-]gerichtliche Rechtsprechung in Haft-Sachen – Teil 2); Pewestorf JA 2009, 43 (Die Berufung des Amtsträgers auf die Jedermannrechte); Meyer-Mews JA 2006, 206 (Festnahmerecht – Ein Überblick); Kargl NStZ 2000, 8 (Inhalt und Begründung der Festnahmebefugnis nach § 127 I StPO).* 564
- ***Leitentscheidungen:*** *BGH NStZ-RR 2007, 303 (Grenzen des Festnahmerechts); OLG Koblenz VR 2009, 32 (§ 127 Abs. 1 S. 1 StPO gilt auch für Polizeibeamte während ihres Dienstes).*
- ***Übungsfälle:*** *Neubauer/Bachmann JA 2010, 711 (Ein Jurastudent auf Verbrecherjagd); Hapkemeyer Kriminalistik 2001, 367 (Klausur mit Lösung im Fach Eingriffsrecht).*

Vorläufige Festnahme durch jedermann § 127 Abs. 1 StPO

Materielle Rechtmäßigkeit

1. **Ermächtigungsgrundlage**
   a) Tatbestandsvoraussetzung
      – auf frischer Tat betroffen
      oder
      verfolgt
      – Fluchtverdacht
      oder
      IDF nicht sofort feststellbar
   b) Adressat
      – Verdächtiger
2. **Anordnungsbefugnis**
   – jedermann, auch StA/Polizei in dienstlicher Funktion
3. **Verfahrensvorschriften**
   – § 127 Abs.4 i. V. m. §§ 114a–c StPO: Information über Beschuldigung u. Gründe der Festnahme, Belehrung, Angehörigenverständigung
   – unverzügl: Richtervorführung, § 128 StPO
   – Festnahmedauer
4. **Rechtsfolge**
   a) Zulässige Maßnahmen
   vorläufige Festnahme
   b) Verhältnismäßigkeit

Tatverdacht ist gegeben, wenn zureichende tatsächliche Anhaltspunkte auf eine verübte Straftat hindeuten. 565

Verdächtiger ist derjenige, bei dem Anhaltspunkte bestehen, er könne Täter oder Teilnehmer einer verfolgbaren Straftat sein.

Auf frischer Tat betroffen wird, wer bei Begehung einer rechtswidrigen Tat oder unmittelbar danach am Tatort oder in dessen unmittelbarer Näher gestellt wird (Meyer-Goßner § 127, Rn. 5).

Verfolgung auf frischer Tat liegt vor, wenn sich der Täter bereits vom Tatort entfernt hat, sichere Anhaltspunkte aber auf ihn als Täter hinweisen und seine Verfolgung zum Zwecke seiner Ergreifung aufgenommen wird (Meyer-Goßner § 127, Rn. 6).

Fluchtverdacht liegt vor, wenn nach den erkennbaren Umständen des Falles die Annahme gerechtfertigt ist, der Betroffene werde sich der Verantwortung durch die Flucht entziehen, wenn er nicht alsbald festgenommen wird (vgl. BGH NStZ 1992, 27).

Überblick

566 § 127 Abs. 1 StPO gibt jedem das Recht, eine Person vorläufig festzunehmen. § 127 Abs. 1 StPO ist neben § 127 Abs. 2 StPO auch eine Eingriffsermächtigung für Polizeibeamte.[392] Die Vorschrift hat in dieser Hinsicht jedoch keine wesentliche eigenständige Bedeutung, da § 163b Abs. 1 StPO (für die Identitätsfeststellung) und § 127 Abs. 2 StPO (bei Fluchtgefahr) als Lex specialis vorgehen.

Insofern gilt: Ist eine auf frischer Tat betroffene Person den Strafverfolgungsbeamten nicht bekannt, so richtet sich deren Ergreifen nach § 163b Abs. 1 StPO. Sind die Person und das Vorliegen von Haftgründen bekannt, so ist § 127 Abs. 2 StPO einschlägig. Damit kann § 127 Abs. 1 StPO als polizeiliche Eingriffsermächtigung nur bei bekannten Personen relevant sein, bei denen das Vorliegen von Haftgründen – noch – fraglich ist.

567 Da gegen Kinder kein Strafverfahren betrieben werden kann, vgl. § 19 StGB, kann deren Festnahme nicht durch § 127 Abs. 1 StPO gerechtfertigt werden.

Grundrechtseingriffe

568 Durch Festnahmen wird in das durch Art. 2 Abs. 2 S. 2 GG garantierte Recht auf Freiheit der Person eingegriffen.

Tatbestandsvoraussetzungen

569 **→ Auf frischer Tat betroffen oder verfolgt**

Erforderlich ist eine begangene oder versuchte Straftat, eine Ordnungswidrigkeit reicht nicht aus. Nach h. M. reicht der bloße Tatverdacht aus.[393] Nimmt der Festnehmende irrig an, es läge eine Straftat vor, ist er trotzdem gerechtfertigt.

> **Beispiel**
> Polizeikommissar A sieht einen Jugendlichen J mit einem neu verpackten Handy aus einem Handyladen laufen. Er hält ihn fest, da er glaubt, J hätte das Handy entwendet. Tatsächlich hatte J ordnungsgemäß bezahlt und sich nur beeilt, um den nächsten Bus zu erreichen.

Nach h. M. ist A gemäß § 127 Abs. 1 StPO gerechtfertigt. Mangels rechtswidrigem Angriff ist eine Notwehrhandung des Jugendlichen nicht zulässig. Dieser Meinung nach ist § 127 Abs. 1 StPO ein starkes Recht, das Risiko der Falscheinschätzung hat also der Festgenommene zu tragen. Die Gegenmeinung hält einen Tatverdacht für nicht ausreichend, sondern fordert das tatsächliche Vorliegen einer rechtswidrigen Tat. Demnach wäre im Beispielsfall A zwar nicht gerechtfertigt, aber aufgrund seines Erlaubnistatumstandsirrtums auch nicht strafbar. Nach dieser Ansicht wäre aber Notwehr des Jugendlichen zulässig, weil ein rechtswidriger gegenwärtiger Angriff vorliegt. Krimialpolitische Erwägungen sprechen dafür, das Irrtumsrisiko dem Verdächtigen aufzubürden. Ansonsten besteht die Gefahr, dass aus Angst vor einer möglichen Strafbarkeit das Festnahmerecht nach § 127 Abs. 1 StPO leerläuft und der gesellschaftliche Solidaritätsgedanke weiter abnimmt.

392 Meyer-Goßner § 127, Rn. 1; Joecks § 127, Rn. 5; A.A.: HdP-Frister, G Rn. 173 f.
393 BGH NJW 1981, 745; a. A. Meyer-Goßner § 127, Rn. 4.

→ Fluchtverdacht 570

Ausreichend sind nachvollziehbare Gründe, die dafür sprechen, dass sich der Betroffene der Verantwortung entziehen werde. Die engeren Voraussetzungen der Fluchgefahr i. S. v. § 112 Abs. 2 Nr. 2 StPO müssen nicht vorliegen.[394]

Adressat

Die Maßnahme richtet sich gegen den Tatverdächtigen. Da Kinder keine Tatverdächtige i. S. d. Strafprozessordnung sind, kann sich die Maßnahme nicht gegen sie richten.[395] 571

Anordnungsbefugnis

Anordnungsbefugt ist „jedermann", somit auch jeder Staatsanwalt/Polizeibeamte in dienstlicher Funktion. Dies ergibt sich aus dem Wortlaut der Vorschrift, indem in § 127 Abs. 2 StPO eine Erweiterung des Festnahmerechts („... auch dann ...") für die Staatsanwaltschaft und Beamte des Polizeidienstes normiert ist. 572

Verfahrensvorschriften

Gemäß § 127 Abs. 4 StPO sind die §§ 114a–114c StPO entsprechend anwendbar. 573

Rechtsfolgen

§ 127 Abs. 1 StPO gestattet die Freiheitsentziehung der Person. Jedermann ist damit auch gestattet, den Festgenommenen vorübergehend in der Privatwohnung zu verwahren[396] oder ihn zur nächsten Polizeiwache zu bringen.[397] Zur Festnahme erforderliche körperliche Gewalt ist ebenfalls von der Rechtsfolge des § 127 StPO gedeckt. 574

394 Meyer-Goßner § 127, Rn. 10; Joecks § 127, Rn. 7.

395 Joecks § 127, Rn. 2, KK-Boujong § 127, Rn. 8; a. A. Pfeiffer, StPO, § 127, Rn. 2, der angesichts der „zunehmend schweren Kinderkriminalität" die vorläufige Festnahme von Strafunmündigen nach § 127 Abs. 1 StPO zur Identitätsfeststellung für zulässig erachtet.

396 Joecks § 127, Rn. 8 mit Hinweis auf KG JR 1971, 30.

397 Meyer-Goßner § 127, Rn. 12.

8.2 Vorläufige Festnahme zur Untersuchungshaft, § 127 Abs. 2 i. V. m. §§ 112, 112a StPO

575 • ***Aufsatz-Literatur:*** *Graf JA 2012, 262 (Die Untersuchungshaft); Nobis StraFo 2012, 45 („U-Haft schafft Fakten" – Verteidigung gegen Untersuchungshaft); Köhne JR 2011, 198 (Die gesetzliche Regelung des Untersuchungshaftvollzugs); Paeffgen NStZ 2010, 200 (Übersicht über die [ober-]gerichtliche Rechtsprechung in Haft-Sachen); Huber JuS 2009, 994 (Grundwissen – Strafprozessrecht: Die Anordnung von Untersuchungshaft); Melzer JA 2009, 213 (Der Untersuchungshaftantrag in Klausur und Praxis); Grau NStZ 2007, 10 (Der Haftgrund der Fluchtgefahr bei Beschuldigten mit ausländischem Wohnsitz).*

• ***Leitentscheidungen:*** *BVerfGE 19, 342 („Wencker-Beschluss": Verhältnismäßigkeit von Haftentscheidungen); KG Berlin StRR 2012, 155 (ausführlich zur Fluchtgefahr); OLG Thüringen StV 2009, 151 (Voraussetzungen des Haftgrundes der Wiederholungsgefahr).*

• ***Übungsfälle:*** *Keller/Braun Kriminalistik 2012, 261 (Der praktische Fall: Heimliches Betreten von Wohnungen zwecks Risikominimierung vor einer Festnahme); Glossner JuS 2012, 162 ([Original-]Assessorklausur – Strafrecht: Anwaltsklausur – Ein problematischer Bruder); Rackow JA 2011, 23 („Die [folgenschwere] Harzreise"); Hellmann JuS 1999, 264 (Der praktische Fall – Strafprozessrecht – Haftbefehle in Sachen G und K).*

576

Vorläufige Festnahme zur Untersuchungshaft 127 Abs. 2, §§ 112, 112a StPO

Materielle Rechtmäßigkeit

1. Ermächtigungsgrundlage

a) Tatbestandsvoraussetzung
  – Voraussetzungen eines Haftbefehls; diese ergeben sich aus §§ 112, 112a
    → Dringender Tatverdacht
    → Haftgrund
    → Verhältnismäßigkeit

b) Adressat
  – Beschuldigter

2. Anordnungsbefugnis

– StA/Polizei bei GiV

3. Verfahrensvorschriften

– § 127 II i. V. m. §§ 114a–c StPO: Informationspflicht über Beschuldigung und Gründe der Festnahme Belehrungspflichten über Richtervorführung, Beweisbeantragungen, Verteidigerkonsultation, Angehörigenbenachrichtigung, Dolmetscher, Konsulat Angehörigenbenachrichtigung
– Dauer, Art. 104 II GG
– unverzügliche Richtervorführung, § 128

4. Rechtsfolge

vorläufige Festnahme

Beschuldigter ist jede Person, gegen die im Rahmen eines Strafverfahrens wegen einer bestimmten Straftat ermittelt wird (BGHSt 10, 8 (12).

Gefahr im Verzuge liegt vor, wenn die Sicherung des Strafverfahrens durch Festnahme aufgrund der Verzögerung, die die Erwirkung der richterlichen Entscheidung mit sich bringen würde, gefährdet wäre (vgl. BVerfGE 51,111).

Dringender Tatverdacht ist gegeben, wenn nach dem bisherigen Ermittlungsstand in seiner Gesamtheit eine große Wahrscheinlichkeit dafür besteht, dass der Beschuldigte als Täter oder Teilnehmer eine Straftat begangen hat (BGH NJW 1992, 1075).

Überblick

Die vorläufige Festnahme dient zur Ermöglichung der Untersuchungshaft, damit der Sicherstellung des Strafverfahrens. 577

Grundrechtseingriff

Durch Festnahmen wird in das durch Art. 2 Abs. 2 S. 2 i. V. m. Art. 104 GG garantierte Recht auf Freiheit der Person eingegriffen. 578

Tatbestandsvoraussetzungen

Gemäß § 127 Abs. 2 StPO sind Grundvoraussetzung für die vorläufige Festnahme, dass dringender Tatverdacht besteht, die Voraussetzungen eines Haftbefehls vorliegen und die Anordnung verhältnismäßig ist. 579

→ Dringender Tatverdacht

Zunächst muss dringender Tatverdacht bestehen. Dieser liegt vor, wenn nach dem bisherigen Ermittlungsergebnis in seiner Gesamtheit eine große Wahrscheinlichkeit dafür besteht, dass der Beschuldigte als Täter oder Teilnehmer eine Straftat begangen hat.[398] Der dringende Tatverdacht muss sich aus bestimmten Tatsachen herleiten, bloße Vermutungen reichen nicht aus. Der Unterschied zum hinreichenden Tatverdacht, der erforderlich ist für die Anklageerhebung, besteht in der Perspektive: Während der hinreichende Tatverdacht am Ende des Ermittlungsverfahrens steht, wir der dringende Tatverdacht regelmäßig im Rahmen des laufenden Strafverfahrens festzulegen sein.

→ Haftgründe 580

Haftgründe sind in §§ 112, 112a StPO normiert.

Haftgrund der **Flucht** liegt vor, wenn der Beschuldigte flüchtig ist oder sich verborgen hält. Flüchtig ist derjenige, der seine Wohnung vor Tatbeginn, während oder nach der Tat aufgibt, ohne eine neue zu beziehen, oder sich in das Ausland mit der Folge absetzt, dass er für Ermittlungsbehörden und Gerichte unerreichbar und ihrem Zugriff auch wegen der zu erwartenden Strafvollstreckung entzogen ist.[399]

Fluchtgefahr besteht, wenn bei Würdigung der Umstände des Falles es wahrscheinlicher ist, dass sich der Beschuldigte dem Strafverfahren entziehen werde, als dass er sich ihm zur Verfügung stellte.[400] Zur Beurteilung der Fluchtgefahr sind alle Umstände des Einzelfalls heranzuziehen. So können hohe Straferwartung, gute Fremdsprachenkenntnisse, fehlender fester Wohnsitz, fehlende familiäre oder berufliche Bindungen, Arbeitslosigkeit, Bezugspunkte in Ausland, unterschiedliche Staatsangehörigkeiten, Mittellosigkeit Indizien für Fluchtgefahr darstellen. Dagegen können besondere Krankheiten, Prominenz, hohes Alter und starke Bindungen sowie große Vermögenswerte gegen Fluchtgefahr sprechen. 581

Bei der Prognoseentscheidung ist jede schematische Beurteilung anhand genereller Maßstäbe, insbesondere die Annahme, dass bei einer Straferwartung in bestimmter Höhe stets oder nie ein bedeutsamer Fluchtanreiz bestehe, unzulässig. Die zu erwartenden Rechtsfolgen allein können die Fluchtgefahr grundsätzlich nicht begründen; sie sind le-

398 BGH NJW 1992, 1975.
399 Meyer-Goßner § 127, Rn. 13.
400 OLG Köln StV 1997, 647.

diglich, aber auch nicht weniger als der Ausgangspunkt für die Erwägung, ob ein aus der Straferwartung folgender Fluchtanreiz unter Berücksichtigung aller sonstigen Umstände zu der Annahme führt, der Beschuldigte werde diesem wahrscheinlich nachgeben und flüchtig werden. Die Straferwartung beurteilt sich hierbei nicht ausschließlich nach der subjektiven Vorstellung des Beschuldigten; sondern Ausgangspunkt ist der Erwartungshorizont des Haftrichters, in dessen Prognoseentscheidung die subjektive Erwartung des Beschuldigten allerdings mit einzubeziehen ist. Auf dieser Grundlage sind die auf eine Flucht hindeutenden Umstände gegen diejenigen Tatsachen abzuwägen, die einer Flucht entgegenstehen. Je höher die konkrete Straferwartung ist, umso gewichtiger müssen die den Fluchtanreiz mindernden Gesichtspunkte sein.[401]

582 **Verdunkelungsgefahr** besteht, wenn das Verhalten des Beschuldigten den dringenden Verdacht begründet, er könne durch bestimmte Handlungen auf sachliche oder persönliche Beweismittel einwirken und dadurch die Ermittlung der Wahrheit erschweren.[402] Dieser Verdacht muss sich auf bestimmte Tatsachen im Verhalten des Beschuldigten begründen, die bloße Verdunkelungsmöglichkeit reicht nicht.

Beispiele
Zeuge Z gibt an, der Beschuldigte habe ihm für den Fall der belastenden Aussage Prügel angedroht.
Der wegen Betruges beschuldigte B droht an, alle seine Firmenunterlagen zu verbrennen.

Hier sind ausreichende Tatsachen für Verdunkelungsgefahr gegeben.

583 Der **Haftgrund der schweren Straftat** lässt Haft bei bestimmten, die Öffentlichkeit besonders berührenden schweren Straftaten zu, wenn ein sonstiger Haftgrund nicht besteht. Diese Straftaten sind:

§§ 129a, b StGB (Bildung terroristischer Vereinigungen)

§§ 211, 212 StGB (Mord, Totschlag)

§ 220a StGB (Völkermord)

§ 226 StGB (schwere Körperverletzung)

§§ 306b, c StGB (besonders schwere Brandstiftung, Brandstiftung mit Todesfolge)

§ 308 Abs. 1-3 StGB (Herbeiführen einer Sprengstoffexplosion, wenn dadurch Gefahr für Leib oder Leben entstanden ist)

Nach der Grundsatzentscheidung des Bundesverfassungsgerichtes ist diese Norm verfassungskonform auszulegen. Der Haftgrund der schweren Straftat darf nur angenommen werden, wenn Umstände vorliegen, die die Gefahr begründen, dass ohne Festnahme des Beschuldigten die alsbaldige Aufklärung und Ahndung der Tat gefährdet sein könnte. Ausreichend kann schon die zwar nicht mit bestimmten Tatsachen belegbare, aber nach den Umständen des Falles doch nicht auszuschließende Flucht- oder Verdunkelungsgefahr sein.[403] Allein der Umstand, dass der Beschuldigte eine der schweren Taten verübt, darf U-Haft nicht begründen.

584 § 112a StPO konstituiert die Sicherungshaft als subsidiärer Haftgrund bei Taten, denen **Wiederholungsgefahr** innewohnt bzw. bei denen sie sich durch fortgesetzte Begehung er-

401 KG Berlin StRR 2012, 155.
402 Joecks § 127, Rn. 21.
403 BVerfGE 19, 342.

gibt. Die sich aus § 112a Abs. 2 StPO ergebene Subsidiarität dieses Haftgrundes gebietet, immer zuerst die anderen Haftgründe zu prüfen.

Bei den in § 112a Abs. 1 Nr. 1 StPO genannten Taten (Sexualdelikte und schwere Fälle der Nachstellung) reicht schon die einmalige Begehung. In diese Kategorie erst 2007 aufgenommen wurde die sogenannte Deeskalationshaft bei qualifizierten Fällen von Stalking nach § 238 Abs. 2 und 3 StGB, die ebenfalls dem vorbeugenden Opferschutz dient.

Die in § 112a Abs. 1 Nr. 2 StPO genannten Taten müssen dagegen wiederholt oder fortgesetzt begangen werden, um eine Wiederholungsgefahr zu begründen. Zudem muss eine Freiheitsstrafe von mehr als einem Jahr zu erwarten sein. Dazu kommen müssen aber in jedem Fall Tatsachen, die die Gefahr begründen, dass Straftaten gleicher Art begangen werden.

→ Verhältnismäßigkeit 585

Der Verhältnismäßigkeitsgrundsatz ist bereits im Tatbestand des § 112 Abs. 1 StPO genannt, deshalb bei einer Prüfung auch im Rahmen des Tatbestands zu behandeln.

Eine Lösung des Konflikts zwischen dem Strafverfolgungsanspruch des Staates einerseits und der durch Art. 6 Abs. 1 EMRK garantierten Unschuldsvermutung andererseits lässt sich nur erreichen, wenn den vom Standpunkt der Strafverfolgung aus erforderlich und zweckmäßig erscheinenden Freiheitsbeschränkungen ständig der Freiheitsanspruch des noch nicht verurteilten Beschuldigten als Korrektiv entgegengehalten wird. Dies bedeutet: Die Untersuchungshaft muss in Anordnung und Vollzug von dem Grundsatz der Verhältnismäßigkeit beherrscht werden; der Eingriff in die Freiheit ist nur hinzunehmen, wenn und soweit einerseits wegen dringenden auf konkrete Anhaltspunkte gestützten Tatverdachts begründete Zweifel an der Unschuld des Verdächtigen bestehen, andererseits der legitime Anspruch der staatlichen Gemeinschaft auf vollständige Aufklärung der Tat und rasche Bestrafung des Täters nicht anders gesichert werden kann als dadurch, dass der Beschuldigte vorläufig in Haft genommen wird.[404]

Für die Untersuchungshaft bei Jugendlichen verlangt § 72 JGG eine besondere Verhält- 586
nismäßigkeitsprüfung. Dabei sind auch die besonderen Belastungen des Vollzuges für Jugendliche zu berücksichtigen.

Adressat

Die Maßnahme richtet sich nur gegen Beschuldigte. Beschuldigter ist jede Person, gegen 587
die sich das Strafverfahren richtet.[405] Sie wird schon zum Beschuldigten, wenn die Strafverfolgungsbehörden Ermittlungsmaßnahmen ergreifen, die erkennbar darauf abzielen, gegen sie wegen einer Straftat strafrechtlich vorzugehen.[406] Insofern ist der Beschuldigtenbegriff formell zu verstehen: Eine Person wird erst durch entsprechenden Willensakt der Strafverfolgungsbehörde zum Beschuldigten.[407] Die Stärke des Tatverdachtes ist dabei nicht relevant. Auch werden keine besonderen Anforderungen an den nach außen tretenden Willensakt gestellt, es reicht bereits jede konkrete Ermittlungshandlung gegen eine Person mit dem Willen der konkreten Strafverfolgung. Wichtig ist, dass das subjektive

404 BVerfGE 19, 342
405 BGHSt 10, 8 (12).
406 Vgl. dazu auch § 397 Abs. 1 AO für Steuerstrafverfahren.
407 BGHSt 34, 138 (140).

Element des Willens zur konkreten Strafverfolgung zur Ermittlungshandlung treten muss, um die Beschuldigteneigenschaft zu konstituieren.

Anordnungsbefugnis

588 Gemäß § 127 Abs. 2 StPO obliegt die Anordnung der vorläufigen Festnahme der Staatsanwaltschaft und den Beamten des Polizeidienstes unter der Voraussetzung, dass Gefahr im Verzuge vorliegt. Dies ist der Fall, wenn mit der Einholung einer richterlichen Entscheidung ein solcher Zeitverzug eintreten würde, welcher den Erfolg der Festnahme gefährden würde.

Verfahrensvorschriften

589 Gemäß § 127 Abs. 4 StPO sind die §§ 114a–114c StPO entsprechend anwendbar:

- Analog § 114a StPO ist dem Betroffenen in einer ihm verständlichen Sprache mitzuteilen, welches die Gründe für die Festnahme sind und welche Beschuldigungen gegen ihn erhoben werden.
- Gemäß § 127 Abs. 4 i. V. m. § 114b StPO ist der Festgehaltene unverzüglich schriftlich darüber zu belehren, dass er

– unverzüglich einem Richter vorzuführen ist,

– das Recht hat, sich zur Beschuldigung zu äußern oder nicht zur Sache auszusagen,

– zu seiner Entlastung einzelne Beweiserhebungen beantragen kann,

– jederzeit, auch schon vor seiner Vernehmung, einen von ihm zu wählenden Verteidiger verlangen kann,

– einen Angehörigen oder eine Person seines Vertrauens benachrichtigen kann, soweit der Zweck der Untersuchung dadurch nicht gefährdet wird.

Der Beschuldigte, der der deutschen Sprache nicht hinreichend mächtig ist, ist darauf hinzuweisen, dass er im Verfahren die unentgeltliche Hinzuziehung eines Dolmetschers verlangen kann. Ein ausländischer Staatsangehöriger ist darüber zu belehren, dass er die Unterrichtung der konsularischen Vertretung seines Heimatstaates verlangen und dieser Mitteilungen zukommen lassen kann.

Entsprechende Belehrungsvordrucke in verschiedenen Sprachen sind in den Informationssystemen der Polizeibehörden vorrätig.

- Zudem ist der Person gemäß § 127 Abs. 4 i. V. m. § 114c Abs. 1 StPO Gelegenheit zu geben, einen Angehörigen zu benachrichtigen.
- Gemäß § 128 StPO ist der Festgenommene unverzüglich, spätestens am Tage nach der Festnahme, dem zuständigen Richter vorzuführen.
- Die vorläufige Festnahme darf maximal bis zum Ende des auf die Festnahme folgenden Tages andauern, Art. 104 Abs. 2 GG.

Rechtsfolgen

590 § 127 Abs. 2 StPO ermächtigt zur vorläufigen Festnahme. Damit ist der Freiheitsentzug bis maximal dem Ende des nächsten Tages gemeint. Zur Festnahme erforderliche körperliche Gewalt ist ebenfalls von der Rechtsfolge des § 127 StPO gedeckt.

8.3 Vorläufige Festnahme zur einstweiligen Unterbringung, § 127 Abs. 2 i. V. m. § 126a StPO 591

- ***Aufsatz-Literatur:*** *Pollähne/Ernst StV 2009, 705 (Einstweilige Unterbringung und Beschleunigungsgebot).*
- ***Leitentscheidungen:*** *BGH NStZ 2008, 529 (Fortdauer einstweiliger Unterbringung nach U-Haft).*
- ***Übungsfall:*** *Kinzig/Baur/Esperschidt JuS 2011, 154 (Schwerpunktbereichsklausur – Strafrechtspflege und Kriminologie).*

Vorläufige Festnahme zur einstw. Unterbringung § 127 Abs. 2 i. V. m § 126a StPO

Materielle Rechtmäßigkeit

1. Ermächtigungsgrundlage

a) Tatbestandsvoraussetzung

– Voraussetzungen eines Unterbringungsbefehls aus § 126a StPO:
Dringende Gründe für
-- rechtswidrige Tat in schuldunfähigem oder bedingt schuldfähigem Zustand
-- für Unterbringung, §§ 63, 64 StGB

b) Adressat

– dringend Tatverdächtiger einer rw. Tat

2. Anordnungsbefugnis

– StA/Polizei bei GiV

3. Verfahrensvorschriften

– § 127 II i. V. m. §§ 114a–c StPO:
Informationspflicht über Beschuldigung und Gründe der Festnahme,
Belehrungspflichten über Richtervorführung, Beweisbeantragungen, Verteidigerkonsultation, Angehörigenbenachrichtigung, Dolmetscher, Konsulat Angehörigenbenachrichtigung
– Dauer, Art. 104 II GG
– unverzügliche Richtervorfühung, § 128 StPO

4. Rechtsfolge

vorläufige Festnahme

592 **Gefahr im Verzuge** liegt vor, wenn die Sicherung des Strafverfahrens durch Festnahme aufgrund der Verzögerung, die die Erwirkung der richterlichen Entscheidung mit sich bringen würde, gefährdet wäre (vgl. BVerfGE 51,111).

Dringender Tatverdacht ist gegeben, wenn nach dem bisherigen Ermittlungsstand in seiner Gesamtheit eine große Wahrscheinlichkeit dafür besteht, dass der Beschuldigte als Täter oder Teilnehmer eine Straftat begangen hat (BGH NJW 1992, 1075).

Überblick

593 Die Vorschrift dient dem Schutz vor gefährlichen psychisch Kranken. Bei Personen, die bedingt schuldfähig sind, gibt es eine Überschneidung mit der U-Haft. U-Haft ist dann nicht ausgeschlossen.

Grundrechtseingriffe

594 Durch Festnahmen wird in das durch Art. 2 Abs. 2 S. 2 GG garantierte Recht auf Freiheit der Person eingegriffen.

Tatbestandsvoraussetzung

595 Dringende Gründe müssen dafür sprechen, dass jemand eine rechtswidrige Tat in schuldunfähigem oder bedingt schuldfähigem Zustand verübt hat. Dies erfordert einen dringenden Tatverdacht und die Wahrscheinlichkeit, dass der Täter ohne Schuld handelte oder nur bedingt schuldfähig ist.

Zudem müssen dringende Gründe dafür sprechen, dass dadurch eine Unterbringung in einem psychiatrischen Krankenhaus oder einer Entziehungsanstalt angeordnet wird. Nach § 63 StGB erfolgt die Unterbringung in einem psychiatrischen Krankenhaus, wenn die Gesamtwürdigung des Täters und seiner Tat ergibt, dass von ihm infolge seines Zustandes erhebliche rechtswidrige Taten zu erwarten sind und er deshalb für die Allgemeinheit gefährlich ist.

> **Beispiel**
> A erwürgt seine 3-jährige Tochter und gibt anschließend an, dabei lediglich dem ständigen Befehl einer inneren Stimme gefolgt zu sein, der er nicht widerstehen konnte.

Die Gründe für die Unterbringung in einer Entziehungsanstalt ergeben sich aus § 64 StGB. Sie knüpfen an die Gefährlichkeit infolge des Genusses alkoholischer Getränke oder anderer berauschender Mittel an.

Adressat

596 Die Maßnahme richtet sich gegen den dringend Tatverdächtigen der rechtswidrigen Tat.

Anordnungsbefugnis, Verfahrensvorschriften, Rechtsfolge

597 Die übrigen Vorschriften entsprechen den der vorläufigen Festnahme zur Untersuchungshaft, vgl. Rn. 589 ff.

8.4 Vorläufige Festnahme zur Hauptverhandlungshaft, § 127b StPO

- ***Aufsatz-Literatur:*** *Wenske NStZ 2009, 63 (10 Jahre Hauptverhandlungshaft [„127b II StPO]); Keller Kriminalistik 1998, 677 (Die Hauptverhandlungshaft).* 598
- ***Leitentscheidungen:*** *BVerfGE 19, 342 („Wencker-Beschluss": Verhältnismäßigkeit von Haftentscheidungen).*

Vorläufige Festnahme zur Hauptverhandlungshaft § 127b StPO

Materielle Rechtmäßigkeit

1. Ermächtigungsgrundlage

a) Tatbestandsvoraussetzung

- auf frischer Tat betroffen oder verfolgt
- Voraussetzungen für Entscheidung im beschleunigten Verfahren wahrscheinlich; Hauptverhandlung binnen einer Woche zu erwarten
- Befürchtung des Fernbleibens von der Hauptverhandlung

b) Adressat

„Betroffener" = Beschuldigter

2. Anordnungsbefugnis

- StA/Polizeibeamte

3. Verfahrensvorschriften

- Informationspflicht über Beschuldigung
- Belehrungspflichten über Richtervorführung, Beweisbeantragungen, Verteidigerkonsultation, Angehörigenbenachrichtigung, Dolmetscher, Konsulat
- Angehörigenbenachrichtigung
- Dauer, § 128 StPO
- unverzügliche Richtervorfühung, § 128

4. Rechtsfolge

a) Zulässige Maßnahmen

Vorläufige Festnahme

b) Verhältnismäßigkeit

599

Auf frischer Tat betroffen wird, wer bei Begehung einer rechtswidrigen Tat oder unmittelbar danach am Tatort oder in dessen unmittelbarer Näher gestellt wird (Meyer-Goßner § 127, Rn. 5).

Verfolgung auf frischer Tat liegt vor, wenn sich der Täter bereits vom Tatort entfernt hat, sichere Anhaltspunkte aber auf ihn als Täter hinweisen und seine Verfolgung zum Zwecke seiner Ergreifung aufgenommen wird (Meyer-Goßner § 127, Rn. 6).

Beschuldigter ist jede Person, gegen die im Rahmen eines Strafverfahrens wegen einer bestimmten Straftat ermittelt wird (BGHSt 10, 8 (12).

Überblick

600 Die vorläufige Festnahme gemäß § 127b StPO dient zur Erwirkung der Hauptverhandlungshaft, damit der Sicherstellung des Strafverfahrens im beschleunigten Verfahren.[408] Das Recht steht als eigenständige Festnahmebefugnis neben den § 127 Abs. 2 i. V. m. §§ 112, 112a StPO.

Da im beschleunigten Verfahren gemäß § 419 Abs. 1 StPO eine Freiheitsstrafe von maximal 1 Jahr verhängt werden darf, kommt die Hauptverhandlungshaft nur in Fällen der kleineren und mittleren Kriminalität in Betracht. Ziel ist es, eine schnelle Entscheidung herbeizuführen. Dies ist insbesondere bei Großveranstaltungen praktikabel.

> **Beispiel**
> Bei einer großen Open-Air-Musikveranstaltung kommt es zu einer Schlägerei zwischen einigen Besuchern. Der geständige Pole A kann gemäß § 127b StPO in Haft genommen werden. Beim regulären Anklageverfahren besteht das Problem der Zustellung und der Gefahr, dass der Beschuldigte nicht erscheint. Ein U-Haftbefehl ist ggf. unverhältnismäßig.

Grundrechtseingriff

601 Durch Festnahmen wird in das durch Art. 2 Abs. 2 S. 2 GG garantierte Recht auf Freiheit der Person eingegriffen.

Tatbestandsvoraussetzungen

602 **→ Auf frischer Tat betroffen oder verfolgt**

Erforderlich ist eine begangene oder versuchte Straftat, eine Ordnungswidrigkeit reicht nicht aus.

603 **→ Entscheidung im beschleunigen Verfahren zu erwarten**

Es muss zu erwarten sein, dass die Entscheidung im beschleunigten Verfahren gemäß §§ 417 ff StPO ergeht. Dies setzt voraus, dass es sich um einen einfachen Sachverhalt oder um eine klare Beweislage handelt. Es muss dazu die Möglichkeit der sofortigen Verhandlung bestehen (Hauptverhandlung binnen einer Woche nach Festnahme), was eine entsprechende Gerichtsorganisation erfordert. Daher kommt die Anwendung des Verfahrens insbesondere in Großstätten bzw. bei besonderen Veranstaltungen in Betracht.

604 **→ Befürchtung des Fernbleibens von der Hauptverhandlung**

Die Befürchtung i. d. S. bedeutet, dass das Ausbleiben aufgrund bestimmter Tatsachen ernsthaft in Betracht kommt.[409] Tatsachen können kein fester Wohnsitz, ein Wohnsitz im Ausland oder früheres Fernbleiben sein.

Adressat: „Betroffener" = Beschuldigter

605 Beschuldigter ist jede Person, gegen die sich das Strafverfahren richtet.[410] Sie wird schon zum Beschuldigten, wenn die Strafverfolgungsbehörden Ermittlungsmaßnahmen ergreifen, die erkennbar darauf abzielen, gegen sie wegen einer Straftat strafrechtlich vorzuge-

408 Zum Beschleunigten Verfahren siehe Rn. 124.
409 Hellmann NJW 2007, 2147.
410 BGHSt 10, 8 (12).

hen.[411] Insofern ist der Beschuldigtenbegriff formell zu verstehen: Eine Person wird erst durch entsprechenden Willensakt der Strafverfolgungsbehörde zum Beschuldigten.[412]

Anordnungsbefugnis

Gemäß § 127 Abs. 2 StPO obliegt die Anordnung der vorläufigen Festnahme der Staatsanwaltschaft und den Beamten des Polizeidienstes. 606

Verfahrensvorschriften

Gemäß § 127b Abs. 1 S.2 StPO sind die §§ 114a–114c StPO entsprechend anwendbar: 607

- Analog § 114a StPO ist dem Betroffenen in einer ihm verständlichen Sprache mitzuteilen, welches die Gründe für die Festnahme sind und welche Beschuldigungen gegen ihn erhoben werden.
- Gemäß § 114b StPO ist der Festgehaltene unverzüglich schriftlich darüber zu belehren, dass er

– unverzüglich einem Richter vorzuführen ist,
– das Recht hat, sich zur Beschuldigung zu äußern oder nicht zur Sache auszusagen,
– zu seiner Entlastung einzelne Beweiserhebungen beantragen kann,
– jederzeit, auch schon vor seiner Vernehmung, einen von ihm zu wählenden Verteidiger verlangen kann,
– einen Angehörigen oder eine Person seines Vertrauens benachrichtigen kann, soweit der Zweck der Untersuchung dadurch nicht gefährdet wird.

Der Beschuldigte, der der deutschen Sprache nicht hinreichend mächtig ist, ist darauf hinzuweisen, dass er im Verfahren die unentgeltliche Hinzuziehung eines Dolmetschers verlangen kann. Ein ausländischer Staatsangehöriger ist darüber zu belehren, dass er die Unterrichtung der konsularischen Vertretung seines Heimatstaates verlangen und dieser Mitteilungen zukommen lassen kann.

Entsprechende Belehrungsvordrucke in verschiedenen Sprachen sind in den Informationssystemen der Polizeibehörden vorrätig.

- Zudem ist der Person gemäß § 127 Abs. 4 i. V. m. § 114c Abs. 1 StPO Gelegenheit zu geben, einen Angehörigen zu benachrichtigen.
- Gemäß § 128 StPO ist die Person unverzüglich, spätestens am Tage nach der Festnahme, dem zuständigen Richter vorzuführen.
- Die vorläufige Festnahme darf maximal bis zum Ende des auf die Festnahme folgenden Tages andauern, Art. 104 Abs. 2 GG.

Rechtsfolgen

§ 127b StPO ermächtigt zur vorläufigen Festnahme. Damit ist der Freiheitsentzug bis maximal dem Ende des nächsten Tages gemeint, um einen Hauptverhandlungshaftbefehl zu erwirken. 608

411 Vgl. dazu auch § 397 Abs. 1 AO für Steuerstrafverfahren.
412 BGHSt 34, 138 (140).

8.5 Festnahme bei Störung einer Amtshandlung, § 164 StPO

609
- ***Leitentscheidungen:*** *OVG Lüneburg 11 OB 408/11 [juris] (Verwaltungsrechtsweg); LG Frankfurt a. M. NJW 2008, 2201 (Für präventive Ingewahrsamnahme vor einer Durchsuchungsmaßnahme gibt es keine Rechtsgrundlage).*
- ***Übungsfälle:*** *Hartmann JuS 2008, 984 (Semsterabschlussklausur – Öffentliches Recht: Polizei- und Ordnungsrecht – Warnung vor der Radarkontrolle)*

610

Festnahme bei Störung einer Amtshandlung § 164 StPO

Materielle Rechtmäßigkeit

1. Ermächtigungsgrundlage

a) Tatbestandsvoraussetzung

– strafprozessuale Amtshandlung

– vorsätzliches Stören
oder
Widersetzen der Anordnung

b) Adressat

– Störer

2. Anordnungsbefugnis

– der die Amtshandlung leitende Beamte der StA/Polizei, Gericht

3. Verfahrensvorschriften

– Dauer: bis zum Ende der Diensthandlung, max. bis zum Ende des nächsten Tages

4. Rechtsfolge

a) zulässige Maßnahmen
vorläufige Festnahme
Platzverweis als Mindermaßnahme

b) Verhältnismäßigkeit

Störung i. S. v. § 164 StPO ist jedes strafprozessual rechtswidrige Verhalten (Meyer-Goßner § 164, Rn. 1).

Strafprozessuale Amtshandlung ist jede eingriffsrechtliche Maßnahme der Strafprozessordnung.

Überblick

611 § 164 StPO regelt das „amtliche Selbsthilferecht“[413]. Praktisch relevant ist die Maßnahme insbesondere als strafprozessualer Platzverweis, der als Mindermaßnahme ebenfalls von der Rechtsfolge erfasst ist.

413 Meyer-Goßner § 164, Rn. 1.

Grundrechtseingriff

Durch Festnahmen wird in das durch Art. 2 Abs. 2 S. 2 GG garantierte Recht auf Freiheit der Person eingegriffen. Der ebenfalls auf diese Vorschrift gestützte Platzverweis greift in die allgemeine Handlungsfreiheit ein. 612

Tatbestandsvoraussetzungen

→ Strafprozessuale Amtshandlungen 613

Erforderlich ist die (gewollte) Vornahme einer strafprozessualen Maßnahme. Bei der Gefahrenabwehr bestimmt sich die Maßnahme nach polizeirechtlichen Vorschriften.

→ Vorsätzliches Stören oder Widersetzen der Anordnungen 614

Es muss zu einer vorsätzlichen Störung kommen bzw. sie muss unmittelbar bevorstehen. Ein Anwesenheitsrecht steht der Maßnahme nicht entgegen.

> **Beispiel**
> Die Wohnung des A soll durchsucht werden. Er behindert die Maßnahme dadurch, dass er sich ständig provozierend in den Weg stellt. Trotz des Anwesenheitsrechts nach § 106 Abs. 1 StPO kann A des Ortes verwiesen werden.

Adressat: Störer

Die Maßnahme richtet sich gegen denjenigen, der die Amtshandlung stört. 615

Anordnungsbefugnis

Die Anordnungsbefugnis obliegt dem leitenden Beamten oder Richter. Ermittlungsbeamteneigenschaft ist nicht erforderlich. 616

Verfahrensvorschriften

Die Maßnahme darf nur bis zur Beendigung der Amtsverrichtung, längstens bis zum Ende des nächsten Tages dauern, § 164 StPO. 617

Rechtsfolgen

§ 164 StPO ermächtigt nach dem Wortlaut zur Festnahme und zum Festhalten. Damit ist der Freiheitsentzug bis maximal zum Ende des nächsten Tages gemeint, um die Amtshandlung ungestört durchführen zu können. Der Verhältnismäßigkeitsgrundsatz gebietet aber die Anwendung weniger einschneidender Maßnahmen, wenn damit der Erfolg ebenso erzielt werden kann. In Betracht kommen daher als Mindermaßnahme insbesondere die Unterlassungsverfügung und der Platzverweis. 618

8.6 Vollstreckung von Haftbefehlen

619 • ***Aufsatz-Literatur:*** *Böse HRRS 2012, 19 (Der Grundsatz „ne bis in idem“ und der Europäische Haftbefehl: europäscher ordre public vs. gegenseitige Anerkennung); Globke, Christina GA 2011, 412 (Die Wirkung des Europäischen Haftbefehls); Kropp JA 1998, 328 (Der Haftbefehl nach § 230 StPO).*

• ***Leitentscheidungen:*** *BVerGE 113, 273 (Nichtigkeit des Europäischen Haftbefehlsgesetzes); KG Berlin NStZ 2012, 230 (Wirkung nicht vollzogener Haftbefehl nach Eintritt der Rechtskraft); EuGH NJW 2011, 285 (Europäischer Haftbefehl).*

• ***Übungsfälle:*** *Ambos/Bock JuS 2012, 437 (Schwerpunktbereichsklausur – Kriminalwissenschaften: Haftbefehl und Jurisdiktionskonflikte – Grenzenlose Strafverfolgung); Polk RpflStud 2006, 77 (Strafvollstreckungsübung).*

620 **Vollstreckung von Haftbefehlen**

Materielle Rechtmäßigkeit

1. Ermächtigungsgrundlage

a) Tatbestandsvoraussetzung
– wirksamer Haftbefehl

b) Adressat
– Beschuldigter, Angeklagter oder Verurteilter

2. Anordnungsbefugnis

– Gericht, für Vollstreckungs-HB auch Vollstreckungsbehörde

3. Verfahrensvorschriften

– §§ 114a–c StPO:

-- Bekanntgabe des Haftbefehls

-- Belehrungspflichten über Richtervorführung, Beweisbeantragungen, Verteidigerkonsultation, Angehörigenbenachrichtigung, Dolmetscher, Konsulat

-- Angehörigenbenachrichtigung

– §§ 115, 115a StPO: bei allen richterlichen Haftbefehlen unverzügliche Richtervorführung

4. Rechtsfolge

a) zulässige Maßnahmen
Verhaftung;
als Begleitmaßnahmen auch IDF und Wohnungsdurchsuchung

b) Verhältnismäßigkeit

Haftbefehl ist eine formelle schriftliche Anordnung der Freiheitsentziehung durch Gericht oder Staatsanwaltschaft.

Überblick

Nach § 36 Abs. 2 S. 2 StPO ist die Vollstreckung von Entscheidungen der Staatsanwaltschaft übertragen, die das Erforderliche veranlasst. Dazu zählt auch die Vollstreckung von Haftbefehlen, die von einem Gericht im Ermittlungs-, Haupt- oder Berufungsverfahren erlassen werden. Die Vollstreckung von Vollstreckungshaftbefehlen, die von der Staatsanwaltschaft erlassen werden, obliegt der Staatsanwaltschaft schon als Vollstreckungsbehörde. 621

Die Staatsanwaltschaft bedient sich im Rahmen ihres Weisungsrechtes nach §§ 161, 457 Abs. 1 StPO, § 152 Abs. 1 GVG zur Durchführung der Verhaftung der Polizei.

Grundrechtseingriff

Durch die Vollstreckung von Haftbefehlen wird in das durch Art. 2 Abs. 2 S. 2 i. V. m. Art. 104 GG garantierte Recht auf Freiheit der Person eingegriffen. 622

Tatbestandsvoraussetzungen

Es muss ein wirksamer Haftbefehl vorliegen. Dabei kommen insbesondere in Betracht: 623

- Untersuchungshaftbefehl zur Sicherung des Strafverfahrens; §§ 112 ff. StPO.
- Unterbringungsbefehl, zur Sicherung der Unterbringung in einem psychiatrischen Krankenhaus oder einer Entziehungsanstalt, § 126a StPO.
- Haftbefehl gegen den bei der Hauptverhandlung ausbleibenden Angeklagten, § 230 StPO.
- Haftbefehl zur Durchsetzung des persönlichen Erscheinens, § 236 StPO.
- Haftbefehl bei Ausbleiben des Angeklagten in der Berufungsverhandlung, 329 Abs. 4 StPO.
- Sicherungshaftbefehl, zur Sicherung der Durchsetzung des Bewährungswiderrufs, § 453c StPO.
- Der Vollstreckungshaftbefehl, zur Vollstreckung einer Freiheitsstrafe, 457 Abs. 2 StPO, oder zur Vollstreckung einer Ersatzfreiheitsstrafe, 459e StPO, werden im Gegensatz zu den anderen Haftbefehlen durch die Staatsanwaltschaft im Vollstreckungserfahren erlassen.
- Erzwingungshaftbefehl wegen Nichtzahlung einer Geldbuße, § 96 OWiG.

Adressat

Die Vollstreckung des Haftbefehls richtet sich gegen den im Haftbefehl Genannten. Es kann sich demnach je nach Verfahrensstand um einen Beschuldigten, Betroffenen, Angeklagten oder Verurteilten handeln. 624

Anordnungsbefugnis

Die Anordnung obliegt dem Gericht, bei den Vollstreckungshaftbefehlen der Vollstreckungsbehörde, in der Regel also nach § 451 StPO der Staatsanwaltschaft. Bei Jugendsachen ist auch das Jugendgericht Vollstreckungsbehörde, §§ 82 ff. JGG. 625

Die Durchführung der Vollstreckung von Haftbefehlen obliegt jedem Polizeibeamten.

Verfahrensvorschriften

626 Nach §§ 114a – 114c StPO (bei Sicherungshaftbefehlen i. V. m. § 453c Abs. 3) sind zu beachten:

- Gemäß § 114a StPO ist dem Verhafteten eine Abschrift des Haftbefehls auszuhändigen. Ihm ist in einer ihm verständlichen Sprache mitzuteilen, welches die Gründe für die Verhaftung sind und welche Beschuldigungen gegen ihn erhoben werden.
- Gemäß § 114b StPO ist der Verhaftete unverzüglich schriftlich darüber zu belehren, dass er

– unverzüglich einem Richter vorzuführen ist,

– das Recht hat, sich zur Beschuldigung zu äußern oder nicht zur Sache auszusagen,

– zu seiner Entlastung einzelne Beweiserhebungen beantragen kann,

– jederzeit, auch schon vor seiner Vernehmung, einen von ihm zu wählenden Verteidiger verlangen kann,

– einen Angehörigen oder eine Person seines Vertrauens benachrichtigen kann, soweit der Zweck der Untersuchung dadurch nicht gefährdet wird.

Der Beschuldigte, der der deutschen Sprache nicht hinreichend mächtig ist, ist darauf hinzuweisen, dass er im Verfahren die unentgeltliche Hinzuziehung eines Dolmetschers verlangen kann. Ein ausländischer Staatsangehöriger ist darüber zu belehren, dass er die Unterrichtung der konsularischen Vertretung seines Heimatstaates verlangen und dieser Mitteilungen zukommen lassen kann. Entsprechende Belehrungsvordrucke in verschiedenen Sprachen sind in den Informationssystemen der Polizeibehörden.

- Gemäß § 114c Abs. 1 StPO ist dem Verhafteten Gelegenheit zu geben, einen Angehörigen zu benachrichtigen.
- Gemäß § 115 StPO ist der Verhaftete unverzüglich dem zuständigen Gericht vorführen. Dies ist grundsätzlich das Gericht, welches den Haftbefehl erlassen hat. Ist die Vorführung vor diesem Gericht nicht möglich, so ist der Beschuldigte dem nächsten Amtsgericht vorzuführen, § 115a StPO. Dort muss er unverzüglich, spätestens am nächsten Tag, vernommen werden. Diese Regelungen gelten nur für richterliche Haftbefehle.

Rechtsfolgen

627 Haftbefehle ermächtigen zur Vollstreckung, also der Freiheitsentziehung des Adressaten. Sie erlauben auch die Durchsuchung des Beschuldigten zwecks Ergreifung, ohne dass es dafür einer besonderen Anordnung bedarf.[414] Gleiches muss dann für den geringeren Grundrechtseingriff der Identitätsfeststellung gelten.

Wurde der Haftbefehl gemäß § 457 StPO von der Staatsanwaltschaft als Vollstreckungsbehörde erlassen, hat sie im Vollstreckungsverfahren nach § 457 Abs. 3 StPO die gleichen Befugnisse wie die Staatsanwaltschaft als Strafverfolgungsbehörde. Damit sind Begleitmaßnahmen zur Vollstreckung der Vollstreckungshaftbefehle aufgrund § 457 StPO i. V. m. der jeweiligen Eingriffsbefugnis des Ermittlungsverfahrens zulässig.

414 OLG Düsseldorf NJW 1981, 2133; Meyer-Goßner § 114, Rn 20.

Übersicht: Festnahme und Vollstreckung von Haftbefehlen

<table>
<tr><th></th><th>Tatbestand</th><th>Adressat</th><th>Anordnungs-befugnis</th><th>Verfahrensvorschriften</th></tr>
<tr><td>§ 127 I StPO
Vorläufige Fest-nahme durch jedermann</td><td>auf frischer Tat betroffen oder verfolgt
Fluchtverdacht oder Identität nicht sofort feststellbar</td><td>Verdächtiger</td><td>jedermann</td><td rowspan="4">Information über Beschuldigung und Gründe der Festnahme, § 127 IV i.V.m. § 114a StPO
Belehrungspflichten, § 127 IV i.V.m. § 114 b StPO
Angehörigenverständigung, § 127 IV i. V. m. § 114c StPO
unverzügliche Richtervorführung, § 128 StPO
Festnahmedauer bis max. zum Ende des folgenden Tages, Art. 104 II GG</td></tr>
<tr><td>§ 127 II i. V. m. §§ 112, 112a StPO</td><td>Voraussetzungen eines Haftbefehls; diese ergeben sich aus §§ 112, 112a StPO:
→ Dringender Tatverdacht
→ Haftgrund
→ Verhältnismäßigkeit</td><td>Beschuldigter</td><td>StA/Polizeibeamte bei GiV</td></tr>
<tr><td>§ 127 II i. V. m. § 126a StPO
Vorläufige Fest-nahme zur einstweiligen Unterbringung</td><td>Voraussetzungen eines Unterbringungsbefehls; diese ergeben sich aus § 127a StPO:
Dringende Gründe für
-- rw. Tat in schuldunfähigem oder bedingt schuldfähigem Zustand
-- Unterbringung, §§ 63, 64 StGB</td><td>dringend Tatverdächtiger</td><td>StA/Polizeibeamte bei GiV</td></tr>
<tr><td>§ 127b StPO
Vorläufige Fest-nahme zur Hauptverhandlungshaft</td><td>auf frischer Tat betroffen oder verfolgt
Voraussetzungen für Entscheidung im beschleunigten Verfahren wahrscheinlich: Hauptverhandlung
Befürchtung des Fernbleibens von der Hauptverhandlung</td><td>„Betroffener"= Beschuldigter</td><td>StA/Polizeibeamte</td></tr>
<tr><td>§ 164 StPO
Festnahme bei Störung einer Amtshandlung</td><td>Strafprozessuale Amtshandlung
vorsätzliches Stören
oder
Widersetzen der Anordnung</td><td>Störer</td><td>der die Amtshandlung leitende Beamte von StA/Polizei/ Gericht</td><td>Dauer: bis zum Ende der Dienstverrichtung, max. bis zum Ende des nächsten Tages, § 164 StPO</td></tr>
<tr><td>Vollstreckung von Haftbefehlen</td><td>wirksamer Haftbefehl</td><td>im HB Genannter</td><td>Gericht und Vollstreckungsbehörde</td><td>Information über Beschuldigung und Gründe der Festnahme, Belehrungspflichten, Angehörigenverständigung, Richtervorführung, §§ 114a–c, 115,a StPO</td></tr>
</table>

9 Sicherheitsleistung

Übersicht

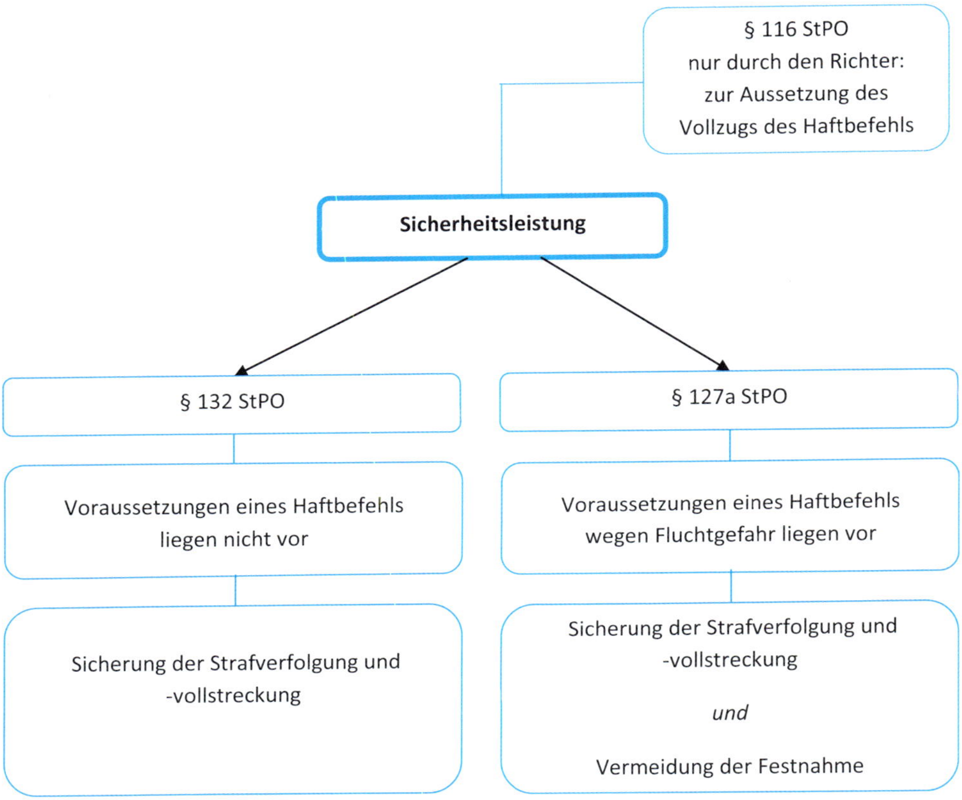

Überblick

628 Die Strafprozessordnung gewährt verschiedene Möglichkeiten zur Erhebung von Sicherheitsleistungen. Sie dienen in erster Linie der Sicherung von Strafverfolgung und -vollstreckung. Zu diesem Zweck dient insbesondere § 132 StPO. Bei der Sicherheitsleistung nach § 127a StPO hat sie zudem den Zweck, eine vorläufige Festnahme zu verhindern bzw. zu beenden.

629 Gemäß § 116 StPO hat der Richter den Vollzug eines Haftbefehls auszusetzen, wenn weniger einschneidende Maßnahmen die Erwartung hinreichend begründen, dass der Zweck der Untersuchungshaft auch durch sie erreicht werden kann. Zu diesen Maßnahmen kommt gemäß § 116 Abs. 1 Nr. 4 StPO auch die Erhebung von Sicherheitsleistung in Betracht.

9.1 Allgemeine Sicherheitsleistung, § 132 StPO

- ***Aufsatz-Literatur:*** *Büttner DRiZ 2007, 188 (Zustellungsbevollmächtigte – Zeitbomben im Strafverfahren?); Müllenbauch NStZ 2001, 637 (Die Zulässigkeit einer Anordnung nach § 132 StPO gegen den ausgereisten Beschuldigten).* 630
- ***Übungsfall:*** *Hellmann JuS 1999, 264 (Der praktische Fall – Strafprozessrecht – Haftbefehle in Sachen G und K).*

Allgemeine Sicherheitsleistung, § 132 StPO

Materielle Rechtmäßigkeit

1. Ermächtigungsgrundlage

a) Tatbestandsvoraussetzung
- dringender Tatverdacht
- ohne festen Wohnsitz in Deutschland
- Voraussetzungen Haftbefehl liegen nicht vor

bei Beschlagnahme:
- Nichtbefolgen der Anordnung
- Gegenstand wird mitgeführt
- Gegenstand ist Eigentum des Beschuldigten

b) Adressat: Beschuldigter

2. Anordnungsbefugnis
- Gericht, bei GiV StA/ErmittPers, § 132 II StPO

3. Verfahrensvorschriften
- § 116a I: Hinterlegung von Bargeld, Pfandbestellung oder Bürgschaft
- § 132 I Nr. 2: Zustellungsbevollmächtigen ggf. Informationspflicht, wenn selbst keine Person benannt werden kann
- nach Erlass (NRW): Niederschrift fertigen

zusätzlich bei Beschlagnahme:
- Belehrung über Recht auf Beantragung richterlicher Entscheidung, § 98 II StPO
- Einholung richterl. Bestätigung bei Widerspruch, § 98 II StPO
- § 811 ZPO: beschlagnahmefreie Gegenst.

4. Rechtsfolge

a) Zulässige Maßnahmen
- Erhebung angemessener Sicherheit für die zu erwartende Strafe und Verfahrenskosten
- Beschlagnahme von Gegenständen

b) Verhältnismäßigkeit

Beschuldigter ist jede Person, gegen die im Rahmen eines Strafverfahrens wegen einer bestimmten Straftat ermittelt wird (BGHSt 10, 8 (12). 631

Dringender Tatverdacht ist gegeben, wenn nach dem bisherigen Ermittlungsstand in seiner Gesamtheit eine große Wahrscheinlichkeit dafür besteht, dass der Beschuldigte als Täter oder Teilnehmer eine Straftat begangen hat (BGH NJW 1992, 1075).

Gefahr im Verzuge liegt vor, wenn die Sicherung des Strafverfahrens durch Erhebung der Sicherheitsleistung aufgrund der Verzögerung, die die Erwirkung der richterlichen Entscheidung mit sich bringen würde, gefährdet wäre (vgl. BVerfGE 51, 111).

Überblick

632 Die Erhebung der Sicherheitsleistung nach § 132 StPO dient der Sicherung der Strafverfolgung und -vollstreckung.

Wird die Sicherheit geleistet, kann der Beschuldigte das Bundesgebiet verlassen. Gerichtliche Schreiben (Strafbefehl, Anklageschrift, Ladung zur Hauptverhandlung) ergehen an den Zustellungsbevollmächtigten. Die geleistete Sicherheit wird als Vorschuss für die Strafe und die Verfahrenskosten behandelt und später verrechnet. Überschüssige Beträge werden an den Zustellungsbevollmächtigten erstattet.

Grundrechtseingriffe

633 Mit der Maßnahme wird in das Grundrecht auf Eigentum nach Art. 14 GG eingegriffen, denn Art. 14 GG schützt Eingriffe in das Nutzungsrecht.[415] Nach anderer Ansicht liegt lediglich ein Eingriff in Art. 2 Abs. 1 GG; „der allgemeinen Handlungsfreiheit", vor.[416]

Tatbestandsvoraussetzungen und Adressat

634 **→ Beschuldigter ohne festen Wohnsitz in Deutschland**

Beschuldigter ist jede Person, gegen die sich das Strafverfahren richtet.[417] Sie wird schon zum Beschuldigten, wenn die Strafverfolgungsbehörden Ermittlungsmaßnahmen ergreifen, die erkennbar darauf abzielen, gegen sie wegen einer Straftat strafrechtlich vorzugehen.[418] Insofern ist der Beschuldigtenbegriff formell zu verstehen: Eine Person wird erst durch entsprechenden Willensakt der Strafverfolgungsbehörde zum Beschuldigten.[419] Vorausgesetzt wird zudem, dass der Beschuldigte in Deutschland keinen festen Wohnsitz hat.

635 **→ Dringender Tatverdacht**

Zur Erhebung der Sicherheitsleistung muss dringender Tatverdacht bestehen. Dieser liegt vor, wenn nach dem bisherigen Ermittlungsergebnis in seiner Gesamtheit eine große Wahrscheinlichkeit dafür besteht, dass der Beschuldigte als Täter oder Teilnehmer eine Straftat begangen hat.[420] Der dringende Tatverdacht muss sich aus bestimmten Tatsachen herleiten, bloße Vermutungen reichen nicht aus. Der Unterschied zum hinreichenden Tatverdacht, der erforderlich ist für die Anklageerhebung, besteht in der Perspektive: Während der hinreichende Tatverdacht am Ende des Ermittlungsverfahrens steht, wird der dringende Tatverdacht regelmäßig im Rahmen des laufenden Strafverfahrens festzulegen sein.

636 **→ Voraussetzungen eines Haftbefehls liegen nicht vor, lediglich Geldstrafe ist zu erwarten**

Die Maßnahme nach § 132 StPO ist nur anzuordnen, wenn Untersuchungshaft aus Verhältnismäßigkeitsgründen ausscheidet. Schließlich muss lediglich eine Geldstrafe zu erwarten sein. Es muss sich also um eine leichtere Straftat, wie etwa Verkehrsdelikte, einfache Diebstähle oder leichtere Körperverletzungen, handeln. Wenn die Einstellung

415 Jarass/Pieroth Art. 14, Rn. 6.
416 Benfer, S. 139.
417 BGHSt 10, 8 (12).
418 Vgl. dazu auch § 397 Abs. 1 AO für Steuerstrafverfahren.
419 BGHSt 34, 138 (140).
420 BGH NJW 1992, 1975.

gemäß § 153 StPO naheliegt, steht der Verhältnismäßigkeitsgrundsatz einer Anordnung entgegen.[421]

Zusätzliche Voraussetzungen bei Beschlagnahme, § 132 Abs. 3 StPO

Wenn der Beschuldigte die Zahlung der Sicherheitsleistung ablehnt, so können Beförderungsmittel und andere mitgeführte Gegenstände beschlagnahmt werden, die im Eigentum des Beschuldigten stehen. Bei der Beschlagnahme von Beförderungsmitteln ist insbesondere der Verhältnismäßigkeitsgrundsatz besonders zu beachten. Dies kann daher nur in Ausnahmefällen in Betracht kommen. Näheres regeln landesspezifische Erlasse.[422] 637

Anordnungsbefugnis

Die Maßnahme bedarf gemäß § 132 Abs. 2 StPO grundsätzlich der richterlichen Anordnung. Bei Gefahr im Verzuge sind auch die Staatsanwaltschaft und ihre Ermittlungspersonen[423] anordnungsbefugt. 638

Verfahrensvorschriften

Zu beachten sind: 639

- **Art der Sicherheitsleistung, § 132 Abs. 2 i. V. m. § 116a Abs. 1 StPO**

  Die Sicherheitsleistung kann in Bargeld, in Wertpapieren, durch Pfandbestellung oder durch Bürgschaft vom Beschuldigten oder einer anderen Person geleistet werden.

- **Bestellung eines Zustellungsbevollmächtigten, § 132 Abs. 1 Nr. 2 StPO**

  Der Beschuldigte hat eine im Bezirk des zuständigen Gerichts wohnende Person zum Empfang von Zustellungen zu bevollmächtigen. Diese kann jede Privatperson sein. Ist der Beschuldigte nicht in der Lage, eine Person zu benennen, so ist er gemäß Nr. 60 RiStBV darauf hinzuweisen, dass er einen Rechtsanwalt oder einen hierzu bereiten Beamten der Geschäftsstelle des zuständigen Amtsgerichtes bevollmächtigen kann.

- **Niederschrift**

  Nach landesrechtlichen Erlassen ist eine Niederschrift über die Sicherheitsleistung zu fertigen, die zugleich als Quittung gilt.

Bei der Beschlagnahme von Gegenständen ist zudem zu beachten: 640

- **Belehrungspflicht, § 98 Abs. 2 S. 7 StPO**

  Wenn ein Gegenstand ohne richterliche Anordnung beschlagnahmt wurde, so kann der Betroffene jederzeit eine richterliche Entscheidung beantragen. Auf dieses Recht ist er hinzuweisen.

- **Beantragung einer richterlichen Entscheidung, § 98 Abs. 2 S. 1 StPO**

  War der Betroffene bei einer Beschlagnahme ohne richterliche Anordnung nicht anwesend oder erhob er ausdrücklich Widerspruch, so hat der Polizeibeamte binnen drei Tagen die richterliche Bestätigung der Maßnahme zu beantragen.

421 Meyer-Goßner § 132, Rn. 11.

422 Vgl. für NRW: RdErl. des Ministeriums für Inneres und Kommunales vom 2.11.2010 (MinBl. NRW S. 786) zur Verfolgung von Verkehrsverstößen durch die Polizei und Erhebung von Sicherheitsleistungen bei Ordnungswidrigkeiten und Straftaten.

423 Vgl. zu Ermittlungspersonen der Staatsanwaltschaft: § 152 GVG i. V. m. den jeweiligen landesrechtlichen Regelungen; z. B. NRW: § 1 Abs. 1 der Verordnung über die Ermittlungspersonen der Staatsanwaltschaft vom 30.4.1996.

- **Kenntlichmachung, § 109 StPO**

  Dem Betroffenen ist auf Verlangen ein Verzeichnis der in Verwahrung genommenen Gegenstände auszuhändigen. Sie sind genau zu kennzeichnen.

- **Beschlagnahmefreie Gegenstände, § 811 ZPO**

  Nach den einschlägigen landesrechtlichen Erlassen sollen Gegenstände nicht beschlagnahmt werden, die gemäß § 811 ZPO unpfändbar sind. Dabei handelt es sich insbesondere um höchstpersönliche notwendige Gegenstände wie Kleidungsstücke, Nahrungsmittel, Gegenstände zur Lebens- und Haushaltsführung.

Ergänzende Vorschriften über die Behandlung amtlich verwahrter Gegenstände enthalten Nr. 74–76 RiStBV.

Rechtsfolgen

641 § 132 StPO ermächtigt zur Erhebung von Sicherheitsleistung. Wird sie nicht freiwillig geleistet, können bewegliche Gegenstände beschlagnahmt werden. Das Recht zur Suche nach entsprechenden Gegenständen ist von der Befugnisnorm miterfasst.[424]

424 Meyer-Goßner § 132, Rn. 19.

9.2 Sicherheitsleistung zur Abwendung der Festnahme, § 127a StPO

Sicherheitsleistung zur Abwendung der Festnahme § 127b Abs. 1 StPO

Materielle Rechtmäßigkeit

1. **Ermächtigungsgrundlage**
   a) Tatbestandsvoraussetzung
      – Beschuldigter ist ohne festen Wohnsitz in Deutschland
      – Voraussetzungen Haftbefehl wegen Fluchtgefahr liegt vor:
        -- dringender Tatverdacht
        -- Fluchtgefahr
      – Freiheitsstrafe nicht zu erwarten
   b) Adressat:
      – Beschuldigter
2. **Anordnungsbefugnis**
      – StA/Polizei
3. **Verfahrensvorschriften**
      – § 116a I: Hinterlegung von Bargeld, Pfandbestellung oder Bürgschaft
      – § 116a III: Zustellungsbevollmächtigen ggf. Informationspflicht, wenn selbst keine Person benannt werden kann
      – nach Erlass: Vordruck „Niederschrift Sicherheitsleistung" fertigen
4. **Rechtsfolge**
   a) Zulässige Maßnahmen
      – Erhebung angemessener Sicherheit für die zu erwartende Strafe und Verfahrenskosten
   b) Verhältnismäßigkeit
      insbesondere Höhe der Sicherheitsleistung: nach freiem Ermessen, § 116a II StPO

Beschuldigter ist jede Person, gegen die im Rahmen eines Strafverfahrens wegen einer bestimmten Straftat ermittelt wird (BGHSt 10, 8 (12). 642

Dringender Tatverdacht ist gegeben, wenn nach dem bisherigen Ermittlungsstand in seiner Gesamtheit eine große Wahrscheinlichkeit dafür besteht, dass der Beschuldigte als Täter oder Teilnehmer eine Straftat begangen hat (BGH NJW 1992, 1075).

Fluchtgefahr besteht, wenn bei Würdigung der Umstände des Falles es wahrscheinlicher ist, dass sich der Beschuldigte dem Strafverfahren entziehen werde, als dass er sich ihm zur Verfügung stellen werde (OLG Köln StV 1997, 647).

Überblick

643 Die Erhebung der Sicherheitsleistung nach § 127a StPO dient zur Abwendung der Festnahme zum Zwecke der Untersuchungshaft, ist somit Ausdruck des Verhältnismäßigkeitsprinzips.

Wird die Sicherheit geleistet, so ist von vorläufiger Festnahme abzusehen bzw. sie ist aufzuheben. Der Beschuldigte kann dann das Bundesgebiet verlassen. Gerichtliche Schreiben (Strafbefehl, Anklageschrift, Ladung zur Hauptverhandlung) ergehen an den Zustellungsbevollmächtigten. Die geleistete Sicherheit wird als Vorschuss für die Strafe und die Verfahrenskosten behandelt und später verrechnet. Überschüssige Beträge werden an den Zustellungsbevollmächtigten erstattet.

Grundrechtseingriffe

644 Mit der Maßnahme wird in das Grundrecht auf Eigentum nach Art. 14 GG eingegriffen, denn Art. 14 GG schützt Eingriffe in das Nutzungsrecht.[425] Nach anderer Ansicht liegt lediglich ein Eingriff in Art. 2 Abs. 1 GG der allgemeinen Handlungsfreiheit vor.[426]

Tatbestandsvoraussetzungen und Adressat

645 **→ Beschuldigter ohne festen Wohnsitz in Deutschland**

Beschuldigter ist jede Person, gegen die sich das Strafverfahren richtet.[427] Sie wird schon zum Beschuldigten, wenn die Strafverfolgungsbehörden Ermittlungsmaßnahmen ergreifen, die erkennbar darauf abzielen, gegen sie wegen einer Straftat strafrechtlich vorzugehen.[428] Insofern ist der Beschuldigtenbegriff formell zu verstehen: Eine Person wird erst durch entsprechenden Willensakt der Strafverfolgungsbehörde zum Beschuldigten.[429] Vorausgesetzt wird zudem, dass der Beschuldigte in Deutschland keinen festen Wohnsitz hat.

646 **→ Voraussetzungen eines Haftbefehls wegen Fluchtverdachts**

Zur Anordnung der Sicherheitsleistung nach § 127a StPO müssen die Voraussetzungen eines Haftbefehls lediglich wegen Fluchtverdachts bestehen. Dies setzt gemäß § 112 StPO zunächst dringenden Tatverdacht voraus. Dieser liegt vor, wenn nach dem bisherigen Ermittlungsergebnis in seiner Gesamtheit eine große Wahrscheinlichkeit dafür besteht, dass der Beschuldigte als Täter oder Teilnehmer eine Straftat begangen hat.[430] Der dringende Tatverdacht muss sich aus bestimmten Tatsachen herleiten, bloße Vermutungen reichen nicht aus. Der Unterschied zum hinreichenden Tatverdacht, der erforderlich ist für die Anklageerhebung, besteht in der Perspektive: Während der hinreichend Tatverdacht am Ende des Ermittlungsverfahrens steht, wird der dringende Tatverdacht regelmäßig im Rahmen des laufenden Strafverfahrens festzulegen sein.

---

425 Jarass/Pieroth Art. 14, Rn. 6.
426 Benfer, S. 139.
427 BGHSt 10, 8 (12).
428 Vgl. dazu auch § 397 Abs. 1 AO für Steuerstrafverfahren.
429 BGHSt 34, 138 (140).
430 BGH NJW 1992, 1975.

Haftgründe sind in §§ 112, 112a StPO normiert. Fluchtgefahr nach § 112 Abs. 2 Nr. 2 StPO besteht, wenn bei Würdigung der Umstände des Falles es wahrscheinlicher ist, dass sich der Beschuldigte dem Strafverfahren entziehen werde, als dass er sich ihm zur Verfügung stellen werde.[431] Zur Beurteilung der Fluchtgefahr sind alle Umstände des Einzelfalls heranzuziehen. So können hohe Straferwartung, gute Fremdsprachenkenntnisse, fehlender fester Wohnsitz, fehlende familiäre oder berufliche Bindungen, Arbeitslosigkeit, Bezugspunkte in Ausland, unterschiedliche Staatsangehörigkeiten, Mittellosigkeit Indizien für Fluchtgefahr darstellen. Dagegen können besondere Krankheiten, Prominenz, hohes Alter und starke Bindungen sowie große Vermögenswerte gegen Fluchtgefahr sprechen.

→ Freiheitsstrafe nicht zu erwarten 647

Schließlich darf eine Freiheitsstrafe nicht zu erwarten sein. Es muss sich also um eine leichtere Straftat, wie etwa Verkehrsdelikte, einfache Diebstähle oder leichtere Körperverletzungen, handeln.

Anordnungsbefugnis

Mangels ausdrücklicher Regelung kann die Erhebung von Sicherheitsleistungen von jedem Polizeibeamten und der Staatsanwaltschaft angeordnet werden. 648

Verfahrensvorschriften

Zu beachten sind: 649

- **Art der Sicherheitsleistung, § 127a Abs. 2 i. V. m. § 116a Abs. 1 StPO**

  Die Sicherheitsleistung kann in Bargeld, in Wertpapieren, durch Pfandbestellung oder durch Bürgschaft vom Beschuldigten oder einer anderen Person geleistet werden.

- **Bestellung eines Zustellungsbevollmächtigten**

  Der Beschuldigte hat eine im Bezirk des zuständigen Gerichts wohnende Person zum Empfang von Zustellungen zu bevollmächtigen. Diese kann jede Privatperson sein. Ist der Beschuldigte nicht in der Lage, eine Person zu benennen, so ist er gemäß Nr. 60 RiStBV darauf hinzuweisen, dass er einen Rechtsanwalt oder einen hierzu bereiten Beamten der Geschäftsstelle des zuständigen Amtsgerichtes bevollmächtigen kann.

- **Niederschrift**

  Nach landesrechtlichen Erlassen ist eine Niederschrift über die Sicherheitsleistung zu fertigen, die zugleich als Quittung gilt.

Rechtsfolgen

§ 127a StPO ergibt die Möglichkeit der Absehung von oder weiterem Vollzug der vorläufigen Festnahme durch Erhebung der Sicherheit. Ist die Sicherheit geleistet, ist die Person freizulassen. 650

431 OLG Köln StV 1997, 647.

Übersicht: Sicherheitsleistung

	Tatbestand	Adressat	Anordnungs-befugnis	Verfahrensvorschriften
§ 132 StPO Allgemeine Sicherheitsleistung	dringender Tatverdacht ohne festen Wohnsitz in Deutschland Voraussetzung eines Haftbefehls liegen nicht vor: zusätzlich bei Beschlagnahme: - Nichtbefolgen der Anordnung - Gegenstand wird mitgeführt - Gegenstand ist im Eigentum des Beschuldigten	Beschul-digter	Gericht bei GiV auch StA/ErmPers.	Hinterlegung von Bargeld, Pfandbestellung oder Bürgschaft, § 116a StPO Zustellungsbevollmächtigten benennen, ggf. Informationspflicht, wenn selbst keiner benannt werden kann nach Erlass (NRW): Niederschrift fertigen zusätzlich bei Beschlagnahme: - Belehrung über Recht auf Beantragung richterl. Entscheidung, § 98 II StPO - Einholung richterl. Bestätigung bei Widerspruch, § 98 II StPO - § 811 ZPO: beschlagnahmefreie Gegenstände
§ 127a StPO Sicherheitsleistung zur Abwendung der Festnahme	ohne festen Wohnsitz in Deutschland Voraussetzungen eines Haftbefehls wegen Fluchtgefahr liegen vor: - dringender Tatverdacht - Fluchtgefahr Freiheitsstrafe nicht zu erwarten	Beschul-digter	StA/Polizei	Hinterlegung von Bargeld, Pfandbestellung oder Bürgschaft, § 116a StPO Zustellungsbevollmächtigter benennen, ggf. Informationspflicht, wenn selbst keiner benannt werden kann nach Erlass (NRW): Niederschrift fertigen

Stichwortverzeichnis

A

Abgabenordnung 24
Abgeordnete 130
Abhörmaßnahmen 140
Absolute Antragsdelikte 41
Absprachen 68
Abstammungsuntersuchung 204
Abwägungslehre 67
Adhäsionsverfahren 79
Adressat 89
Agent Provokateur 178
Akkusationsprinzip 26, 50
Akteneinsichtsrecht 49
Akustische Überwachung außerhalb von Wohnungen 141
Akustische Wohnraumüberwachung 136
Allgemeine Sicherheitsleistung 265
Allgemeine Untersuchung 204
Amtliche Schriftstücke 221
Amtliches Selbsthilferecht 258
Amtsanwalt 46, 55
Amtsanwaltsrobe 55
Amtsermittlungsgrundsatz 27
Amtsgericht 52
Anfangsverdacht 34, 40
Angehörige 117
Angeklagter 54, 55
Angeschuldigter 53, 54
Anhörung 34
Anhörungsbogen 34
Anhörvorrichtung 145
Anklagegrundsatz 26
Anklagemonopol 49
Anklageschrift 53, 54, 79
Anordnungsbefugnis 89
Anspruch auf rechtliches Gehör 45
Antrags- und Privatklagedelikte 41
Anwesenheitsrecht 49
Aufklärungspflicht des Gerichts 53
Aufnahme von Lichtbildern 135
Aufruf der Sache 56
Aufzeichnung auf Bild-Ton-Träger 60, 118
Augenschein 57
Augenscheinsobjekte 64
Auskunftsverweigerungsrecht 60, 118
Ausländerzentralregister 165
Ausländischer Führerschein 226
Auslieferung 51
Aussagegenehmigung 62, 63
Aussagegenehmigungspflicht 59, 119
Außerordentliche Rechtsbehelfe 71
Automatisierter Abgleich 169

B

BAK-Wert 200
Begleiteingriffe 213
Begutachtung des Körpers 205
Beistand 79
Belehrung 117
Belehrungspflicht 110, 117, 234
Bereitschaftsdienst 200
Berichtspflichten 140
Berufsgeheimnisträger 139, 144, 149
Berufung 71, 75
Beschlagnahme 218
Beschlagnahmeverbot 221
Beschleunigtes Verfahren 77
Beschleunigungsgebot 27
Beschuldigtenvernehmung 108
Beschuldigter 44
Beschwerde 71, 74
Besonderes öffentliches Interesse 41

Besondere Verfahrensarten 77
Bestandsdaten 154, 185
Betäubungsmittel 220, 237
Betroffener 33
Beweisantragsrecht 45
Beweisaufnahme 56, 64
Beweiserhebungsverbote 65
Beweismethodenverbote 66
Beweismittel 54, 57, 219
Beweismittelverbote 66
Beweisthemenverbote 65
Beweisverbot 57, 65
Beweisverwertungsverbote 65, 66
Beziehungsgegenstände 233
Bildaufnahmen 133
Bindungswirkung 46
Blutprobe 199, 204, 205
Bruttoprinzip 238
Bundesgerichtshof 52
Bundeswehr 234
Bundeszentralregistergesetz 24
Bußgeldbescheid 31, 35

D
Datenabgleich 164
Datenträger 191
Deal 68
Deeskalationshaft 251
Devolutiveffekt 72
Dienstaufsichtsbeschwerde 72
Diversion 29
DNA-Datei 216
DNA-Identifizierungsmuster 216
DNA-Muster 213, 216
DNA-Reihenuntersuchung 214
DNA-Untersuchung 207
Doppelfunktionale Maßnahme 86
Dringende Gründe 254
Dringender Tatverdacht 40, 41, 249
Durchsicht von Papieren 190
Durchsuchung 186
Durchsuchungszeugen 190

E
eBay 185
Effektive Strafverfolgung 57
Eildienst 200
Eingeschränkte Verfolgungspflicht 42
Einleitung des Ermittlungsverfahrens 40
Einnahmeabschöpfung 236
Einsatz technischer Mittel 132
Einsatz Verdeckter Ermittler 176
Einspruch 31, 71
Einstellung 50
Einstellungsbeschwerde 50
Einstellung wegen Geringfügigkeit 50
Einstweilige Unterbringung 253
Einwilligungserklärung 200
Einwilligungsfähigkeit 200
Einwohnermeldedatei 165
Einziehung 28, 231
Einziehung des Führerscheins 226
Einziehungsgegenstand 220, 230, 231, 233
E-Mail 147, 154, 185
E-Mail-Verkehr 150, 223
Entnahme von Körperzellen 212
Entziehung der Fahrerlaubnis 226
Erfolgstatsache 193
Erfolgsvermutung 188
Erhebung von Verkehrsdaten 153
Erkennungsdienstliche Behandlung 121
Ermächtigungsgrundlage 87
Ermittlungsgeneralkausel 105
Ermittlungsgericht 43
Ermittlungspersonen 47, 200, 210
Ermittlungsverfahren 40
Ermüdung 111
Eröffnungsbeschluss 53
Erscheinens- und Aussagepflicht 59

Erweitertes Schöffengericht 52
Erziehungsgedanke 28
Erziehungsmaßregeln 28, 29
Erziehungsregister 29
Erzwingungshaftbefehl 261
Europäische Gemeinschaft 23
Europäische Menschenrechtskonvention 22
Europäische Union 23
Exekutive 45
Externe Speicher 191

F
Facebook 185
Fahren ohne Fahrerlaubnis 33
Fahrverbot 28, 229
Fall Daschner 108
Falschgeld 232
Faxgerät 150
Ferngläser 135
Fernwirkung 67
Festnahme 243
Finanzielle Entschädigung 60
Flucht 249
Fluchtgefahr 249
Folgen für Betroffene 90
Folterverbot 27
Formelle Rechtmäßigkeit 83, 87
Formelle Rechtskraft 69
Formelles Strafrecht 21
Form- und Verfahrensvorschriften 88, 89
Fragerecht 49
Freibeweisverfahren 49
fruit-of-the-poisonous-tree-doctrine 67
Führerschein 225, 226
Führungsaufsicht 28
Funkzelle 160
Funkzellenabfrage 157, 185

G
Gang der Hauptverhandlung 56
Gebäudedurchsuchung 194
Gebot des fairen Verfahrens 26
Gefährliche Gegenstände 233
Gegenüberstellung 118
Gegenvorstellung/Dienstaufsichtsbeschwerde 71
Geistliche 130
Gemengelage 86
Generalstaatsanwalt 46
Genetischer Fingerabdruck 211
Gerechtigkeit 25
Gerichtsverfassungsgesetz 22
Gerichtszuständigkeit 73
Gesetzmäßigkeit der Verwaltung 84
Getrennte Vernehmung 60
Gewährsperson 178
Gewinn 237
Gewinnabschöpfung 236
Gewohnheitsrecht 55
Gleichgeschlechtliche Durchsuchung 190
GPS 135
GPS-Modul 185
Grenzkontrollstelle 173
Großer Lauschangriff 137
Große Späheingriffe 128
Große Strafkammer 52
Grundgesetz 23
Grundrechte 22
Grundrechtseingriff 83, 85
Grundsatz der freien richterlichen Beweiswürdigung 27, 55
Grundsatz der Unmittelbarkeit 27, 54
Grundsatz des rechtlichen Gehörs 27, 55

H
Haftbefehl 261
Haftdatei 165
Haftgrund der schweren Straftat 250
Haftgründe 249
Handy 185

Handyspeicher 191
Hauptverfahren 54
Hauptverhandlung 53, 54
Hauptverhandlungshaft 255
Heranwachsende 28
Herrin des Ermittlungsverfahrens 49
Hinreichender Tatverdacht 40
Homezone-Verfahren 149
Hörfallen-Entscheidung 107
Hypnose 112

I
Identitätsfeststellung 95
IMEI 160, 185
IMEI-Nummer 158, 160
IMSI 160, 185
IMSI-Catcher 159
IMSI-Nummer 160
„in dubio pro reo“ 22
In-dubio-pro-reo-Grundsatz 26
Informant 107, 178
Informationseingriff 105
Informationspflicht 117
Informationsrecht 45
Informatorische Befragung 105
Inhaltsdaten 154
Instanzielle Zuständigkeit 88
Instruktionsgrundsatz 56
Instruktionsprinzip 27
Internationaler Pakt über bürgerliche und politische Rechte 23
Internetforen 185
Internetkommunikation 150
Internet-Telefonie 147
IP-Adresse 158, 185

J
Je-desto-Formel 87
Jugendarrest 30
Jugendgerichte 29
Jugendgerichtsgesetz 22, 28
Jugendgerichtshilfe 29
Jugendkammer 52
Jugendliche 28, 110
Jugendrichter 52, 70
Jugendschöffengericht 52
Jugendstaatsanwalt 29
Jugendstrafe 28, 30
Jugendstrafverfahren 28
Jugendverfehlung 29
Justizgrundrechte 23
Justizvergütungs- und -entschädigungsgesetz 24
Justizverwaltungsakte 122
Justizvollzugsanstalt 70

K
Katalogstraftat 173
Kernbereich privater Lebensführung 139, 144, 149
Kinder 110, 116, 194
Klageerzwingungsverfahren 50
Kleiner Lauschangriff 137
Kommunikationsdaten 154
Konflikt-/Krawall-/Klamauk- oder Chaosverteidigung 62
Konkretisierter Tatverdacht 40, 137
Kontaktperson 142, 143
Kontakt- und Begleitperson 129
Kontrollstelle 102
Konzentrationsmaxime 27
Körperliche Durchsuchung 191
Körperliche Eingriffe 201
Körperliche Untersuchung 198, 201, 203
Kosten des Strafverfahrens 70
Kriminalaktennachweis-Land/Bund 165
Kurzfristige Observation 107

L
Ladungsfrist 54
Landgericht 52
Längerfristige Observation 127

Lebenspartner 117
Legalitätsprinzip 26, 40, 46, 87
Legende 177
Leitender Oberstaatsanwalt 46
Letztes Wort des Angeklagten 56
Lichtbildvorlage 107
Lockspitzel 178
Lohn 237
Lügendetektor 113

M
Mail-Box 185
Massenscreening 215
Maßregeln der Besserung und Sicherung 28
Materielle Rechtmäßigkeit 83, 88
Materielles Strafrecht 21
Materielles und formelles Strafrecht 21
Mauterfassungssystem 224
Minderjährige 116, 119
Misshandlung 111
MiStra 24
MMS 147
Mobilfunknetz 147
Mobiltelefone 185
Mündlichkeitsgrundsatz 27, 54

N
Nacheile 23
Nachrichtenmittler 148, 156
Nachstellung 251
Nachtsichtgeräte 135
Nachtzeitschranke 190
Natürliche Körperöffnungen 205
Nebenfolgen 28
Nebenklage 55, 80
Nebenkläger 80,
Nebenstrafe 28
Nemo-tenetur-Grundsatz 23, 26
Netzfahndung 172
NoeP 177
Notebook 151, 191
Notwendige Verteidigung 48
Nutzung 236

O
Oberlandesgericht 52
Offene Datenerhebung 94
Öffentliches Interesse 50
Öffentlichkeitsgrundsatz 27, 54
Offizialdelikte 41
Offizialprinzip 26
Ohne festen Wohnsitz 266
Online-Durchsuchung 151, 191
Online-Verfahren 165
Opferanwalt 55, 80
Opportunitätsprinzip 34
Ordentliche Rechtsbehelfe 71
Ordnungsgemäße Geschäftsbesorgung 49
Ordnungswidrigkeitenverfahren 31
Organ der Rechtspflege 45, 48, 62
Organisierte Kriminalität 177
Örtliche Zuständigkeit 88
Ortung 160

P
Parteienverrat 48
Pauschale Belehrung 118
PDV 382 110, 119
Peilsender 135
Personalbeweis 57, 58
Personendurchsuchung 191
Pflichtgemäßes Ermessen 33
Pflichtverteidiger 29, 48
Pflicht zur Eidesleistung 59
Plädoyer 56
Polizei 43, 45
Polizeibeamte 119
Polizeibeamte als Zeugen 61
Polizeiliche Beobachtung 166
Polizeizeugen 61
Polygrafen 113

Positionsmeldung 150
Präsenzfeststellung 56
PrePaid-Karten 154
Prinzip des hypothetischen Ersatzeingriffs 151
Privatklage 42, 79
Privatklagedelikte 42, 50
Privatklageverfahren 78
Privatklageweg 50
Produkt der Tat 232
Provider 154, 185
Prozessökonomie 79
Prüfungsschemata 92
Prüfung strafprozessualer Grundrechtseingriffe 85

Q
Quälerei 112
Qualifizierte Belehrung 114
Qualifizierter Scheinkäufer 177
Quellen-Telekommunikationsüberwachung 151
Quellen-TKÜ 185

R
Rasterfahndung 169
Rechnungsdaten 185
Recht auf Anwesenheit in der Hauptverhandlung 45
Recht auf Aussagefreiheit 110
Recht auf Beweisantragstellung 111
Recht auf informationelle Selbstbestimmung 107
Recht auf unabhängigen, gesetzlichen Richter 27, 55
Recht auf Verteidigerkonsultation 45, 111
Rechtmittelbelehrung 56
Rechtsanwalt 79
Rechtsanwaltsvergütungsgesetz 70
Rechtsbehelfe gegen Eingriffsmaßnahmen 73
Rechtsbehelfsverfahren 71
Rechtsbeschwerde 35
Rechtsfolge 89
Rechtsfrieden 25
Rechtskreistheorie 67
Rechtsmittel 71, 72
Rechtsnatur der Maßnahme 85
Rechtspfleger 70
Rechtsquellen 22
Relative Antragsdelikte 41
Repressive Zielrichtung 85
Restitutionsfunktion 25
Revision 71, 76
RiStBV 24
Robe 55
Rückgewinnungshilfe 232, 235

S
Sachbeweis 57, 64
Sachliche Zuständigkeit 87
Sachverständiger 57, 60
Sachverständige Zeugen 60
Satelliten-Kommunikation 147
Schengener Durchführungsübereinkommen 23
Schiedsperson 79
Schlichten statt richten 79
Schmerzensgeldanspruch 79
Schöffengericht 52
Schutz gefährdeter Polizeizeugen 62
Schutz von Berufsgeheimnisträgern 157
Schweigerecht 45
Schwere der Schuld 30
Schwere des Grundrechtseingriffs 90
Selbstbezichtigung 118
Selbstgespräch 145
Sicherheitsleistung 264, 269
Sicherstellung 218
Sicherungshaftbefehl 261
Silent SMS 151
SIM-Karte 160, 162
SIM-Lock-Entsperrung 162

Sitzungspolizei 56
Sitzungsvertreter 47, 55
SMS 147, 154
Sofortige Beschwerde 53
Speichelentnahmen 199
Speichelprobe 205, 216
Spezialgesetzliche Einziehung 231
Sprechfunkgeräte 135
Spurenmaterial 209, 216
Staatsanwalt 55
Staatsanwaltschaft 43, 45, 70
Standortbestimmung 185
Stärke des Tatverdachtes 90
Stealth Ping 151
Stille SMS 151, 185
Störer 259
Störung einer Amtshandlung 258
Strafanspruch des Staates 25
Strafantrag 41, 42
Strafbefehl 71, 78
Strafbefehlsverfahren 77
Strafrechtliche Nebengesetze 24
Strafrichter 52
Strafsenat 52
Straftat von erheblicher Bedeutung 128
Strafvereitelung 48
Strafverfolgungsinteresse 90
Strafverfolgungspflicht 40
Strafverfolgungszwang 42
Strafverteidiger 48
Strafvollstreckung 47
Strafvollzugsgesetz 24
Strengbeweisverfahren 57
Subsidiaritätsklausel 90, 128, 133
Subsidiaritätsprinzip 106
Sühneversuch 79
Suspensiveffekt 72

T

Tarnpapier 181
Tatbestandsvoraussetzung 89
Tatbeute 232, 237
Tätige Reue 51
Tatnotwendiges Mittel 233
Tatschwere 90
Täuschung 112
Teilnehmeridentifizierungsnummer 162
Telekommunikationsüberwachung 146
Transmissionsklausel 32
Treuepflicht 49

U

Überwachung der Telekommunikation 150
Überwachung Pkw 185
Überwachung Wohnraum 185
Undercoveragent 178
Unschuldsvermutung 26, 90
Unterbringungsbefehl 261
Unterlassene Belehrung 114
Unterrichtungs- und Löschungspflicht 157
Untersuchungsgrundsatz 27
Untersuchungshaft 29, 244, 248
Untersuchungshaftbefehl 261
Untersuchungshaftvollzugsgesetz 24
Unwesentliche Nebenstrafe 51
Urkunde 57, 64
Urkundsbeamter 55
Urteil 68
Urteilsberatung 56
Urteilsformel 68
Urteilsverkündung 56

V

Verabreichung von Mitteln 112
Verbot der reformatio in peius 72
Verbotene Vernehmungsmaßnahmen 111
Verdächtiger 43
Verdeckte Datenerhebung 126

Verdeckter Ermittler 177
Verdunkelungsgefahr 250
Verfahrensökonomie 51
Verfahrensprinzipien 26
Verfall 28
Verfallsgegenstand 220, 235, 237, 239, 241
Verfassungsbeschwerde 71
Verfolgbarkeitsmangel 50
Verfolgungspflicht 42
Verhältnismäßigkeit 89
Verhältnismäßigkeitsgrundsatz 23
Verhältnismäßigkeitsprinzip 27
Verjährung 34
Verkehrsdaten 154, 185
Verletzte 41
Verletzung von Privatgeheimnissen 48
Verlobte 117
Vermögenswerte 236
Verschlechterungsverbot 72
Verschwägerte 117
Verschwiegenheitspflicht 49
Versuch 33
Verteidiger 43, 48, 130
Verteidigerkosten 70
Verteidigerstrategie 62, 63
Verteidigung 48
Vertrauenspersonen 107
Verurteilter 44
Verwaltungsakte 122
Verwaltungsbehörde 32
Verwarnungsverfahren 35
Virtuelle Vertrauensperson 105
Vollstreckungsbehörde 70
Vollstreckungshaftbefehl 261
Vollstreckungsleiter 29, 70
Vollstreckungssichernde Maßnahme 231, 236
Vollstreckungsverfahren 70
Vollstreckung von Haftbefehlen 243, 260
Vorbehalt des Gesetzes 83, 84
Vorbereitung der Hauptverhandlung 54
Vorläufige Einstellung 50
Vorläufige Festnahme 243
Vorläufige Festnahme durch jedermann 245
Vorrang des Gesetzes 83, 84
Vorwerfbarkeit 33
VP 177

W

Wahlverteidiger 48
Wahrheitspflicht 49, 59, 118
Web-Cam 147
Wencker-Beschluss 248
Wertersatz 238
Widerspruchslösung 114
Wiederaufnahme des Verfahrens 71
Wiedereinsetzung in den vorherigen Stand 71
Wiederholungsgefahr 250
W-LAN 147, 185
Wohnraumüberwachung 137

Z

Zeuge 57, 58
Zeugenbeistand 60, 63
Zeugenvernehmung 115
Zeuge vom Hörensagen 58
Zeugnisverweigerungsrecht 60, 117
Zielwahlsuche 185
Zivilprozessordnung 24
Zuchtmittel 28, 30
Zuständigkeiten der Gerichte 52
Zwangsweise Durchsetzung strafprozessualer Maßnahmen 91
Zwischenverfahren 52

Einsatzlehre

Grundlagen für Studium und Praxis

Von
Jürgen Zeitner.
1. Auflage 2012
176 Seiten,
Format DIN A 5, Broschur
19,90 € [D], 35,10 sFr.
ISBN 978-3-8011-0675-1

Im fachlichen Mittelpunkt des Buches stehen das Einsatzmodell für den täglichen Dienst (Leitfaden 371) und der Planungs- und Entscheidungsprozess der Polizeidienstvorschrift 100.

Einleitend werden u. a. die historische Entwicklung der Polizei in Deutschland, die Europäisierung auf dem Gebiet der öffentlichen Sicherheit und die Aufgaben der Polizei skizziert. Im Hauptteil wird die methodische Bedeutung des Einsatzmodells und des Planungs- und Entscheidungsprozesses dargestellt und anhand vieler Beispiele erläutert. Abschließend werden die Inhalte auf exemplarische Klausuraufgabenstellungen übertragen.

Der Autor:
Jürgen Zeitner, seit 2003 hauptamtlich Lehrender im Fach Einsatzlehre an der FHöV NRW, seit 2012 Fachbereichssprecher

Der Bezug dieses Werkes ist nur gegen Vorlage der Dienstbescheinigung beim Verlag möglich..

VERLAG DEUTSCHE POLIZEILITERATUR GMBH Buchvertrieb
Postfach 309 • 40703 Hilden • Telefon (0211) 7104-212 • Fax -270
E-Mail: vdp.buchvertrieb@VDPolizei.de • www.VDPolizei.de